**2022**
**QUINTA** EDIÇÃO
**REVISTA, ATUALIZADA**
E **AUMENTADA**

EVANDRO **ANNIBAL**

FERNANDA **ORSI BALTRUNAS DORETTO**

MARCIA **CARDOSO SIMÕES**

MARCO ANTONIO **GARCIA LOPES LORENCINI**

COLABORADORES

# NEHEMIAS DOMINGOS DE MELO

# MANUAL DE PRÁTICA JURÍDICA CIVIL

PARA GRADUAÇÃO E EXAME DA OAB

1ª. a 4ª. edição 2008/2015 – Editora Atlas
5ª. edição 2022 – Editora Foco

---

**Dados Internacionais de Catalogação na Publicação (CIP) de acordo com ISBD**

M528m    Melo, Nehemias Domingos de
        Manual de prática jurídica civil: para graduação e exame da OAB / Nehemias Domingos de Melo. - 5. ed. - Indaiatuba, SP : Editora Foco, 2022.

        368 p. ; 16cm x 23cm.

        Inclui bibliografia e índice.

        ISBN: 978-65-5515-601-0

        1. Direito. 2. Direito civil. 3. Prática jurídica civil. I. Título.

2022-2644                                  CDD 347     CDU 347

---

**Elaborado por Vagner Rodolfo da Silva - CRB-8/9410**

**Índices para Catálogo Sistemático:**

1. Direito civil 347

2. Direito civil 347

**QUINTA** EDIÇÃO
**REVISTA, ATUALIZADA**
E **AUMENTADA**

EVANDRO
**ANNIBAL**

FERNANDA **ORSI**
**BALTRUNAS DORETTO**

MARCIA **CARDOSO**
**SIMÕES**

MARCO ANTONIO **GARCIA**
**LOPES LORENCINI**

COLABORADORES

# NEHEMIAS DOMINGOS DE MELO

# MANUAL DE PRÁTICA JURÍDICA CIVIL

PARA GRADUAÇÃO E **EXAME** DA **OAB**

2022 © Editora Foco

**Autor:** Nehemias Domingos de Melo
**Colaboradores:** Evandro Annibal, Fernanda Orsi Baltrunas Doretto,
Marcia Cardoso Simões e Marco Antonio Garcia Lopes Lorencini
**Diretor Acadêmico:** Leonardo Pereira
**Editor:** Roberta Densa
**Assistente Editorial:** Paula Morishita
**Revisora Sênior:** Georgia Renata Dias
**Revisora:** Simone Dias
**Capa Criação:** Leonardo Hermano
**Diagramação:** Ladislau Lima e Aparecida Lima
**Impressão miolo e capa:** DOCUPRINT

**DIREITOS AUTORAIS:** É proibida a reprodução parcial ou total desta publicação, por qualquer forma ou meio, sem a prévia autorização da Editora FOCO, com exceção do teor das questões de concursos públicos que, por serem atos oficiais, não são protegidas como Direitos Autorais, na forma do Artigo 8º, IV, da Lei 9.610/1998. Referida vedação se estende às características gráficas da obra e sua editoração. A punição para a violação dos Direitos Autorais é crime previsto no Artigo 184 do Código Penal e as sanções civis às violações dos Direitos Autorais estão previstas nos Artigos 101 a 110 da Lei 9.610/1998. Os comentários das questões são de responsabilidade dos autores.

*NOTAS DA EDITORA:*

**Atualizações e erratas:** A presente obra é vendida como está, atualizada até a data do seu fechamento, informação que consta na página II do livro. Havendo a publicação de legislação de suma relevância, a editora, de forma discricionária, se empenhará em disponibilizar atualização futura.

**Erratas:** A Editora se compromete a disponibilizar no site www.editorafoco.com.br, na seção Atualizações, eventuais erratas por razões de erros técnicos ou de conteúdo. Solicitamos, outrossim, que o leitor faça a gentileza de colaborar com a perfeição da obra, comunicando eventual erro encontrado por meio de mensagem para contato@editorafoco.com.br. O acesso será disponibilizado durante a vigência da edição da obra.

Impresso no Brasil (09.2022) – Data de Fechamento (09.2022)

**2022**

Todos os direitos reservados à
Editora Foco Jurídico Ltda.
Avenida Itororó, 348 – Sala 05 – Cidade Nova
CEP 13334-050 – Indaiatuba – SP

E-mail: contato@editorafoco.com.br
www.editorafoco.com.br

# Prefácio

No ano de 2008 recebi o honroso convite para prefaciar o alentado estudo que foi desenvolvido pelo Professor Nehemias Domingos de Melo sobre o tema *"Dano moral nas relações de consumo"*, no qual aprofundou sua reconhecida pesquisa sobre dano moral acrescida de sua inequívoca experiência na docência e, sobretudo, pela atuação como advogado militante.

Recebi, com satisfação, novo convite para prefaciar a 5ª edição de seu consagrado *"Manual de Prática Jurídica Civil"*, cujo subtítulo remete ao objetivo de atender aos graduandos e aos candidatos ao Exame da Ordem dos Advogados do Brasil (OAB).

Certamente a modéstia do autor o impediu de destacar sua utilidade não apenas aos estudantes ou aos que iniciam a advocacia, mas igualmente aos que advogam há muitos anos, uma vez que compartilhou de maneira generosa sua larga experiência ao oferecer valiosas orientações – ao lado da necessária abordagem técnica – sobre temas essenciais ao exercício profissional.

À guisa de exemplo, ao discorrer sobre a elaboração da petição inicial, enfatizou que, sem negligenciar a técnica que deve ser respeitada é imperativo *"atentar para a linguagem que deve ser, tanto quanto possível, correta, clara e objetiva"*, bem como evitar a *"linguagem rebuscada e o uso de expressões de efeito"* que denotariam em muitos casos *"uma falsa erudição"*.

Tal orientação é frequentemente ignorada e, sobretudo, agravada pelo efeito colateral dos editores de texto que tornam mais extensas as petições (algo que igualmente ocorre em alguns pareceres e decisões judiciais) pontuadas por citações redundantes e desnecessárias em nítido contraste com o período em que eram elaboradas em máquinas de escrever que, apesar do labor envolvido, indiretamente possibilitavam um aperfeiçoamento profissional constante por meio de textos limitados ao essencial.

Logo, desde o início da carreira, a objetividade deve conduzir a redação de peças processuais e, certamente, tal percepção norteou o *"Manual de Prática Jurídica Civil"* do Professor Nehemias Domingos de Melo que, passando por diversas áreas de atuação e procedimentos, apresentou uma estruturação completa para a atuação profissional desde a petição inicial no procedimento comum até os recursos aos tribunais superiores, demonstrando o compromisso do autor com a objetividade e, da mesma forma, com o lastro teórico necessário para atingi-la.

*Antonio Carlos Morato*

Advogado e Professor Associado do Departamento de Direito Civil da Faculdade de Direito da Universidade de São Paulo (USP); Bacharel em Direito pela Pontifícia Universidade Católica de São Paulo (PUC-SP); Mestre, Doutor e Livre-Docente em Direito Civil pela Faculdade de Direito da Universidade de São Paulo (USP).

# Nota do Autor à 5ª Edição

Em 2015 nasceu um novo Código de Processo Civil (Lei 13.105/15) que entrou em vigor no dia 18 de março de 2016, com o desafio de enfrentar e solucionar o maior entrave do judiciário brasileiro, qual seja, o assoberbado número de processos em tramitação nas diversas instâncias da justiça brasileira.

Este Novo CPC é uma aposta do legislador na capacidade dos atores do processo (juiz, partes e advogados) de dialogarem e de procurarem soluções negociadas para a resolução de qualquer litígio através da autocomposição. Não sendo possível obter a conciliação ou mediação desejada, espera-se que os atores do processo sejam capazes de negociarem formas para determinar o andamento e organização da marcha do processo de sorte que, sendo soluções negociadas, possa se esperar que ao final do processo, não haja razões para recorrer da decisão final uma vez que as partes participaram e resolveram como um negócio jurídico o encaminhamento do processo.

Mesmo antes de sua entrada em vigor e, principalmente depois, o Novo CPC tem sido alvo de muitas críticas. Uns dizem que suas previsões seriam irrealizáveis, impossíveis, utópicas. Outros dizem que ele já nasceu velho na exata medida em que repete grande parte dos artigos do CPC/73 que, em breve, em face do processo eletrônico, perderia sua razão de ser.

Apesar de concordamos com algumas das críticas, não se pode deixar de elogiar algumas mudanças importantes a começar pela redução dos poderes dos juízes; da aposta na experiência já vivenciada pelos tribunais e consolidada pela jurisprudência; da aposta nas soluções negociadas através do reforço e prestigio da audiência de conciliação e mediação; dentre tantos outras inovações que poderíamos destacar.

Assim, o que se espera é que os chamados atores do processo tenham capacidade e competência para vivenciar e apostar na viabilização deste novo estatuto processual de sorte que ele possa, no mais rápido espaço de tempo, tornar-se uma realidade vivenciada.

A presente obra que preparamos é dirigida especialmente aos advogados em início de carreira, aos estudantes da graduação e aos concurseiros, bem como os bacharéis que vão prestar o exame da OAB.

Para completar o estudo da processualística brasileira recomendamos duas outras obras de nossa autoria que entendemos possa ser útil para uma melhor compreensão dos novos institutos agasalhados nessa nova legislação:

- o livro "Código de Processo Civil, anotado, comentado e comparado", 3ª. edição (Editora Foco, 2022), obra essa que é dirigido a toda a comunidade jurídica brasileira e,

- a coleção "Lições de Processo Civil!", 3ª edição, em 3 volumes (Editora Foco, 2022), dirigida mais especificamente para graduação em direito, concursos e exame da Ordem dos Advogados (OAB).

Nesta 5ª edição, adicionamos novos modelos de petições, inclusive um novo capítulo que trata especificamente do inventário.

Agradecemos a todos os amigos, alunos e ex-alunos, colegas advogados e advogadas, que nos prestigiaram não só com a aquisição e divulgação da obra nas edições anteriores, mas, sobretudo, pelas contribuições com sugestões, acréscimos e correções.

Abraços a todos,


São Paulo, janeiro de 2022.

# Agradecimentos

Agradeço aos queridos amigos(as) advogados(as), abaixo relacionados (em ordem alfabética), todos professores universitários experientes, que prestaram uma ajuda inestimável na finalização do presente trabalho, complementando e atualizando algumas lições.

A contribuição deles, além de importante e fundamental, valoriza e engrandece a presente obra.

Dessa forma, meu muito obrigado à:

**EVANDRO ANNIBAL,** Advogado em São Paulo, Professor de Direito Civil e Direito Processual Civil. Pós-Graduado em Direito Processual Civil e Direito Empresarial, ambas pelo Mackenzie, e é Mestre em Direito da Sociedade da Informação pela FMU. Aluno regularmente inscrito no curso do Doutorado em Direito Civil da Universidade de Buenos Aires (UBA).

**FERNANDA ORSI BALTRUNAS DORETTO,** Advogada militante em São Paulo, Mestre e Doutora em Direito Civil pela Faculdade de Direito da Universidade de São Paulo (USP), Professora de Direito Civil da Universidade Paulista (UNIP), Universidade Cruzeiro do Sul e Universidade São Judas Tadeu.

**MARCO ANTÔNIO GARCIA LOPES LORENCINI,** Advogado em São Paulo, Mestre e Doutor pela Faculdade de Direito da Universidade de São Paulo (USP); Professor de Direito Processual Civil nos cursos de graduação da Universidade Paulista (UNIP); Membro do CEBEPEJ – Centro Brasileiro de Pesquisas Judiciais e do FONAME – Fórum Nacional de Mediação.

**MARCIA CARDOSO SIMÕES,** Advogada militante na área de família. Professora de Direito Processual Civil, Graduada em Direito e Pedagogia (USP), Mestre em Direito (FADISP), Especialista em Direito Civil (FADISP) e Direito Processual Civil (EPD).

# DEDICATÓRIA

Dedico o presente trabalho para Ana Ligia pelo carinho, dedicação e apoio incondicional, sem os quais não teria sido possível desenvolver este trabalho.

Dedico também aos meus netinhos Mateus, Gabi, Caio e Malu que darão continuidade a saga da família Melo nesta terra, esperando que eles possam viver num mundo bem melhor do que vivemos hoje...

# Obras do Autor

## I – LIVROS

Lições de processo civil – Teoria geral do processo e procedimento comum, 3ª. ed. Indaiatuba: Foco, 2022, v. 1.

Lições de processo civil – Processo de execução e procedimentos especiais, 3ª. ed. Indaiatuba: Foco, 2022, v. 2.

Lições de processo civil – Dos processos nos tribunais e dos recursos, 3ª. ed. Indaiatuba: Foco, 2022, v. 3.

Novo CPC Anotado, Comentado e Comparado, 3ª ed. Indaiatuba: Foco, 2022.

Lições de direito civil – Teoria Geral – Das pessoas e dos bens, 5ª. ed. Indaiatuba: Foco, 2022, v. 1.

Lições de direito civil – Obrigações e responsabilidade civil, 5ª. ed. Indaiatuba: Foco, 2022, v. 2.

Lições de direito civil – Dos contratos e dos atos unilaterais, 4ª. ed. Indaiatuba: Foco, 2022, v. 3.

Lições de direito civil – Direito das coisas, 5ª ed. Indaiatuba: Foco, 2022, v. 4.

Lições de direito civil – Família e Sucessões, 5ª. ed. Indaiatuba: Foco, 2022, v. 5.

Como advogar no cível com o Novo CPC, 4ª. ed. Araçariguama: Rumo Legal, 2018 (esgotado).

Novo CPC Comparado – 2015 X 1973. Araçariguama: Rumo Legal, 2016 (esgotado).

Dano moral trabalhista, 3ª. ed. São Paulo: Atlas, 2015 (esgotado).

Responsabilidade civil por erro médico: doutrina e jurisprudência. 3ª. ed. São Paulo: Atlas, 2014 (esgotado).

Da culpa e do risco como fundamentos da responsabilidade civil. 2ª. ed. São Paulo: Atlas, 2012 (esgotado).

Dano moral nas relações de consumo. 2ª. ed. São Paulo: Saraiva, 2012.

Dano moral – problemática: do cabimento à fixação do quantum, 2ª. ed. São Paulo: Atlas, 2011 (esgotado).

Da defesa do consumidor em juízo. São Paulo: Atlas, 2010 (esgotado).

## II – CAPÍTULOS DE LIVROS EM OBRAS COLETIVAS

O direito de morrer com dignidade. In: GODINHO, Adriano Marteleto; LEITE, Salomão Jorge e DADATO, Luciana (coord.). Tratado brasileiro sobre o direito fundamental à morte digna. São Paulo: Almedina, 2017.

Dano moral pela inclusão indevida na Serasa (indústria do dano moral ou falha na prestação dos serviços?). In: STOCO, Rui (Org.). Dano moral nas relações de consumo. São Paulo: Revistas dos Tribunais, 2015.

Uma reflexão sobre a forma de indicação dos membros do Supremo Tribunal Federal brasileiro. In: ARAGÃO, Paulo; ROMANO, Letícia Danielle; TAYAH, José Marco (Coord.). Reflexiones sobre derecho latinoamericano. Buenos Aires: Editorial Latino Americano, 2015, v. 20.

O princípio da dignidade humana como fonte jurídico-positiva para os direitos fundamentais. In: BALESTERO, Gabriela Soares; BEGALLI, Ana Silvia Marcatto (Coord.). Estudos de direito latino americano. Brasilia: Kiron, 2014, v. 2.

Fundamentos da reparação por dano moral trabalhista no Brasil e uma nova teoria para sua quantificação. In: ARAGÃO, Paulo; ROMANO, Letícia Danielle; TAYAH, José Marco (Coord.). Reflexiones sobre derecho latinoamericano. Buenos Aires: Editorial Latino Americano, 2014, v. 13.

Comentários aos artigos 103 e 104 do CDC e à Lei Estadual dos Combustíveis. In: MACHADO, Costa; FRONTINI, Paulo Salvador (Coord.). Código de Defesa do Consumidor interpretado. São Paulo: Manole, 2013.

La familia ensamblada: una analisis a la luz del derecho argentino y brasileño. In: BALESTERO, Gabriela Soares; BEGALLI, Ana Silvia Marcatto (Coord.). Estudos de direito latino americano. São Paulo: Lexia, 2013.

8. Da dificuldade de prova nas ações derivadas de erro médico. In: AZEVEDO, Álvaro Villaça; LIGIEIRA, Wilson Ricardo (Coord.). Direitos do paciente. São Paulo: Saraiva, 2012.

9. O princípio da dignidade humana como fonte jurídico-positiva para os direitos fundamentais. In: ARAGÃO, Paulo; ROMANO, Letícia Danielle; TAYAH, José Marco (Coord.). Reflexiones sobre derecho latinoamericano. Rio de Janeiro: Livre Expressão, 2012, v. 8.

10. Reflexões sobre a inversão do ônus da prova. In: MORATO, Antonio Carlos; NERI, Paulo de Tarso (Org.). 20 anos do Código de Defesa do Consumidor: estudos em homenagem ao professor José Geraldo Brito Filomeno. São Paulo: Atlas, 2010.

## III – ARTIGOS PUBLICADOS

Da Gratuidade da Justiça no Novo CPC e o Papel do Judiciário. Revista Síntese de Direito Civil e Processual Civil. São Paulo: Síntese, n° 97, set./out. 2015. Publicado também na Revista Lex Magister, Edição n° 2.484, 19 Outubro 2015.

Análise crítica da forma de indicação dos membros do Supremo Tribunal Federal. Revista Jus Navigandi, Teresina, ano 20, n. 4341, 21 maio 2015. Disponível em: <http://jus.com.br/artigos/39290>.

Fundamentos da reparação por dano moral trabalhista e uma nova teoria para sua quantificação. Revista Brasileira de Direitos Humanos. Lex-Magister, U. S. abr./jun. 2013.

A família ensamblada: uma análise à luz do direito argentino e brasileiro. Revista Síntese de Direito de Família, v. 78, jun./jul. 2013. Publicado também na Revista Jurídica Lex, v. 72, mar./abr. 2013.

Ulysses Guimarães: uma vida dedicada à construção da democracia brasileira. Publicado no site da Revista Lex-Magister em 19-12-2012. Disponível em: <http://www.editoramagister.com/doutrina_24064820>.

## OBRAS DO AUTOR

Dano moral: por uma teoria renovada para quantificação do valor indenizatório (teoria da exemplaridade). Revista Magister de Direito Empresarial, Concorrencial e do Consumidor, v. 44, abr./mai. 2012. Publicado também na Revista Síntese de Direito Civil e Processual Civil. São Paulo: Síntese, n° 79, set./out. 2012.

Responsabilidade civil nas relações de consumo. Revista Magister de Direito Empresarial, Concorrencial e do Consumidor. Porto Alegre: Magister, n° 34, ago./set. 2010. Publicado também na Revista Síntese de Direito Civil e Processual Civil, n° 68, nov./dez. 2010 e na Revista Lex do Direito Brasileiro, n° 46, jul./ago. 2010.

Nova execução por títulos judiciais: liquidação e cumprimento de sentença (Lei no 11.232/05). Revista Magister de Direito Processual Civil, Porto Alegre: Magister, n° 24, maio/jun. 2008. Publicado também na Revista Síntese de Direito Civil e Processual Civil, n° 58, mar./abr. 2009.

Erro médico e dano moral: como o médico poderá se prevenir? Revista Magister de Direito Empresarial, Concorrencial e do Consumidor. Porto Alegre: Magister, n° 18, dez./jan. 2008.

Excludentes de responsabilidade em face do Código de Defesa do Consumidor. Revista Magister de Direito Empresarial, Concorrencial e do Consumidor. Porto Alegre: Magister, n° 23, out./nov. 2008.

Excludentes de responsabilidade em face do Código de Defesa do Consumidor. Revista Magister de Direito Empresarial, Concorrencial e do Consumidor. Porto Alegre: Magister, n° 23, out./nov. 2008.

O princípio da dignidade humana e a interpretação dos direitos humanos. São Paulo: Repertório de Jurisprudência IOB n° 07/2009.

Responsabilidade dos bancos pelos emitentes de cheques sem fundos. Juris Plenum, Caxias do Sul: Plenum, n° 88, maio 2006. CD-ROM.

Dano moral pela inclusão indevida na Serasa (indústria do dano moral ou falha na prestação dos serviços?). Revista de Direito Bancário e do Mercado de Capitais, n° 28. São Paulo: Revista dos Tribunais, abr./jun. 2005. Publicado também na Revista do Factoring, São Paulo: Klarear, n° 13, jul./ago./set. 2005 e na Revista Magister de Direito Empresarial, Concorrencial e do Consumidor. Porto Alegre: Magister, n° 12 dez./jan. 2007.

Da ilegalidade da cobrança da assinatura mensal dos telefones. Juris Plenum. Especial sobre tarifa básica de telefonia. Caxias do Sul: Plenum, n° 82. maio 2005. CD-ROM.

Abandono moral: fundamentos da responsabilidade civil. Revista Síntese

de Direito Civil e Processual Civil, n° 34. São Paulo: Síntese/IOB, mar./abr. 2005. Incluído também no Repertório de Jurisprudência IOB n° 07/2005 e republicado na Revista IOB de Direito de Família, n° 46, fev./mar. 2008.

Por uma nova teoria da reparação por danos morais. Revista do Instituto dos Advogados de São Paulo, n° 15. São Paulo: Revista dos Tribunais, jan./ jun. 2005. Publicado também na Revista Síntese de Direito Civil e Processual Civil, n° 33, jan./fev. 2005.

Responsabilidade civil por abuso de direito. Juris Síntese, São Paulo: Síntese/IOB, n° 51, jan./fev. 2005. CD-ROM.

União estável: conceito, alimentos e dissolução. Revista Jurídica Consulex, n° 196, Brasília: Consulex, mar. 2005. Publicado também na Revista IOB de Direito de família n° 51, dez./ jan. 2009.

Dano moral coletivo nas relações de consumo. Juris Síntese, Porto Alegre: Síntese, n° 49, set./ out. 2004. CD-ROM.

Da justiça gratuita como instrumento da democratização do acesso ao judiciário. Juris Síntese, Porto Alegre, n° 48, Síntese, jul./ago. 2004. CD-ROM.

Do conceito ampliado de consumidor. Revista Síntese de Direito Civil e Processual Civil. São Paulo: Síntese/IOB, n° 30, jul./ago. 2004.

# Abreviaturas

**AC** – Apelação Cível ACP – Ação Civil Pública

**ADCT** – Ato das Disposições Constitucionais Transitórias

**ADIn** – Ação Direta de Inconstitucionalidade

**Art.** – artigo

**BGB** – Burgerliches Gesetzbuch (Código Civil alemão) CBA – Código Brasileiro de Aeronáutica

**CC** – Código Civil (Lei n° 10.406/02)

**CCom** – Código Comercial (Lei n° 556/1850)

**CDC** – Código de Defesa do Consumidor (Lei n° 8.078/90) CF – Constituição Federal

**CLT** – Consolidação das Leis do Trabalho (Dec.-Lei n° 5.452/43) CP – Código Penal (Dec.--Lei n° 2.848/40)

**CPC** – Código de Processo Civil (Lei n° 10.105/15)

**CPP** – Código de Processo Penal (Dec.-Lei n° 3.689/41)

**CRI** – Cartório de Registro de Imóveis

**CRTD** – Cartório de Registro de Títulos e Documentos CTB – Código de Trânsito Brasileiro (Lei n° 9.503/97) CTN – Código Tributário Nacional (Lei n° 5.172/66)

**D** – Decreto

**Dec.-Lei** – Decreto-lei

**Des.** – Desembargador

**DJU** – Diário Oficial da Justiça da União

**DOE** – Diário Oficial do Estado (abreviatura + sigla do Estado) DOU – Diário Oficial da União

**EC** – Emenda Constitucional

**ECA** – Estatuto da Criança e do Adolescente (Lei n° 8.069/90)

**EOAB** – Estatuto da Ordem dos Advogados do Brasil (Lei n° 8.906/94) IPTU – Imposto sobre a Propriedade Predial e Territorial Urbana IPVA – Imposto sobre a Propriedade de Veículos Automotores

**IR** – Imposto sobre a Renda e Proventos de Qualquer Natureza IRPJ – Imposto de Renda de Pessoa Jurídica

**ISS** – Imposto Sobre Serviços

**ITBI** – Imposto sobre transmissão de bens imóveis

**j.** – julgado em (seguido de data)

**JEC** – Juizado Especial Cível (Lei n° 9.099/95)

**JEF** – Juizado Especial Federal (Lei n° 10.259/01) LA – Lei de Alimentos (Lei n° 5.478/68)

**LACP** – Lei da Ação Civil Pública (Lei n° 7.347/85)

**LAF** – Lei das Alienações Fiduciárias (Dec.-lei n° 911/69)

**LAM** – Lei de Arrendamento Mercantil (Lei n° 6.099/74)

**LAP** – Lei da Ação Popular (Lei n° 4.717/65)

**LArb** – Lei da Arbitragem (Lei n° 9.307/96) LC – Lei Complementar

**LCh** – Lei do Cheque (Lei n° 7.357/85)

**LD** – Lei de Duplicatas (Lei n° 5.474/68)

**LDA** – Lei de Direitos Autorais (Lei n° 9.610/98)

**LDC** – Lei de Defesa da Concorrência (Lei n° 8.158/91) LDi – Lei do Divórcio (Lei n° 6.515/77)

**LDP** – Lei da Defensoria Pública (LC n° 80/94) LEF – Lei de Execução Fiscal (Lei n° 6.830/80)

**LEP** – Lei de Economia Popular (Lei n° 1.521/51)

**LI** – Lei do Inquilinato (Lei n° 8.245/91)

**LINDB** – Lei de Introdução às Normas do Direito Brasileiro (Dec.-Lei n° 4.657/42) LMS – Lei do Mandado de Segurança (Lei n° 1.533/51)

**LPI** – Lei de Propriedade Industrial (Lei n° 9.279/96)

**LRC** – Lei do Representante Comercial Autônomo (Lei n° 4.886/65) LRF – Lei de Recuperação e Falência (Lei n° 11.101/05)

**LRP** – Lei de Registros Públicos (Lei n° 6.015/73)

**LSA** – Lei das Sociedades Anônimas (Lei n° 6.404/76) LU – Lei Uniforme de Genebra (D n° 57.663/66)

**Min.** – Ministro

**MP** – Ministério Público

**MS** – Mandado de Segurança NR – Nota de rodapé

**ONU** – Organização das Nações Unidas Rec. – Recurso

**rel.** – Relator ou Relatora

**REsp** – Recurso Especial

**ss.** – seguintes

**STF** – Supremo Tribunal Federal STJ – Superior Tribunal de Justiça

**Súm.** – Súmula

**TJ** – Tribunal de Justiça

**TRF** – Tribunal Regional Federal

**TRT** – Tribunal Regional do Trabalho TST – Tribunal Superior do Trabalho

**v.u.** – votação unânime

# SUMÁRIO

PREFÁCIO ........................................................................................................ V

NOTA DO AUTOR À 5ª EDIÇÃO ..................................................................... VII

AGRADECIMENTOS......................................................................................... IX

DEDICATÓRIA.................................................................................................. XI

OBRAS DO AUTOR........................................................................................... XIII

ABREVIATURAS............................................................................................... XVII

## PARTE I
## DO PROCEDIMENTO COMUM

CAPÍTULO 1 – DA PETIÇÃO INICIAL NO PROCEDIMENTO COMUM .......... 3

   1.1   Da estrutura de uma petição inicial ................................................ 3

   1.2   Endereçamento (juízo competente) ................................................ 5

   1.3   Preâmbulo (autor, tipo da ação e réu)............................................. 5

   1.4   Fatos e documentos (ou histórico) .................................................. 6

   1.5   Do direito ou no mérito (ou dos fundamentos jurídicos)..................... 7

   1.6   Conclusão....................................................................................... 7

   1.7   Pedidos (ou requerimentos) ............................................................ 8

   1.8   Provas ............................................................................................ 8

   1.9   Valor da causa................................................................................ 8

   1.10  Encerramento ................................................................................ 9

   1.11  Justiça gratuita.............................................................................. 9

   1.12  Problema para elaboração de uma petição inicial............................. 10

   1.13  Planejamento para elaborar a petição ............................................ 11

1.14 Modelo de petição inicial (1º modelo)...................................................... 13

1.15 Observação muito importante................................................................. 17

1.16 Outro problema para elaboração de mais uma petição inicial............... 18

1.17 Planejamento para elaborar esta nova petição inicial............................ 19

1.18 Modelo de petição inicial para ressarcimento dos danos causados ao veículo (2º modelo)................................................................................. 20

## CAPÍTULO 2 – DAS TUTELAS PROVISÓRIAS................................................. 27

2.1 Do conceito e da importância das tutelas provisórias............................ 27

2.2 Fundamentos jurídicos do pedido das tutelas provisórias..................... 30

2.3 Como saber qual tutela provisória utilizar?........................................... 32

   2.3.1 Da tutela de urgência .................................................................. 32

   2.3.2 Da tutela de evidência................................................................. 34

2.4 Juízo competente.................................................................................... 35

2.5 Prática das tutelas de urgência e de evidência....................................... 35

   2.5.1 Problema para elaboração de uma petição inicial com pedido de tutela antecipada (art. 303)..................................................... 36

   2.5.2 Modelo de petição inicial completa com pedido de tutela antecipada *inaudita altera parte* (art. 294, parágrafo único)................. 37

   2.5.3 Problema para elaboração de uma petição inicial com pedido exclusivo de estabilização da tutela antecipatória de caráter antecedente (art. 303, *caput* e § 5º c/c art. 304)...................... 42

   2.5.4 Modelo de petição inicial com pedido exclusivo de estabilização da tutela antecipada antecedente (art. 303, *caput* e § 5º e art. 304)............................................................................................. 43

   2.5.5 Problema para elaboração de uma petição inicial com pedido de tutela cautelar (art. 305)......................................................... 46

   2.5.6 Modelo de petição inicial com pedido de tutela cautelar de caráter antecedente (art. 305)........................................................ 47

## CAPÍTULO 3 – EMENDA E ADITAMENTO DA PETIÇÃO INICIAL.................. 49

3.1 O que deve conter a petição inicial?....................................................... 49

3.2 Petição incompleta ou irregular............................................................. 49

3.3 Diferença entre emenda e aditamento ................................................... 50

| | | |
|---|---|---|
| 3.4 | Defeitos passíveis de emenda ou aditamento | 50 |
| 3.5 | Atitudes do juiz quando recebe a inicial | 53 |
| 3.6 | Modelo de despacho determinando a emenda ou aditamento | 53 |
| 3.7 | Providências após protocolada a petição de emenda ou aditamento | 54 |
| 3.8 | Modelo de petição de aditamento à inicial | 54 |
| 3.9 | Outro modelo de petição de emenda da petição inicial | 56 |
| 3.10 | Modelo de petição de emenda para substituição do réu | 57 |

**CAPÍTULO 4 – DA AUDIÊNCIA DE CONCILIAÇÃO OU DE MEDIAÇÃO** ... 59

| | | |
|---|---|---|
| 4.1 | Conciliação ou mediação, qual é a diferença? | 59 |
| 4.2 | Momento processual próprio | 60 |
| 4.3 | Nossa crítica à quase obrigatoriedade da audiência de conciliação/mediação | 60 |
| 4.4 | A audiência de conciliação e mediação e a contagem do prazo para contestação | 62 |
| 4.5 | A importância da conciliação ou mediação | 63 |
| 4.6 | Dos conciliadores e mediadores | 63 |
| 4.7 | Procedimento da audiência de conciliação ou mediação | 64 |
| 4.8 | A política judiciária nacional de tratamento adequado dos conflitos de interesses | 65 |
| 4.9 | Modelo de petição do réu dizendo não ter interesse na realização da audiência de conciliação ou mediação | 66 |

**CAPÍTULO 5 – DA RESPOSTA DO RÉU – CONTESTAÇÃO** ... 67

| | | |
|---|---|---|
| 5.1 | Aspectos gerais da defesa do réu | 67 |
| 5.2 | Prazo e forma de contagem | 67 |
| 5.3 | Contagem do prazo nas férias forense | 69 |
| 5.4 | A contestação | 70 |
| 5.5 | Defesa processual de rito (preliminares do art. 337 do CPC) | 70 |
| 5.6 | Defesa de mérito ou substancial | 71 |
| 5.7 | Obrigação acessória do réu | 72 |
| 5.8 | Nos casos de incompetência relativa ou absoluta | 73 |
| 5.9 | Da reconvenção | 73 |

5.10 Arguição de impedimento ou suspeição..................................................... 74

5.11 Estruturação de uma contestação ............................................................. 75

5.12 Problema para elaboração de uma contestação .......................................... 76

5.13 Modelo de contestação sem preliminares.................................................. 76

5.14 Contestação com preliminares................................................................. 81

    5.14.1 Modelo de contestação com preliminares (1°) ............................... 82

5.15 Outras preliminares que podem ser arguidas ............................................ 85

    5.15.1 Problema para elaboração de uma contestação com preliminar de exceção de incompetência.................................................. 86

    5.15.2 Outro modelo de contestação com preliminares (2°)................... 86

## CAPÍTULO 6 – DAS PROVIDÊNCIAS PRELIMINARES E DA RÉPLICA À CONTESTAÇÃO................................................................................................... 89

6.1 Providências preliminares....................................................................... 89

6.2 Fundamentos jurídicos da réplica............................................................. 90

6.3 Prazo e forma para apresentação da réplica ............................................. 91

6.4 Amplitude da réplica .............................................................................. 91

6.5 Tréplica.................................................................................................. 91

6.6 Problema para elaboração da réplica......................................................... 92

6.7 Modelo de petição de réplica................................................................... 92

## CAPÍTULO 7 – SANEAMENTO DO PROCESSO, ESPECIFICAÇÃO DE PROVAS, FORMULAÇÃO DE QUESITOS E INDICAÇÃO DE ASSISTENTE TÉCNICO.................................................................................................... 95

7.1 Do saneamento e da organização do processo............................................ 95

7.2 Da prova pericial.................................................................................... 96

7.3 Petição indicando assistente técnico ........................................................ 97

7.4 Apresentação de quesitos ........................................................................ 97

7.5 A indicação do assistente técnico e apresentação dos quesitos.................... 98

    7.5.1 Modelo de petição indicando assistente técnico e quesitos.......... 98

7.6 Impugnação do valor dos honorários periciais........................................... 99

    7.6.1 Modelo de petição de impugnação dos honorários do perito...... 100

7.7 Impugnação da conclusão do laudo pericial ............................................. 100

    7.7.1 Modelo de petição concordando com o laudo pericial ............... 101

| | | |
|---|---|---|
| 7.8 | Modelos de petições indicando outras provas | 101 |
| | 7.8.1 Modelo de petição requerendo provas | 102 |
| | 7.8.2 Modelo de petição informando que não há provas a produzir .... | 103 |

**CAPÍTULO 8 – AUDIÊNCIA DE INSTRUÇÃO E JULGAMENTO E DOS MEMORIAIS** ............ 105

| | | |
|---|---|---|
| 8.1 | Atos preparatórios para a audiência de instrução e julgamento | 105 |
| 8.2 | A realização da audiência de instrução e julgamento | 106 |
| 8.3 | Decisões proferidas em audiência | 107 |
| 8.4 | Encerramento da audiência de instrução e julgamento | 108 |
| 8.5 | Memoriais ou alegações finais | 108 |
| 8.6 | Problema para elaboração das alegações finais | 109 |
| | 8.6.1 Memorial do autor | 109 |
| | 8.6.2 Memorial da ré | 111 |

**CAPÍTULO 9 – SENTENÇA E EMBARGOS DE DECLARAÇÃO** ............ 113

| | | |
|---|---|---|
| 9.1 | Sentença | 113 |
| 9.2 | Conteúdo da sentença de mérito | 113 |
| 9.3 | Exemplo de uma sentença de mérito | 114 |
| 9.4 | Modelo de sentença de mérito | 114 |
| 9.5 | Embargos de declaração | 118 |
| 9.6 | Problema para elaboração dos Embargos de Declaração | 120 |
| 9.7 | Modelo de petição de embargos de declaração | 120 |
| 9.8 | Decisão do juiz nos embargos de declaração | 121 |

**CAPÍTULO 10 – AGRAVO DE INSTRUMENTO** ............ 123

| | | |
|---|---|---|
| 10.1 | Noções doutrinárias | 123 |
| 10.2 | Problemas para elaboração do agravo de instrumento | 125 |
| | 10.2.1 Modelo de petição de interposição do agravo de instrumento .... | 126 |
| | 10.2.2 Modelo de petição com as razões do agravo de instrumento | 126 |
| 10.3 | Comunicação ao juiz da causa | 128 |
| | 10.3.1 Modelo de petição informando ao juiz da causa | 128 |

10.4 Contrarrazões do agravado ..................................................... 129

    10.4.1 Modelo de petição com as contrarrazões do agravado................. 129

## CAPÍTULO 11 – APELAÇÃO E O RECURSO ADESIVO ..................................... 131

11.1 Apelação ........................................................................... 131

11.2 Efeitos ............................................................................... 132

    11.2.1 O efeito devolutivo da apelação ................................. 132

    11.2.2 O efeito suspensivo da apelação ................................. 133

    11.2.3 Efeito translativo da apelação.................................... 133

    11.2.4 Efeito substitutivo da apelação................................... 134

11.3 Pressupostos recursais ....................................................... 134

11.4 Elaboração da petição de interposição da apelação .................. 135

11.5 Prazo para interposição....................................................... 136

11.6 Juízo de admissibilidade...................................................... 137

11.7 Matérias que não sofrem o efeito da preclusão ....................... 137

11.8 Problema para elaboração da apelação .................................. 137

    11.8.1 Modelo de petição de interposição ............................. 138

    11.8.2 Modelo de petição com as razões da apelação................ 139

11.9 Resposta do apelado (petição de interposição e de contrarrazões)......... 141

    11.9.1 Modelo de petição de interposição ............................. 142

    11.9.2 Modelo de petição com as contrarrazões ..................... 143

11.10 Recurso adesivo................................................................ 146

11.11 Forma de interposição e prazo............................................ 147

11.12 Para melhor entender o recurso adesivo................................ 147

    11.12.1 Modelo de petição com as razões do recurso adesivo............... 148

11.13 Contrarrazões ao recurso adesivo........................................ 151

11.14 Julgamento dos recursos no Tribunal .................................. 152

11.15 Resultado do Julgamento dos recursos no Tribunal.................. 152

## CAPÍTULO 12 – DOS RECURSOS AOS TRIBUNAIS SUPERIORES .................... 157

12.1 Esclarecimentos iniciais ..................................................... 157

12.2 Recurso ordinário constitucional .............................................................. 157

    12.2.1 Da interposição ................................................................................ 158

    12.2.2 Modelo de petição de interposição do recurso ordinário ............ 158

    12.2.3 Modelo de petição com as razões do recurso ordinário ............... 159

12.3 Recurso especial ........................................................................................ 160

    12.3.1 Pressupostos de admissibilidade ................................................... 161

    12.3.2 Processamento ................................................................................ 161

    12.3.3 Contrarrazões ao recurso especial ................................................ 162

    12.3.4 Petição de interposição do recurso especial (este modelo também serve para a interposição das contrarrazões) ........................ 163

    12.3.5 Petição com as razões do recurso especial .................................... 163

    12.3.6 Petição com as contrarrazões ao recurso especial ........................ 167

12.4 Recurso extraordinário .............................................................................. 169

    12.4.1 Pressupostos de admissibilidade ................................................... 169

    12.4.2 Processamento ................................................................................ 170

    12.4.3 Interposição do recurso extraordinário ........................................ 170

    12.4.4 Modelo de petição em recurso extraordinário .............................. 171

12.5 Agravo em RE ou em REsp ........................................................................ 172

    12.5.1 Interposição do agravo ................................................................... 173

    12.5.2 Petição de agravo contra decisão denegatória ............................. 173

## PARTE II
## DO CUMPRIMENTO DE SENTENÇA E DO PROCESSO DE EXECUÇÃO

CAPÍTULO 13 – DO CUMPRIMENTO DA SENTENÇA .................................... 177

13.1 Notas introdutórias .................................................................................... 177

13.2 Cumprimento da sentença nas obrigações de fazer (ou não fazer) e para entrega de coisa ......................................................................................... 180

    13.2.1 Modelo de petição provocando o cumprimento da sentença na obrigação de fazer ........................................................................... 181

    13.2.2 Modelo de petição provocando o cumprimento da sentença na obrigação de entrega de coisa ....................................................... 182

13.3 Cumprimento da sentença nas obrigações por quantia certa .................. 183

13.3.1 Modelo de petição provocando o cumprimento da sentença na obrigação de pagar quantia certa......................................................... 184

13.3.2 Memória de cálculos ........................................................................ 185

13.3.3 Modelo de planilha de cálculos ....................................................... 186

CAPÍTULO 14 – DA EXECUÇÃO POR TÍTULO EXTRAJUDICIAL...................... 189

14.1 Notas introdutórias................................................................................ 189

14.2 Documentos que devem instruir a petição ............................................. 192

14.3 Os diversos tipos de execução................................................................ 192

14.4 Modelo de petição de execução na obrigação de fazer ......................... 193

14.5 Modelo de petição na obrigação de não fazer........................................ 195

14.6 Modelo de petição na obrigação de entrega de coisa certa ..................... 196

14.7 Modelo de petição de execução por quantia certa ................................. 197

14.8 Observações importantes........................................................................ 198

CAPÍTULO 15 – DA EXECUÇÃO POR TÍTULO EXECUTIVO EXTRAJUDI-CIAL CONTRA A FAZENDA PÚBLICA ......................................................... 201

15.1 Notas introdutórias................................................................................ 201

15.2 Modelo de petição de execução de obrigação de entrega de coisa contra a Fazenda Pública................................................................................... 202

15.3 Modelo de petição de execução por quantia certa contra a fazenda Pública................................................................................................... 203

CAPÍTULO 16 – DA DEFESA DO EXECUTADO ......................................... 205

16.1 Considerações iniciais ............................................................................ 205

16.2 Defesa do réu no cumprimento da sentença – Impugnação.................... 205

16.2.1 Problema para elaboração da defesa do executado no cumprimento de sentença................................................................................ 207

16.2.2 Modelo de petição de impugnação ao cumprimento de sentença..... 207

16.3 Defesa do executado por título extrajudicial através dos embargos à execução................................................................................................... 208

16.3.1 Problema para elaboração dos embargos ......................................... 210

16.3.2 Modelo de petição de embargos na execução por quantia certa.. 211

16.3.3 Modelo de petição de embargos na execução para entrega de coisa................................................................................................ 212

# PARTE III
## DOS PROCEDIMENTOS ESPECIAIS

CAPÍTULO 17 – DAS PETIÇÕES NOS PROCEDIMENTOS ESPECIAIS .............. 217

17.1 Notas introdutórias ................................................................. 217

17.2 Da ação de consignação em pagamento ...................................... 217

    17.2.1 Modelo de petição da ação de consignação em pagamento ......... 219

17.3 Da ação de exigir contas ........................................................... 220

    17.3.1 Modelo de petição na ação de exigir contas ......................... 221

17.4 Das ações em defesa da posse .................................................... 224

    17.4.1 Modelo de petição na ação de reintegração de posse ............... 226

17.5 Ação de embargos de terceiros ................................................... 228

    17.5.1 Modelo de petição na ação de embargos de terceiros ............... 231

    17.5.2 Modelo de petição na ação de embargos de terceiros para defesa da meação e alegação de bem de família ........................................ 232

17.6 Da ação monitória ................................................................... 236

    17.6.1 Modelo de petição na ação monitória – cheque sem força executiva ................................................................................ 242

    17.6.2 Modelo de petição na ação monitória – documento sem força de título executivo ..................................................................... 244

17.7 Do inventário e da partilha ....................................................... 246

    17.7.1 Juízo competente .......................................................... 249

    17.7.2 Obrigatoriedade de consulta sobre a existência de testamento: ... 249

    17.7.3 Abertura do inventário judicial e administração da herança ....... 250

    17.7.4 Legitimidade para requerer a abertura do inventário ................ 250

    17.7.5 Ordem de nomeação do inventariante ................................. 251

    17.7.6 Incumbência do inventariante ........................................... 253

    17.7.7 Das primeiras declarações ............................................... 255

    17.7.8 Das citações e das impugnações ........................................ 257

    17.7.9 Da partilha .................................................................. 258

    17.7.10 Modelo de petição pedindo a abertura de inventário ............... 260

# PARTE IV
# AÇÕES ESPECIAIS RELATIVAS AO DIREITO DE FAMÍLIA

CAPÍTULO 18 – PETIÇÕES NO DIREITO DE FAMÍLIA .................................... 265

    18.1 Notas introdutórias ................................................................... 265

    18.2 Dos alimentos ............................................................................ 266

        18.2.1 Modelo de petição pedindo alimentos .......................... 268

        18.2.2 Da execução de alimentos ............................................... 271

        18.2.3 Modelo de petição de execução de alimentos cumprimento de sentença com pedido de prisão civil ................................. 273

        18.2.4 Da defesa do executado no cumprimento de sentença da obrigação de pagar alimentos ...................................... 275

        18.2.5 Modelo de petição justificando a impossibilidade de adimplemento na execução de alimentos ................................... 275

    18.3 Do reconhecimento e dissolução da união estável ................ 276

        18.3.1 Modelo de petição inicial de reconhecimento e dissolução da união estável consensual ............................................ 278

        18.3.2 Modelo de petição inicial de reconhecimento, dissolução e partilha de bens na união estável litigiosa ................. 280

    18.4 Do divórcio ................................................................................. 283

        18.4.1 Modelo de petição na ação de divórcio consensual ..... 283

        18.4.2 Modelo de petição na ação de divórcio litigioso .......... 285

    18.5 Da interdição ............................................................................. 288

        18.5.1 Modelo de petição de interdição .................................... 290

    18.6 Investigação de paternidade ................................................... 291

        18.6.1 Modelo de petição numa ação de investigação de paternidade c/c alimentos ...................................................... 293

# PARTE V
# DOS JUIZADOS ESPECIAIS CÍVEIS ESTADUAIS

CAPÍTULO 19 – DO PROCEDIMENTO NOS JUIZADOS ESPECIAIS CÍVEIS ESTADUAIS – LEI Nº 9.099/95 .................................................................. 297

    19.1 Dos princípios informativos dos juizados especiais ............. 297

    19.2 Do cabimento desse procedimento ........................................ 298

| | |
|---|---|
| 19.3 Ações que não podem ser propostas nos juizados | 299 |
| 19.4 Da competência de foro | 300 |
| 19.5 As partes | 300 |
| 19.6 Da representação processual | 301 |
| 19.7 Dos atos processuais, do pedido, das citações e intimações | 302 |
| 19.8 Das audiências | 305 |
| 19.8.1 Audiência de conciliação | 305 |
| 19.8.2 Juízo arbitral | 305 |
| 19.8.3 Audiência de instrução e julgamento | 306 |
| 19.9 Da resposta do réu | 307 |
| 19.10 Das provas | 307 |
| 19.11 Da sentença e dos recursos | 309 |
| 19.12 Da execução dos julgados | 310 |
| 19.13 Problema para elaboração de uma petição inicial no JEC | 312 |
| 19.14 Planejamento para elaboração da petição inicial | 312 |
| 19.15 Modelo de petição inicial | 313 |
| 19.15.1 Observação importante | 315 |

**PARTE VI**
**PETIÇÕES DIVERSAS**

| | |
|---|---|
| CAPÍTULO 20 – PETIÇÕES DIVERSAS | 319 |
| 20.1 Considerações iniciais | 319 |
| 20.2 Modelo de petição de juntada (I) | 320 |
| 20.3 Modelo de petição de juntada (II) | 320 |
| 20.4 Modelo de petição pedindo o julgamento antecipado da lide | 321 |
| 20.5 Modelo de petição com especificação de provas | 321 |
| 20.6 Modelo de petição com pedido de expedição de ofício a órgão público. | 322 |
| 20.7 Modelo de petição com pedido de citação por edital | 323 |
| 20.8 Modelo de petição pedindo a desconsideração da personalidade jurídica.... | 324 |
| 20.9 Modelo de petição com oferecimento de caução | 325 |
| 20.10 Modelo de petição – pedido de homologação de acordo | 326 |

20.11 Modelo de petição com pedido de levantamento de depósito judicial... 328

20.12 Modelo de petição com pedido de penhora *online* ................................... 328

20.13 Modelo de petição com pedido de extinção da execução e liberação de penhora ................................................................................................................ 329

20.14 Modelo de petição com pedido de parcelamento da execução ............... 330

BIBLIOGRAFIA ................................................................................................................ 331

## PARTE I
# DO PROCEDIMENTO COMUM

# Capítulo 1
## Da Petição Inicial no Procedimento Comum

## 1.1 DA ESTRUTURA DE UMA PETIÇÃO INICIAL

É através da petição inicial que o autor provoca a manifestação do Poder Judiciário sobre a eventual lesão de seu direito.

Para regularidade de qualquer petição inicial, a mesma deve preencher determinados requisitos que são exigidos por lei sob pena de ser eventualmente recusada.

Existem os requisitos que chamamos de gerais, isto é, exigidos para toda e qualquer petição inicial (CPC, art. 319)[1] e existem os requisitos específicos dependendo de qual tipo de ação está sendo proposta.

**Exemplo**: se você for propor uma ação de divisão e extinção de condomínio, deverá na petição inicial indicar, além dos requisitos gerais do art. 319, alguns requisitos específicos desse tipo de ação tais como a origem da comunhão e a denominação; a situação, os limites e as características do imóvel, dentre outros (ver CPC, art. 588).

---

1. CPC, Art. 319. A petição inicial indicará:

   I – o juízo a que é dirigida;

   II – os nomes, os prenomes, o estado civil, a existência de união estável, a profissão, o número de inscrição no Cadastro de Pessoas Físicas ou no Cadastro Nacional da Pessoa Jurídica, o endereço eletrônico, o domicílio e a residência do autor e do réu;

   III – o fato e os fundamentos jurídicos do pedido

   IV – o pedido com as suas especificações;

   V – o valor da causa;

   VI – as provas com que o autor pretende demonstrar a verdade dos fatos alegados;

   VII – a opção do autor pela realização ou não de audiência de conciliação ou de mediação.

   § 1º Caso não disponha das informações previstas no inciso II, poderá o autor, na petição inicial, requerer ao juiz diligências necessárias a sua obtenção.

   § 2º A petição inicial não será indeferida se, a despeito da falta de informações a que se refere o inciso II, for possível a citação do réu.

   § 3º A petição inicial não será indeferida pelo não atendimento ao disposto no inciso II deste artigo se a obtenção de tais informações tornar impossível ou excessivamente oneroso o acesso à justiça.

**Em resumo**: toda petição inicial deve atender, obrigatoriamente, aos requisitos do art. 319 e aos requisitos específicos daquela determinada ação, se houver.

Além disso, a petição inicial também deverá ser instruída com os documentos necessários e indispensáveis à propositura da ação (CPC, art. 320).[2] Se vai ser proposta uma ação de divórcio, por exemplo, é imprescindível que o autor anexe à petição inicial a certidão de casamento das pessoas que estão pedindo o divórcio.

Na elaboração da petição inicial, além da técnica que deve ser respeitada, deve-se atentar para a linguagem que deve ser, tanto quanto possível, correta, clara e objetiva. Logo, deve-se evitar linguagem rebuscada e o uso de expressões de efeito, pois isso pode denotar uma falsa erudição. Além do mais, é de fundamental importância o uso correto da língua portuguesa. Assim, recomendamos que, na eventualidade de dúvidas quanto à correção da palavra, do tempo verbal, ou mesmo de toda a frase, é melhor substituir a palavra ou frase por outra similar. Devemos também evitar o uso de abreviações, bem como não se deve utilizar gírias, a não ser que imprescindível à exata compreensão do contexto e, neste caso, grafadas entre aspas.

Tecnicamente falando, uma petição inicial deve conter os seguintes tópicos, que abordaremos em seguida:

a) endereçamento: autoridade a quem se deve dirigir o pedido;

b) preâmbulo: autor e réu (qualificação completa) e o tipo da ação;

c) fatos e documentos: histórico do acontecido e as provas;

d) do direito ou dos fundamentos jurídicos, também chamado mérito;

e) conclusão (se necessário);

f) requerimentos e pedidos;

g) provas: haverá sempre um protesto, ainda que genérico;

h) valor da causa; e

i) encerramento.

Para melhor compreensão da matéria, abordaremos também o pedido de justiça gratuita, bem como faremos um planejamento de quais pontos serão importantes considerar na elaboração da petição inicial, a partir do problema que será proposto.

---

2. CPC, Art. 320. A petição inicial será instruída com os documentos indispensáveis à propositura da ação.

## 1.2 ENDEREÇAMENTO (JUÍZO COMPETENTE)

A petição deverá ser endereçada ao órgão jurisdicional apto a conhecer da demanda que será proposta (ver CPC, art. 319, I). Se for para a Justiça Estadual onde exista apenas um juiz, a petição será endereçada na forma: "Ao Juízo da___ Vara da Comarca de (nome da cidade)." Havendo mais de uma vara, e sendo uma delas a cível, será endereçada da seguinte forma: "Ao Juízo da ___ Vara Cível da Comarca de (nome da cidade)." Pode também ocorrer de existirem varas especializadas como, por exemplo, Vara de família e sucessões. Neste caso, será endereçada da seguinte forma: "Ao Juízo da ___ Vara da Família e Sucessões da Comarca de (nome da cidade)."

Quando existe na circunscrição judiciária um só juiz, o mesmo será, a um só tempo, juiz cível, criminal, da fazenda, da família, razão por que endereça-se diretamente ao juízo daquela determinada Comarca, sem fazer distinção quanto à matéria. Diferentemente se houver varas especializadas, pois neste caso a estas deverão ser endereçadas, de forma genérica, pois, conforme veremos nos modelos que serão apresentados, a ação passará por um processo que chamamos de "distribuição", isto é, um sorteio para determinar a vara à qual a ação será remetida.

Advirta-se que na vigência do CPC/73 o endereçamento era ao juiz competente (ver art. 282, i), por isso usamos "Excelentíssimo Senhor Doutor Juiz de Direito da ___ Vara Cível da Comarca de (nome da cidade)", como forma de endereçar nossa petição inicial e também as demais no curso do processo. Se você quiser, pode continuar utilizando essa forma de endereçamento porque, a rigor, ela não está errada. O que vai definir o juízo não é a parte inicial de sua petição (Excelentíssimo senhor doutor juiz de direito) até porque sua petição não é dirigida pessoalmente a um determinado juiz. O que vai definir a competência, ou seja, o juízo, é a parte final deste tipo de endereçamento (... da ___ Vara da Comarca de _____). Veja-se que dá na mesma.

**Atenção**: entre o endereçamento e a parte preambular deve ser deixado um espaço de 8 a 10 "enter" (pode ser até menos).

**Curiosidade**: antigamente, isto é, antes do processo eletrônico, este espaço era reservado para o juiz exarar o seu despacho quando, por exemplo, você ia pessoalmente despachar com o juiz.

## 1.3 PREÂMBULO (AUTOR, TIPO DA AÇÃO E RÉU)

É obrigação do advogado fazer a qualificação do autor de forma a mais completa possível, não deixando dúvidas quanto à sua perfeita identidade (nome, nacionalidade, estado civil, profissão, domicílio, endereço eletrônico, RG e CPF).

Se o autor for incapaz, será representado por quem de direito (pais, tutor ou curador). Se for menor entre 16 e 18 anos, será assistido por quem de direito. Se houver mais de um autor, todos devem ser qualificados.

O advogado também deverá fazer a qualificação completa do réu, seja um só réu, sejam mais de um, seja pessoa física ou pessoa jurídica. Se desconhecidos alguns dados, esta circunstância deve ser mencionada, com a seguinte frase: "de qualificação desconhecida" ou "demais dados da qualificação desconhecidos". Nesse caso, o autor deverá explicitar tal dificuldade na petição inicial e, se for o caso, pedir ajuda ao judiciário, requerendo ao juiz que determine as diligências necessárias para a obtenção das informações faltantes (ver CPC, art. 319, § 1º).

Se autor ou réu for pessoa jurídica, ou mesmo entes despersonalizados (condomínio, por exemplo), deverá ser também qualificada, inclusive com número do CNPJ, mencionando quem a representa legalmente, juntando-se cópia do contrato social ou estatuto e ata de eleição do dirigente autorizado a outorgar procuração.

O nome da ação deve ser mencionada, o que é feito colocando o nome da ação antes da qualificação do réu, de forma destacada (normalmente em letras maiúsculas e em negrito), numa linha própria.[3]

**Atenção:** pelo Novo CPC, é obrigatório constar da petição inicial os números do CPF, o endereço eletrônico e a eventual existência de união estável, tanto do autor quanto do réu (ver CPC, art. 319, II). Além disso, deverá, obrigatoriamente, dizer se tem interesse na realização da audiência de tentativa de conciliação ou na sessão de mediação (ver CPC, art. 319, VII).

## 1.4 FATOS E DOCUMENTOS (OU HISTÓRICO)

Depois da parte preambular, devemos descrever os fatos ocorridos com a maior clareza possível, demonstrando-os de forma que se possa justificar a propositura da ação (esta é a causa de pedir remota). Aqui não emitimos conceitos de mérito, nos limitamos tão-somente a narrar os fatos acontecidos. Além disso, devemos fazer referência a todos os documentos que sejam importantes para comprovação dos fatos alegados e também para provar a legitimidade tanto do réu quanto do autor, anexando-os à petição e numerando-os de forma sequencial (doc. 1, doc. 2, doc. 3 etc.).

---

3. Advirta-se que alguns autores entendem que somente se deve nominar a ação se a lei, expressamente, a ela atribuir um nome como, por exemplo, nas ações possessórias (reintegração ou manutenção de posse), ação de inventário, ação de divórcio etc. Argumentam que quando a lei não atribui nome a ação, não deve o autor querer "inventar" um nome para ação.

Além disso, deste tópico e até o final da peça, cada parágrafo deve ser numerado como forma de facilitar referências futuras aos assuntos reportados, e também porque facilita a narrativa dos fatos.

**Repita-se**: neste tópico apenas se faz a descrição dos acontecimentos, de forma breve e sem emissão de conceitos jurídicos.

## 1.5 DO DIREITO OU NO MÉRITO (OU DOS FUNDAMENTOS JURÍDICOS)

Agora sim, o autor deve adentrar no mérito do direito submetido à apreciação, fundamentando seu pedido e fazendo um paralelo entre o caso concreto ocorrido e a eventual proteção jurídica que entende merecer. Deve ser demonstrada de forma lógica e coerente a aplicação do direito ao fato narrado (isto é o que se chama causa de pedir próxima).

Assim, o autor deve mencionar com clareza a legislação aplicável, indicando não só a lei, como também os dispositivos que lhe são úteis, pois estes irão compor os fundamentos jurídicos do pedido. Se mencionar doutrina, deve indicar qual é o autor, livro e página. Se mencionar jurisprudência, deverá fazer constar ao final da citação o Tribunal, número do processo, nome do relator, data de julgamento e a fonte (onde foi publicado).

Em determinadas circunstâncias, e para maior clareza do que se pretende, faz-se necessário desmembrar este tópico para justificar, por exemplo, a ocorrência do dano moral que se pretende ver indenizado ou incidência dos lucros cessantes. Assim, poderá ser necessário subdividir em vários tópicos correlatos, tais como: Do direito (genericamente), dos lucros cessantes; do dano moral etc.

## 1.6 CONCLUSÃO

Às vezes se faz necessária uma breve conclusão para fazer um apelo final, dizendo, por exemplo, *"que efetivamente houve lesão que se pretende reparar e que, embora a justiça possa ser cega, o magistrado tudo vê, de tal sorte que se espera seja reconhecido todos os direitos postulados"*. No mais das vezes, a conclusão se resume a: *"Assim, em face de tudo quanto foi acima exposto, é a presente para requerer a Vossa Excelência"*, e daí seguem-se os pedidos.

## 1.7 PEDIDOS (OU REQUERIMENTOS)

Em provas e testes, não se admitem os pedidos implícitos.[4] Assim, todos os pedidos devem ser expressos, sob pena de sua omissão repercutir na nota a ser atribuída ao candidato.

Por primeiro, o autor deverá requerer a citação do réu (ou réus), para responder aos termos do pedido, indicando a forma como pretende vê-la realizada (postal com AR, oficial de justiça, precatória, edital etc.). Depois, fará o pedido propriamente dito, isto é, o que realmente está almejando com a ação (ver nesse sentido, CPC, arts. 324 a 329). Deve ser requerida também a condenação do réu nos ônus da sucumbência, na multa, e, se couber, em honorários advocatícios.

**Atenção**: dentre os requerimentos é obrigatório que o autor deixe consignado qual é a sua opção no que diz respeito à realização da Audiência de conciliação ou de mediação (ver CPC, art. 319, VII).

## 1.8 PROVAS

O autor, embora possa ter apresentado junto com a inicial toda a documentação que julga necessária para provar seu direito, e mesmo entendendo que não vai necessitar provar mais nada, deve, por precaução, protestar "*por todo o gênero de provas em direito admitidos*", e pedir, desde logo, o depoimento pessoal do réu, como medida preventiva. Se já tiver certeza de necessitar de determinadas provas (testemunhal, pericial etc.), requererá especificamente aquelas que pretende ver produzidas, justificando-as, tanto quanto possível.

## 1.9 VALOR DA CAUSA

O valor da causa é obrigatório e será sempre o valor correspondente ao bem que se almeja buscar ao final do processo (ver CPC, arts. 291 e 292). Em alguns casos, a lei determina a forma pela qual se deve calcular o valor da causa como, por exemplo, na locação de imóveis (12 vezes o valor do aluguel); na ação de cobrança de alimentos (12 vezes o valor mensal dos alimentos), dentre outras.

---

4. Alguns pedidos se presumem contidos na petição, mesmo que não explicitados pelo autor, e farão com que o magistrado se pronuncie ao final do processo sobre os mesmos. A isto chamamos de *pedidos implícitos*. São exemplos: condenação em honorários advocatícios e custas judiciais; juros e correção monetária; pagamento de prestações vincendas, a partir da propositura da ação etc. (ver CPC, art. 332, § 1º).

Se o autor cumular pedidos, isto é, fizer mais de um pedido condenatório, o valor da causa será a somatória de tais pedidos. Se na petição inicial está pedindo dano material e dano moral, o valor da causa será a soma dos dois pedidos.

Se fizer pedido alternativo, o valor a ser adotado será o de maior valor. Se for feito pedido subsidiário, o valor do principal. De outro lado, quando o pedido for genérico, isto é, se o autor não puder determinar de imediato o seu conteúdo econômico, o valor da causa será determinado por estimativa prudencial do autor.

Quer dizer, mesmo se a ação não versar sobre valores determinados ou mesmo inexistindo valor possível de se aferir, ainda assim deverá ser atribuído um valor à causa tão-somente para efeitos legais.

No geral, o autor tem liberdade para fixar o valor da causa, que poderá ser alterado pelo juiz de ofício ou por provocação da parte contrária através de preliminar da contestação (CPC, art. 293).[5]

Se o juiz determinar outro valor diferente do valor que foi atribuído à causa pelo autor, deverá determinar um prazo para que seja recolhida as custas complementares.

## 1.10  ENCERRAMENTO

Encerrando a petição inicial, normalmente se coloca "Termos em que, Pede Deferimento". Depois, o local, data e a assinatura do advogado com o respectivo nº da OAB, seguido da sigla do Estado no qual o mesmo está inscrito.

## 1.11  JUSTIÇA GRATUITA

Nada impede que o autor, mesmo postulando através de advogado particular, possa requerer a concessão dos benefícios da justiça gratuita (ver CPC, art. 99, § 4º).

Se for pedir a gratuidade da justiça, deverá fazê-lo como primeiro pedido da petição inicial, antes mesmo do pedido de citação. É também interessante que no corpo da petição inicial, logo depois da parte preambular, explicite as razões que justificam o deferimento do pedido da gratuidade.

---

5. CPC, Art. 293. O réu poderá impugnar, em preliminar da contestação, o valor atribuído à causa pelo autor, sob pena de preclusão, e o juiz decidirá a respeito, impondo, se for o caso, a complementação das custas.

Embora a lei não faça exigência de declaração de pobreza, é comum na prática forense juntar declaração nesse sentido, assinada pelo próprio postulante.[6] Além disso, é importante juntar elementos que comprove o estado de pobreza, tais como a última declaração de Imposto de Renda ou cópia da carteira profissional para comprovar que o postulante está desempregado.

## 1.12 PROBLEMA PARA ELABORAÇÃO DE UMA PETIÇÃO INICIAL

Juka Sauro (residente na cidade de Caraca's, Estado de São Paulo), adquiriu junto à concessionária Carro Fácil Ltda. (sediada na cidade de São Paulo, também no Estado de São Paulo), na data de 13/6/2020, um veículo zero-KM, modelo X-Sport, fabricado pela empresa Gran Mikko Motors S.A. (cuja fábrica se localiza em Quixeramobim, Estado do Ceará), pagando à vista o valor de R$ 100.000,00 (cem mil reais), com a finalidade de utilizá-lo como táxi, devidamente licenciado junto ao Detran/SP.

Um ano após a aquisição do veículo, quando da renovação do seguro, foi constatado pelo inspetor da seguradora Segura Tudo Ltda. que o veículo tinha o chassi remarcado e que nestas condições não seria possível realizar a contratação.

Juka reclamou com o fabricante que lhe enviou 15 (quinze) dias depois um documento para regularização do veículo junto ao Detran e à Seguradora, no qual era informado que a remarcação fora realizada em fábrica, procedimento devidamente autorizado pelo Denatran (Lei nº 9.503/97, art. 114, § 2º). De posse do documento, Juka conseguiu regularizar a situação do veículo e firmou contrato com a seguradora que, em uma das cláusulas, estabelecia que na eventualidade de sinistro, somente seria indenizado no importe de 70% (setenta por cento) do valor de mercado do referido veículo.

Não satisfeito com tal situação, Juka procurou escritório de advocacia e, tendo relatado os fatos acima, pediu que fosse promovida a ação competente para se ver indenizado pelos prejuízos que tal situação lhe acarretou.

Como advogado de Juka, proponha a ação competente para atender os reclamos de seu cliente, considerando que recebeu toda a documentação hábil a instruir a petição inicial, inclusive declaração do sindicato da categoria dos taxistas, com a estimativa de renda diária no importe de R$ 300,00.

---

6. Pode ser substituído por declaração do próprio advogado no corpo da petição inicial.

## 1.13 PLANEJAMENTO PARA ELABORAR A PETIÇÃO

Antes de iniciar a elaboração da petição, é importante fixar os pontos que deverão ser objeto de análise e de reflexão, para que a propositura da ação seja correta e aborde todos os aspectos relevantes.

Fazer o planejamento é importantíssimo para evitar que sejam esquecidos detalhes importantes, tais como documentos, testemunhas e outros informes.

Frente ao caso acima apresentado, devemos proceder da seguinte forma:

a) **justiça competente**: neste caso, é evidente que a matéria não é de alçada das justiças especializadas (trabalho, eleitoral ou militar),[7] logo se trata de matéria comum, devendo ser decidido tão-somente se a ação será proposta perante a Justiça Federal ou Estadual. Por exclusão, é de se concluir que será competente para conhecer do pedido a justiça estadual comum, tendo em vista não incidir nenhuma das situações que levaria o feito para a justiça federal (CF, art. 109);

b) **foro competente**: fixada a competência funcional do órgão jurisdicional, devemos determinar a competência territorial, isto é, em qual comarca a ação deve ser proposta. Sabemos que a regra geral é a da fixação da competência a partir do domicílio do réu (ver CPC, art. 46). Neste caso, porém, como a relação é de consumo, incidem as normas da Lei n° 8.078/90 (Código de Defesa do Consumidor), que autoriza a propositura da ação no foro do domicílio do autor (art. 101, I). Portanto, a ação pode ser proposta do Foro da comarca de Caraca's;

c) **juízo competente**: definidos o órgão jurisdicional e a circunscrição judiciária, e partindo do pressuposto de que existem varas especializadas naquela comarca, cabe definir qual o juízo (ou vara) é competente para conhecer do feito. Neste caso, a ação deverá ser endereçada a uma das varas cíveis, tendo em vista que a matéria tratada não se refere a nenhuma questão ligada à esfera penal, nem de família, nem de registros públicos, nem da fazenda pública;

d) **espécie de ação**: cabe ao autor escolher o tipo de ação que está propondo (de conhecimento, execução ou procedimento especial), indicando a sua opção quanto ao procedimento. Pelo problema relatado, a ação a ser proposta é de conhecimento, portanto procedimento comum (ver CPC, art. 318);

---

7. Ver Constituição Federal, arts. 111, 118 e 122.

e) **a ré ou as rés**: importante decidir contra quem a ação será proposta, ou seja, quem estará legitimado a figurar no polo passivo da demanda. Neste caso, temos o fabricante, a concessionária e a seguradora. Se o cliente se sente lesado em face do veículo com chassi remarcado, é claro que a seguradora nada tem a ver com isso, logo de ser excluída. Resta-nos o fabricante e a concessionária. Muitos diriam que a concessionária tão--somente vendeu o veículo, não devendo responder pelos problemas oriundos da fabricação. Ocorre que o Código de Defesa do Consumidor prevê a solidariedade entre todos os participantes da cadeia de fabricação/distribuição de produtos viciados (ver CDC, art. 18), significando dizer que poderíamos propor a ação somente contra a concessionária, somente contra o fabricante ou contra os dois solidariamente. Neste caso, vamos optar por propor somente contra o fabricante;

f) **os objetivos da ação**: por tudo quanto o cliente relatou o que se pretende pedir é a substituição do veículo por outro novo ou o abatimento proporcional no preço pago (pedidos alternativos), alegando-se vício de produto (ver CDC, art. 18). Podem também ser pedidos lucros cessantes, tendo em vista que o autor é motorista de táxi, utilizando o veículo como seu instrumento de trabalho. Ademais, poder-se-ia pedir indenização por dano moral se for possível demonstrar que os constrangimentos foram de tal ordem que justifiquem tal pleito.

g) **Audiência de tentativa de conciliação**: o autor informou que não se opunha à realização dessa audiência.

Fixados os pontos principais de nossa ação, podemos agora iniciar a elaboração da petição inicial, que se espera preencha todas as condições da ação, de tal sorte a merecer acolhimento do órgão julgador.

Por último devemos anotar que, qualquer que seja o modelo de peça que você vai utilizar no seu dia-a-dia, é importante adotar as seguintes cautelas:

a) Confira a legislação mencionada na peça porque os artigos mencionados podem já ter sido alterados/suprimidos.

b) Use o modelo apenas como orientação, isto é, não copie *ipsis litteris*.

## 1.14 MODELO DE PETIÇÃO INICIAL (1º MODELO)

AO JUÍZO_____VARA CÍVEL DA COMARCA DE CARACA'S – SÃO PAULO

*(espaço para despacho)*

JUKA SAURO, (nacionalidade), taxista, (estado civil), portador da Carteira de Identidade nº (número), inscrito no CPF/MF sob o nº (número) (doc. 2),[8] residente e domiciliado na Rua (endereço completo), Cidade de Caraca's, CEP (número), no Estado de São Paulo,[9] e-mail (indicar o e-mail do autor), por seu procurador infra-assinado, instrumento de mandato incluso (doc. 1),[10] que recebe avisos e intimações no endereço constante do rodapé, e-mail (indicar o endereço eletrônico do advogado)[11], vem, mui respeitosamente, à presença de Vossa Excelência, com fulcro nas disposições do Código de Defesa do Consumidor (Lei nº 8.078/90), propor pelo procedimento comum a presente,

### AÇÃO DE INDENIZAÇÃO POR VÍCIO DE PRODUTO
### c/c LUCROS CESSANTES E DANOS MORAIS

em face da empresa GRAN MIKKO MOTORS S.A., pessoa jurídica de direito privado, regularmente inscrita no CNPJ/MF sob nº (número), e inscrição Estadual nº (número), com sede na Rua (endereço completo), CEP (número), na cidade de Quixeramobim, estado do Ceará, pelos motivos de fato e direito que passa a expor, e, ao final, requerer:

### I – DOS FATOS (ou histórico)

1. O Autor adquiriu junto à Concessionária Carro Fácil Ltda. (autorizada da Ré), em 13 de junho de 2020, um veículo zero KM, modelo X-Sport, de fabricação da ré, ano e modelo 2014, no valor de R$ 100.000,00 (cem mil reais), conforme faz prova a inclusa nota fiscal nº (número) (doc. 3), tendo sido licenciado como táxi pelo Detran/SP sob nº de placa (letras e número) de Caraca's (doc. 4).[12]

---

8. É de bom tom juntar cópia simples do RG e do CPF do autor. Numeramos como doc. 2 porque o doc. 1 será sempre a procuração.

9. Em provas e exames o candidato não poderá inventar os dados que não foram fornecidos. No caso concreto, informações como nome do autor, cidade e estado foram fornecidas, logo, devemos fazer constar na peça. Os dados que não foram fornecidos, não podem ser inventados devendo o candidato apenas fazer menção ao que deveria constar na peça, deixando os espaços em branco ou anotando (x).

10. A procuração *ad juditia* (mandato) será sempre o doc. nº 1, pois será o primeiro documento anexado à petição inicial. No nosso exemplo, o doc. nº 2 são os documentos do autor (RG e CPF).

11. Embora não haja essa exigência de forma explicita na lei, entendemos que é importante incluir o e-mail do patrono do autor (ou do réu conforme o caso), para facilitar eventuais comunicações. Atenção: com relação à procuração é obrigatório constar o e-mail do advogado tendo em vista haver determinação legal nesse sentido (ver art. 287 do CPC).

12. Os documentos mencionados provam a aquisição do veículo de fabricação da ré e a titularidade de seu proprietário (legitimidade de ambos para figurarem na ação). Além disso, prova que é utilizado como taxi o que vai nos autorizar a pedir lucros cessantes.

2. Um ano após a aquisição, exatamente na data de 4/07/2021, ao pretender renovar o seguro do veículo, foi surpreendido pelo laudo técnico realizado pela empresa Segura Tudo Ltda., que atestou: *"veículo possui duas gravações de chassi, sendo que uma encontra-se rasurada"* (doc. 5). Despiciente dizer que a proposta de seguro foi rejeitada, ficando o veículo do autor sem proteção de seguro veicular.

3. Desesperado, o Autor procurou o fabricante do veículo, visando obter a troca do veículo por outro, quando obteve dos técnicos daquela empresa, a explicação de que o veículo tinha sido montado com chassi remarcado, porém isto não era problema, e que o autor não devia se preocupar, tendo em vista que a remarcação fora autorizada.

4. O autor não se conformou e insistiu com referida empresa, quando então, quinze dias após, lhe foi enviado um ofício (doc. 6), endereçado ao Departamento de Trânsito do Estado de São Paulo, no qual o fabricante explicava o ocorrido, e finalizava com os seguintes termos: *"o veículo em referência é original de fábrica, porém apresenta um problema na impressão do número do chassi, que ocorreu durante a fabricação do mesmo. Este problema originou a gravação de um número incorreto, que pela própria fábrica foi rebatido com X"* (grifo e destaque nossos).[13]

5. De posse de tal declaração, o autor conseguiu regularizar a situação do veículo junto ao Detran/SP, bem como pode contratar o seguro, porém uma cláusula constante no contrato de seguro afirma que, na eventualidade de sinistro, a indenização corresponderia a 70% (setenta por cento) do valor referencial do veículo (doc. 7).

6. O correto seria a substituição do veículo por outro igual, sem nenhum custo adicional, tendo em vista que a posse de um veículo com chassi remarcado é sinônimo de problemas e depreciação conforme demonstraremos a seguir, fato que a empresa se recusou a prestar.

## II – NO MÉRITO

### a) DA SUBSTITUIÇÃO DO BEM

7. O autor solicitou verbalmente que a ré substituísse o veículo ou substituísse o chassi do mesmo, de tal sorte a regularizar tal situação. A resposta obtida foi a carta/declaração e a garantia verbal de que, em qualquer circunstância, a empresa se responsabilizaria pelos problemas que tal remarcação pudesse ocasionar. Como era esperado, negaram o pleito principal.

8. Ocorre que tal garantia verbal não oferece nenhuma segurança ao autor, que está de posse de um veículo com chassi remarcado, exposto a todos os dissabores possíveis e previsíveis para tal fato, razão porque, em face das atuais circunstâncias, desinteressa ao Requerente ficar permanentemente na dependência de eventuais declarações da ré, pretendendo a substituição do veículo por outro idêntico ou similar, sem nenhum custo adicional ou o abatimento proporcional do preço correspondente à desvalorização do veículo, que nesta situação estimamos em 30% (trinta por cento) do valor que foi

---

13. Quer dizer que no documento não está, originalmente, em destaque ou com grifo.

pago no veículo novo, conforme autorizado pelo Código de Defesa do Consumidor, Lei nº 8.078/90, art. 18, in verbis:

*"Art. 18. Os fornecedores de produtos de consumo duráveis ou não duráveis respondem solidariamente pelos vícios [...]*

*§ 1º Não sendo o vício sanado no prazo máximo de trinta dias, pode o consumidor exigir, alternativamente e à sua escolha:*

*I – a substituição do produto por outro da mesma espécie, em perfeitas condições de uso;*

*II – (omissis)*

*III – o abatimento proporcional do preço"*

9. Não bastasse o expresso texto de lei, nossos Tribunais têm jurisprudência mansa e pacífica a respeito do tema, que garante ao consumidor utilizar-se da faculdade prevista na lei consumerista, qual seja: substituição do bem ou abatimento do preço. À guisa de ilustração, trazemos à colação a seguinte ementa de julgados do STJ:

*"RESPONSABILIDADE CIVIL – CÓDIGO DE DEFESA DO CONSUMIDOR – AUTOMÓVEL – DEFEITO DE FABRICAÇÃO – INDENIZAÇÃO – PEDIDO – Possibilidade de o juiz deferir, em <u>vez da entrega de um carro novo, a indenização pela diminuição de valor do bem</u>. Observa-se o princípio de que o processo deve ser conduzido e decidido de modo a assegurar a efetiva prestação jurisdicional que, no caso, consistia em encontrar a justa composição dos danos"* (STJ – REsp nº 109.294 – RS – 4ª T. – Rel. Min. Ruy Rosado de Aguiar – *DJU* 12/5/1997) (grifo nosso).

10. Assim, por tudo quanto foi exposto e, pelas provas apresentadas, entende o Autor que a troca do veículo por outro novo, ou o abatimento proporcional à desvalorização do veículo, são medidas aplicáveis à espécie e, plenamente justificáveis, para compensar os previsíveis dissabores a que o autor ficará expostos enquanto perdurar esta situação.

11. É evidente o prejuízo que o Autor sofrerá, no dia em que for comercializar tal veículo. Não se trata de dano imaginário, é dano futuro. Com certeza terá dificuldades enormes para vender o bem e, certamente, quem o comprar, exigirá descontos para poder arcar com o ônus de possuir um veículo com chassi remarcado. Mais grave ainda: Suponhamos que o autor seja parado em alguma 'blitz' da Polícia. Não temos dúvidas: seu veículo será retido e, como sabemos da morosidade de nossos órgãos policiais, após alguns meses aguardando a realização de perícia técnica e, ao depois, confirmado a afirmação do fabricante, o Autor terá de volta aquilo que possa ter sobrado de seu veículo. Nestas circunstâncias, o Autor clama por Justiça, pois entende que esta é uma situação de total insegurança, que não pode perdurar. Por isso, espera com serenidade, o acolhimento ao pleito aqui colocado.

### b) DOS LUCROS CESSANTES

12. O Autor utiliza o veículo como seu instrumento de trabalho, sendo licenciado para táxi (doc. 8), cujo atividade é responsável pelo seu sustento, bem como de sua própria família.

13. Ao ficar quinze dias sem trabalhar, esperando a regularização da documentação do veículo, o autor sofreu prejuízos da ordem de R$ 4.500,00 (quatro mil e quinhentos reais), tendo em vista que aufere por dia o valor de R$ 300,00 (trezentos reais), conforme faz prova a declaração do Sindicato dos Taxistas de Caraca's que se anexa (doc. 9).

### c) DANO MORAL

14. A insegurança quanto à regularidade do chassi do veículo provoca no Autor dor e sofrimento, além de ansiedade natural com o deslinde do caso. No transcurso do tempo entre a negativa da seguradora e a carta recebida do fabricante, o autor sofreu grande transtorno, decorrente da insegurança de tal situação, que deixou marcas profundas de ansiedade e medo no seu íntimo.

15. Ademais, neste período todo, a aflição do Requerente é patente, porque está pagando um preço altíssimo por um veículo que sabe, de antemão, será desvalorizado quando da revenda, acarretando, por conseguinte, uma perda de dinheiro, que estima em 30% (trinta por cento) do valor comercial do veículo.

16. Sem dúvida nenhuma, os constrangimentos e dissabores sofridos pelo Autor caracterizam o dano moral, o qual deve ser indenizado com base no prudente arbítrio do magistrado, levando em conta o sofrimento da vítima e a potencialidade dos ofensores, tudo em nome de fazer valer o devido respeito à pessoa humana que, na figura do consumidor, se vê no mais das vezes impotente frente aos grandes conglomerados econômicos.

## III – CONCLUSÃO

17. De destacar que o autor contatou a empresa ré e, decorridos mais de trinta dias, a mesma não se dignou atender seus reclamos. Contentou-se a Ré em prestar uma declaração formal de justificativa do problema e oferecer garantia verbal de solucionamento de eventuais problemas futuros. Desta forma, entende o peticionário que se esgotou qualquer possibilidade de recomposição amigável, o que vem a provar o descaso com que estas empresas tratam os consumidores.

Não há dúvidas que a relação é de consumo, logo, no presente caso, o fabricante pode sofrer ação própria e diretamente, bem como o foro competente é o do domicílio do Requerente, onde o dano ocorreu, conforme expressamente previsto nos artigos 25, §§ 1º e 2º, e 101, I, do já mencionado Código de Defesa do Consumidor (Lei nº 8.078/90).

Assim dispostos os fatos, é a presente para requerer a Vossa Excelência:

a) Os benefícios da JUSTIÇA GRATUITA, vez que se declara pobre na acepção jurídica do termo, juntando para tanto a devida declaração de hipossuficiência (doc. 10).[14]

---

14. O pedido de assistência judiciária gratuita pode estar embasado em declaração constante no corpo da própria petição, firmada por advogado da parte com poderes para o foro em geral, não sendo necessário poderes específicos (STJ – REsp 731880 MG 2005/0038511-1 – 4ª. T – Rel. Min. JORGE SCARTEZZINI – DJ 14.11.2005 p. 341).

CAPÍTULO 1 • DA PETIÇÃO INICIAL NO PROCEDIMENTO COMUM **17**

b) Seja a empresa ré citada, por via postal com AR, para comparecer em audiência de conciliação ou mediação e se ela restar infrutífera, apresentar contestação cientificada dos prejuízos em caso de silêncio.

c) Seja, após normal tramitação, julgada procedente a presente ação para condenar a ré substituir o veículo por outro novo sem nenhum ônus adicional ou, alternativamente, indenizar o Autor no correspondente a 30% (trinta por cento) do valor do veículo, ou seja, R$ 30.000,00 (trinta mil reais).

d) Seja ainda a Ré condenada a indenizar por lucros cessantes no importe de R$ 4.500,00 (quatro mil e quinhentos reais), pelos dias que o Autor, comprovadamente, deixou de trabalhar.

e) Seja, ademais, condenada a pagar indenização por danos morais, no valor de R$ 30.000,00 (trinta mil reais), valor equivalente ao desconto pretendido,

f) Seja, finalmente, a Ré condenada ao pagamento das custas e honorários advocatícios, estes fixados à taxa usual de 20% (vinte por cento) do valor da causa.

Protesta provar o alegado por todos os meios de prova admitidos em direito, notadamente as testemunhais cujo rol oportunamente será apresentado, pericial e juntada de novos documentos e pelo depoimento do preposto da demandada, o que desde já se requer.

O autor deixa consignado que tem interesse na realização da audiência de conciliação e mediação, aguardando a intimação para comparecimento em dia e hora a ser marcada por Vossa Excelência.

Requer finalmente, que das intimações dos atos deste D. Juízo, quando publicados na imprensa oficial, conste o nome do Advogado Dr. .......... (OAB/. nº ....).[15]

Dá-se à causa o valor de R$ 64.500,00 (sessenta e quatro mil e quinhentos reais).[16]

Pede e Espera, Deferimento.

Local e data

Nome e assinatura do Advogado

nº da OAB

## 1.15 OBSERVAÇÃO MUITO IMPORTANTE

Em provas e exames o candidato não poderá JAMAIS inventar dados. Deverá utilizar somente aqueles que foram fornecidos. No nosso exemplo, foi fornecido o nome do autor (Juka Sauro) e, de forma indireta, a sua profissão (taxista). Além disso, a cidade onde reside (Caraca's) e Estado (São Paulo), assim como alguns dados da empresa também foram fornecidos.

---

15. Normalmente se faz este pedido quando as publicações devam ser realizadas em nome de outro advogado que não assinou a petição inicial porque, como regra, as publicações sempre serão realizadas em nome de quem assinou.

16. O valor da causa é o resultado da soma dos pedidos que, no presente caso, corresponde à: dano material (abatimento do preço) R$ 30.000,00 + lucros cessantes de R$ 4.500,00 + dano moral de R$ 30.000,00.

Assim, os dados que foram fornecidos no problema devem ser colocados na peça (inclusive consta neste modelo que apresentamos). Quanto aos dados não fornecidos, indicamos entre parênteses que sabíamos o que deveria ali constar.

**Repita-se**: os dados que não foram fornecidos não se inventam! Contudo, o candidato deve fazer menção de que sabe o que deveria constar na peça, deixando os espaços em branco ou indicado entre parênteses.

Veja como foi feito no nosso exemplo: fizemos constar o nome do autor porque foi fornecido no problema = Juka Sauro; a nacionalidade não foi fornecida, assim indicamos entre parênteses que sabíamos que logo após o nome deveria vir a nacionalidade; a profissão foi fornecida de forma indireta, tendo em vista que o problema informava que o veículo fora adquirido para ser utilizado na praça, assim devemos indicar a profissão = taxista; e assim sucessivamente.

## 1.16 OUTRO PROBLEMA PARA ELABORAÇÃO DE MAIS UMA PETIÇÃO INICIAL

O mesmo Juka Sauro (residente na cidade de Caraca's, Estado de São Paulo) é proprietário do veículo Monza 82, placa de São Paulo PQP-1313.

Seu auxiliar – Gwalter Hugolindo, quando dirigia o veículo pela Estrada Velha de Cotia, rodovia pedagiada e administrada pela Auto Lata Rodovias S/A, colidiu com uma ressolagem de pneu que estava na pista de rolamento, perdendo a direção e colidindo com o guard rail. Gwalter compareceu ao posto da Polícia Rodoviária da região e fez o boletim de ocorrência.

O veículo sofreu danos de monta, pois toda a parte frontal, inclusive o radiador foi danificado. Entre peças e mão de obra Juka gastou R$ 10.200,00 (conforme nota fiscal), realizando o serviço na oficina que forneceu o orçamento mais barato (fez três orçamentos).

Juka procurou a concessionária da rodovia para tentar receber o que gastou no concerto, mas a empresa, depois de alguns dias, informou que não iria indenizar porque no dia do acidente tinha vistoriado a rodovia e não havia encontrado nenhum objeto que pudesse ter causado o acidente.

Dessa forma, a única alternativa para o Juka receber o valor do que gastou no concerto do veículo é socorrer-se ao judiciário.

Como advogado de Juka, proponha a ação competente para atender aos reclamos de seu cliente, considerando que recebeu toda a documentação hábil a instruir a petição inicial, inclusive fotos do veículo acidentado; cópias dos orçamentos; nota fiscal; boletim ocorrência etc.

## 1.17 PLANEJAMENTO PARA ELABORAR ESTA NOVA PETIÇÃO INICIAL

Como já foi dito antes, quando o advogado for redigir sua petição inicial é importante fazer um planejamento prévio fixando os pontos que deverão ser objeto de análise e de reflexão, para que a propositura da ação seja correta e aborde todos os aspectos relevantes.

Ao fazer isso, evita-se ou pelo menos diminui o risco de esquecer detalhes importantes, tais como os documentos indispensáveis a instruir a petição inicial, testemunhas e outros informes.

Nesse caso do acidente com o veículo do Juka, vamos ver como devemos proceder:

a) **justiça competente**: pelo caso relatado a matéria não é de alçada das justiças especializadas (trabalho, eleitoral ou militar),[17] logo se trata de matéria comum, devendo ser decidido tão-somente se a ação será proposta perante a Justiça Federal ou Estadual. Por exclusão, é de se concluir que será competente para conhecer do pedido a justiça estadual comum, tendo em vista não incidir nenhuma das situações que levaria o feito para a justiça federal (CF, art. 109);

b) **foro competente**: fixada a competência funcional do órgão jurisdicional, devemos determinar a competência territorial, isto é, em qual comarca a ação deve ser proposta. Sabemos que a regra geral é a da fixação da competência a partir do domicílio do réu (ver CPC, art. 46). Neste caso, porém, como a relação é de consumo, incidem as normas da Lei nº 8.078/90 (Código de Defesa do Consumidor), que autoriza a propositura da ação no foro do domicílio do autor (art. 101, I). Além do mais, quando se trata de danos decorrentes de acidentes de veículo, o autor pode optar pelo foro de seu domicílio ou do local do acidente (ver CPC, art. 53, V). Dessa forma, a ação pode ser proposta do Foro da comarca de Caraca's;

c) **juízo competente**: definidos o órgão jurisdicional e a circunscrição judiciária, e partindo do pressuposto de que existem varas especializadas naquela comarca, cabe definir qual o juízo (ou vara) é competente para conhecer do feito. Neste caso, a ação deverá ser endereçada a uma das varas cíveis, tendo em vista que a matéria tratada não se refere a nenhuma questão ligada à esfera penal, nem de família, nem de registros públicos, nem da fazenda pública;

---

17. Ver Constituição Federal, arts. 111, 118 e 122.

# 20 MANUAL DE PRÁTICA JURÍDICA CIVIL • Nehemias Domingos de Melo

d) **espécie de ação**: cabe ao autor escolher o tipo de ação que está propondo (de conhecimento, execução ou procedimento especial), indicando a sua opção quanto ao procedimento. Pelo problema relatado, a ação a ser proposta é de conhecimento, portanto procedimento comum (ver CPC, art. 318);

e) **a ré ou as rés**: importante decidir contra quem a ação será proposta, ou seja, quem estará legitimado a figurar no polo passivo da demanda. Neste caso, não resta dúvida de que será a concessionária da rodovia. Advirta--se, contudo que poder-se-ia pensar em propor a ação também contra a Fazenda Pública do Estado de São Paulo (sozinha ou em solidariedade), tendo em vista que a concessionária atua por delegação do estado (ver CF, art. 37, § 6º).

f) **os objetivos da ação**: o cliente pretende se ver indenizado pelo valor do conserto do veículo.

g) **Audiência de conciliação**: o autor não tem interesse na realização dessa audiência.

Fixados os pontos principais de nossa ação, podemos agora iniciar elaboração da petição inicial, que se espera preencha todas as condições da ação, de tal sorte a merecer acolhimento do órgão julgador.

## 1.18 MODELO DE PETIÇÃO INICIAL PARA RESSARCIMENTO DOS DANOS CAUSADOS AO VEÍCULO (2º MODELO)

AO JUÍZO_____VARA CÍVEL DA COMARCA DE CARACA'S – SÃO PAULO

*(espaço para despacho)*

JUKA SAURO, (nacionalidade), (profissão), (estado civil), portador da Carteira de Identidade nº (indicar o número), inscrito no CPF/MF sob o nº (indicar o número) (doc. 2),[18] residente e domiciliado na Rua (endereço completo), Cidade de Caraca's, CEP (número), no Estado de São Paulo,[19] e-mail (indicar o endereço eletrônico da parte), por seu procurador infra-assinado, instrumento de mandato incluso (doc. 1),[20] que recebe avisos e intimações..... (indicar o endereço, inclusive eletrônico), vem, mui respeitosamente, à presença

---

18. É de bom tom juntar cópia simples do RG e do CPF do autor. Numeramos como doc. 2 porque o doc. 1 será sempre a procuração.

19. Em provas e exames o candidato não poderá inventar os dados que não foram fornecidos. No caso concreto, informações como nome do autor, cidade e estado foram fornecidas, logo, devemos fazer constar na peça. Os dados que não foram fornecidos, não podem ser inventados devendo o candidato apenas fazer menção ao que deveria constar na peça, deixando os espaços em branco ou anotando (x).

20. A procuração *ad juditia* (mandato) será sempre o doc. nº 1, pois será o primeiro documento anexado à petição inicial. No nosso exemplo, o doc. nº 2 são os documentos do autor (RG e CPF).

de Vossa Excelência, com fulcro nas disposições do Código de Defesa do Consumidor (Lei nº 8.078/90), propor pelo procedimento comum a presente,

## AÇÃO DE REPARAÇÃO DE DANOS MATERIAIS DECORRENTE DE ACIDENTE DE TRÂNSITO

em face da AUTOLATA RODOVIAS S/A, pessoa jurídica de direito privado, regularmente inscrita no CNPJ sob nº (indicar o número), com sede na (indicar o endereço completo, inclusive CEP), endereço eletrônico (indicar o e-mail), pelos motivos de fato e de direito que a seguir passa a expor.

## I – DAS PRELIMINARES

### a) Foro Competente

Cumpre esclarecer inicialmente que em se tratando de acidentes envolvendo veículos automotores, o nosso Código de Processo Civil estabelece que o autor pode optar por propor a ação no foro do seu domicílio ou do local dos fatos, nos termos do art. 53, V, *in verbis:*

*Art. 53. É competente o foro:*

*(omissis)...*

*V – do domicílio do autor ou do local do fato, para a ação de reparação de dano sofrido em razão de delito ou acidente de veículos, inclusive aeronaves.*

Considerando ainda que a relação entre a concessionária Ré e seus clientes é uma relação de consumo, temos que o Código de Defesa do Consumidor (Lei nº 8.078/90) coloca à disposição do lesado a opção de propor qualquer ação de reparação de danos no foro de seu domicílio, nos termos como estatuído no art. 101, I, vejamos:

*Art. 101. Na ação de responsabilidade civil do fornecedor de produtos e serviços, sem prejuízo do disposto nos Capítulos I e II deste título, serão observadas as seguintes normas:*

*I – a ação pode ser proposta no domicílio do autor;*

Dessa forma e para que dúvidas não pairem, o Autor deixa claro que opta por propor a ação no foro de seu domicílio, qual seja, o foro da Comarca de Caraca's, conforme autorizado pelos dispositivos legais acima mencionados.

### b) Legitimidade das partes

Cumpre esclarecer ainda que a Autor é o legítimo proprietário do veículo acidentado, marca Chevrolet Monza, modelo 1982, placa PQP-1313 de São Paulo, conforme faz prova o certificado de registro e licenciamento de veículos que se anexa (doc. 3).

O condutor do veículo – Sr. Gwalter Hugolindo é amigo do autor e era quem dirigia o veículo no dia do acidente, conforme faz prova o Boletim de Ocorrência, lavrado perante a autoridade de trânsito, que ora se anexa (doc. 4).

As despesas para reparo do veículo, bem como outras decorrentes do acidente de trânsito, foram assumidas pelo autor, proprietário do veículo, conforme faz prova a nota fiscal de serviços e o recibo que se acosta (doc. 5).

Pelas razões acima expostas, não resta dúvidas de que o peticionário é parte legítima para figurar no polo ativo da presente demanda.

### c) Do pedido de gratuidade de justiça

Embora o Autor não possa ser considerado pobre em face da sua condição de proprietário do veículo e em razão da sua ocupação profissional, no presente caso justifica-se a concessão dos benefícios de gratuidade de justiça porquanto o mesmo encontra-se momentaneamente impossibilitado de fazer frente as despesas processuais, de sorte que não pode arcar com os custos do processo sob pena de colocar em risco o seu próprio sustento assim como o de sua família, razão porque suplica lhe seja concedido os benefícios da justiça gratuita, juntando para tanto a inclusa declaração de hipossuficiência (doc. 6).

### d) Audiência de conciliação

Para fim de atendimento ao disposto no art. 319, VII, do Código de Processo Civil, o autor deixa consignado que não tem interesse na realização deste tipo de audiência tendo em vista ter se mostrado inútil os esforços para composição extrajudicial que foram empreendidos.

## II – DOS FATOS

1. Na madrugada do dia 31/03/2021, o amigo do Peticionário – Sr. Gwalter Hugolindo, conduzia regularmente o veículo, pela rodovia Velha de Cotia, no sentido interior-capital, quando entre os Kms 415 e 416, sem qualquer possibilidade de evitar, colidiu frontalmente com uma ressolagem de pneu de caminhão, que se encontrava no leito carroçável da rodovia.

2. O impacto foi de grande monta e fez com que o condutor perdesse o controle vindo a se chocar com o *guard rail* da rodovia, parando no acostamento lateral, próximo ao km 416.

3. Diligentemente o condutor do veículo chamou o serviço de apoio da concessionária Ré, que forneceu o serviço de guincho que levou o veículo até o Páteo da Polícia Rodoviária, conforme faz prova o protocolo de serviço nº 3237432, que se ora se acosta (doc. 6).

4. Estando no posto de comando do policiamento rodoviário Gwalter Hugolindo lavrou o respectivo Boletim de Ocorrências, no qual, além de estar descrito minuciosamente o ocorrido, consta anotado pela autoridade policial de que "*o condutor não apresentava sinais de embriaguez*" (BO já juntado como doc. 4).

5. Do acidente ocorreram prejuízos material de razoável monta, sendo certo que o veículo ficou seriamente avariado, pois quebrou o para-choque dianteiro, grades, faróis de milha, radiador e outras peças, conforme faz prova as fotografias que se anexa (doc. 7).

CAPÍTULO 1 • DA PETIÇÃO INICIAL NO PROCEDIMENTO COMUM

6. Para realizar o conserto do veículo o Autor fez 3 (três) orçamentos, optando por realizar o serviço naquele de menor valor, junto a concessionária Chevrowagen Comércio de Veículos Ltda., tendo despendido o importe de R4 10.500,00 (dez mil e quinhentos reais), conforme faz prova a NF e orçamentos que se anexam (doc. 8).

7. Cumpre observar que o veículo sinistrado não possuía seguro de acidentes contratado, razão porque os custos com o conserto foram integramente bancados pelo Autor.

8. Cabe ainda registrar que o Autor procurou a empresa Concessionária ora Ré, mantendo diversos contatos por e-mail (doc. 9) e telefone, mas todas as tentativas de resolver amigavelmente a questão restaram infrutíferas tendo em vista que a Ré não se dispôs a cumprir espontaneamente com seu dever.

9. Em breve síntese são estes os fatos ocorridos e que, não tendo sido resolvido amigavelmente, autoriza que o Autor ingresse em juízo para ver seu patrimônio recomposto em razão dos danos causados por falhas na prestação de serviços da Ré.

### III – DO DIREITO

10. Advirta-se desde logo que a responsabilidade das Concessionárias de Serviço Público é objetiva, isto é, sem culpa, nos termos do estatuído na nossa Constituição Federal (art. 37, 6º), senão vejamos:

Art. 37 (omissis).

*§ 6º As pessoas jurídicas de direito público e as de direito privado prestadoras de serviços públicos responderão pelos danos que seus agentes, nessa qualidade, causarem a terceiros, assegurado o direito de regresso contra o responsável nos casos de dolo ou culpa.*

11. Ainda é preciso considerar que as Concessionárias de rodovias prestam tais serviços mediante remuneração, através do preço público cobrado sob o nome de pedágio, o que faz incidir também as normas do Código de Defesa do Consumidor, de sorte a afirmar que também por este aspecto, a responsabilidade dessas empresas é objetiva nos termos do art. 14, *caput*, da Lei 8.078/90, *in verbis*:

*"Art. 14.* ***O fornecedor de serviços responde independentemente da existência de culpa****, pela reparação dos danos causados a consumidores por defeitos relativos à prestação dos serviços, bem como por informações insuficientes ou inadequadas sobre sua fruição e riscos".* O grifo é nosso.[21]

12. Ademais, a Concessionária Ré, enquanto entidade componente do Sistema Nacional de Trânsito, responde objetivamente pelos danos causados aos cidadãos, conforme estatuído no Código de Trânsito Brasileiro que de maneira expressa consigna que a responsabilidade, nesse caso é sem culpa (Lei n.º 9.503/97, art. 1.º, § 3º), confira-se:

*Art. 1º. Omissis.*

*§ 3º Os órgãos e entidades componentes do Sistema Nacional de Trânsito* ***respondem****, no âmbito das respectivas competências,* ***objetivamente, por danos causados***

---

21. Quando anotamos que o "grifo é nosso" quer dizer que aquela parte grifada não consta do texto original da lei.

*aos cidadãos em virtude de ação, omissão ou erro* na execução e manutenção de programas, projetos e serviços que garantam o exercício do direito do trânsito seguro. (mais uma vez, os grifos são nossos).

13. Mas não é só a legislação, a doutrina também é unânime em afirmar que a responsabilidade dessas empresas é objetiva e, por exemplar, colacionamos texto do insigne Desembargador Carlos Roberto Gonçalves que, de maneira lapidar, anota:

*"O trânsito em condições seguras, passou a ser um direito de todos e um dever do Estado, representado pelos órgãos e entidades componentes do Sistema Nacional de Trânsito, especialmente as concessionárias e permissionárias desses serviços, que exploram as rodovias com a obrigação de administrá-las e de fiscalizá-las. O Código de Defesa do Consumidor, por sua vez, no art. 14, responsabiliza os prestadores de serviços em geral (inclusive, portanto, as referidas concessionárias e permissionárias), independentemente da verificação de culpa, pelo defeito na prestação dos serviços, podendo assim ser considerada a permanência de animal na pista de rolamento, expondo a risco os usuários. Não bastasse, a Constituição Federal, no art. 37, §6º, responsabiliza objetivamente as pessoas jurídicas de direito privado, prestadoras de serviço público, pelos danos que seus agentes causarem a terceiros, por ação ou omissão".* (Responsabilidade Civil, Saraiva, 8.ª ed., São Paulo: Saraiva, 2003, p. 845/846).

14. Não diverge desse entendimento a jurisprudência do egrégio Tribunal de Justiça do Estado de São Paulo, conforme se pode verificar da emenda que colacionamos abaixo:

ACIDENTE DE VEÍCULO – REPARAÇÃO DE DANOS – RÉ CONCESSIONÁRIA DE SERVIÇO PÚBLICO – PNEU EM PISTA DE RODOVIA DE TRÂNSITO RÁPIDO – RESPONSABILIDADE EXCLUSIVA DO RÉU – DANOS NO VEÍCULO DA AUTORA CONFIGURADO – VALORAÇÃO ADEQUADA MENOR DE TRÊS ORÇAMENTOS – RECURSO NÃO PROVIDO. I – A responsabilidade da concessionária de serviços públicos responde objetivamente pelos danos causados a terceiros, nos termos do art. 37, parágrafo 6º, da Constituição Federal; II – Havendo obstáculo na pista, sem sinalização adequada, dando azo a que a autora contra ele chocasse seu veículo quando pelo local trafegava regularmente, de se reconhecer a responsabilidade exclusiva da concessionária; III – A valoração dos danos materiais, baseada no menor dos orçamentos ofertados pela autora, sem específica impugnação da ré, merece confirmação. (Apelação n.º 0019088-70.2012.8.26.0562, Rel. Des. PAULO AYROSA, 31.ª Câmara de Direito Privado, j. 29.7.2014).

15. Por qualquer que seja o ângulo analisado (legal, doutrinário ou jurisprudencial), a responsabilidade da concessionária Ré é objetiva, logo não de deve perquirir sobre eventual culpa ou dolo, bastando para responsabilizá-la pelos danos noticiados a sua flagrante omissão no que diz respeito ao seu dever jurídico de prestar um serviço isento de defeitos, razão porque é de rigor a sua condenação a indenizar os danos sofridos pelos Autores.

16. Ainda que se admitisse a incabível hipótese de responsabilidade subjetiva para o presente caso, ainda assim a Ré deveria ser responsabilizada por sua manifesta negligência, decorrente da criminosa omissão em manter as pistas de rolamento livres de obstáculos (culpa *in vigilando*), causa determinante do acidente noticiado que restou por ser responsável pelos danos ao usuário dos serviços.

CAPÍTULO 1 • DA PETIÇÃO INICIAL NO PROCEDIMENTO COMUM

## IV – DAS DESPESAS REALIZADAS

17. Os danos ao veículo foram de monta e o conserto, conforme documento já acostado aos autos, perfez o montante de R$ 10.500,00 (dez mil e quinhentos reais), que se espera seja indenizado pela empresa Ré em face da falha na prestação de serviços, ao deixar no leito carroçável da rodovia, ressolagem de pneu, que veio a ser a causa determinante dos prejuízos informados.

18. Cumpre informar que o veículo é utilizado na atividade pessoal do autor que ficou sem poder utilizá-lo por vários dias e teve que realizar despesas com táxi e posteriormente com o aluguel de outro veículo, cujas despesas perfizeram o valor de R$ 575,00 (quinhentos e setenta e cinco reais), conforme faz prova as notas fiscais que se anexam (doc. 10).

## V – DO PAGAMENTO DE HONORÁRIOS ADVOCATÍCIOS

19. Advirta-se desde logo que a Autor só teve que contratar advogado em razão da Ré ter se negado a uma solução amigável, de sorte que foi fixado o contrato de honorários pelo qual a Autor pagou R$ 3.000,00 (três mil reais).

20. É importante esclarecer que estes são os honorários contratuais, devidamente fixados no Código Civil, que não se confundem com aqueles sucumbenciais previstos no Código de Processo Civil (art. 85), tendo em vista que estes do Código Civil têm caráter de dano emergente, isto é, decorrente da mora do devedor que obriga o credor a contratar advogado para fazer valer seus direitos.

21. São estes honorários advocatícios previstos nos arts. 389, 395 e 404 do Código Civil, agindo como reflexos do descumprimento da obrigação assumida pelo devedor e cumprem caráter ressarcitório para o credor que, somente teve que contratar e pagar advogado em face do não cumprimento voluntário por parte daquele que deu causa à mora. Ou seja, tivesse o devedor cumprido regularmente com sua obrigação e não teria havido necessidade de contratação de advogado para propositura de ação decorrente do inadimplemento.

22. O Superior Tribunal de Justiça já teve que se manifestar sobre a questão e, pelo voto da ilustre Ministra Nancy Andrighi, assim deixou assentado:

> AGRAVO REGIMENTAL NO RECURSO ESPECIAL. HONORÁRIOS ADVOCATÍCIOS CONTRATUAIS. VALOR DEVIDO A TÍTULO DE PERDAS E DANOS. IMPROVIMENTO. 1.– Aquele que deu causa ao processo deve restituir os valores despendidos pela outra parte com os honorários contratuais, que integram o valor devido a título de perdas e danos, nos termos dos arts. 389, 395 e 404 do CC/02. 2. – Agravo Regimental improvido. (REsp 1.134.725/MG, Relatora Ministra NANCY ANDRIGHI, Terceira Turma, DJe 24/06/2011)

23. Assim, espera-se que referida regra seja interpretada no sentido de também estender esse direito ao Autor de sorte a condenar a empresa Ré por dano material no valor de R$ 3.000,00 (três mil reais), atinente aos honorários contratuais de advogado, tudo nos termos do que as partes firmaram em contrato (doc. 11).

# VI – REQUERIMENTOS

Assim, exposto os fatos é a presente para REQUERER a Vossa Excelência:

a) Seja a Ré citada, no endereço declinado na prefacial, **por via postal com AR**, conforme autoriza o art. 246, I do CPC, a fim de, querendo, contestar o presente feito, informada dos prejuízos com sua inércia.

b) Requer lhe seja concedido os benefícios da gratuidade de justiça por não ter condições de arcar com as despesas do processo, juntando para tanto a devida declaração (doc. 12).

c) Após regular tramitação, requer se digne Vossa Excelência em julgar TOTAL-MENTE PROCEDENTE a presente demanda para o fim de CONDENAR a empresa Ré a indenizar o Autor nos seguintes pedidos:

– Dano emergente pelos valores despendidos com o conserto do veículo em R$ 10.500,00;

– Danos decorrentes de despesas com táxis e locação de outro automóvel no valor de R$ 575,00; e,

– Despesas com a contratação de advogado no valor de R$ 3.000,00 tudo devidamente corrigido e atualizado desde a data do evento.

d) A condenação ademais, nas verbas sucumbenciais, especialmente honorários advocatícios que se espera sejam fixados a base usual de 20% do valor da condenação (CPC, art. 85, § 2°), bem como das custas, despesas processuais e demais cominações legais.

Outrossim, requer também a inversão do ônus da prova por se tratar de relação de consumo, nos termos do art. 6°, VIII, do CDC.

Requer ainda que as publicações, quando feitas no DOE sejam em nome do advogado (indicar o nome e o número da OAB), sob pena de nulidade.

Informa ainda, com fundamento no art. 334, § 5°, do CPC, que não tem interesse na realização de audiência de conciliação/mediação.

Protestando provar o alegado por todos os meios de prova em direito admitidos, especialmente o depoimento pessoal do representante legal da requerida, juntada de novos documentos etc.

Dá-se à causa o valor de R$ 14.075,00 (quatorze mil e setenta e cinco reais) para efeitos fiscais.

Pede Deferimento.

Local e data

Nome e assinatura do Advogado

Número da OAB/Estado

# Capítulo 2
## Das Tutelas Provisórias

## 2.1 DO CONCEITO E DA IMPORTÂNCIA DAS TUTELAS PROVISÓRIAS[1]

As tutelas provisórias existem para atenuar os malefícios do tempo do processo. O ideal seria obter desde logo a tutela definitiva que contivesse um juízo de certeza. Porém, "é inconcebível um processo que não se alongue no tempo" principalmente respeitando todas as garantias do devido processo legal.

O decurso do tempo processual traz prejuízos econômicos e morais às partes; afronta os princípios da efetividade e da celeridade processuais; contribui para a insegurança jurídica e pode ocasionar, inclusive, o perecimento do direito pleiteado, com o consequente fracasso do acesso à justiça.

Diante de efeitos tão danosos, é imprescindível uma solução, mesmo que paliativa, a qual consiste numa tutela provisória, que não resolve definitivamente a lide, mas atende, em parte, à efetividade da justiça, porque pode desde logo ser executada, ou seja, realizada no mundo dos fatos. Quer dizer, a decisão concedida em tutela cautelar ou antecipada, ainda que provisória, pode ser executada de imediato e assim garantir o resultado útil do processo ou mesmo a antecipação dos efeitos daquilo que somente seria obtido pela parte ao final do processo.

Podemos conceituar tutela provisória como uma decisão jurisdicional com as seguintes características: a) inaptidão para tornar-se imutável e indiscutível; b) representativa de cognição não exauriente; c) com eficácia imediata; d) revogável e modificável; e) tem sempre como referência a correspondente tutela definitiva; f) atende aos princípios processuais constitucionais da efetividade e da celeridade em prejuízo do princípio da segurança jurídica.

As tutelas provisórias nunca fazem coisa julgada, ou seja, são inaptas para se tornar imutáveis e indiscutíveis. Já as tutelas definitivas, ao transitar em julgado, adquirem imunidade contra decisões posteriores.

---

1. Texto da prof. Márcia Cardoso Simões in MELO, Nehemias Domingos de. Novo CPC anotado, comentado e comparado, p. 257-261. Além disso a ilustre colega colaborou corrigindo e atualizado esta lição nos seus demais aspectos, inclusive nos modelos de petições.

A coisa julgada é imutável porque não pode ser modificada por decisão posterior. Consequentemente, a propositura de mesma lide em outro processo fica vedada. Além de imutável, ela é indiscutível porque impede que se aprecie a mesma questão em outro processo futuro entre as mesmas partes.

Já a tutela provisória não transita em julgado, de modo que pode ser modificada ou revogada por decisão posterior (ver Novo CPC, art. 296), além de também ser rediscutida no mesmo processo ou em outro processo futuro entre as mesmas partes. Uma vez extinto o processo na qual ela foi concedida, a tutela provisória não impede a reapreciação da mesma lide em outro processo entre as mesmas partes.

Como já dissemos, o objetivo maior das tutelas provisórias consiste em atender à efetividade e à celeridade processuais, de forma que se abre mão de um juízo de certeza em prol da efetividade e celeridade. Um juízo de certeza jurídica somente pode ser obtido após a produção integral de provas, obedecido o contraditório, a ampla defesa, efetivado todo o procedimento legal, enfim, respeitadas todas as garantias do devido processo legal.

De acordo com Kazuo Watanabe, uma decisão definitiva está fundamentada em uma cognição plena e exauriente. Plena porque significa que o juiz examinou toda a extensão do debate das partes, e exauriente porque foi observado o maior grau de profundidade possível. A decisão proferida com base em cognição plena e exauriente propicia um juízo com o mais elevado índice de segurança em relação à certeza do direito controvertido. Por isso, o Estado confere a essa decisão a autoridade da coisa julgada.

Ainda segundo o mesmo autor, diferentemente acontece com as decisões provisórias que estão fundamentadas em cognição sumária, não exauriente. Elas advêm de um juízo superficial e não aprofundado que se baseia na probabilidade do direito alegado pelo requerente. Para o autor, "entre a perfeição e a celeridade, o legislador procurou privilegiar este último, mas em contrapartida deixou de conferir a autoridade de coisa julgada material ao conteúdo declaratório assentado em cognição sumária".[2]

Por outro lado, as tutelas provisórias têm pronta eficácia. A grande vantagem das tutelas provisórias consiste na sua executoriedade imediata. Uma vez concedida, a decisão pode ser realizada no mundo dos fatos desde logo, mesmo na pendência de recurso.

De forma geral, as tutelas provisórias são executadas provisoriamente (ver Novo CPC, art. 297, parágrafo único).

---

2. WATANABE, Kazuo. *Da cognição do processo civil.* São Paulo: Revista dos Tribunais, 1987, p. 108.

As tutelas provisórias podem ser revogadas ou modificadas, de ofício ou a requerimento da parte, em qualquer momento processual, enquanto houver a busca para encontrar a solução definitiva para o direito em litígio.

As tutelas provisórias sempre estão relacionadas à tutela definitiva, que chamamos de principal. Afinal elas só existem porque a tutela principal exige o cumprimento minucioso de todo o procedimento traçado pela lei, com obediência ao contraditório e à ampla defesa, tarefa que demanda tempo, fator inimigo da efetividade e que pode trazer prejuízos às partes.

Em regra, as tutelas provisórias têm como objetivo direto preservar a utilidade da futura tutela definitiva ou evitar que o próprio direito objeto da ação pereça completamente antes da decisão final. Em ambos os casos, para obter a tutela provisória é imprescindível demonstrar a probabilidade de obter a solução definitiva para a lide. Logo, só é possível pensar em tutela provisória se tivermos em mente qual seria a tutela definitiva correspondente.

Por último, para que se compreenda em profundidade a natureza das tutelas provisórias é preciso identificar o conflito entre princípios constitucionais que o juízo no caso concreto tem sempre que enfrentar antes de conceder ou negar a tutela provisória. A concessão da tutela provisória sempre significa atender ao princípio da efetividade e da celeridade processuais, em prejuízo do princípio da segurança jurídica, conforme passamos a explicar.

Já vimos que as medidas provisórias advêm de uma cognição superficial, não obstante, poderem ser executadas imediatamente, mesmo na pendência de recurso. De forma que se torna possível executar sem que se tenha certeza jurídica sobre o direito litigado.

Executar sem certeza vai de encontro ao princípio da segurança jurídica, expressado no artigo 5º, inciso LIV, da Constituição Federal, segundo o qual "ninguém será privado da liberdade ou de seus bens sem o devido processo legal".

Apenas outro princípio do mesmo quilate pode justificar essa invasão da esfera jurídica de alguém sem o completo devido processo legal. Trata-se do princípio da efetividade da jurisdição, garantia decorrente da inafastabilidade da jurisdição, pois o direito de acesso à justiça compreende não apenas obter a solução jurídica ao caso concreto levado à juízo, mas igualmente o direito de ter realizado no mundo dos fatos a solução jurídica obtida.

Ensina Teori Albino Zavascki que "a forma para viabilizar a convivência entre a segurança jurídica e efetividade da jurisdição é a outorga de medidas de caráter provisório, que sejam aptas a superar as situações de risco de perecimento de qualquer um desses direitos".

Não obstante, nem todas as tutelas provisórias envolvem situações de perigo, de risco ao direito em litígio. É o caso das tutelas de evidência previstas no artigo 311 do Novo CPC a ser estudado mais adiante.

O pressuposto das tutelas provisórias consiste em "circunstâncias de fato" que configurem um risco ou, pelo menos, um embaraço ao princípio da efetividade da jurisdição, que garante a entrega da tutela jurisdicional em tempo e em condições adequadas à preservação do bem da vida.

Nas tutelas provisórias de urgência a circunstância de fato deve significar um perigo, uma ameaça de perecimento do objeto do processo ou uma ameaça à utilidade/efetividade da decisão definitiva final do processo.

Já o embaraço ao princípio da efetividade e da celeridade prescinde da situação de perigo, mas configura um entrave à prestação da tutela jurisdicional em prazo razoável e com a celeridade e presteza exigidas pelo inciso LXXVII do art. 5º da Constituição Federal.

De qualquer modo, quando o julgador é chamado a decidir provisoriamente, ele deve enfrentar o dilema de decidir qual das garantias constitucionais fundamentais sairá vencedora em prejuízo da outra: segurança jurídica ou efetividade (e celeridade) da tutela jurisdicional? Trata-se, portanto, de um conflito de normas de segundo grau, para o qual não há solução preconcebida, cabendo ao juiz elaborar no caso concreto a regra conformadora entre os princípios que se afrontam.[3]

## 2.2 FUNDAMENTOS JURÍDICOS DO PEDIDO DAS TUTELAS PROVISÓRIAS

Vimos acima, no brilhante texto da Profa. Márcia Cardoso Simões, que a finalidade das tutelas de urgência é dar maior efetividade ao processo, permitindo que o autor, antes mesmo da sentença final, possa, no todo ou em parte, gozar do direito posto em discussão no processo (ver CPC, arts. 294 e ss).

Podemos dizer, grosso modo falando, que no Código de Processo Civil de 1973 tínhamos as medidas cautelares reguladas em apartado do procedimento comum, no Livro III (arts. 796 ao 811) e as tutelas antecipadas inseridas dentro do procedimento comum (art. 273), como se ambas não pudessem significar medidas provisórias de urgência, imprescindíveis durante o andamento do processo.

Já o Novo CPC, com melhor técnica, reuniu sob o título de tutelas de urgências as medidas cautelares e as tutelas antecipadas que tinha como requisito a

---

3. Sobre o confronto entre princípios processuais constitucionais, vide: Teori Albino Zavascki. *Antecipação da tutela*, 6. ed. São Paulo: Saraiva, 2008, p. 60-70.

urgência (CPC/73, art. 273, I) e abrigou as outras hipóteses de tutela antecipada junto ao título da tutela de evidência.

No caso de tutela de urgência é possível que o autor possa formular seu pedido antecedente, isto é, já na formação do processo ou mesmo incidentalmente quando o processo já estiver em curso.

Os **requisitos da tutela de urgência** vêm indicados no art. 300 do CPC e são basicamente os seguintes:

a) requerimento pelo autor;

b) probabilidade do direito alegado (*fumus boni juris*);

c) perigo de dano ou risco ao resultado útil do processo (*periculum in mora*);

d) não haja perigo de irreversibilidade do provimento.

Já os **requisitos da tutela de evidência** vêm explicitados no art. 311 do Novo CPC (é importante frisar que independe do perigo de dano), e são os seguintes:

a) ficar caracterizado o abuso do direito de defesa ou o manifesto propósito protelatório da parte;

b) as alegações de fato puderem ser comprovadas apenas documentalmente e houver tese firmada em julgamento de casos repetitivos ou em súmula vinculante;

c) se tratar de pedido reipersecutório fundado em prova documental adequada do contrato de depósito, caso em que será decretada a ordem de entrega do objeto custodiado, sob cominação de multa; e,

d) a petição inicial for instruída com prova documental suficiente dos fatos constitutivos do direito do autor, a que o réu não oponha prova capaz de gerar dúvida razoável.

A decisão do juiz que concede a medida deve ser fundamentada (CPC, art. 298)[4] e, mesmo quando requerida na inicial, sua concessão pode ocorrer em qualquer fase do processo, inclusive na sentença. Da mesma forma, pode ser revogada ou modificada a qualquer momento, também em decisão fundamentada, inclusive na sentença (CPC, art. 296).[5]

---

4. CPC, Art. 298. Na decisão que conceder, negar, modificar ou revogar a tutela provisória, o juiz motivará seu convencimento de modo claro e preciso.

5. CPC, Art. 296. A tutela provisória conserva sua eficácia na pendência do processo, mas pode, a qualquer tempo, ser revogada ou modificada.

   Parágrafo único. Salvo decisão judicial em contrário, a tutela provisória conservará a eficácia durante o período de suspensão do processo.

O recurso cabível contra decisão concessiva ou negativa de tutela é o agravo de instrumento (ver CPC, art. 1.105, I). Se, contudo, foi concedida com a sentença, deverá ser atacada via apelação, que será recebida somente no efeito devolutivo (ver CPC, art. 1.012, V), o que significa dizer que, mesmo com a apresentação deste recurso, os efeitos da tutela concedida continuam em pleno vigor (não se suspendem).

## 2.3 COMO SABER QUAL TUTELA PROVISÓRIA UTILIZAR?

Advirta-se desde logo que, nos casos de tutelas provisórias de urgência, frente ao caso concreto pode se tornar uma tarefa árdua saber quando se trata de "tutela antecipada" ou de "tutela cautelar".

Apesar disso, podemos resumir da seguinte forma:

a) se a pretensão do autor tem **caráter satisfativo**, estaremos diante da antecipação da tutela;

b) se de outro lado, a pretensão é apenas de **garantir um direito ou a eficácia de uma decisão futura**, estaremos diante de uma antecipação cautelar.

É exatamente em face dessa dificuldade que o legislador mantém a fungibilidade das medidas, autorizando que o juiz conceda uma por outra quando assim se convencer (ver CPC, art. 305, parágrafo único).

De toda sorte, para tentar responder está questão vamos fazer um breve resumo sobre as tutelas provisórias como previstas no Novo Código de Processo Civil.

Para bem entender a matéria é preciso atentar para o fato de que a tutela provisória é gênero do qual são espécies as tutelas de urgências e a tutela de evidência. Dessa forma, as tutelas provisórias se dividem em duas espécies: tutela de urgência e tutela de evidência.

### 2.3.1 Da tutela de urgência

**As tutelas de urgência se dividem em duas**: tutela antecipada (CPC, art. 303)[6] e tutela cautelar (CPC, art. 305)[7] que podem ser requeridas antecipadamente

---

6. CPC, Art. 303. Nos casos em que a urgência for contemporânea à propositura da ação, a petição inicial pode limitar-se ao requerimento da tutela antecipada e à indicação do pedido de tutela final, com a exposição da lide, do direito que se busca realizar e do perigo de dano ou do risco ao resultado útil do processo.

§ 1º Concedida a tutela antecipada a que se refere o caput deste artigo:

I – o autor deverá aditar a petição inicial, com a complementação de sua argumentação, a juntada de novos documentos e a confirmação do pedido de tutela final, em 15 (quinze) dias ou em outro prazo maior que o juiz fixar;

II – o réu será citado e intimado para a audiência de conciliação ou de mediação na forma do art. 334;

ou mesmo incidentalmente no curso de um processo já em andamento. Pode ainda ser requerida na propositura da ação completa (contemporânea).

Para concessão de qualquer das duas é preciso que o autor demonstre o perigo de dano ou do risco ao resultado útil do processo (*periculum in mora*), a probabilidade do direito (*fumus boni juris*). Quanto se tratar de tutela de urgência de natureza antecipada deverá ser ainda demonstrado a certeza de que o provimento não é irreversível.

Qualquer que seja o pedido, pode o juiz determinar, conforme o caso, que o peticionário garanta o juízo através de caução visando prevenir danos que a outra parte possa vir a sofrer em razão da demanda, podendo a caução ser dispensada se a parte for beneficiária da justiça gratuita (CPC, art. 300).[8]

Na **tutela antecipada**, o autor tem duas possibilidades:

a) Pode se contentar apenas com o atendimento do pedido provisório, não fazendo pedido principal (ver CPC, art. 303, *caput*). Nesse caso, se o juiz conceder a tutela requerida e o réu não agravar da decisão, ocorrerá o fenômeno da estabilização da tutela concedida (CPC, art. 304, *caput*).[9]

---

III – não havendo autocomposição, o prazo para contestação será contado na forma do art. 335.

§ 2º Não realizado o aditamento a que se refere o inciso I do § 1º deste artigo, o processo será extinto sem resolução do mérito.

§ 3º O aditamento a que se refere o inciso I do § 1º deste artigo dar-se-á nos mesmos autos, sem incidência de novas custas processuais.

§ 4º Na petição inicial a que se refere o caput deste artigo, o autor terá de indicar o valor da causa, que deve levar em consideração o pedido de tutela final.

§ 5º O autor indicará na petição inicial, ainda, que pretende valer-se do benefício previsto no caput deste artigo.

§ 6º Caso entenda que não há elementos para a concessão de tutela antecipada, o órgão jurisdicional determinará a emenda da petição inicial em até 5 (cinco) dias, sob pena de ser indeferida e de o processo ser extinto sem resolução de mérito

7. CPC, Art. 305. A petição inicial da ação que visa à prestação de tutela cautelar em caráter antecedente indicará a lide e seu fundamento, a exposição sumária do direito que se objetiva assegurar e o perigo de dano ou o risco ao resultado útil do processo.

Parágrafo único. Caso entenda que o pedido a que se refere o caput tem natureza antecipada, o juiz observará o disposto no art. 303

8. CPC, art. 300. A tutela de urgência será concedida quando houver elementos que evidenciem a probabilidade do direito e o perigo de dano ou o risco ao resultado útil do processo.

§ 1º Para a concessão da tutela de urgência, o juiz pode, conforme o caso, exigir caução real ou fidejussória idônea para ressarcir os danos que a outra parte possa vir a sofrer, podendo a caução ser dispensada se a parte economicamente hipossuficiente não puder oferecê-la.

§ 2º A tutela de urgência pode ser concedida liminarmente ou após justificação prévia.

§ 3º A tutela de urgência de natureza antecipada não será concedida quando houver perigo de irreversibilidade dos efeitos da decisão.

9. CPC, Art. 304. A tutela antecipada, concedida nos termos do art. 303, torna-se estável se da decisão que a conceder não for interposto o respectivo recurso.

b) Pode pretender fazer o pedido da tutela antecipada e também o pedido principal (ver CPC, art. 303, §§ 1º ao 4º). Nesse caso, depois de concedida a tutela antecipada o autor terá o prazo de 15 (quinze) dias, ou outro maior que o juiz assinalar, para completar sua petição inicial, inclusive com a juntada de novos documentos, fazendo o pedido de tutela final.

Na **tutela cautelar** pode ser efetivada através de arresto, sequestro, arrolamento de bens, registro de protesto contra alienação de bem e qualquer outra situação na qual seja necessário resguardar um direito. O autor deverá indicar a lide e seu fundamento, a exposição sumária do direito que se objetiva assegurar e o perigo de dano ou o risco ao resultado útil do processo (CPC, art. 301).[10]

Cumpre advertir para o que consta na parte final do art. 301 (qualquer outra medida idônea para asseguração do direito), pois significa aquilo que na época do CPC/73 chamávamos de "poder geral de cautela" que o magistrado pode utilizar a qualquer momento.

Ademais, nos casos de tutela de urgência o juiz poderá determinar que o requerente preste caução que servirá como garantia de ressarcimento dos eventuais prejuízos que a parte contrária possa sofrer em face do processo. Se a parte é economicamente hipossuficiente, o juiz poderá dispensar a caução. Isso porque, a parte responde pelos prejuízos que a efetivação da tutela possa ter causado à parte contrária (ver CPC, art. 302).

## 2.3.2 Da tutela de evidência

A tutela de evidência tanto pode ser requerida no início da relação processual quanto poderá ser requerida incidentalmente no curso do processo já em andamento, se restarem preenchidos os seus pressupostos.

Com a tutela de evidência o legislador disponibiliza mecanismos para abreviar o processo na exata medida em que o instituto permite que o juiz antecipe o bem da vida pleiteado pelo autor, antes mesmo do final do processo. Quer dizer, na prática estará antecipando o resultado final da demanda.

Conforme já assinalamos, para concessão da tutela de evidência **não é necessário provar o periculum in mora**, isto é, o perigo de dano ou de risco ao resultado útil do processo (CPC, art. 311, *caput*).[11]

---

10. CPC, Art. 301. A tutela de urgência de natureza cautelar pode ser efetivada mediante arresto, sequestro, arrolamento de bens, registro de protesto contra alienação de bem e qualquer outra medida idônea para asseguração do direito.

11. CPC, Art. 311. A tutela da evidência será concedida, independentemente da demonstração de perigo de dano ou de risco ao resultado útil do processo, quando:
    I – ficar caracterizado o abuso do direito de defesa ou o manifesto propósito protelatório da parte;

Mais das vezes a tutela de evidência será concedida somente depois da oitiva do réu. Se dúvidas restar, veja-se que no caso do inciso I é impossível a sua concessão *inaudita altera parte* porque só se pode comprovar o abuso de direito ou o manifesto propósito protelatório depois de iniciada a relação processual. Da mesma forma no caso do inciso IV, porque o juiz só irá apreciar a validade da prova documental juntada pelo autor, depois que o réu contestar e não apresentar prova capaz de gerar dúvida sobre a validade daquele documento. Veja-se que nos dois casos o juiz só irá apreciar o pedido de tutela de evidência depois da contestação do réu.

Aliás, para que dúvidas não pairem o legislador fez constar explicitamente que o juiz só pode decidir liminarmente nas hipóteses dos incisos II e III. Quer dizer, nos outros dois casos não (ver CPC, art. 311, parágrafo único).

## 2.4 JUÍZO COMPETENTE

A competência para conhecer das tutelas provisórias, quaisquer delas, é do juízo da causa quando o pedido for incidental. Parece lógico, pois se o processo está em andamento e a parte necessita de uma providência de urgência, deverá requerer ao juízo perante o qual o processo está tramitando, na instância em que estiver.

Se requerida em caráter antecedente, será competente o juízo que seria competente para conhecer da causa principal (CPC, art. 299).[12]

## 2.5 PRÁTICA DAS TUTELAS DE URGÊNCIA E DE EVIDÊNCIA

Neste tópico vamos apresentar alguns modelos de petições abrangendo as hipóteses de tutelas provisórias que esperamos possam ser úteis aos colegas

---

II – as alegações de fato puderem ser comprovadas apenas documentalmente e houver tese firmada em julgamento de casos repetitivos ou em súmula vinculante;

III – se tratar de pedido reipersecutório fundado em prova documental adequada do contrato de depósito, caso em que será decretada a ordem de entrega do objeto custodiado, sob cominação de multa;

IV – a petição inicial for instruída com prova documental suficiente dos fatos constitutivos do direito do autor, a que o réu não oponha prova capaz de gerar dúvida razoável.

Parágrafo único. Nas hipóteses dos incisos II e III, o juiz poderá decidir liminarmente.

12. CPC, Art. 299. A tutela provisória será requerida ao juízo da causa e, quando antecedente, ao juízo competente para conhecer do pedido principal.

Parágrafo único. Ressalvada disposição especial, na ação de competência originária de tribunal e nos recursos a tutela provisória será requerida ao órgão jurisdicional competente para apreciar o mérito.

advogados em início de carreira, bem como aqueles que vão prestar concurso e o Exame da Ordem dos Advogados do Brasil.

Seguiremos a mesma orientação que adotamos na Lição 1: vamos apresentar um problema e depois, com base nesse problema, vamos desenvolver a petição, vejamos.

### 2.5.1 Problema para elaboração de uma petição inicial com pedido de tutela antecipada (art. 303)

Vamos imaginar que uma cliente chegou a seu escritório e narrou a seguinte estória, trazendo todos os documentos necessários à prova do alegado.

Ela relatou que em janeiro de 2020, uma empresa de TV a cabo instalou um *stand* de vendas no condomínio onde ela reside e passou a oferecer várias vantagens para aqueles que aderissem aos planos de TV fechada que estavam oferecendo.

Diante da insistência dos vendedores a cliente assinou a propostas de adesão cujo contrato visava o fornecimento do referido serviço entregando-lhe uma cópia, informando-a que no dia seguinte o instalador compareceria ao seu apartamento para realizar a instalação dos serviços.

De fato, o instalador compareceu no dia seguinte, porém não pode instalar o serviço de TV a cabo porque a passagem de cabos pelos condutos das paredes não comportava a fiação. Diante dessa dificuldade, o instalador telefonou para a empresa prestadora dos serviços e informou que não poderia fazer a instalação.

Passados mais de um mês desse evento, a cliente recebeu um boleto de cobrança dos serviços da empresa de TV a cabo, no valor de R$ 162,81 com vencimento em 13/02/2021. Imediatamente telefonou para a central de relacionamento, informando à atendente de que os serviços não haviam sido prestados. A atendente pediu para aguardar enquanto faziam as anotações, informando-a em seguida de que estava tudo regularizado.

No mês seguinte a cliente recebe novo Boleto de cobrança. Liga novamente para a empresa e, mais uma vez, recebe a informação de que aquele boleto estaria cancelado e que ela não se preocupasse, pois estava tudo resolvido.

Seis meses depois quando a cliente realizava compras na loja "Thralhas e Treckos" resolveu parcelar o pagamento das compras, porém quando foram consultar seu CPF constou que ela tinha um débito apontado no SCPC.

Ela foi até a Associação Comercial da localidade e descobriu que o apontamento tinha como origem os débitos daqueles boletos da empresa de TV a cabo.

CAPÍTULO 2 • DAS TUTELAS PROVISÓRIAS    **37**

Diante disso ela espera que seu nome seja retirado daquele órgão o mais rápido possível e, além disso, quer ser indenizada pela vergonha que passou.

Como advogado desta senhora, promova a ação competente para atender aos reclamos dela.

**Atenção**: neste caso vamos elaborar uma petição completa, de sorte que se for concedida a tutela requerida, não haverá necessidade de aditar a petição inicial para completar o pedido porque já estamos apresentando uma petição que atende a todos os pedidos, tanto o de tutela antecipada quanto o pedido final de condenação por danos morais (ver o permissivo contido no *caput* e § 1º do art. 303). Se o juiz mandar aditar, é o caso de peticionar e informar que a inicial já está completa não sendo o caso de aditamento.

## 2.5.2 Modelo de petição inicial completa com pedido de tutela antecipada *inaudita altera parte* (art. 294, parágrafo único)[13]

EXCELENTÍSSIMO (A) SENHOR (A) DOUTOR(A) JUIZ (A) DE DIREITO DA____ VARA CÍVEL DO FORO DA COMARCA DE_____.

*(espaço para despacho)*

AMBELVINA DA SILVA SAURO, brasileira, solteira, do lar, portadora do RG nº (.....) e do CPF nº (.....) (doc. 2),[14] residente e domiciliada na (endereço completo), e-mail: <_____>, por seu advogado que a esta subscreve (doc. 1), com endereço profissional (endereço completo inclusive o eletrônico), vem, respeitosamente, à presença de Vossa Excelência, com base nas disposições do Código de Defesa do Consumidor (Lei nº 8.078/90) e outras disposições legais aplicáveis à espécie, propor a presente

### AÇÃO DECLARATÓRIA DE INEXISTÊNCIA DE RELAÇÃO JURÍDICA

### c/c INDENIZAÇÃO POR DANOS MORAIS

### COM PEDIDO DE TUTELA DE NATUREZA ANTECIPADATÓRIA

em face da TV URUCAJÁ – COMERCIAL DE TV A CABO LTDA, pessoa jurídica de direito privado, regularmente inscrita no CNPJ sob nº (.....), com sede na (endereço completo), com atendimento pelo e-mail <_____>, pelos motivos de fato e de direito que a seguir passa a expor, para ao final requerer.

---

13. Se não tivéssemos todos os documentos e precisássemos com urgência retirar o nome da cliente do banco de dados, poderíamos ingressar apenas com um pedido antecedente de tutela antecipada para esse fim. Depois teríamos o prazo de 15 (quinze) dias para aditarmos a petição inicial e completar o pedido (ver CPC, art. 303).
14. O doc. 2 é a cópia simples do RG e do CPC da Autora. Vai anotado como doc. 2 porque o doc. 1 será sempre a procuração.

# I – RELATO DOS FATOS

1. No mês de janeiro de 2020, a empresa Ré instalou um stand de vendas de assinatura de TV a cabo, no condomínio onde reside a Autora, com a finalidade de ofertar e fazer instalar seus serviços. Durante vários dias funcionários da referida empresa assediaram os moradores oferecendo os serviços da empresa Ré mediante termo de adesão.

2. Vencida pelas insistentes propostas a Autora assinou contrato para o fornecimento do referido serviço, quando lhe informaram que no dia seguinte o instalador compareceria ao seu apartamento para realizar a instalação dos serviços (doc. 3).

3. No dia aprazado compareceu referido instalador que acabou por constatar ser impossível a instalação da TV a cabo no apartamento da Autora em razão da impossibilidade de passagem de cabos pelos condutos das paredes.

4. Na mesma oportunidade e na presença da Autora, o instalador manteve contato telefônico com a Central de serviços da empresa Ré, comunicando-lhes o fato impeditivo da instalação.

5. A Autora indagou ao instalador se seria necessário alguma providência de sua parte quanto a não concretização do contrato de prestação de serviços, ao que lhe respondeu o instalador ser desnecessário tendo em vista que além da comunicação que fizera, anotaria na sua via do contrato a impossibilidade técnica de fornecimento dos serviços para sua residência.

6. Ocorre que um mês após o acima referenciado, a Autora recebe em sua residência um boleto de cobrança dos serviços da tal empresa de TV a cabo, no valor de R$ 162,81 com vencimento em 13/02/2020 (doc. 4).

7. Incontinente, a Autora manteve contato com a central de relacionamento, cujo telefone é (. ) e depois de passar por vários outros números de telefones e atendentes, recebeu a informação de que estava tudo regularizado e que não deveria mais se preocupar, pois a cobrança estava cancelada, informando o protocolo de atendimento de nº(. ).

8. Para sua desagradável surpresa, no mês seguinte recebeu novo Boleto de cobrança, agora com vencimento em 13/03/2020, no valor de R$ 162,81 (doc. 5), razão porque, manteve novamente contato telefônico com a empresa Ré, através do serviço de atendimento ao cliente, informando-lhes novamente de que os serviços não foram disponibilizados e que a cobrança era indevida, razão porque reiterou o pedindo o cancelamento da mesma.

9. Outra vez a atendente lhe informou que estava registrando sua reclamação no sistema e que o débito seria excluído, razão porque a Autora não deveria mais se preocupar com referido débito, gerando outro protocolo de atendimento de nº (. ).

10. No mês de maio de 2020, quando a Autora realizava compras nas "Thralhas e Treckos" do Shopping Paraisópolis, lhe foi aventada a possibilidade de financiar, sem juros, a compra que estava realizando. Para isso pediram que a Autora preenchesse uma ficha cadastral que após a consulta a compra seria liberada.

11. Qual não foi sua surpresa quando a atendente voltando da consulta realizada, informou-lhe que não seria possível a concessão do crédito porque seu nome estava

negativado perante o SCPC, informação essa que lhe foi passada à frente das demais pessoas que aguardavam no balcão de atendimento ao público, causando-lhe grande constrangimento.

12. Desnecessário dizer de que nada adiantou a Autora argumentar que aquela informação não correspondia à verdade e que seu nome não poderia estar constando naquele banco de dados tendo em vista que não tinha nenhum débito inadimplido na praça, porém continuou a receber a negativa da atendente da loja que, num determinado momento, disse-lhe que não seria fornecido crédito para pessoas cujo nome estivesse "sujo na praça".[15]

13. No dia seguinte, a Autora dirigiu-se até a Associação Comercial de (informar a localidade) – administradora dos serviços do SCPC, e lá obteve a confirmação de que seu nome estava negativado por indicação da empresa Ré, referente aquele suposto débito de R$ 162,81 vencido em fevereiro de 2020, conforme faz prova a inclusa certidão (doc. 6).[16]

14. Em breve síntese estes são os fatos do ocorrido, que se pretende ver provado no curso da presente demanda.

## II – DO DIREITO

15. A Autora teve o seu nome incluído indevidamente em banco de dados de consumo, na exata medida em que não tinha nenhuma relação negocial com a empresa Ré que a autorizasse a promover a cobrança do débito inexistente que foi apontado no SCPC, encontrando-se aí o ilícito que autoriza e justifica o pedido indenizatório por danos morais, conforme pacífica e mansa jurisprudência, senão vejamos:

> CIVIL – DIREITO DO CONSUMIDOR – AÇÃO DE INDENIZAÇÃO POR DANOS MORAIS – COMPANHIA TELEFÔNICA – INSCRIÇÃO INDEVIDA EM ÓRGÃO DE PROTEÇÃO AO CRÉDITO – DÉBITO INEXISTENTE – DANO MORAL CARACTERIZADO – 1. A inscrição do nome do consumidor nos cadastros restritivos de crédito, quando feita de forma indevida, como no caso de débito inexistente, por si só é causa geradora de danos morais, passíveis de reparação (*danum in re ipsa*). 2. Estando o valor arbitrado devidamente adequado para o caso, atendendo aos princípios da proporcionalidade e razoabilidade, deve o mesmo ser confirmado. 3. Sentença mantida por seus próprios fundamentos. Decisão: Negado provimento. Unânime. (TJDFT – ACJ 20060110729387 – 2ª T.R.J.E. – Rel. Des. Jesuíno Rissato – DJU 20.08.2007 – p. 96).

16. Ademais, prescreve a Lei consumerista que o consumidor deverá ser informado previamente de que irão armazenar dados de consumo a seu respeito, como uma forma de lhe oportunizar a possibilidade de correção de dados e do contraditório (Lei nº 8.078/90, art. 43, § 2º), fato este que não ocorreu no presente caso, sendo

---

15. As lojas não informam as razões da inclusão, nem qual foi a empresa que promoveu a inscrição. Por isso o interessado tem que se deslocar até o órgão que fez o apontamento (Serasa ou SPC) para obter informações precisas do ocorrido.

16. A certidão informa com clareza qual foi o contrato que originou o débito e qual foi a empresa que enviou o nome da pessoa para inclusão no banco de dados.

assim mais um ilícito cometido pela Ré, conforme já decidiu o E. Superior Tribunal de Justiça, *verbis*:

RECURSO ESPECIAL – INSCRIÇÃO EM ÓRGÃOS DE PROTEÇÃO AO CRÉDITO – AUSÊNCIA DE COMUNICAÇÃO PRÉVIA AO CONSUMIDOR – DESCUMPRIMENTO DO ART. 43, § 2º, DO CDC – ILEGALIDADE DO REGISTRO – CANCELAMENTO – RECURSO PROVIDO – 1. É necessária a prévia comunicação ao consumidor acerca da inscrição do seu nome em cadastro de inadimplentes, sob pena de ilegalidade e cancelamento do registro, ante a inobservância do previsto na norma inserta no artigo 43, §2º do CDC. 2. Recurso Especial conhecido e provido. (STJ – RESP 200501480553 – (779492 RS) – 4ª T. – Rel. Min. Hélio Quaglia Barbosa – DJU 20.08.2007 – p. 00286).

17. A Constituição Federal protege os valores morais da pessoa humana ao preconizar que ninguém poderá violar a imagem e a honra das pessoas, pois se assim procederem, deverão indenizar por dano moral decorrente da ofensa perpetrada (CF, art. 5°, V e X). Assim também o nosso Código Civil ao estabelecer que aquele que violar direito ou causar dano a outrem, ainda que somente moral, cometerá ato ilícito passível de indenização (CC, art. 186 c/c art. 927).

18. Quanto a questão da prova do dano moral, em se tratando de inclusão indevida junto aos bancos de dados (como no presente caso), a jurisprudência pátria e unânime no que diz respeito à desnecessidade de prova da repercussão de seus efeitos. Neste particular aspecto, basta ao ofendido provar que a inclusão se deu de forma irregular ou indevida para fazer surgir o dever indenizatório. A guisa de exemplo, já decidiu o Superior Tribunal de Justiça, pelo voto do Ministro CASTRO FILHO que:

"em casos que tais (inscrição indevida na Serasa), faz-se desnecessária a prova do prejuízo, que é presumido, uma vez que o dano moral decorre da própria inclusão indevida do nome do autor no cadastro de inadimplentes" (STJ – AGA 470538 – SC – 3ª T. – Rel. Min. Castro Filho – DJU 24.11.2003 – p. 00301).

## III – DA TUTELA ANTECIPADA

19. Conforme já demonstrado, inexistiu justa causa para a emissão do boleto bancário que gerou a inscrição no SCPC e, se não há causa, o título é nulo, exatamente nesse sentido é a presente ação, ora proposta, exatamente com o objetivo de obter uma declaração judicial nesses termos.

20. Há, no entanto, questão preferencial e de urgência que a Autora pretende seja resolvida antes do encerramento regular do processo de conhecimento tendo em vista que a permanência do seu nome naquele banco de dados é causa de prejuízo e de dissabores e, não se justifica manter tais restrições de crédito enquanto se discute a ilegalidade da referida inscrição.

21. Os fatos estão claros, provados e são verossímeis, de forma que a concessão de medida liminar para exclusão do nome da autora do SPSC se lastreia no perigo de dano que a permanência da inscrição indevida lhe causa.

CAPÍTULO 2 • DAS TUTELAS PROVISÓRIAS

22. Ademais, não há perigo de irreversibilidade do provimento tendo em vista que, na improvável hipótese de improcedência da presente ação, o nome da Autora poderá ser novamente incluindo naquele banco de dados. Advirta-se também, que a concessão da liminar não causa nenhum prejuízo à parte contrária.

23. Por fim, A Requerente se dispõe a caucionar os valores supostamente devidos, podendo depositar à conta do juízo, se assim for determinado por Vossa Excelência.

## IV – DOS PEDIDOS E REQUERIMENTOS

Assim expostos os fatos, é a presente para REQUERER a Vossa Excelência:

a) A concessão, *inaudita altera parte*, de tutela antecipada para imediata exclusão do nome da Autora dos registros do SCPC, expedindo-se o competente ofício àquele órgão, dispensando-se a realização de caução.

b) Concedida a liminar, seja a Ré citada, por via postal com AR, para contestar, querendo, a presente ação, advertida dos prejuízos no caso de silêncio.

c) Após regular tramitação, seja a presente ação julgada totalmente procedente para o fim de declarar a inexistência de relação jurídica entre a Autora e a Ré, declarando-se inexistente a cobrança impugnada condenando-se ademais a empresa Ré a pagar uma indenização por danos morais no valor de 100 vezes o débito apontado, qual seja, R$ 16.281,00 (dezesseis mil e duzentos e oitenta e um reais) em razão da inscrição indevida.

d) Seja a Ré condenada também nas custas e honorários advocatícios que se espera seja fixado a taxa usual de 20% (vinte por cento).

Por fim a Autora deixa consignado que tem interesse na realização de audiência de mediação aguardando a sua designação. [17]

Protestando por todos os meios de prova e dando-se à causa, o valor de R$ 16.281,00 tão somente para efeitos legais.

Termos em que,

Pede e Espera, Deferimento.

Local e data,

Nome e assinatura do advogado

nº da OAB

---

17. Pelo Novo CPC é obrigatório o autor declinar já na petição inicial se tem interesse na audiência de conciliação e mediação, que só não se realizará se autor e réu expressamente disserem que não tem interesse (CPC, art. 334, § 4º, I).

### 2.5.3 Problema para elaboração de uma petição inicial com pedido exclusivo de estabilização da tutela antecipatória de caráter antecedente (art. 303, *caput* e § 5º c/c art. 304).

Vamos supor que o Sr. Juka Bill compareceu em seu escritório e narrou que tem uma linha de telefonia celular que não pretende mais utilizar e que para isso tinha procurado a empresa Surdos & Mudos para cancelar referida linha.

Procurou uma loja num shopping e lá preencheu o formulário de cancelamento da linha, porém continuou recebendo os boletos de cobrança como se não tivessem sido cancelados os serviços. Ligou para o serviço de atendimento, porém seus reclamos foram em vão.

Em face disso o cliente quer o cancelamento da linha, bem como o cancelamento dos débitos apontados de sorte a ficar protegido contra cobranças abusivas e até mesmo do risco de vir a ter o seu nome incluído no rol de maus pagadores, razão porque veio lhe contratar para defender seus direitos.

Como advogado de Juka Bill proponha a ação competente para atender seus reclamos.

**Atenção**: nesse caso o cliente deseja apenas o cancelamento dos débitos pelos serviços não prestados, além do cancelamento do contrato referente à linha de telefonia móvel.

**Solução**: o ideal é ingressar com uma ação visando obter a declaração de inexistência de débito e cumular com o pedido de cancelamento do contrato de prestação de serviços. Como o cliente não pode correr o risco de ter seu nome incluído em bancos de dados, você deverá fazer um pedido de tutela antecipada para obstar a empresa de adotar qualquer providência que possa prejudicar seu cliente. Considerando ainda que ele se satisfaz com o cancelamento dos débitos e com a eliminação do risco de inclusão indevida, podemos afirmar que se a tutela for concedida já se terá atingido tais objetivos, razão porque você pode pleitear os benefícios da estabilização da tutela prevista no art. 304.

CAPÍTULO 2 • DAS TUTELAS PROVISÓRIAS **43**

## 2.5.4 Modelo de petição inicial com pedido exclusivo de estabilização da tutela antecipada antecedente (art. 303, *caput* e § 5° e art. 304)

AO JUÍZO DA_____VARA CÍVEL DA COMARCA DE_____ESTADO DE _____ [18]

*(espaço para despacho)*

JUKA BILL, (nacionalidade), (profissão), (estado civil), portador da Carteira de Identidade n° (número), inscrito no CPF/MF sob o n° (número) (doc. 2), [19] residente e domiciliado na Rua (endereço completo, inclusive e-mail), por seu procurador infra-assinado, instrumento de mandato incluso (doc. 1),[20] que recebe avisos e intimações na (endereço do advogado, inclusive o eletrônico), vem, mui respeitosamente, à presença de Vossa Excelência, com fundamento no art. 303 e ss do Código de Processo Civil c/c art. 84 do Código de Defesa do Consumidor, propor a presente,

### AÇÃO ANULATÓRIA DE DÉBITO

### COM PEDIDO DE ESTABILIZAÇÃO DE

### TUTELA ANTECIPADA DE CARÁTER ANTECEDENTE

em face da empresa de telefonia móvel celular SURDOS & MUDOS CIA. LTDA., pessoa jurídica de direito privado, regularmente inscrita no CNPJ/MF sob n° (número), e inscrição Estadual n° (número), com sede na Rua (endereço completo, inclusive e-mail, se souber), pelos motivos de fato e direito que passa a expor, e, ao final, requerer:

### PRELIMINARMENTE

Cumpre informar inicialmente que o Requerente pretende fazer uso dos benefícios previstos no art. 303, *caput* e 304, do Código de Processo Civil, tendo em vista o caráter satisfativo da medida liminar que se pretende pleitear – ação anulatória de débito c/c com cancelamento do contrato de prestação de serviços, já que a eventual não interposição de recurso pela ré poderá redundar na estabilização de medida pleiteada, não havendo, nesse caso, a necessidade de adoção de nenhuma outra providência por parte do requerente (CPC, art. 303, *caput* e 304).

Registre-se que inovou o legislador do Código de Processo Civil prevendo que a petição inicial pode se limitar ao requerimento da tutela antecipada e à indicação da tutela final, com a exposição da lide, do direito que se busca tutelar, além do perigo de dano.

---

18. A ação na qual se pede tutela antecipada de caráter preparatório deve ser proposta no juízo competente para conhecer da eventual ação principal. Se for incidental, deve ser peticionado ao juízo onde tramita a ação.
19. Cópia simples do RG e do CPF, embora não exigida, é recomendável assim proceder, já que esta é a forma de não deixar dúvidas quanto à identificação do autor.
20. A procuração *ad juditia* (mandato) será sempre o doc. n° 1, pois será o primeiro documento anexado à petição inicial.

Assim, em cumprimento ao que determina o § 5° do art. 303 do Código de Processo Civil, o Requerente deixa consignado que se satisfaz com a concessão da tutela antecipada que será requerida, não havendo razão para propositura de ação principal.

## I – HISTÓRICO

1. O Requerente é usuário de uma linha de telefonia móvel n° (indicar o n° da linha e da localidade), adquirido e habilitado pela Requerida na data de 21 de novembro de 1997, conforme faz prova o incluso contrato (doc. 3).

2. Em razão de problemas diversos com o uso da linha em questão, o Requerente, desde (indicar desde quando), deixou de utilizar regularmente esta linha telefônica, servindo a mesmo tão somente para o atendimento, via secretária eletrônica, pela qual era informado o novo número de telefone celular que o Requerente havia adquirido de outra operadora.

3. Em (indicar a data), resolveu que não mais havia necessidade de manter a referida linha ativada, razão porque na data de (indicar a data) compareceu na loja da Requerida, no Shopping (indicar o nome), onde preencheu um formulário com o pedido expresso de cancelamento da sua assinatura daquele telefone, conforme faz prova a cópia que se anexa (doc. 4).

4. Ocorre que, passados três meses do pedido de cancelamento, o Requerente continua recebendo boletos de cobrança (doc. 5), razão pela qual voltou a manter contato com o serviço de atendimento ao usuário da Requerida, no horário compreendido entre 13:00 e 14:30 horas do dia (indicar a data), período em que falou com diversos atendentes, cujos nomes, pela ordem de sequência, são: (discriminar quais atendentes e protocolos), sem contudo ter seus reclamos atendidos, na exata medida em que tais atendentes, de maneira aparentemente premeditada, deixavam o usuário aguardando na linha, até que a mesma "caísse".

5. Por orientação de seu patrono, o Requerente enviou carta com AR para a Requerida (doc. 6), insistindo que não desejava mais manter aquela linha habilitada, pugnando pelo cancelamento do contrato e anulação das contas expedidas sem que tivesse havido uso dos serviços da linha móvel.

6. Apesar de o Requerente não desejar mais a utilização dos serviços anteriormente contratados, a verdade é que não consegue pelas vias normais promover o cancelamento do mesmo e, enquanto isso, a Requerida continua emitindo contas, com base no valor mínimo do plano anteriormente contratado.

## II – DO *PERICULUM IN MORA*

7. Veja o absurdo excelência! O Requerente está condenado a permanecer cliente da Requerida, pelo resto de sua vida, pois, como fartamente demonstrado, não consegue ser atendido em seu pedido de cancelamento do contrato de prestação de serviço, nem mesmo via denúncia do contrato por notificação extrajudicial.

8. Ademais, conforme se depreende da última conta de cobrança de serviços, consta aviso expresso de que o não pagamento sujeitará o inadimplente a ter seu nome inscrito nos órgãos de proteção ao crédito (doc. 7).

CAPÍTULO 2 • DAS TUTELAS PROVISÓRIAS **45**

9. Desta forma, o provimento jurisdicional antecipatório que se busca é medida que se impõe, sob risco de, não ocorrendo, causar prejuízo líquido e certo ao Autor, na exata medida em que se verá obrigado *ad eternum* a honrar o contrato de prestação de serviços, pagando o plano de R$ (indicar o valor da mensalidade) por mês, independentemente de uso da linha celular que se pretende cancelar e ainda se sujeitar a teu seu nome inscrito nos órgãos de proteção ao crédito.

### III – DO *FUMUS BONI IURIS*

10. Ensina o brilhante Desembargador paulista Carlos Roberto Gonçalves que o contrato pode ser resolvido em face da inexecução voluntária decorrente do comportamento culposo de um dos contratantes, com prejuízos para a outra parte, produzindo efeitos *ex tunc*, extinguindo o que foi executado e obrigando a restituições recíprocas, se cabível, tudo conforme arts. 473 e 475 do Código Civil, dentre outros (*Direito Civil brasileiro*, v. III, p. 161).

11. Além disso, Humberto Theodoro Junior, com a maestria que lhe é peculiar, assevera que, ao contrário dos direitos reais, que tendem à perpetuidade, os direitos obrigacionais gerados pelo contrato caracterizam-se pela temporalidade, não havendo, a rigor, contrato eterno, até porque qualquer prejuízo para as partes se resolveria via perdas e danos (*O contrato e seus princípios*, p. 100).

12. Não bastasse os entendimentos doutrinários acima mencionados, o Código de Defesa do Consumidor, ao tratar dos vícios de produtos, que se pode aplicar por analogia aos serviços, prevê que o consumidor, após notificar o fornecedor e, tendo aguardado 30 dias, poderá exigir, dentre outras, o rompimento do contrato com a devolução das quantias pagas, sem prejuízo de perdas e danos (art. 18, § 1º, II, c/c art. 20, II).

13. Além disso, prevê também a lei consumerista que sendo relevantes os fundamentos da demanda o juiz poderá conceder, liminarmente, o provimento jurisdicional requerido, como forma de evitar danos irreparáveis ou de difícil reparação (art. 84, especialmente § 3º).

14. Rememore-se, ademais, conforme o escólio do Professor Ronaldo Cunha Campos, que o *fumus boni iuris* deve, em verdade, corresponde não propriamente à probabilidade de existência do direito material – pois qualquer exame a respeito só é próprio na ação principal –, mas sim à verificação efetiva de que, realmente, a parte dispõe do direito de ação, isto é, direito ao processo principal a ser tutelado (*Estudos de direito processual* apud Humberto Theodoro Junior, *Processo cautelar*, p. 76).

### IV – CONCLUSÃO

Em face de tudo quanto foi exposto, demonstrado e justificado o razoável receio de perpetuação da injusta cobrança pelo fornecimento de serviços que o usuário não usa nem pretende utilizar, é a presente para REQUERER a Vossa Excelência a concessão de TUTELA ANTECIPADA, *inaudita altera parte*, [21] para o fim de determinar à SURDOS &

---

21. Quer dizer: sem a oitiva da parte contrária.

MUDOS CIA. LTDA. que se abstenha de cobrar novos valores, bem como se abstenha de enviar o nome do Requerente a bancos de dados de consumo, ou quaisquer outros valores de serviços referente à linha (indicar o nº da linha), fixando-se multa diária pelo eventual não cumprimento da medida.

REQUER também que, concedida a medida liminar, seja a Requerida citada e intimada para a eventual realização da audiência de mediação, <u>advertida que a não interposição do recurso cabível poderá implicar na estabilização da medida concedida</u> (CPC, art. 304).

Protestando provar o alegado por todos os meios de prova em direito admitidos e, dando-se à causa o valor de R$ (indicar o valor).

Pede e Espera, Deferimento. Local e data,

Nome e assinatura do Advogado

nº da OAB

### 2.5.5 Problema para elaboração de uma petição inicial com pedido de tutela cautelar (art. 305)

Juka Bill compareceu em seu escritório e contou que havia emprestado R$ 100.000,00 (cem mil reais) para Jojolino Topa Tudo, seu amigo de confiança. Para formalizar o negócio o próprio tomador do empréstimo emitiu 10 notas promissórias, vencendo-se a primeira em (indicar a data) e as demais sucessivamente nos meses subsequentes.

Quando venceu primeira parcela o devedor, alegando dificuldades financeiras, pediu prorrogação de prazo para o pagamento e depois pagou na nova data aprazada.

Ocorre que na segunda promissória o devedor não pagou nem justificou o não pagamento. Como não conseguiu contato com o devedor, Juka levou o título a protesto, mas mesmo assim não houve pagamento.

Juka Bill ficou sabendo que o seu amigo devedor estava vendendo a casa onde residia e que ele pretendia se mudar para outra cidade. Aliás, a casa já se encontrava vazia e uma imobiliária é que estava cuidando da venda.

Diante desses fatos e com medo de não receber o restante do crédito concedido, o cliente veio lhe procurar em busca de uma solução.

**Problema:** com relação aos débitos já vencidos você poderia propor uma ação de execução por título executivo extrajudicial, porém no que diz respeito às promissórias ainda não vencidas, você não as pode cobrar ainda. Ademais, se você demorar muito não vai encontrar mais o devedor, nem bens dele para garantir as dívidas vincendas.

CAPÍTULO 2 • DAS TUTELAS PROVISÓRIAS **47**

**Solução**: a melhor opção é propor uma ação preparatória urgente, isto é, ingressar em juízo com um pedido de tutela cautelar antecedente, visando apreender algum bem do devedor, informado ao juiz qual será a lide principal que será proposta depois.

## 2.5.6 Modelo de petição inicial com pedido de tutela cautelar de caráter antecedente (art. 305)

AO JUÍZO DA____VARA CÍVEL DA COMARCA DE____ESTADO DE ____[22]

*(espaço para despacho)*

JUKA BILL, (nacionalidade), (profissão), (estado civil), portador da Carteira de Identidade nº (.....), inscrito no CPF/MF sob o nº (.....) (doc. 2),[23] residente e domiciliado na Rua (endereço completo, inclusive e-mail), por seu procurador infra-assinado, instrumento de mandato incluso (doc. 1),[24] que recebe avisos e intimações na (endereço físico do advogado e e-mail), vem, mui respeitosamente, à presença de Vossa Excelência, com fundamento no art. 305 e ss, do Código de Processo Civil, propor a presente ação de

## TUTELA CAUTELAR

### requerida em caráter antecedente

em face de JOJOLINO TOPA TUDO, (nacionalidade), (profissão), (estado civil), portador da Carteira de Identidade nº (.....), inscrito no CPF/MF sob o nº (.....), residente e domiciliado na Rua (endereço completo, inclusive o e-mail), pelos motivos de fato e direito que passa a expor, para ao final, requerer:

1. O Requerente celebrou com o requerido, contrato de empréstimo (doc. 3) no valor de R$ 100.000,00 (cem mil reais), que se destinava a custear as despesas de ampliação e conservação da casa do Requerido, no endereço acima declinado.

2. Para garantia do empréstimo realizado, foram emitidas 10 notas promissórias, cada uma no valor de R$ 10.000,00 (dez mil reais), vencendo-se a primeira em (indicar a data) e as demais sucessivamente nos meses subsequentes, conforme faz prova as inclusas cópias (doc. 4).

3. Já no vencimento da primeira parcela, na data de (indicar qual data), o Requerido procurou o Requerente e, dizendo encontrar-se em dificuldades financeiras, pediu

---

22. A tutela cautelar requerida em caráter antecedente deve ser proposta no juízo competente para conhecer da ação principal. Se for incidental, deve ser distribuída por dependência do processo já em andamento (ver CPC, art. 299).

23. Cópia simples do RG e do CPF que pelo Novo CPC é exigido a menção dos números, daí ser recomendável juntar cópia para não deixar dúvidas quanto à identificação do autor.

24. A procuração *ad juditia* (mandato) será sempre o doc. nº 1, pois este será o primeiro documento anexado à petição inicial.

prorrogação de prazo para o pagamento desta primeira parcela do empréstimo, o que lhe foi concedido pelo prazo de dez dias, que restou cumprido.

4. No vencimento da segunda promissória o Requerido não pagou nem justificou o não pagamento, o que motivou o envio para protesto que foi devidamente lavrado no (indicar qual cartório), restando inadimplida (doc. 5).

5. Por essa razão, o Requerente dirigiu-se até a residência do devedor para ali lhe tomar satisfações quanto ao débito vencido. Qual não foi sua surpresa, pois chegando à residência do Requerido se deparou com uma placa de "vende-se", sendo certo que o mesmo não se encontrava naquele local, onde um plantonista da imobiliária "Vida Fácil" informou que o Requerido havia se mudado com a família para outra localidade, conforme prova as fotos que se anexa (doc. 6).

6. O requerente empreendeu todas as buscas ao seu alcance, porém as mesmas restaram infrutíferas, sendo certo que o Requerido encontra-se em local incerto e não sabido.

7. Realizando busca junto ao Detran, o Requerido constatou que o Requerente ainda é proprietário de dois automóveis, quais sejam: um Chevrolet, modelo Chevette, ano de fabricação 1976, placa HIV-1234, e um Chevrolet, modelo Monza, ano de fabricação 1982, placa HIV-5678 (docs. 7 e 8), cujo valor de mercado é de R$ 50.000,00 e 60.000,00 respectivamente, valores estes suficientes para garantia da dívida que se pretende executar.

8. Esclarece o nosso Código de Processo Civil que cabe tutela cautelar requerida em caráter antecedente quando houver perigo de dano ou risco ao resultado útil do processo, de sorte que para garantia da futura execução se faz necessário o pedido de arresto dos bens do devedor (art. 305).

Assim, estando presentes os pressupostos do *fumus boni iuri* e do *periculum in mora*, é a presente para requerer a Vossa Excelência:

a) Seja a medida liminar concedida *inaudita altera parte*, para o fim de arrestar os veículos: Chevrolet, modelo Chevette, ano de fabricação 1976, placa HIV-1234, e um Chevrolet, modelo Monza, ano de fabricação 1982, placa HIV-5678.

b) Após deferida a liminar, seja citado o Requerido para que, querendo, ofereça sua defesa sob pena de revelia.

c) Requer ainda a confirmação da liminar ao final, transformando-se o arresto em penhora, e a condenação do requerido nas custas e honorários de advogado.

Informa por fim que pretende propor, no prazo do trintídio, ação de execução por título extrajudicial com o fim de receber os valores devidos.

Dá-se à causa o valor de R$ 90.000,00.

Nestes Termos Pede

Deferimento Local e

data,

Nome e assinatura do advogado

nº da OAB

# Capítulo 3
# Emenda e Aditamento da Petição Inicial

## 3.1 O QUE DEVE CONTER A PETIÇÃO INICIAL?

Conforme já informado, toda e qualquer petição inicial deverá atender, no mínimo, as exigências do contido nos arts. 319 e 320 do Novo Código de Processo Civil, sob pena de indeferimento caso não seja corrigida a falha.

Ao longo da obra, iremos verificar que determinadas ações têm exigências próprias, mas mesmo nesses casos, deverão ser atendidos os requisitos próprios de cada tipo de ação e os genéricos que são esses dos artigos acima citados.

É de suma importância atentar para as exigências de lei para evitar ter que aditar ou emendar a petição inicial por duas boas razões: primeiro isto retarda o andamento do processo, pois enquanto não regularizado o processo estará parado; segundo, se o juiz mandou aditar ou emendar seu cliente vai entender que você como advogado é um incompetente, e isto é péssimo para sua imagem.

## 3.2 PETIÇÃO INCOMPLETA OU IRREGULAR

Como errar é humano, pode ser que você venha a se deparar com a necessidade de aditar ou emendar uma determinada petição inicial. Muitas vezes, por mais que você revise a peça, alguma irregularidade passa despercebido.

A eventual falta de qualquer dos requisitos dos artigos supramencionados, bem como defeitos e irregularidades que possam dificultar o conhecimento do mérito, poderá ensejar a necessidade de emenda ou aditamento da petição inicial com a finalidade de adequá-la, cabendo ao juiz determinar a sua regularização no prazo de 15 (quinze) dias (CPC, art. 321).[1]

---

1. CPC, Art. 321. O juiz, ao verificar que a petição inicial não preenche os requisitos dos arts. 319 e 320 ou que apresenta defeitos e irregularidades capazes de dificultar o julgamento de mérito, determinará que o autor, no prazo de 15 (quinze) dias, a emende ou a complete, indicando com precisão o que deve ser corrigido ou completado.

   Parágrafo único. Se o autor não cumprir a diligência, o juiz indeferirá a petição inicial.

# MANUAL DE PRÁTICA JURÍDICA CIVIL • Nehemias Domingos de Melo

Não sendo atendida a determinação, o juiz estará autorizado a indeferir a petição inicial (CPC, art. 321, parágrafo único c/c art. 330, IV) com a consequente extinção do processo sem resolução do mérito (CPC, art. 485, I).

Dessa decisão o autor poderá interpor apelação, facultado ao juiz, no prazo de 5 (cinco) dias reformar sua decisão (CPC, art. 331).[2]

## 3.3 DIFERENÇA ENTRE EMENDA E ADITAMENTO

Esclareça-se, por oportuno, que a palavra *emenda* é sinônimo de correção, não devendo ser confundida com aditamento, cujo sinônimo é *acréscimo*. Na prática, é muito comum utilizar-se das duas com a mesma finalidade, qual seja, corrigir ou acrescentar a petição inicial que está de alguma forma incompleta ou incorreta.

Muitos juízes e advogados cometem este erro que, embora não seja grave, demonstra no mínimo, falta de técnica. E quando se trata do advogado a coisa é pior, pois pode parecer incompetência, prejudicando sua imagem.

Se o Juiz manda que seja esclarecido alguma coisa, estamos diante da necessidade de emendar a petição inicial, para esclarecer o que o magistrado pediu. Veja-se que nesse caso é "emenda à petição inicial" e não "aditamento à inicial".

Como dito acima, aditar a petição inicial significa acrescentar alguma coisa que não constava na exordial. Pode ser mais um pedido que o autor esqueceu de formular (pediu dano material e esqueceu de pedir também dano moral)[3] ou alteração da causa de pedir ou mesmo o acréscimo de um documento que não foi juntado com a peça inaugural.

## 3.4 DEFEITOS PASSÍVEIS DE EMENDA OU ADITAMENTO

Dentre os possíveis defeitos e irregularidades sanáveis que justificam a emenda ou aditamento da inicial, podemos exemplificar os seguintes:

---

2. CPC, Art. 331. Indeferida a petição inicial, o autor poderá apelar, facultado ao juiz, no prazo de 5 (cinco) dias, retratar-se.

§ 1º Se não houver retratação, o juiz mandará citar o réu para responder ao recurso.

§ 2º Sendo a sentença reformada pelo tribunal, o prazo para a contestação começará a correr da intimação do retorno dos autos, observado o disposto no art. 334.

§ 3º Não interposta a apelação, o réu será intimado do trânsito em julgado da sentença

3. O autor pode aditar a petição inicial livremente enquanto o réu não for citado. Depois da citação e até o saneamento, poderá modificar o pedido ou a causa de pedir com a concordância expressa do réu (CPC, art. 329).

# CAPÍTULO 3 • EMENDA E ADITAMENTO DA PETIÇÃO INICIAL

a) pela sistemática adotada pelo CPC, o autor deve declinar na sua petição inicial se tem interesse na realização ou não de audiência preliminar de conciliação ou mediação (ver CPC, art. 319, VII). Se esse detalhe foi esquecido, o juiz determinará que o autor adite a petição inicial para dela fazer constar sua opção, sob pena de indeferimento (ver CPC, art. 321, parágrafo único);

b) falta de documento indispensável à propositura da ação: na discussão de um contrato, por exemplo, é da essência que este contrato esteja no processo; assim como na ação de divórcio, consensual ou litigioso, é indispensável a juntada da certidão de casamento atualizada; ou ainda, no inventário é indispensável a juntada da certidão de óbito do *de cujus*. Se a ação for proposta sem o documento considerado indispensável, o juiz determinará a complementação da petição inicial com a juntada do mesmo (CPC, art. 320);[4]

c) não indicação do valor da causa ou valor inadequado: como já anotamos, a toda causa deve corresponder um valor, mesmo que a ação não verse sobre bens passíveis da valoração monetária. Uma ação de investigação de paternidade não envolve nenhum valor, porém deverá ter um valor da causa expresso em reais. De outro lado, não se pode atribuir um valor ínfimo, completamente destoante do bem pretendido ou fixar um valor exacerbado para dificultar a defesa da outra parte. Em qualquer desses casos, o juiz mandará emendar a petição inicial para fazer constar o valor correto da causa, com o consequente recolhimento das custas adicionais (ver CPC, art. 319, V); falta de indicação de litisconsórcio necessário: na propositura de ação que verse sobre direitos reais sobre bens imóveis, por exemplo, o autor obrigatoriamente deverá incluir no polo passivo da ação os cônjuges em litisconsórcio (CPC, art. 73, § 1º).[5] Se o autor assim não fizer, deverá o juiz determinar o aditamento da inicial para fazer constar o cônjuge faltante;

---

4. CPC, Art. 320. A petição inicial será instruída com os documentos indispensáveis à propositura da ação.
5. CPC, Art. 73. O cônjuge necessitará do consentimento do outro para propor ação que verse sobre direito real imobiliário, salvo quando casados sob o regime de separação absoluta de bens.
§ 1º Ambos os cônjuges serão necessariamente citados para a ação:
I – que verse sobre direito real imobiliário, salvo quando casados sob o regime de separação absoluta de bens;
II – resultante de fato que diga respeito a ambos os cônjuges ou de ato praticado por eles;
III – fundada em dívida contraída por um dos cônjuges a bem da família;
IV – que tenha por objeto o reconhecimento, a constituição ou a extinção de ônus sobre imóvel de um ou de ambos os cônjuges

d) autenticação de documento ou documento desatualizado: em dadas circunstâncias, é necessário a apresentação de documento com a devida autenticação, como pode também ser necessário instruir a petição com documento atualizado. Na ação de inventário, por exemplo, a certidão de casamento do cônjuge sobrevivo com o *de cujus* deverá ser de data recente, até para que o magistrado possa aferir se a situação de casado vigia até o advento morte;

e) irregularidade de representação: a representação processual se prova pelo documento que habilita determinada pessoa a assinar pelo representado, como no caso do síndico pelo condomínio (ver CPC, art. 76). Nestas circunstâncias, não basta juntar a procuração, pois se a mesma estiver desacompanhada da ata de eleição daquele que se diz síndico de nada valerá o mandato. Da mesma forma, a capacidade postulatória que se prova mediante a procuração (CPC, art. 104).[6] Nas duas situações, a inicial desacompanhada de um ou de outro ensejará a seu aditamento para que se leve aos autos o documento faltante;

f) adequação ou correção do pedido: a petição inicial poderá ser declarada inepta se faltar pedido ou causa de pedir ou se da narração dos fatos não decorrer uma conclusão lógica do que se pretende. Da mesma forma se os pedidos forem incompatíveis ou se juridicamente impossível (ver CPC, art. 330, parágrafo único, I, II, III e IV). Pode ainda acontecer de a via eleita não ser a adequada ao provimento jurisdicional que se pretende, caso em que, em sendo possível, o magistrado determinará a emenda da inicial para adequar o pedido à causa de pedir;

g) no processo de execução por quantia certa, determina o Código de Processo Civil que a petição inicial deverá ser instruída com o original do título executivo e a memória (planilha) de cálculos, isto é, o demonstrativo de débito atualizado (ver CPC, art. 798, I). Se a petição inicial for protocolada sem um desses dois requisitos, o juiz determinará seu aditamento para que seja complementada com o documento exigido por lei.

---

6. CPC, Art. 104. O advogado não será admitido a postular em juízo sem procuração, salvo para evitar preclusão, decadência ou prescrição, ou para praticar ato considerado urgente.

§ 1º Nas hipóteses previstas no caput, o advogado deverá, independentemente de caução, exibir a procuração no prazo de 15 (quinze) dias, prorrogável por igual período por despacho do juiz.

§ 2º O ato não ratificado será considerado ineficaz relativamente àquele em cujo nome foi praticado, respondendo o advogado pelas despesas e por perdas e danos.

## 3.5 ATITUDES DO JUIZ QUANDO RECEBE A INICIAL

Rememore-se que, após o recebimento da petição inicial, o juiz verificará se a mesma atende os requisitos legais e poderá adotar duas possíveis posturas:

a) a petição encontra-se regular: o juiz designará audiência de conciliação ou de mediação e mandará citar o réu, com as advertências de praxe (ver CPC, art. 334);

b) a petição está irregular: o magistrado determinará a emenda ou aditamento da mesma, no prazo de 15 (quinze) dias, sob pena de indeferimento e extinção do feito sem julgamento do mérito (ver CPC, art. 321 parágrafo único c/c art. 330, IV).

É importante frisar que na decisão do juiz determinando a emenda ou aditamento da petição inicial, ele deverá explicitar o que efetivamente deve ser corrigido ou completado (ver CPC, art. 321, *caput*).

## 3.6 MODELO DE DESPACHO DETERMINANDO A EMENDA OU ADITAMENTO

Para efeito de elaboração da petição de emenda/aditamento, vamos supor que numa petição inicial que versa sobre vício e defeito de produto, envolvendo a aquisição de um veículo zero km.

O magistrado verificou faltar o certificado do veículo e determinou ao autor a juntada deste documento para comprovar, dentre outras coisas, a legitimidade das partes. Além disso, o autor fez pedido de indenização por danos morais, porém não fixou o valor pretendido a esse título.

Nestas circunstâncias, o juiz proferirá um despacho de seguinte teor:

*"Processo n° (. ) – Indenização – Procedimento comum – Nome do Autor X Nome da Ré. – Fls. ... – Vistos. Determino em até 15 (quinze) dias, o aditamento da inicial, para juntar o certificado de propriedade do veículo bem como fixar o valor pretendido a título de danos morais,[7] sob pena de indeferimento. Deveras, o pleito de danos imateriais deverá estar escudado em mensuração objetiva líquida, de modo a viabilizar a ampla defesa. No prazo assinalado, cumprirá ao autor proceder à estimativa do dano extrapatrimonial requerido, bem como complementar as custas devidas ao Estado. Int. – Adv (nome do advogado) e n° da OAB).[8]*

---

7. Nas ações em que se pretende indenização por dano moral é obrigatório o autor indicar na petição inicial quando pretende receber em caso de procedência da ação. Pelo Novo CPC não se admite mais o pedido genérico (ver art. 292, V).

8. Todas as intimações realizadas pela imprensa (*DOE*) conterão obrigatoriamente o nome e n° da OAB dos advogados que atuam no processo sob pena de nulidade.

Tendo em vista o despacho acima exarado nos autos, nos cumpre agora redigir a petição de aditamento, para atender ao determinado pelo magistrado.

Vejamos como deveria ser elaborada a petição de aditamento.

## 3.7 PROVIDÊNCIAS APÓS PROTOCOLADA A PETIÇÃO DE EMENDA OU ADITAMENTO

Protocolada a petição de emenda ou aditamento da inicial, a mesma será encartada aos autos e encaminhada ao juiz que irá verificar se ela atende ao que tenha sido determinado.

Se estiver regular, no mesmo despacho o juiz dirá que a recebe como emenda da petição inicial e mandará citar o réu para comparecer em audiência de conciliação ou mediação.

Poderá ocorrer de o autor não ter atendido plenamente ao determinado pelo magistrado, sendo certo que, neste caso, poderá ser determinado novo aditamento ou extinto o processo sem julgamento do mérito, conforme seja o critério do juiz.

Esclareça-se ainda que o prazo de 15 (quinze) dias estabelecido em lei para o aditamento (ver CPC, art. 321) pode ser prorrogado, a pedido do autor e a critério do juiz, em circunstâncias que sejam devidamente justificadas.

## 3.8 MODELO DE PETIÇÃO DE ADITAMENTO À INICIAL

AO JUÍZO DA_____VARA CÍVEL DA COMARCA DE_____ESTADO DE_____.[9]

*(espaço para despacho)*

**Processo nº (_____)[10]**

**Ação Indenizatória (procedimento comum)[11]**

NOME DO AUTOR, já devidamente qualificado nos autos em epígrafe, no qual contende com a empresa NOME DA RÉ, por seu advogado que a esta subscreve, vem, mui respeitosamente, perante Vossa Excelência para, atendendo o R. Despacho de fls., apresentar seu

---

9. Como a petição inicial já foi distribuída anteriormente, já existe uma vara e juízo determinado.
10. O processo também já terá um número de processo, cujos dados deverão constar, obrigatoriamente, de toda e qualquer nova petição.
11. Indica-se qual é o tipo de ação e o rito porque, em muitos cartórios, esses dados são importantes para uma rápida localização do processo no arquivo.

# ADITAMENTO À PETIÇÃO INICIAL

para corrigir as falhas apontadas, o que faz nos seguintes termos:

1. Quanto aos Danos Morais (pedido "f" da inicial):

O Autor fez pedido genérico no tocante aos danos morais porque entende que o melhor critério ainda é o do livre arbitramento pelo magistrado. Malgrado tal posicionamento, o Novo CPC exige a quantificação do pedido de dano moral com o respectivo recolhimento das custas (art. 292, V).

Assim, em atendimento ao determinado, pede o aditamento da petição inicial para fazer constar que o pedido de condenação por Danos Morais seja fixado em valor correspondente a R$ (indicar o valor, inclusive por extenso), entendendo que este valor cumpre o papel punitivo e compensatório que deve nortear a fixação do *quantum* neste tipo de ação.

2. Quanto ao Valor da Causa (alteração):

Em razão da fixação do valor quanto ao pedido de danos morais, com a definição da pretensão do autor, necessário se faz alterar o valor da causa somando-se ao valor da indenização por danos materiais os valores pedidos a título de danos morais que, no presente caso, irá perfazer o montante de R$ (indicar o valor da soma do dano material + dano moral).

3. Quanto ao Documento Faltante:

Por oportuno e ainda atendendo ao determinado, faz juntada da inclusa cópia do certificado do veículo.

Face ao acima exposto é a presente para REQUERER a Vossa Excelência o aditamento da petição inicial para dela fazer constar o seguinte:

a) No item "f" da inicial: "Seja, ademais, condenada a pagar indenização por danos morais, pelos transtornos causados ao autor, no valor de R$ (indicar o valor que foi pedido por danos morais)".

b) No item "i" da inicial: "Dá-se à causa o valor de R$ (indicar o valor total da demanda)" sobre os quais se recolhem as custas complementares.

Assim, acreditando ter atendido o R. Despacho de fls., o autor requer o prosseguimento do feito, com os atos ulteriores e necessários ao deslinde da demanda.

Nestes Termos,

Pede e Espera, Deferimento.

Local e data,

Nome e assinatura do advogado nº da OAB

# 3.9 OUTRO MODELO DE PETIÇÃO DE EMENDA DA PETIÇÃO INICIAL

AO JUÍZO DA____VARA CÍVEL DA COMARCA DE____- ESTADO DE____.[12]

*(espaço para despacho)*

**Processo nº (____)[13]**

**Ação Indenizatória (procedimento comum)[14]**

NOME DO AUTOR, já devidamente qualificado nos autos em epígrafe, no qual contende com a empresa NOME DA RÉ, por seu advogado que a esta subscreve, vem, mui respeitosamente, perante Vossa Excelência para, atendendo o R. Despacho de fls., apresentar sua EMENDA A PETIÇÃO INICIAL para dela fazer constar o valor pretendido pelo autor a título de danos morais, bem como para corrigir o valor atribuído à causa, que por um lapso do autor constou erroneamente na petição inicial.

Tendo em vista que o autor pede indenização por dano material em face dos problemas apresentados pelo produto adquirido na empresa ré, correspondente à devolução dos valores que foi pago no produto e, de outro lado pede também indenização por dano moral, correta é a determinação de que o autor emende a petição inicial para que o valor da causa corresponda a soma dos dois pedido.

Assim, o valor da causa corrigido é de R$ (indicar o valor) sobre o qual se recolhe as devidas custas complementares ao Estado, conforme faz prova a incluas guia de recolhimento.

Assim, tendo atendido o R. determinação de fls., o autor requer o prosseguimento do feito, com a citação do réu para integrar o polo passivo da presente ação, seguindo-se com os atos ulteriores e necessários ao deslinde da demanda.

Termos em que, Pede Deferimento.

Local e data,

Nome e assinatura do advogado

nº da OAB

---

12. Como a petição inicial já foi distribuída anteriormente, já existe uma vara e juízo determinado.
13. O processo também já terá um número de processo, cujos dados deverão constar, obrigatoriamente, de toda e qualquer nova petição.
14. Indica-se qual é o tipo de ação e o rito porque, em muitos cartórios, esses dados são importan tes para uma rápida localização do processo no arquivo.

## 3.10 MODELO DE PETIÇÃO DE EMENDA PARA SUBSTITUIÇÃO DO RÉU

EXCELENTÍSSIMO(A) SENHOR(A) JUIZ(A) DE DIREITO DA _____ VARA CÍVEL DA COMARCA DE_____:

**Processo nº _____**

FULANO DE TAL, já devidamente qualificado nos autos em referência, por seu advogado que a esta subscreve, vem, respeitosamente, perante Vossa Excelência, nos termos do art. 338 do CPC, requerer o quanto segue.

1. Tendo em vista a alegação do réu na contestação de que é parte ilegítima para responder aos termos da ação e depois disso revendo seus arquivos, constata o autor que de fato houve cessão anuída do contrato cuja resolução se requer.

2. Posta assim a questão, com fundamento no retro citado art. 338 do Código de Processo Civil, requer-se a substituição do réu pelo indicado na contestação, Sr. (...), (qualificação), (endereço completo, inclusive eletrônico, se tiver).

3. Em consonância com o acatado, requer-se a fixação do reembolso de custas e honorários devidos ao réu original, ora substituído no mínimo legal de 3% do valor atribuído à causa determinado no parágrafo único do art. 338 do Código de Processo Civil, requerendo, outrossim, a juntada da petição inicial alterada que segue anexa e, bem assim, a citação do novo réu.

Termos em que,

juntando o comprovante do pagamento das despesas para citação,

Pede Deferimento.

Local, data ADVOGADA (O) OAB nº...

# Capítulo 4
# Da Audiência de Conciliação ou de Mediação

## 4.1 CONCILIAÇÃO OU MEDIAÇÃO, QUAL É A DIFERENÇA?

A Mediação é uma forma de solução de conflitos através da qual uma terceira pessoa, neutra e imparcial – o mediador, irá atuar buscando reaproximar as partes através do restabelecimento do diálogo entre elas. A mediação visa primacialmente o restabelecimento do diálogo, rompido por qualquer que seja a razão, para assim possibilitar que as partes possam construir, com autonomia, uma solução amigável para o problema. Seu campo de aplicação é amplo e pode ser uma ótima solução para os conflitos oriundos do direito de vizinhança, do direito de família e do direito dos contratos, dentre outros.

Já na conciliação, que também é um método alternativo de solução de conflitos, o conciliador, embora neutro e imparcial, terá uma postura mais ativa visando aproximar as partes na busca de uma solução negociada. Nesse caso, o mediador é um facilitador do diálogo, aproximando pessoas que nunca tiveram contato anteriormente e assim contribuindo para a busca de uma solução consensual para o conflito posto *sub judice*. Exemplo típico é a ação de danos resultante de qualquer ato ilícito extracontratual cuja ação é proposta, mais das vezes, porque o ofensor se recusa a reconhecer o seu erro.

As duas técnicas são muito parecidas e as pessoas pensam que representam a mesma coisa, porém, como vimos, são diferentes. Na conciliação as partes já se conheciam anteriormente ao conflito; enquanto que na mediação as partes não tinham nenhuma relação pessoal anterior ao conflito.

Vale anotar que alguns princípios importantes regem a mediação e a conciliação e dentre estes: da independência, da imparcialidade, da autonomia da vontade, da confidencialidade, da oralidade, da informalidade e da decisão informada (CPC, art. 166, *caput*).[1]

---

1. CPC, Art. 166. A conciliação e a mediação são informadas pelos princípios da independência, da imparcialidade, da autonomia da vontade, da confidencialidade, da oralidade, da informalidade e da decisão informada.

Os mediadores e conciliadores atuam de acordo com princípios fundamentais, estabelecidos na Resolução nº 125/2010, do CNJ, que são: confidencialidade, decisão informada, competência, imparcialidade, independência e autonomia, respeito à ordem pública e às leis vigentes, empoderamento e validação.[2]

## 4.2 MOMENTO PROCESSUAL PRÓPRIO

A audiência de conciliação ou de mediação é agora uma fase ou momento do processo extremamente valorizado pelo CPC/2015 como meio de soluções alternativas de conflito.[3]

Se a petição inicial preencher todos os requisitos essenciais e não for o caso de improcedência liminar do pedido, o juiz designará audiência de conciliação ou de mediação com antecedência mínima de 30 (trinta) dias, devendo ser citado o réu com pelo menos 20 (vinte) dias de antecedência (CPC, art. 334, caput).[4] O fato de o réu ser citado para comparecimento nesta audiência e só depois dela poder apresentar sua contestação é extremamente salutar porque permite às partes um período de reflexão na qual poderão sopesar os prós e os contras de uma aventura judicial longa.

Pelas regras atuais do CPC a audiência de conciliação ou de mediação é quase obrigatória, só não se realizando quando ambas as partes expressamente disserem que não deseja adotar esta solução ou se os interesses envolvidos forem indisponíveis (ver CPC, art. 334, § 4º).

Se o autor não deseja a realização da audiência de conciliação ou mediação deverá deixar isso claro na sua petição inicial. Se o autor declarar que tem interesse na realização da audiência de conciliação e mediação, o réu será citado para comparecimento nesta audiência que já estará designada e, caso não tenha interesse em participar, deverá se manifestar por simples petição, que deverá ser protocolada com até 10 (dez) dias de antecedência da realização da audiência (ver CPC, art. 334, § 5º).

## 4.3 NOSSA CRÍTICA À QUASE OBRIGATORIEDADE DA AUDIÊNCIA DE CONCILIAÇÃO/MEDIAÇÃO

Muitos autores baseando-se na literalidade do § 4º, do art. 334, do Novo CPC, têm afirmado que a audiência de conciliação ou mediação é obrigatória

---

2. Conforme texto disponível no site do CNJ, disponível em: <http://www.cnj.jus.br/programas-e--acoes/conciliacao-mediacao>.
3. Ver também a Lei nº 13.140/15 que dispõe sobre a mediação entre particulares como meio de solução de controvérsias e sobre a autocomposição de conflitos no âmbito da administração pública.
4. CPC, art. 334. Se a petição inicial preencher os requisitos essenciais e não for o caso de improcedência liminar do pedido, o juiz designará audiência de conciliação ou de mediação com antecedência mínima de 30 (trinta) dias, devendo ser citado o réu com pelo menos 20 (vinte) dias de antecedência.

CAPÍTULO 4 • DA AUDIÊNCIA DE CONCILIAÇÃO OU DE MEDIAÇÃO | **61**

somente sendo dispensada quando ambas as partes, isto é, autor e réu, expressamente consignarem que não desejam a sua realização ou quando tratar-se de direitos que não admitirem autocomposição.[5]

É bem verdade que uma leitura literal pode levar qualquer um a essa compreensão, porém, com a devida vênia, temos que a solução deve ser outra, especialmente se fizermos uma análise do conjunto de princípios que norteiam a nova lei instrumental brasileira.

Entendemos que não pode ser imposta audiência de conciliação e mediação se uma das partes não quiser. Isso porque, dentre os princípios básicos da conciliação e mediação, agasalhados pelo Novo CPC, encontra-se o da autonomia da vontade das partes (ver CPC, art. 166, *caput* e § 4º). Ora, se uma das partes não desejar a realização da audiência, entendo que essa vontade deve ser respeitada, não devendo lhe ser imposto o comparecimento à audiência que ele não deseja, sob pena de tornar letra morta o princípio da autonomia da vontade acima mencionado.

Ademais, obrigar o autor a comparecer em audiência quando ele expressamente disse que não a deseja, acaba por ajudar, ainda que por vias tortas, o réu que, mesmo não tendo interesse em se compor, pode desejar a audiência por outra razão: procrastinar o andamento do feito. Isso vai contra todos os elevados princípios que norteiam o Novo CPC, especialmente o da celeridade processual (ver CPC, art. 4º).

Vale anotar por fim que o não comparecimento de qualquer das partes à audiência sem uma justificativa plausível é considerado ato atentatório à dignidade da justiça e dá azo a uma punição pecuniária de até 2% (dois por cento) do valor da causa ou da vantagem econômica perseguida, revertida para o Estado (ver CPC, art. 334, § 8º). Essa é mais uma razão a reforçar a ideia de que a audiência só deve ser realizada se ambas as partes quiserem, pois referida punição só se justificando quando ambas as partes concordaram com a realização da audiência e depois, sem nenhuma justificativa razoável, uma delas não comparece. Se concordou e não compareceu, a parte estaria ferindo o princípio da boa-fé processual insculpida no art. 5º do Novo CPC, justificando-se assim a aplicação da penalidade pecuniária.

Assim, é nosso entendimento que a audiência de conciliação e mediação somente deverá ser designada se o autor declinar na sua petição inicial que tem interesse na sua realização. Mesmo assim, a audiência só se realizará se o réu não

---

5. Atenção: a nova lei da Mediação (Lei nº 13.140/15), não prevê a dispensa da realização da audiência de conciliação em face do consenso das partes quanto a sua não realização.

MANUAL DE PRÁTICA JURÍDICA CIVIL • Nehemias Domingos de Melo

manifestar discordância com a mesma, entendido o seu silêncio como manifestação de interesse.[6]

Advirta-se por fim que a audiência de conciliação ou mediação está prevista para o processo de conhecimento, porém nada impede que possa ser utilizada no processo executivo, bem como nos procedimentos especiais em face do disposto no art. 139, V, que autoriza o juiz a promover, a qualquer tempo e em qualquer processo, a autocomposição inclusive com o auxílio de conciliadores ou mediadores judiciais. Contudo é importante deixar consignado que a realização desse tipo de audiência deve ser vista como uma opção, não sendo obrigatória. Quer dizer, a obrigatoriedade é somente no processo de conhecimento e nas ações de família regulada nos arts. 693/699 do CPC.

## 4.4  A AUDIÊNCIA DE CONCILIAÇÃO E MEDIAÇÃO E A CONTAGEM DO PRAZO PARA CONTESTAÇÃO

Estabelece o CPC que se a petição inicial estiver em ordem e não for o caso de improcedência liminar do pedido, o juiz deverá designar data para a realização de audiência de conciliação ou mediação, com antecedência mínima de 30 (trinta) dias, devendo o réu ser citado em prazo não inferior a 20 (vinte) dias de sua realização (CPC, art. 334, *caput* – ver NR-4).

Atente-se para o fato de que o réu agora é citado não para contestar, mas para comparecer em audiência de conciliação e mediação. Se o réu não tiver interesse em autocomposição, deverá peticionar informando seu desinteresse na realização daquela audiência, cujo prazo é de até 10 (dez) dias antes de sua realização.

Dessa forma, o prazo para o réu contestar a ação é de 15 (quinze) dias úteis (CPC, art. 219)[7] e contar-se-á nos termos do art. 335, I a III, conforme o caso, de três formas diferentes:

a) se houve audiência de conciliação ou mediação, o prazo será contado da data de sua realização ou da última sessão de conciliação ou mediação; e,

b) se o réu peticionou dizendo não desejar a realização da audiência, o prazo será contado do dia do protocolo desta petição (ver CPC, art. 335, I e II).

---

6. Assim também Alexandre Freitas Câmara in O Novo Processo Civil brasileiro, p. 200.
7. CPC, Art. 219. Na contagem de prazo em dias, estabelecido por lei ou pelo juiz, computar-se-ão somente os dias úteis.
   Parágrafo único. O disposto neste artigo aplica-se somente aos prazos processuais

CAPÍTULO 4 • DA AUDIÊNCIA DE CONCILIAÇÃO OU DE MEDIAÇÃO

c) Nos demais casos, especialmente aqueles em que não se admita a auto-composição, o prazo será de 15 (quinze), porém será contado na forma estabelecida no art. 231 do CPC.

**Atenção**: havendo litisconsórcio passivo, o não interesse pela realização da audiência deverá ser manifestado por todos e o prazo para que cada um apresente sua contestação contar-se-á da data do protocolo da petição de desistência de cada um (CPC, art. 335, § 1º).[8]

## 4.5  A IMPORTÂNCIA DA CONCILIAÇÃO OU MEDIAÇÃO

A importância da conciliação e mediação como um meio alternativo de solução de conflito é incomensurável, pois esta é, sem dúvida nenhuma, a melhor forma para encontrar a paz social, na exata medida em que as partes é que darão a palavra final sobre a controvérsia. Quer dizer, a solução encontrada não será impositiva (sentença judicial), mas resultado do consenso (acordo das partes).

Ademais, tudo conspira a seu favor, pois o acordo realizado será homo-logado pelo juiz, com força de sentença (ver CPC, art. 334, § 11) que não irá se ater a preliminares, nem condições da ação ou pressupostos processuais, nem se preocupar com discussões em torno das provas, contraditório ou eventuais recursos. Quer dizer, é uma solução segura (sentença judicial) e rápida (elimina uma série de atos).

## 4.6  DOS CONCILIADORES E MEDIADORES

De maneira detalhada, o art. 167 do CPC trata do cadastro de conciliadores, mediadores e das câmaras privadas de conciliação e mediação que serão inscritos em cadastro nacional e em cadastro de tribunal de justiça ou de tribunal regional

---

8. CPC, Art. 335. O réu poderá oferecer contestação, por petição, no prazo de 15 (quinze) dias, cujo termo inicial será a data:

I – da audiência de conciliação ou de mediação, ou da última sessão de conciliação, quando

II – qualquer parte não comparecer ou, comparecendo, não houver autocomposição;

III – do protocolo do pedido de cancelamento da audiência de conciliação ou de mediação apresentado pelo réu, quando ocorrer a hipótese do art. 334, § 4º, inciso I;

IV – prevista no art. 231, de acordo com o modo como foi feita a citação, nos demais casos.

§ 1º No caso de litisconsórcio passivo, ocorrendo a hipótese do art. 334, § 6º, o termo inicial previsto no inciso II será, para cada um dos réus, a data de apresentação de seu respectivo pedido de cancelamento da audiência.

§ 2º Quando ocorrer a hipótese do art. 334, § 4º, inciso II, havendo litisconsórcio passivo e o autor desistir da ação em relação a réu ainda não citado, o prazo para resposta correrá da data de intimação da decisão que homologar a desistência.

federal, que manterá registro de profissionais habilitados, com indicação de sua área profissional.[9]

Referido artigo trata ainda da capacitação mínima daqueles que pretendem se inscreverem para o exercício desta função que, necessariamente, terão que realizar curso, nos tribunais ou em entidades credenciadas, para só depois da obtenção do certificado poder requerer sua inscrição no cadastro nacional e no cadastro de tribunal de justiça ou de tribunal regional federal.

Disciplina ainda o mesmo dispositivo legal a forma pela qual o mediador ou conciliador irá atuar; a forma de distribuição dos processos; além da coleta e divulgação de dados estatísticos.

Os conciliadores e mediadores podem ser advogados, mas nesse caso estarão impedidos de exercer a advocacia nos juízos em que desempenhem suas funções.

É interessante a previsão do § 6º, do referido art. 167, que deixa a critério de cada tribunal a opção de criar quadro próprio de conciliadores e mediadores, a ser preenchido mediante concurso público de provas e títulos.

Na linha de reforçar o princípio da autonomia da vontade o *novel codex* também permite que as partes possam escolher, de comum acordo o conciliador, o mediador ou a câmara privada de conciliação e de mediação (CPC, art. 168, *caput*).[10]

Merece também registro o fato de que agora a lei prevê, expressamente, que os mediadores e conciliadores serão remunerados por seu trabalho, exceto se um dos contendores for beneficiário da justiça gratuita. Este fato é por demais importante porque poderá estimular as pessoas a participarem do processo de capacitação para o exercício de tão importante função judicial. Apesar dessa previsão, nada obsta que possa ser prestado como serviço voluntário (CPC, art. 169, *caput*).[11]

## 4.7 PROCEDIMENTO DA AUDIÊNCIA DE CONCILIAÇÃO OU MEDIAÇÃO

A audiência de conciliação ou mediação, que poderá ser realizada por meio eletrônico, deverá ser sempre dirigida por um conciliador ou mediador.

As partes podem nomear qualquer pessoa para se fazer representar na audiência (preposto), porém deverá fazê-lo por procuração para esse fim específico

---

9. Nehemias Domingos de Melo. *Novo CPC anotado, comentado e comparado*, p. 173.
10. CPC, Art. 168. As partes podem escolher, de comum acordo, o conciliador, o mediador ou a câmara privada de conciliação e de mediação
11. CPC, Art. 169. Ressalvada a hipótese do art. 167, § 6º, o conciliador e o mediador receberão pelo seu trabalho remuneração prevista em tabela fixada pelo tribunal, conforme parâmetros estabelecidos pelo Conselho Nacional de Justiça.

CAPÍTULO 4 • DA AUDIÊNCIA DE CONCILIAÇÃO OU DE MEDIAÇÃO

com poderes para negociar e transigir. O STJ já decidiu que o representante legal da parte pode ser o seu advogado.

Reforçando o papel da advocacia como função indispensável à justiça, o legislador do *novel codex* fez constar que é obrigatória as partes se fazerem acompanhar de seus respectivos procuradores, seja advogado particular ou mesmo defensor púbico.

A importância deste momento processual é tão grande que o legislador fez prevê que o não comparecimento injustificado, dará azo a aplicação de uma penalidade pecuniária, por considerar esta falta como ato atentatório à dignidade da justiça.

A audiência de conciliação ou mediação poderá ser realizada em mais de uma etapa, isto é, em mais de uma sessão, contudo não poderá ultrapassar o prazo de 2 (dois) meses entre a primeira e última sessão. Esta medida é importante porque, frente ao caso concreto, as partes podem necessitar de algum tempo para melhor refletir sobre as possibilidades de acordo.

Se for obtido acordo, o mesmo será lavrado e encaminhado ao juiz responsável para homologação por sentença que valerá como título executivo judicial

## 4.8   A POLÍTICA JUDICIÁRIA NACIONAL DE TRATAMENTO ADEQUADO DOS CONFLITOS DE INTERESSES[12]

De acordo com o art. 2º da Resolução 125/2010 do CNJ, visando à boa qualidade dos serviços e à disseminação da cultura de pacificação social, na implementação da política nacional de tratamento adequado de conflito de interesses, serão observados: centralização das estruturas judiciárias; adequada formação e treinamento de servidores, conciliadores e mediadores e o acompanhamento estatístico específico.

Visando uniformizar e centralizar as estruturas judiciárias, a política foi organizada em um tripé, formado pelas seguintes instituições: o CNJ (Conselho Nacional de Justiça); os NUPEMEC's (Núcleos Permanentes de Métodos Consensuais de Solução de Conflitos) e os CEJUSC´s (Centros Judiciários de Solução de Conflitos e Cidadania).

Ao CNJ, no ápice da estrutura, na forma do art. 6º, da Resolução 125, incumbe atribuições de caráter geral e de âmbito nacional, como, por exemplo, o estabelecimento de diretrizes para implementação da política pública de tratamento adequado de conflitos a serem observadas pelos Tribunais.

Cada Tribunal deverá criar o seu NUPEMEC's (Núcleos Permanentes de Métodos Consensuais de Solução de Conflitos), a quem o art. 7º da Resolução

---

12.   3 Texto extraído da cartilha "Desvendando o CEJUSC para Magistrados", editada pelo TJPR em 2018 e disponível no site do tribunal".

125 atribui a função primordial de implementar e desenvolver em seu âmbito de competência a política nacional, adaptando-a a sua realidade e as suas peculiaridades, além de promover a instalação e a fiscalização dos CEJUSC´s (Centros Judiciários de Solução de Conflitos e Cidadania).

Já os CEJUSC´s (Centros Judiciários de Solução de Conflitos e Cidadania) são unidades do Poder Judiciário, responsáveis pela realização ou gestão de sessões e audiências de conciliação e mediação, sem prejuízo de outros métodos consensuais, bem como pelo atendimento e orientação dos cidadãos.

É importante destacar que os CEJUSC's, além de definidos na Resolução 125/2010 do CNJ, agora ganharam status de lei, com previsão expressa no art. 165, caput, do Código de Processo Civil que dispõe que os tribunais criarão centros judiciários de solução consensual de conflitos, responsáveis pela realização de sessões e audiências de conciliação e mediação e pelo desenvolvimento de programas destinados a auxiliar, orientar e estimular a autocomposição.

## 4.9 MODELO DE PETIÇÃO DO RÉU DIZENDO NÃO TER INTERESSE NA REALIZAÇÃO DA AUDIÊNCIA DE CONCILIAÇÃO OU MEDIAÇÃO

AO JUÍZO DA _____ VARA CÍVEL DA COMARCA DE_____ ESTADO DE_____.

*(espaço para despacho)*

**Proc. nº (_____)**[13]

**Ação de indenização**[14]

JUKALINO UGLY SAURO, (qualificação completa, inclusive com endereço eletrônico), nos autos da ação de indenização que lhe é movida por JOJOLINO VALE TUDO, já devidamente qualificado nos autos em epígrafe, por seu advogado que a esta subscreve (doc. 01), com escritório na (endereço físico do advogado), email <_____>, vem respeitosamente à presença de Vossa Excelência, no prazo legal, para informar que não tem interesse na realização da audiência de conciliação ou mediação, já designada para a data de __/__/__, requerendo assim o seu cancelamento, tudo nos termos do art. 334, § 4º, I, do Novo Código de Processo Civil.

Nestes Termos,

P. Deferimento. Local e data,

Nome e assinatura do advogado nº da OAB

---

13. Como já existe um número do processo este deverá ser mencionado.
14. Indica-se qual é o tipo de ação e o rito porque, em muitos cartórios, esses dados são importantes para uma rápida localização do processo no arquivo (no caso de autos físicos).

# Capítulo 5
# Da Resposta do Réu – Contestação

## 5.1 ASPECTOS GERAIS DA DEFESA DO RÉU

Pela nova sistemática adotado no Código de Processo Civil de 2015, a defesa do réu fica toda concentrada na contestação, diferentemente do que acontecia na vigência do CPC/73.

Só para se ter uma ideia, com as regras do CPC/73 o réu tinha que apresentar várias respostas, uma delas era a contestação. Porém, além da contestação poderia apresentar outras defesas em peças avulsas tais como as exceções (incompetência; impedimento e suspeição); promover a intervenção de terceiros (nomeação à autoria; denunciação da lide; e chamamento ao processo); poderia também promover impugnações (ao valor da causa e à concessão de justiça gratuita), dentre outras. Interessante destacar que algumas destas defesas acabavam por suspender o processo principal enquanto aguardava a solução do incidente.

Além disso, ainda pela sistemática do CPC/73, no mesmo prazo da contestação o réu poderia apresentar, em peça avulsa, eventual reconvenção.

Tudo isso é passado porque a resposta do réu é agora toda concentrada numa única peça – a contestação.

Na contestação o réu deverá alegar toda matéria de defesa, tanto as de rito quanto às de mérito, além de indicar quais as provas pretende produzir no processo (ver CPC, art. 336 a 341), bem como, se for o caso, apresentar reconvenção (ver CPC, art. 343).

## 5.2 PRAZO E FORMA DE CONTAGEM

O prazo para apresentação da contestação agora é de 15 (quinze) dias úteis (CPC, art. 219),[1] mantendo-se a regra de exclusão do dia de início e computando-se o dia do término (CPC, art. 224).[2]

---

1. CPC, Art. 219. Na contagem de prazo em dias, estabelecido por lei ou pelo juiz, computar-se-ão somente os dias úteis.

   Parágrafo único. O disposto neste artigo aplica-se somente aos prazos processuais.
2. CPC, Art. 224. Salvo disposição em contrário, os prazos serão contados excluindo o dia do começo e incluindo o dia do vencimento.

Dessa forma, ficam excluídos da contagem dos prazos processuais, os feriados (municipais, estaduais e nacionais); também os sábados e domingos; e ainda, aqueles dias nos quais não houver expediente forense, tais como o dia da justiça, o dia do funcionários público, etc. (CPC, art. 216). [3]

Nas ações propostas contra entes públicos seus procuradores terão prazo em dobro para contestar (ver CPC, art. 183). Da mesma forma o defensor público em defesa do hipossuficiente contará também com esse prazo em dobro (ver CPC, art. 186).

Se houver litisconsórcio passivo com réus assistidos por advogado de escritórios diferentes, o prazo também será contado em dobro (CPC, art. 229), [4] inclusive na impugnação ao cumprimento de sentença (ver CPC, art. 525, § 3º). Atenção: essa regra não vale se o processo for eletrônico.

A forma de contagem do prazo para apresentação da contestação também mudou, pois os 15 (quinze) dias úteis serão contados na forma estabelecida no art. 335, [5] do CPC, quais sejam:

a) do fim da audiência de conciliação ou de mediação, se não houver auto-composição;

---

§ 1º Os dias do começo e do vencimento do prazo serão protraídos para o primeiro dia útil seguinte, se coincidirem com dia em que o expediente forense for encerrado antes ou iniciado depois da hora normal ou houver indisponibilidade da comunicação eletrônica. § 2º Considera-se como data de publicação o primeiro dia útil seguinte ao da disponibilização da informação no Diário da Justiça eletrônico. § 3º A contagem do prazo terá início no primeiro dia útil que seguir ao da publicação.

3. CPC, Art. 216. Além dos declarados em lei, são feriados, para efeito forense, os sábados, os domingos e os dias em que não haja expediente forense.

4. CPC, Art. 229. Os litisconsortes que tiverem diferentes procuradores, de escritórios de advocacia distintos, terão prazos contados em dobro para todas as suas manifestações, em qualquer juízo ou tribunal, independentemente de requerimento.

§1º Cessa a contagem do prazo em dobro se, havendo apenas 2 (dois) réus, é oferecida defesa por apenas um deles.

§ 2º Não se aplica o disposto no caput aos processos em autos eletrônicos.

5. CPC, Art. 335. O réu poderá oferecer contestação, por petição, no prazo de 15 (quinze) dias, cujo termo inicial será a data:

I – da audiência de conciliação ou de mediação, ou da última sessão de conciliação, quando qualquer parte não comparecer ou, comparecendo, não houver autocomposição;

II – do protocolo do pedido de cancelamento da audiência de conciliação ou de mediação apresentado pelo réu, quando ocorrer a hipótese do art. 334, § 4º, inciso I;

III – prevista no art. 231, de acordo com o modo como foi feita a citação, nos demais casos.

§ 1º No caso de litisconsórcio passivo, ocorrendo a hipótese do art. 334, § 6º, o termo inicial previsto no inciso II será, para cada um dos réus, a data de apresentação de seu respectivo pedido de cancelamento da audiência;

§ 2º Quando ocorrer a hipótese do art. 334, § 4º, inciso II, havendo litisconsórcio passivo e o autor desistir da ação em relação a réu ainda não citado, o prazo para resposta correrá da data de intimação da decisão que homologar a desistência.

CAPÍTULO 5 • DA RESPOSTA DO RÉU – CONTESTAÇÃO

b) da data do protocolo da petição do réu dizendo que não tem interesse na realização da audiência de conciliação ou mediação.; ou,

c) da data prevista no art. 231, dependendo da forma como se realizou a citação nos demais casos previstos em lei.

## 5.3 CONTAGEM DO PRAZO NAS FÉRIAS FORENSE

Não se pode esquecer que na vigência do Novo CPC os advogados terão direito a férias oficiais entre os dias 20 de dezembro e 20 de janeiro de cada ano. A lei não fala expressamente em "férias", mas ao suspender o curso dos processos estará, ainda que por vias tortas, reconhecendo o direito de férias para a advocacia, especialmente se atentarmos para o que vem insculpido no § 1º do art. 220.[6]

Neste período os prazos estarão suspensos e não se realizarão audiências, nem sessões de julgamento nos tribunais.

Nesse caso os colegas devem ficar atentos para a contagem do prazo porque, diferentemente da interrupção, na suspensão os prazos estarão correndo, depois se suspenderão e findo o prazo da suspensão, voltarão a ser contado pelo tempo restante.

**Exemplo**: se o prazo para contestação começou a contar no dia 15 de dezembro (uma segunda feira), conta-se os 5 (cinco) dias úteis de dezembro, suspende-se o prazo que voltará a ser contado no dia 21 de janeiro, momento a partir do qual se contará os 10 (dez) dias úteis restantes.

**Atenção**: como tudo em direito comporta exceção, os prazos não se suspenderão quanto tratar-se de ações de procedimentos de jurisdição voluntária e os necessários à conservação de direitos, bem como as ações de alimentos e outras que a lei determinar (CPC, art. 215).[7]

---

6. CPC, Art. 220. Suspende-se o curso do prazo processual nos dias compreendidos entre 20 de dezembro e 20 de janeiro, inclusive.

   § 1º Ressalvadas as férias individuais e os feriados instituídos por lei, os juízes, os membros do Ministério Público, da Defensoria Pública e da Advocacia Pública e os auxiliares da Justiça exercerão suas atribuições durante o período previsto no caput.

   § 2º Durante a suspensão do prazo, não se realizarão audiências nem sessões de julgamento.

7. CPC, Art. 215. Processam-se durante as férias forenses, onde as houver, e não se suspendem pela superveniência delas:

   I – os procedimentos de jurisdição voluntária e os necessários à conservação de direitos, quando puderem ser prejudicados pelo adiamento;

   II – a ação de alimentos e os processos de nomeação ou remoção de tutor e curador;

   III – os processos que a lei determinar.

## 5.4 A CONTESTAÇÃO

A contestação é o meio, por excelência, de resposta do réu na qual devem ser concentrados todos os meios de defesa possíveis, além de indicar os documentos e meios de prova pelos quais se pretende ver afastada a pretensão do autor (CPC, art. 336).[8]

Na contestação o réu poderá apresentar as defesas de rito e as defesas de mérito, além de poder reconvir.

## 5.5 DEFESA PROCESSUAL DE RITO (PRELIMINARES DO ART. 337 DO CPC)

Antes mesmo de discutir o mérito, o réu deverá opor preliminares que devem ser conhecidas pelo juiz antes do julgamento do mérito da causa (ver CPC, art. 337). Algumas visam tão-somente a retardar o andamento do processo e outras impedem que o juiz conheça do pedido do autor:

a) retardam o processo (dilatórias): inexistência ou nulidade de citação, incompetência absoluta e relativa, incorreção do valor da causa, conexão, incapacidade de parte e defeito de representação ou falta de autorização, falta de caução ou outra prestação que a lei exigir como preliminar e indevida concessão dos benefícios da justiça gratuita:

b) extinguem o processo (peremptórias): inépcia da inicial, perempção, litispendência, coisa julgada, convenção de arbitragem, ilegitimidade de parte, ausência de interesse processual, impossibilidade jurídica do pedido;

Dizemos que algumas preliminares apenas retardam o regular andamento do processo porque depois de sanadas as irregularidades, o processo voltará ao seu curso normal. Se o réu alegar, por exemplo, incompetência relativa ou mesmo absoluta, o juiz decidirá e se acolher a alegação, mandará os autos para o juiz que seja reconhecido como competente. Assim também com as demais exceções dilatórias acima mencionadas no item a.

Já as preliminares peremptórias incidem sobre questões de maior gravidade por isso extinguem o processo. São defeitos que pela sua gravidade impedem o juiz de conhecer o mérito da causa, razão porque o processo deverá ser extinto sem resolução do mérito (ver CPC, art. 485).

Pela importância cabe esclarecer cada uma das situações que autorizam a extinção do processo sem julgamento do mérito, vejamos.

---

8. CPC, Art. 336. Incumbe ao réu alegar, na contestação, toda a matéria de defesa, expondo as razões de fato e de direito com que impugna o pedido do autor e especificando as provas que pretende produzir.

a) inépcia da inicial: a petição inicial será considerada inepta quando lhe faltar pedido ou causa de pedir; o pedido for indeterminado, ressalvadas as hipóteses legais em que se permite o pedido genérico; da narração dos fatos não decorrer logicamente uma conclusão; ou, contiver pedidos incompatíveis entre si (ver CPC, art. 330, parágrafo único).

b) perempção: haverá perempção quando se constatar que o autor, por abandono, deu causa à extinção do processo por três vezes (ver CPC, art. 486, § 3º).

c) litispendência: existirá litispendência quando for identificado que existe outro processo já em andamento versando sobre a mesma lide (ver CPC, art. 485, V).

d) coisa julgada: haverá coisa julgada quando já existir sentença transitada em julgado que resolveu a mesma questão que está sendo proposta (ver CPC, art. 485, V).

e) convenção de arbitragem: se as partes firmaram compromisso pelo qual resolveria suas pendências através de arbitragem, não podem vir a juízo deduzir qualquer pretensão. Advirta-se, contudo que se o réu não alegar essa preliminar, implica na aceitação da jurisdição estatal e renúncia ao juízo arbitral (ver CPC, art. 336, § 6º).

f) ilegitimidade de parte: a parte para figurar tanto no polo ativo quanto passivo da ação deverá ser o legitimado em face da pretensão que será deduzida em juízo, tendo em vista que ninguém poderá pleitear direito alheio em nome próprio, como não se pode responsabilizar alguém por fato que não deu causa.

g) ausência de interesse processual: este é o chamado interesse de agir tendo em vista que o autor deverá ter uma necessidade concreta para buscar uma solução judicial identificado pela binômio necessidade--adequação.

h) impossibilidade jurídica do pedido: nesse caso a postulação do autor não encontra respaldo no ordenamento jurídico, razão porque o processo deverá ser extinto sem julgamento do mérito.

## 5.6 DEFESA DE MÉRITO OU SUBSTANCIAL

Independentemente da apresentação de preliminares, o réu deve apresentar sua defesa propriamente dita, contestando o mérito do pedido do autor, impugnando todas as alegações sob pena de não o fazendo serem presumidos como verdadeiros os fatos alegados pela parte contrária (CPC, art. 341, *caput*).[9] As impugnações podem ser:

a) preliminar de mérito: são a prescrição e a decadência que, se forem reconhecidas pelo juiz, extinguem o processo e, neste caso, com julgamento do mérito (ver CPC, art. 487, II), dispensando o juiz de conhecimento das demais matérias alegadas pelo autor e réu;

b) defesa direta: pela qual o réu nega os fatos alegados pelo autor, devendo impugnar e provar cada um dos fatos que o autor tenha narrado na inicial, sob pena de não o fazendo serem presumidos verdadeiros (ver CPC, art. 341). Só excepcionalmente se admite a contestação genérica (ver parágrafo único do citado art. 341);

c) defesa indireta: o réu não nega os fatos, mas contrapõe a eles alguma causa modificativa, impeditiva ou extintiva do direito do autor. Por exemplo: na cobrança de dívida, o réu não nega que tenha contraído o débito, porém alega que houve o pagamento (total ou parcial), ou a novação (confissão de dívida, por exemplo), ou ainda a transação.

## 5.7  OBRIGAÇÃO ACESSÓRIA DO RÉU

Se alegar ilegitimidade de parte, o réu deverá indicar quem deve ocupar o polo passivo da relação processual, exceto se não tiver conhecimento. Se isto ocorrer o autor terá o prazo de 15 (quinze) dias para, de duas uma:

a) Aceita a indicação e peticiona pedindo a alteração da petição inicial para substituir o réu pela pessoa que foi indicada; ou,

b) Mantém o réu indicado na petição inicial, mas peticiona pedindo a inclusão daquele que foi indicado para também integrar o polo passivo, formando assim um litisconsórcio passivo.

---

9. CPC, Art. 341. Incumbe também ao réu manifestar-se precisamente sobre as alegações de fato constantes da petição inicial, presumindo-se verdadeiras as não impugnadas, salvo se:

I – não for admissível, a seu respeito, a confissão;

II – a petição inicial não estiver acompanhada de instrumento que a lei considerar da substância do ato;

III – estiverem em contradição com a defesa, considerada em seu conjunto.

Parágrafo único. O ônus da impugnação especificada dos fatos não se aplica ao defensor público, ao advogado dativo e ao curador especial.

CAPÍTULO 5 • DA RESPOSTA DO RÉU – CONTESTAÇÃO **73**

Atente-se para o fato de que se o réu não fizer a indicação, poderá ter que responder pelas despesas processuais e pelos prejuízos causados ao autor decorrentes da falta de indicação (CPC, art. 339).[10]

## 5.8 NOS CASOS DE INCOMPETÊNCIA RELATIVA OU ABSOLUTA

Permite o novo CPC que o réu possa protocolar sua contestação no foro do seu próprio domicílio, no caso de alegação de incompetência relativa ou absoluta, caso em que a serventia comunicará a ocorrência ao juiz da causa, preferencialmente pelo meio eletrônico (CPC, art. 340).[11]

Nesse caso, se for reconhecida a competência do foro indicado pelo réu, o juízo por ele escolhido será considerado prevento.

A alegação de incompetência terá como consequência a suspensão da audiência de conciliação ou mediação que será redesignada pelo juiz que venha a ser reconhecido como competente.

## 5.9 DA RECONVENÇÃO

O réu poderá, na própria peça da contestação, apresentar reconvenção sempre que tenha uma pretensão contra o autor, desde que haja conexão com a ação principal ou com o fundamento da defesa (CPC, art. 343).[12] A reconvenção vai

---

10. CPC, Art. 339. Quando alegar sua ilegitimidade, incumbe ao réu indicar o sujeito passivo da relação jurídica discutida sempre que tiver conhecimento, sob pena de arcar com as despesas processuais e de indenizar o autor pelos prejuízos decorrentes da falta de indicação.

    § 1º O autor, ao aceitar a indicação, procederá, no prazo de 15 (quinze) dias, à alteração da petição inicial para a substituição do réu, observando-se, ainda, o parágrafo único do art. 338.

    § 2º No prazo de 15 (quinze) dias, o autor pode optar por alterar a petição inicial para incluir, como litisconsorte passivo, o sujeito indicado pelo réu.

11. CPC, Art. 340. Havendo alegação de incompetência relativa ou absoluta, a contestação poderá ser protocolada no foro de domicílio do réu, fato que será imediatamente comunicado ao juiz da causa, preferencialmente por meio eletrônico.

    § 1º A contestação será submetida a livre distribuição ou, se o réu houver sido citado por meio de carta precatória, juntada aos autos dessa carta, seguindo-se a sua imediata remessa para o juízo da causa.

    § 2º Reconhecida a competência do foro indicado pelo réu, o juízo para o qual for distribuída a contestação ou a carta precatória será considerado prevento.

    § 3º Alegada a incompetência nos termos do caput, será suspensa a realização da audiência de conciliação ou de mediação, se tiver sido designada.

    § 4º Definida a competência, o juízo competente designará nova data para a audiência de conciliação ou de mediação.

12. CPC, Art. 343. Na contestação, é lícito ao réu propor reconvenção para manifestar pretensão própria, conexa com a ação principal ou com o fundamento da defesa.

    § 1º Proposta a reconvenção, o autor será intimado, na pessoa de seu advogado, para apresentar resposta no prazo de 15 (quinze) dias.

# MANUAL DE PRÁTICA JURÍDICA CIVIL • Nehemias Domingos de Melo

funcionar como uma espécie de pedido contraposto, nos moldes do que ocorre nos Juizados Especiais Cíveis (ver Lei nº 9.099/95, art. 33).

Se o réu apresentar reconvenção, o autor será intimado, na pessoa do seu advogado, para resposta no prazo de 15 (quinze) dias.

Se o autor desistir da ação ou se o juiz reconhecer alguma causa extintiva que impeça o exame do mérito da ação principal, o processo prosseguirá quanto à reconvenção.

Veja-se que interessante: o réu pode somente apresentar sua contestação ou somente a reconvenção ou ainda apresentar as duas pretensões na mesma peça. Pode manejar a reconvenção apenas contra o autor ou contra o autor e um terceiro, bem como pode se associar com um terceiro para demandar o autor da ação principal.

## 5.10 ARGUIÇÃO DE IMPEDIMENTO OU SUSPEIÇÃO

Pelas regras do atual CPC, no prazo de 15 (quinze) dias a contar do conhecimento do fato, a parte poderá alegar impedimento ou suspeição do magistrado em petição específica, indicando claramente quais são os fundamentos de sua alegação, podendo juntar documentos e rol de testemunhas para fundamentar sua irresignação (ver CPC, art. 146).

Apresentada a petição, duas possibilidades se abrem:

a) se o juiz reconhecer o impedimento ou a suspeição, ordenará a remessa dos autos ao seu substituto legal; ou,

b) o juiz não aceita a arguição e, nesse caso, mandará autuar a petição em separado, apresentará no prazo de 15 (quinze) dias suas razões e ordenará a remessa do incidente ao tribunal ao qual esteja subordinado.

Quando o relator receber o incidente no tribunal, verificará as alegações e declarará se recebe o incidente no efeito suspensivo ou não. Se não for atribuído efeito suspensivo o processo continuará sua tramitação normalmente.

---

§ 2º A desistência da ação ou a ocorrência de causa extintiva que impeça o exame de seu mérito não obsta ao prosseguimento do processo quanto à reconvenção.

§ 3º A reconvenção pode ser proposta contra o autor e terceiro.

§ 4º A reconvenção pode ser proposta pelo réu em litisconsórcio com terceiro.

§ 5º Se o autor for substituto processual, o reconvinte deverá afirmar ser titular de direito em face do substituído, e a reconvenção deverá ser proposta em face do autor, também na qualidade de substituto processual.

§ 6º O réu pode propor reconvenção independentemente de oferecer contestação.

## 5.11 ESTRUTURAÇÃO DE UMA CONTESTAÇÃO

Tecnicamente falando, uma petição de contestação deve conter os seguintes tópicos, que poderão ser verificados nos modelos que apresentaremos em seguida:

a) endereçamento: autoridade a quem se deve dirigir a petição, neste caso ao juízo ao qual foi distribuída a petição inicial;

b) preâmbulo: os papéis agora se invertem: o réu é quem será mencionado primeiro. Neste caso e, independente de ter sido qualificado na inicial, recomenda-se seja feita a regular qualificação do réu (qualificação completa, inclusive com endereço eletrônico). Quanto ao autor, basta mencionar *"já devidamente qualificado nos autos em referência"*, porque é de se presumir que o autor tenha sido corretamente qualificado quando da propositura da ação;

c) resumo da inicial (ou dos fatos alegados): neste tópico se faz um breve resumo do que foi alegado pelo autor, sem adentrar no mérito de sua postulação;

d) preliminarmente: neste tópico o réu vai alegar todas as possíveis preliminares, antes mesmo de adentrar no mérito do que é pleiteado pelo autor.

e) no mérito: agora sim, o réu deverá enfrentar todas as questões suscitadas pelo autor, combatendo-as e dando sua versão para o que realmente aconteceu. Neste tópico se colaciona legislação, doutrina e jurisprudência que possa ser útil para comprovação do direito alegado pelo réu. Algumas vezes se faz necessário desmembrar este item para tratar separadamente, por exemplo, o dano material, o dano moral, o dano estético etc.;

f) conclusão (se necessário): é um tópico apenas para fazer um fechamento de tudo quanto possa ter sido exposto na petição;

g) requerimentos e pedidos: na contestação, se não houver reconvenção, o único pedido cabível é o de improcedência da ação, e a consequente condenação da parte contrária nas custas judiciais e honorários advocatícios;

h) provas: é necessário requerer as provas que o réu entenda pertinentes e, mesmo não as desejando, deverá protestar genericamente *"por todo o tipo de prova em direito admitidas"*;

i) encerramento: é igual ao encerramento da petição inicial.

## 5.12 PROBLEMA PARA ELABORAÇÃO DE UMA CONTESTAÇÃO

Tomando-se como base a petição inicial apresentada no Capítulo 1, aquela do Juka Sauro *versus* Gran Mikko, e supondo que as partes não se compuseram na audiência de conciliação ou mediação, sobre ela iremos estruturar a defesa do réu, elaborando neste capítulo dois modelos de contestação, um simples e outro com preliminares.

## 5.13 MODELO DE CONTESTAÇÃO SEM PRELIMINARES

EXCELENTÍSSIMO(A) SENHOR(A) DOUTOR(A) JUIZ(A) DE DIREITO DA_____ [a13]
VARA CÍVEL DA COMARCA DE_____.

*(espaço para despacho)*

**Proc. nº_____** [14]

**Ação de indenização**

GRAN MIKKO MOTORS S.A., pessoa jurídica de direito privado, com sede (endereço completo, inclusive eletrônico), regularmente inscrita no CNPJ/MF (informar o número), representada na forma de seu contrato social (doc. 02), por sua advogada que a esta subscreve (doc. 01), nos autos da ação de substituição de bem durável por vício de produto cumulada com danos morais que lhe move JUKA SAURO, já devidamente qualificado nos autos em epígrafe, vem à presença de Vossa Excelência, nos termos do art. 335 e ss do CPC, apresentar a sua

### CONTESTAÇÃO

pelos motivos de fato e fundamentos de direito a seguir aduzidos, para ao final requerer.

#### I – DA PRETENSÃO DO AUTOR (ou resumo da inicial)

1. O Autor propôs a presente ação alegando ter adquirido numa concessionária da Ré um veículo da marca GRAN MIKKO, modelo X-Sport, ano de fabricação 2020, placa (letra e nº), no valor de R$ 100.000,00 (cem mil reais).

2. Diz ainda que um ano após a aquisição, ao tentar renovar a proposta de seguro de referido veículo, foi surpreendido pelo laudo técnico realizado pela empresa Segura Tudo Ltda., que atestou que "o veículo possuía o chassi remarcado".

---

13. Neste caso, a petição seria endereçada a uma comarca e vara determinada tendo em vista que já houve a distribuição da inicial a um cartório e juízo determinado.

14. Da mesma forma, já existe um número do processo que, obrigatoriamente, deverá ser mencionado.

CAPÍTULO 5 • DA RESPOSTA DO RÉU – CONTESTAÇÃO **77**

3. Em razão de tal fato, alega o Autor ter procurado a Ré, da qual recebeu a informação de que referida remarcação havia sido realizada pela própria fábrica e na forma da lei.

4. Inconformado com tal situação, pretende o Autor a substituição do veículo por outro novo e sem qualquer ônus para o mesmo; ou o abatimento no preço do veículo no montante correspondente a 30% (trinta por cento) de seu valor, o que equivale a R$ 30.000,00 (trinta mil reais).

5. Pleiteia, ainda, a condenação da Ré no pagamento de indenização a título de danos morais, no valor de R$ 30.000,00 (trinta mil reais).

6. Em breve síntese é esta a postulação do autor, mas em que pese o respeito por seu patrono a ação não merece prosperar, eis que carece o Autor de qualquer amparo legal no que se refere a todos os tópicos de seu pleito, conforme restará a seguir demonstrado.

## II – NO MÉRITO – A VERDADE DOS FATOS

7. Conforme asseverou o Autor, o mesmo adquiriu o veículo de fabricação da Ré e, por tratar-se de veículo "zero-quilômetro", contratou o primeiro seguro sem que houvesse a necessidade de vistoria por parte da seguradora.

8. Ocorre que, conforme explicado pelo próprio Autor, referido chassi realmente recebeu dupla numeração de fábrica, valendo esclarecer que tal ocorreu dentro do que é perfeitamente autorizado em nossa legislação.

9. Pois bem, a fim de retificar o engano, foi sobreposta a letra "X" sobre o número da gravação feita erroneamente, para, assim, logo abaixo de tal rasura, ser executada a segunda gravação, já com a numeração correta.

10. Tendo em vista o problema tido pelo Autor com a companhia seguradora, a Ré forneceu ao mesmo uma declaração endereçada ao Departamento de Trânsito do Estado de São Paulo, na qual informou expressamente que o número do chassi foi remarcado pela fábrica, atestando, outrossim, a legitimidade do veículo (confira-se documento anexado as fls. 16 dos autos).

11. De posse de tal documento, o Autor obteve êxito em contratar o seguro para o seu veículo.

12. O fato é que apesar do percalço narrado na exordial, o Autor efetivamente contratou o seguro para o seu veículo, sendo despropositado o seu receio no que tange ao não ressarcimento pela companhia seguradora aos eventuais ilícitos ocorridos com o veículo. Ora, em estando a companhia seguradora ciente da remarcação de fábrica do chassi, parece óbvio que não poderá se recusar a indenizar eventuais sinistros utilizando tal argumento para negá-lo. Trata-se o receio do Autor de mera expectativa, à qual o direito não ampara.

13. Vale ainda salientar que a legislação ora vigente não restringe a remarcação do chassi da forma como ocorrida, confira-se:

*"Lei n° 9.053 de setembro de 1997 [...]*

*Art. 114. O veículo será identificado obrigatoriamente por caracteres gravados no chassi ou no monobloco, reproduzidos em outras partes, conforme dispuser o CONTRAN.*

*§ 1º A gravação será realizada pelo fabricante ou montador, de modo a identificar o veículo, seu fabricante e as suas características, além do ano de fabricação, que não poderá ser alterado.*

*§ 2º As regravações, quando necessárias, dependerão de prévia autorização da autoridade executiva de trânsito e somente serão processadas por estabelecimento por ela credenciado, mediante a comprovação de propriedade do veículo, mantida a mesma identificação anterior, inclusive o ano de fabricação."*

14. suma, muito embora o chassi do veículo tenha sido regravado, tal alteração se deu pelo próprio fabricante que culminou por atestar a legitimidade do veículo perante o Departamento de Trânsito do Estado de São Paulo e perante a seguradora.

Destarte, sanada a irregularidade apontada, pelo que, insubsistente o receio ora demonstrado pelo Autor, bem como qualquer pedido indenizatório a esse título.

### III – NO MÉRITO – DA INEXISTÊNCIA DE VÍCIO

16. Improcede o pleito do Autor no que tange a substituição do veículo de sua propriedade por outro novo ou mesmo o abatimento proporcional do preço.

17. O fato é que assim que tomou conhecimento do problema apontado, o fabricante além de reconhecer o problema verificado na impressão do número do chassi, atestou a legitimidade do veículo, o que garante ao Autor a inocorrência de qualquer outro incidente.

18. Inaplicável ao presente caso, pois o artigo 18 do Código de Defesa do Consumidor (Lei nº 8.078/90), eis que, além de o problema ter sido sanado no prazo legal, obviamente não se pode falar em vício do produto, haja vista que a remarcação do chassi se deu pelo próprio fabricante, que em ato contínuo e através de documento oficial atestou a legitimidade do veículo, o que efetivamente não caracteriza qualquer vício.

19. Esse é o entendimento da jurisprudência emanada de nossos Tribunais, confira-se:

*"Compra e venda – Vício oculto não caracterizado – Alienação de veículo constando da documentação oficial que o chassi era remarcado – recurso provido para julgar improcedente a ação redibitória. Circunstância expressa no documento exibido ao comprador não pode ser ignorada por este, não caracterizado vício oculto"* (TJPR – 10ª CC – Ap. Cível – Acórdão 11650 – Rel. Des. Troiano Neto – *DOEPR* 30/9/1996).

Assim, não há falar-se em substituição do veículo. Melhor sorte não assiste ao Autor no que tange ao pleito de obter abatimento no preço do veículo no montante correspondente a 30% (trinta por cento) do valor de aquisição do veículo, por duas boas razões: a uma, porque se algum valor tivesse que ser abatido não poderia ter como parâmetro o preço pago a título de aquisição, mas sim o valor atual de revenda do mesmo; a duas, porque vício inexiste, como demonstrado.

20. Ademais, faz-se mister observar que o Autor fundamenta o seu pleito em mera expectativa de direito, o que lhe é vedado, eis que, para obter a indenização pleiteada,

devem estar presentes os requisitos essenciais que ensejam tal direito, quais sejam: a) dano; b) culpa; c) nexo de causalidade.

21. Sabe-se, também, que a simples falta de um dos indigitados pressupostos é suficiente para descaracterizar o direito à indenização. *In casu*, não há falar-se em reparação por parte da Ré ao Autor, eis que inexiste qualquer dano.

22. Em suma, depreende-se da leitura da exordial que não há qualquer tutela jurídica a ser protegida, eis que a expectativa de direito é mera possibilidade ou esperança de aquisição de um direito, não se podendo invocar a proteção de um direito adquirido se não se chegou a efetivamente adquiri-lo.

## IV – NO MÉRITO – DA INEXISTÊNCIA DE DANO MORAL

23. Em que pese o esforço do Autor em pretender embasar o seu pleito, certo é que não logrou êxito, eis que a indenização por dano moral só será devida nos casos em que houver comprovação do ato ilícito, o que obviamente não é o caso dos autos, conforme restará provado.

24. Em princípio atente-se para o fato de que o discurso do Autor não descreve com fidelidade o ocorrido. Para tanto, basta observar que o Autor obteve a negativa e, menos de quinze dias após, a Ré regularizou a documentação (conforme confessa o próprio Autor no item 4 da petição inicial), ocasião em que imediatamente a Ré forneceu ao Autor a carta atestando a legitimidade do veículo (confira-se doc. 3).

25. Portanto, se sofrimento houve, o que se admite somente para argumentar, esse durou apenas alguns poucos dias.

26. Não há que se falar, ainda, em desvalorização do veículo, haja vista estar o mesmo legitimado pelo fabricante. Assim, inequívoco ser imaginária a aflição que o Autor pretende demonstrar.

27. Ainda, dúvida não há de que, para ser credor da indenização por dano moral, o Autor deveria demonstrar na propositura da ação os efeitos do prejuízo alegado. Rememore-se: não se indenizam danos imaginários ou hipotéticos.

28. Considerando indevida tal verba, vale citar o entendimento de BREBBIA, que assinala alguns elementos que se devem levar em conta na fixação da eventual reparação, caso o mesmo seja concedido, o que se admite apenas para argumentar: "*a gravidade objetiva do dano, a personalidade da vítima (situação familiar e social, reputação), a gravidade da falta (conquanto não se trate de pena, a gravidade e mesmo a culpa da ação implica na gravidade da lesão) a personalidade (as condições do autor do ilícito)*" (*El daño moral*, p. 19).

29. Pondere-se, ainda, para o fato de que o Autor não provou nos autos ter sofrido qualquer prejuízo efetivo, sendo inverídicos os pretensos inconvenientes imaginados na exordial, pelo que a jurisprudência ali mencionada não o socorre na busca de seu direito.

30. Na verdade, sem a prova de um prejuízo efetivo, não há que se falar em dano indenizável, pois este só se dimensiona possível quando repercute, de algum modo, no patrimônio da vítima. E esse não é o caso dos autos.

31. Assim, qualquer ressarcimento pleiteado, sem respaldo em prova, cuja validade e eficácia sejam incontestáveis, está sujeito à rejeição pelo julgador (CPC, art. 373, I).

32. Nesse sentido, e à guisa de melhor elucidar a questão, transcreve-se trecho de voto do Exmo. Sr. Ministro Aldir Passarinho Junior (relator), proferido no Recurso Especial nº 217.916 – RJ (1999/0048726-5), julgado em 24 de outubro de 2000, confira-se:

> *"(...) a indenização por dano moral não deve ser banalizada. Ela não se destina a confortar meros percalços da vida comum, e o fato trazido a julgamento não guarda excepcionalidade. A adotar-se a tese da autora, em todo o acidente automobilístico, bastando o recolhimento do veículo para conserto, já comportaria, além dos danos materiais, os morais, pela simples indisponibilidade do automóvel, se o sinistro for causado por terceiro. Quem adquire um veículo tem muitas vantagens, mas também se expõe a certos riscos inerentes ao uso do bem móvel. Defeitos, colisões etc. Razoável obter-se o ressarcimento pelos danos materiais, inclusive pela perda momentânea do uso do automóvel, guardadas certas proporções, é evidente, mas daí assemelhar-se esse desconforto a um dano moral, lesivo à vida e personalidade do incomodado, é, com a máxima vênia, um excesso (...)".*[15]

33. Vale ainda frisar que para fazer jus a tal indenização, necessário ter havido humilhação, vexame, abatimento profundo, e até mesmo sofrimento psicológico em razão de conduta antijurídica, o que não se verifica na hipótese.

34. Por derradeiro e tão-somente *ad cautelam*, para fazer jus a qualquer indenização, o Autor deveria demonstrar o efetivo prejuízo, tal não ocorreu, porém, caso Vossa Excelência entenda ser devido qualquer valor a esse título, a Ré aduz que cabe ao julgador evitar abusos para que a indenização por dano moral, se é que concedida, não represente fonte de enriquecimento sem causa.[16]

## V – CONCLUSÃO

Por todo quanto exposto, inaplicável ao caso em tela o disposto no artigo 186 do Código Civil e o art. 18 do Código de Defesa do Consumidor, tendo em vista que:

a) o problema apontado pelo Autor foi prontamente solucionado pela Ré, através da declaração de legitimidade do veículo; e

b) verificou-se a total inexistência de prova real e concreta de qualquer prejuízo, incumbência que cumpriria ao Autor, para ter direito a qualquer tipo de indenização.

Desta forma, não há que se falar em vício, o que desautoriza o pleito de substituição do veículo ou de abatimento proporcional do preço. Como também no que tange aos danos morais, tendo em vista a inexistência de qualquer ilícito.

---

15. Os três pontinhos (...) no início e no fim do trecho transcrito, indicam que este trecho foi retirado de um trecho maior cujo início e fim foram omitidos.

16. Pelo princípio da eventualidade, o réu deve consignar que, se eventualmente for condenado, não poderá ser em valores exorbitantes.

Assim, em face de tudo quanto acima exposto, a contestante REQUER a Vossa Excelência se digne de julgar totalmente IMPROCEDENTE a presente ação, ante a não configuração de quaisquer danos alegados pelo Autor, invertendo-se o ônus da sucumbência.

A Ré protesta provar o alegado por todos os meios de prova em direito admitidas, especialmente pelo depoimento pessoal do Autor, sob pena de confissão, oitiva de testemunhas, juntada de documentos, perícia, vistoria.

Nestes Termos,

P. Deferimento. Local e data

Nome e assinatura do advogado nº da OAB

## 5.14 CONTESTAÇÃO COM PRELIMINARES

Antes mesmo de elaborar a contestação, o advogado deve procurar verificar se é possível arguir alguma preliminar, tendo em vista a recomendação do art. 337 do Novo Código de Processo Civil.

Para elaboração de uma petição com preliminares, vamos considerar o mesmo problema apresentado na petição inicial, porém faremos uma contestação com nova redação para o mesmo caso, isto é, com outros argumentos, inserindo também o tópico "preliminarmente" logo após o "resumo da inicial", portanto antes do mérito, no qual iremos questionar o interesse de agir do Autor (carência da ação) e, por conseguinte, requerendo a extinção do feito sem julgamento de mérito. Vamos aproveitar a mesma peça e impugnar os benefícios da justiça gratuita em outra preliminar.

Vamos rememorar que é perfeitamente possível o réu arguir tantas preliminares quanto seja possível e mesmo arguir as mais diversas impugnações, inclusive ao valor da causa.

Por economia de espaço vamos apresentar um segundo modelo de contestação com a preliminar de falta de interesse processual (ver CPC, art. 337, XI) e no tópico seguinte apresentar apenas a parte da preliminar de incompetência relativa.

Com esses dois modelos de contestação acreditamos seja possível ao leitor fazer a adaptação para todas as outras possíveis preliminares que podem ser arguidas em qualquer contestação.

## 5.14.1 Modelo de contestação com preliminares (1º)

AO JUÍZO DA _____ VARA CÍVEL DA COMARCA DE _____ ESTADO DE _____.[17]

*(espaço para despacho)*

**Processo nº** _____ [18]

**Ação Indenizatória (ordinária)**

GRAN MIKKO MOTORS S.A., pessoa jurídica de direito público interno, regularmente inscrita no CNPJ/MF sob (número), sediada na Rua (endereço completo), na cidade de Queixada/PE, representada na forma de seu estatuto social (doc. 2), por seu advogado que a esta subscreve (doc. 1), vem com o devido respeito e acatamento à presença de Vossa Excelência apresentar sua

### CONTESTAÇÃO

nos autos da ação indenizatória que lhe é movida por JUKA SAURO, em trâmite perante este D. Juízo e respectivo cartório, o que faz consubstanciado nos motivos de fato e de direito que a seguir passa a expor:

### I – RESUMO DA INICIAL

1. O Autor propôs a presente demanda alegando que ao tentar renovar o seguro de seu veículo, teria sido constatado pela seguradora de que o mesmo não poderia ser realizado tendo em vista que o chassi do veículo fora remarcado.

2. Que após ter reclamado com a Ré, teria obtido uma carta que permitiu regularizar o veículo junto ao Detran e também junto à seguradora, porém isto não teria sido suficiente para regularizar a situação razão porque pede, alternativamente, a substituição do veículo por outro igual sem custo adicional ou o abatimento proporcional do preço em valores correspondentes a 30% do valor da aquisição.

3. Alega que sendo motorista de táxi teria perdido quinze dias de trabalho, enquanto aguardava a regularização da documentação, o que motiva seu pleito indenizatório por lucros cessantes, alegando também sofrimento e estresses o que autorizaria a pedir indenização por danos morais.

4. Em breve síntese são estes os argumentos do autor, porém em que pese a bem elaborada peça, razão não lhe assiste conforme demonstraremos a seguir.

---

17. Atenção: Agora que o processo já foi distribuído, ele tem uma vara determinado.
18. Também já tem um número de processo, cujos dados deverão constar, obrigatoriamente, em toda e qualquer nova petição que se relacione com o processo.

## II – PRELIMINARMENTE

### a) falta de interesse processual

5. Em que pese o esforço e brilhantismo do patrono do autor, a verdade é que o réu é carecedor da ação por falta de interesse de agir, conforme demonstraremos a seguir.

6. O autor alega um suposto dano na eventual hipótese de ser barrado em *blitz* policiais e na eventual, futura e incerta venda de seu veículo, alegando ademais que sofreu dano moral pelo tempo que ficou sem poder contratar seguro.

7. Ora excelência!...

Por primeiro, não se indenizam danos imaginários ou hipotéticos!... Segundo, porque não se pode falar em vícios, tendo em vista que o defeito foi sanado com a expedição da carta para regularização da documentação do veículo, dentro do prazo que a lei assinala (CDC, art. 18). Portanto, conclusão que exsurge é que não há lide e não há nenhuma utilidade para o autor o presente processo.

8. Considerando que uma das condições da ação é o interesse de agir e, considerando que este é representado pela utilidade que do processo possa advir para o postulante, evidente que não há provimento jurisdicional possível no caso, senão a extinção do processo sem julgamento do mérito, por falta de interesse processual, conforme autorizado pelo art. 485, VI c/c art. 337, XI, ambos do Novo Código de Processo Civil brasileiro, o que desde já se requer.

### b) ao pedido de gratuidade de justiça

9. O Autor não faz jus aos benefícios da gratuidade de justiça tendo em vista ser pessoa que possui bens e renda suficiente para fazer frente às despesas do processo.

10. Veja-se que no presente caso o Autor propôs uma demanda versando sobre a aquisição de um veículo que custa mais de 100 mil reais, de se concluir que não estamos falando de negócio de bagatela.

11. Diz a nossa lei instrumental que o juiz pode indeferir o pedido dos benefícios da gratuidade de justiça se constar dos autos elementos que evidenciem a falta dos pressupostos legais (CPC, art. 99, § 2º).

12. Desta forma o Réu espera seja negado o pedido de justiça gratuita.

## III – NO MÉRITO: INEXISTÊNCIA DE VÍCIO

13. Advirta-se por primeiro que não há falar-se em vício de produto na exata medida em que o chassi remarcado não teve, nem tem, o condão de impedir ou mesmo diminuir o uso do veículo adquirido.

14. Esclareça-se que vício de produto, na lição do mestre Nehemias Domingos de Melo, é a "*impropriedade decorrente de fabricação que impede ou diminui o uso do bem adquirido, tornando-o impróprio aos fins aos quais se destina*", o que não é o caso do veículo do autor (in ***Dano moral nas relações de consumo***, p. 250).

15. Mesmo que a remarcação do chassi possa ser considerada um vício, veja-se que o Código de Defesa do Consumidor somente autoriza o adquirente reclamar a troca ou

abatimento de preço se o vício não for sanado no prazo de trinta dias (art. 18, § 1º), sendo certo que no presente caso a Ré, tão logo tomou ciência do ocorrido, adotou as providências devidas, entregando ao autor a carta que lhe permitiu regularizar a documentação do veículo.

16. Além do mais, o Autor não comprovou nenhum prejuízo, aduzindo apenas temores futuros com a eventual venda do veículo, sendo certo que aquele que alega um prejuízo, tem a obrigação de provar o dano sofrido (CPC, art. 373, I), para poder ter direito à eventual indenização, ônus que o Autor não se desincumbiu.

17. Ademais, não se indenizam danos imaginários, conforme posicionamento pacífico na nossa doutrina e jurisprudência e, por ilustrativo colacionamos a seguinte decisão:

*"APELAÇÃO CÍVEL – AÇÃO INDENIZATÓRIA – DANO NÃO DEMONSTRADO – ÔNUS DE QUEM PLEITEIA – INOCORRÊNCIA – NÃO-PROVIMENTO. A certeza do dano, ou seja, a sua efetividade, é requisito indispensável para qualquer pleito indenizatório. A certeza do dano se refere à sua existência, ou seja, à efetividade do dano, que deve ser real e efetivo, não meramente conjetural ou hipotético" (TJRI – Ap. Cív. nº XPTO – Rel. Des. Kaio Rolando das Pedras – j. 15.12.2007 – v. u.).*[19]

18. Assim, o que se espera é que o pedido de substituição do veículo ou mesmo o abatimento de preço sejam rechaçados tendo em vista que o Autor não provou nenhum dano efetivo, nem mesmo o vício de produto, logo não merecendo acolhida sua pretensão.

## IV – NO MÉRITO: FALTA DE PROVA DOS LUCROS CESSANTES

19. O Autor postula indenização por lucros cessantes alegando ser motorista de táxi e que ficou quinze dias sem trabalhar enquanto aguardava a regularização da documentação do veículo, porém não juntou nenhuma prova do ocorrido.

20. Além do mais, estimou arbitrariamente um valor por dia de trabalho e juntou uma declaração da Associação de Taxistas, documento unilateral, que desde já se impugna. Nesses casos, a comprovação de rendimentos se faz mediante a juntada de declaração do Imposto de Renda, este sim, documento hábil a demonstrar e comprovar rendimentos.

21. Assim, fica também impugnada o pedido por lucros cessantes tendo em vista a não comprovação dos dias parados, bem como a não-comprovação dos rendimentos diários.

## V – NO MÉRITO: INEXISTÊNDIA DE DANO MORAL

22. Quanto ao pleito por danos morais, melhor sorte não socorre ao autor, senão vejamos. Alega que teria sofrido em razão de temores com a demora na solução do problema de seu veículo e que isto seria suficiente para ensejar o pedido indenizatório.

---

19. Esta ementa de acórdão é hipotética.

CAPÍTULO 5 • DA RESPOSTA DO RÉU – CONTESTAÇÃO **85**

23. Ainda com base na doutrina do já citado mestre Nehemias Domingos de Melo *"não é qualquer dissabor ou qualquer contrariedade que caracterizará o dano moral, pois na vida moderna há o pressuposto da necessidade de coexistência do ser humano com os dissabores que fazem parte do dia-a-dia. Desta forma, alguns contratempos e transtornos são inerentes ao atual estágio de desenvolvimento de nossa sociedade"* (*Dano moral problemática*, Atlas, 2007, p. 16).

24. Desta forma, não há dano moral indenizável no presente caso, pois o Autor não demonstrou nenhum grande motivo que pudesse ensejar o seu pedido. Não se pode pretender indenizar temores ou receios infundados, razão por que se espera que este pedido também seja devidamente afastado.

## VI – CONCLUSÃO

Assim, por qualquer que seja o ângulo que se analise a presente demanda, verifica-se que os pedidos do autor não se sustentam de per si, tendo em vista a não comprovação dos danos alegados.

Por tudo quanto acima exposto é a presente para requerer a Vossa Excelência, seja acolhida a PRELIMINAR de ausência de interesse processual, decretando-se a extinção do feito sem julgamento do mérito, *ex vi*, art. 485, VI c/c art. 337, XI, do Código de Processo Civil.

Ainda preliminarmente, que seja acolhida a impugnação ao pedido de gratuidade de justiça, determinando-se ao autor que proceda ao recolhimento das custas iniciais.

Na eventualidade de superada a preliminar, no mérito requer seja a ação julgada TOTALMENTE IMPROCEDENTE, com a condenação do autor nas verbas sucumbenciais.

Protesta provar o alegado por todos os meios de prova admitidos em direito, especialmente pelo depoimento pessoal do autor, sob pena de confesso, oitiva de testemunhas, juntada de novos documentos, requisições de ofícios, perícias e outras que se fizerem necessárias.

Pede Deferimento.

Local e data

Nome e Assinatura do advogado

OAB/sigla do Estado

## 5.15 OUTRAS PRELIMINARES QUE PODEM SER ARGUIDAS

Com a defesa do réu concentrada na contestação, será nela arguida todas as preliminares que o réu entenda cabíveis. Assim, podem ser arguidas em qualquer processo a exceção de incompetência relativa (também serve para absoluta); denunciação da lide; impugnação ao valor da causa; e, impugnação à justiça gratuita.

Em qualquer caso, para orientar o nosso leitor é importante destacar que pode ser utilizado o mesmo corpo da contestação já apresentada, isto é, utilizar

# MANUAL DE PRÁTICA JURÍDICA CIVIL • NEHEMIAS DOMINGOS DE MELO

aquele modelo como uma espécie de "modelo padrão", incluindo-se apenas o tópico "preliminarmente".

## 5.15.1 Problema para elaboração de uma contestação com preliminar de exceção de incompetência

Considerando a petição inicial apresentada (Capítulo 1), vamos questionar a competência do juízo do foro do domicílio do autor, tendo em vista que, sendo ele taxista, não poderia ser considerado consumidor nos exatos termos do estatuído no Código de Defesa do Consumidor, logo, não poderia se beneficiar das normas consumeristas, de tal sorte que a ação deveria ter sido protocolada no foro do domicílio do réu (CPC, art. 46, *caput*).[20]

Considerando ainda que a parte inicial e final da contestação seria exatamente igual ao modelo apresentado no item 4.14.1, por economia de espaço vamos elaborar apenas a parte da contestação que vai abordar a preliminar e ver como seria a argumentação a ser colocada na petição.

## 5.15.2 Outro modelo de contestação com preliminares (2º)

AO JUÍZO DA _____ VARA CÍVEL DA COMARCA DE _____ ESTADO DE _____.[21]

*(espaço para despacho)*

**Processo nº_____**[22]

**Ação Indenizatória (ordinária)**

GRAN MIKKO MOTORS S.A., pessoa jurídica de direito público interno, regularmente inscrita no CNPJ/MF sob (número), sediada na Rua (endereço completo), na cidade de Queixada/PE, representada na forma de seu estatuto social (doc. 2), por seu advogado que a esta subscreve (doc. 1), vem com o devido respeito e acatamento à presença de Vossa Excelência apresentar sua

### CONTESTAÇÃO

nos autos da ação indenizatória que lhe é movida por JUKA SAURO, em trâmite perante este D. Juízo e respectivo cartório, o que faz consubstanciado nos motivos de fato e de direito que a seguir passa a expor:

---

20. CPC, Art. 46. A ação fundada em direito pessoal ou em direito real sobre bens móveis será proposta, em regra, no foro de domicílio do réu.
21. Atenção: Agora que o processo já foi distribuído, ele tem uma vara determinado.
22. Também já tem um número de processo, cujos dados deverão constar, obrigatoriamente, em toda e qualquer nova petição que se relacione com o processo.

## I – RESUMO DA INICIAL

1. O Autor propôs a presente demanda alegando que ao tentar renovar o seguro de seu veículo, teria sido constatado pela seguradora de que o mesmo não poderia ser realizado tendo em vista que o chassi do veículo fora remarcado.

2. Que após ter reclamado com a Ré, teria obtido uma carta que permitiu regularizar o veículo junto ao Detran e também junto à seguradora, porém isto não teria sido suficiente para regularizar a situação razão porque pede, alternativamente, a substituição do veículo por outro igual sem custo adicional ou o abatimento proporcional do preço em valores correspondentes a 30% do valor da aquisição.

3. Alega que sendo motorista de táxi teria perdido quinze dias de trabalho, enquanto aguardava a regularização da documentação, o que motiva seu pleito indenizatório por lucros cessantes, alegando também sofrimento e estresses o que autorizaria a pedir indenização por danos morais.

4. Em breve síntese são estes os argumentos do autor, porém em que pese a bem elaborada peça, razão não lhe assiste conforme demonstraremos a seguir.

## PRELIMINARMENTE – INCOMPETÊNCIA RELATIVA

5. Veja-se que o Autor propôs ação de substituição de veículo no foro de seu domicílio, dizendo-se consumidor e utilizando-se do previsto no art. 101, I da legislação consumerista (Lei nº 8.078/90).

6. Ocorre que o Autor não pode ser considerado consumidor tendo em vista que sendo ele um profissional taxista, estaria excluído do rol de que trata a lei consumerista, pois não utiliza o bem em uso próprio, mas sim como meio profissional de sua atividade, não podendo ser beneficiário das vantagens conferidas no CDC. Nesse sentido, Cláudia Lima Marques já deixou assentado que "consumidor é aquele que adquire (utiliza) um produto para uso próprio e de sua família; consumidor seria o não profissional, pois o fim do CDC é tutelar de maneira especial um grupo da sociedade que e mais vulnerável" (Contratos no Código de Defesa do Consumidor, Revista dos Tribunais, 1998, p. 69).

7. Assim, a presente demanda deve ser dirimida à luz da legislação civil, não se aplicando as normas consumeristas, logo a ação deveria ter sido proposta no foro do domicílio do Réu, regra geral insculpida no Código de Processo Civil (art. 46).

Ante o exposto,

Requer que em preliminar, seja conhecida a exceção de incompetência e após regular processamento, seja julgada procedente para o fim de determinar a redistribuição ao foro da Comarca de_____, Estado de_____, juízo competente para seu conhecimento, processamento e julgamento do presente feito.

## III – NO MÉRITO: INEXISTÊNCIA DE VÍCIO

O restante da peça segue o mesmo padrão do modelo completo já apresentado em 14.1.1, inclusive a conclusão que segue abaixo.

# VI – CONCLUSÃO

Assim, por qualquer que seja o ângulo que se analise a presente demanda, verifica-se que os pedidos do autor não se sustentam de per si, tendo em vista a não comprovação dos danos alegados.

Por tudo quanto acima exposto é a presente para requerer a Vossa Excelência, seja acolhida a PRELIMINAR de ausência de interesse processual, decretando-se a extinção do feito sem julgamento do mérito, *ex vi*, art. 485, VI c/c art. 337, XI, do Código de Processo Civil.

Na eventualidade de superada a preliminar, no mérito requer seja a ação julgada TOTALMENTE IMPROCEDENTE, com a condenação do autor nas verbas sucumbenciais.

Protesta provar o alegado por todos os meios de prova admitidos em direito, especialmente pelo depoimento pessoal do autor, sob pena de confesso, oitiva de testemunhas, juntada de novos documentos, requisições de ofícios, perícias e outras que se fizerem necessárias.

Pede Deferimento.

Local e data

Nome e assinatura do Advogado

OAB/sigla do Estado

# Capítulo 6
## Das providências Preliminares
## e da Réplica à Contestação

## 6.1 PROVIDÊNCIAS PRELIMINARES

Depois de encerrado o prazo para a resposta do réu, determina a lei que o escrivão do cartório deverá remeter os autos conclusos para que o magistrado, verifique da regularidade do processo e possa, eventualmente, determinar as providências preliminares cabíveis visando sanear o processo (CPC, art. 347).[1]

Nesta fase, que também é chamada de ordinatória, o juiz verificará da regularidade do processo e determinará, conforme o caso, as seguintes providências:

a) se o réu alegou na contestação fato novo impeditivo, modificativo ou extintivo do direito pleiteado pelo autor, mandará o autor falar no prazo de 15 (quinze) dias, permitindo-lhe fazer a contraprova (CPC, art. 350);[2]

b) também mandará intimar o autor para falar nos autos em réplica, se o réu alegar qualquer uma das preliminares previstas no art. 337 do CPC, no prazo de 15 (quinze) dias (CPC, art. 351);[3]

c) se o réu não contestar a ação, verificará se ocorreu a revelia e declarará seus efeitos promovendo o julgamento antecipado da lide (ver CPC, art. 355, II), ou, não sendo o caso, determinará que o autor especifique as provas que pretende produzir (CPC, art. 348);[4]

d) verificará outros aspectos do processo corrigindo ou determinando providências para sua regularidade e, na eventualidade de irregu-

---

1. CPC, Art. 347. Findo o prazo para a contestação, o juiz tomará, conforme o caso, as providências preliminares constantes das seções deste Capítulo.
2. CPC, Art. 350. Se o réu alegar fato impeditivo, modificativo ou extintivo do direito do autor, este será ouvido no prazo de 15 (quinze) dias, permitindo-lhe o juiz a produção de prova.
3. CPC, Art. 351. Se o réu alegar qualquer das matérias enumeradas no art. 337, o juiz determinará a oitiva do autor no prazo de 15 (quinze) dias, permitindo-lhe a produção de prova.
4. CPC, Art. 348. Se o réu não contestar a ação, o juiz, verificando a inocorrência do efeito da revelia previsto no art. 344, ordenará que o autor especifique as provas que pretenda produzir, se ainda não as tiver indicado.

MANUAL DE PRÁTICA JURÍDICA CIVIL • Nehemias Domingos de Melo

laridades insanáveis, proferirá decisão extinguindo o processo sem julgamento do mérito ou com resolução do mérito, conforme o caso (CPC, art. 353);[5] e,

e) não ocorrendo nenhuma das hipóteses anteriores, promoverá o saneamento do processo e designará, se for o caso, data para a realização da audiência de instrução e julgamento (CPC, art. 357).[6]

## 6.2 FUNDAMENTOS JURÍDICOS DA RÉPLICA

A réplica é um instituto jurídico que decorre diretamente do princípio constitucional do contraditório e da ampla defesa, pelo qual se deve oportunizar o autor falar nos autos após a contestação, para contrarrazoar a defesa apresentada pelo réu, desde que ele:

a) mesmo reconhecendo o fato em que se fundou a ação, outro lhe opuser, que possa ser impeditivo, modificativo ou extintivo do direito que pleiteia o autor (ver CPC, art. 350).[7] Por exemplo: numa ação de cobrança, o réu não nega os fatos, mas alega que pagou, no todo ou em parte, ou ainda que renegociou a dívida. Nestas circunstâncias, o autor deverá ser provocado para se manifestar em réplica sobre as alegações do réu;

b alegue qualquer uma das matérias prevista no art. 337 do CPC, isto é, qualquer das matérias que deverão ser apreciadas preliminarmente pelo magistrado, antes mesmo da apreciação do mérito (CPC, art. 351).[8] Neste caso, a manifestação do autor é obrigatória em face do princípio do contraditório.

---

5. CPC, Art. 353. Cumpridas as providências preliminares ou não havendo necessidade delas, o juiz proferirá julgamento conforme o estado do processo, observando o que dispõe o Capítulo X.

6. CPC, Art. 357. Não ocorrendo nenhuma das hipóteses deste Capítulo, deverá o juiz, em decisão de saneamento e de organização do processo:

I – resolver as questões processuais pendentes, se houver;

II – delimitar as questões de fato sobre as quais recairá a atividade probatória, especificando os meios de prova admitidos;

III –definir a distribuição do ônus da prova, observado o art. 373;

IV – delimitar as questões de direito relevantes para a decisão do mérito;

V – designar, se necessário, audiência de instrução e julgamento. (omissis)...

7. CPC, Art. 350. Se o réu alegar fato impeditivo, modificativo ou extintivo do direito do autor, este será ouvido no prazo de 15 (quinze) dias, permitindo-lhe o juiz a produção de prova.

8. Art. 351. Se o réu alegar qualquer das matérias enumeradas no art. 337, o juiz determinará a oitiva do autor no prazo de 15 (quinze) dias, permitindo-lhe a produção de prova.

## 6.3 PRAZO E FORMA PARA APRESENTAÇÃO DA RÉPLICA

O prazo para manifestação do autor em réplica será de 15 (quinze) dias, através de simples petição com a possibilidade de apresentação de prova documental para rebater as alegações apresentadas pelo réu. Esse prazo conta-se da intimação do advogado do autor.

Existindo vários réus a lógica indica que o autor deva ser intimado para apresentar sua réplica somente depois da juntada da última contestação aos autos, até por uma questão de economia processual. O autor faria então somente uma réplica enfrentando todas as matérias alegadas pelos vários réus em suas respectivas contestações.

Independente disso, se o juiz verificar a existência de irregularidades ou vícios sanáveis, deverá determinar que a parte promova os atos necessários para sua correção e, neste caso, o prazo poderá ser maior, não podendo exceder 30 (trinta) dias (CPC, art. 352).[9]

## 6.4 AMPLITUDE DA RÉPLICA

Na réplica, o autor fica adstrito às matérias alegadas pelo réu, não podendo ampliar seu pedido nem a causa de pedir postos na exordial. Assim, se o réu alegou preliminares, o autor somente poderá se manifestar sobre as mesmas, não devendo ir além do necessário para rebater as arguições nesse sentido.

Advirta-se de outro lado que a réplica não é obrigatória. Ela somente será necessária naquelas situações em que o réu tenha alegado em sua contestação defesa de mérito indireta (ver CPC, art. 350) ou defesa meramente processual (ver CPC, art. 351). Quer dizer, se o réu apresentou em sua contestação apenas defesa direta sobre o mérito, não haverá falar-se em réplica.

## 6.5 TRÉPLICA

Não há uma previsão expressa sobre a possibilidade de o réu ter direito a falar nos autos após a manifestação do autor em tréplica, porém se o autor fez juntada de documentos na sua réplica, o juiz, obrigatoriamente, deverá chamar o réu a se manifestar sobre os mesmos, no prazo de 15 (quinze) dias, prazo esse

---

9. CPC, Art. 352. Verificando a existência de irregularidades ou de vícios sanáveis, o juiz determinará sua correção em prazo nunca superior a 30 (trinta) dias.

que pode ser dilatado em face da quantidade ou complexidade dos documentos juntados (ver CPC, art. 437, § § 1º e 2º).[10]

Exatamente por isso é que dizermos que o autor não pode suscitar fato novo em sua réplica, devendo se ater as questões que foram suscitadas pelo réu na contestação. A lógica é que se assim não fosse, o processo se tornaria em algo infindável com réplica de um lado, tréplica de outro, quadréplica do outro e assim sucessivamente.

## 6.6 PROBLEMA PARA ELABORAÇÃO DA RÉPLICA

Tendo como base a contestação apresentada no Capítulo 5, cujo segundo modelo foi elaborado com a preliminar de carência da ação (falta de interesse de agir), sobre a mesma vamos apresentar a réplica conforme o modelo abaixo.

Veja-se que é o mesmo caso envolvendo Juka Sauro e a Gran Mikko Motors, objeto de nossa petição inicial.

## 6.7 MODELO DE PETIÇÃO DE RÉPLICA

AO JUÍZO DA____VARA CÍVEL DA COMARCA DE _____ ESTADO DE____.

*(espaço para despacho)*

**Proc. nº_____.**

**Ação indenizatória**

JUKA SAURO, já devidamente qualificado nos autos em epígrafe, no qual contende com GRAN MIKKO MOTORS S.A., também já regularmente qualificada, por seu advogado que a esta subscreve, vem, com o devido respeito e acatamento, à presença de Vossa Excelência, tendo em vista a apresentação de contestação, apresentar sua

### RÉPLICA À CONTESTAÇÃO

o que faz com base no art. 351 do CPC e pelas razões de fato que a seguir aduz:

---

10. CPC, Art. 437. O réu manifestar-se-á na contestação sobre os documentos anexados à inicial, e o autor manifestar-se-á na réplica sobre os documentos anexados à contestação.

§ 1º Sempre que uma das partes requerer a juntada de documento aos autos, o juiz ouvirá, a seu respeito, a outra parte, que disporá do prazo de 15 (quinze) dias para adotar qualquer das posturas indicadas no art. 436.

§ 2º Poderá o juiz, a requerimento da parte, dilatar o prazo para manifestação sobre a prova documental produzida, levando em consideração a quantidade e a complexidade da documentação.

CAPÍTULO 6 • DAS PROVIDÊNCIAS PRELIMINARES E DA RÉPLICA À CONTESTAÇÃO

1. O Réu em sua contestação alegou em preliminares a carência da ação, por falta de interesse de agir, pugnando pela extinção do processo sem julgamento do mérito, nos termos do art. 485, VI c/c art. 336, XI, do Código de Processo Civil, fundamentando tal premissa em dois aspectos que ressaltamos:

a) Que os temores seriam infundados e os danos imaginários ou hipotéticos.

b) Inexistência de vício, pois teriam fornecido a carta no prazo que determina o CDC (art. 18), sanando o problema.

2. De ressaltar, por primeiro, que não há se falar em danos imaginários e hipotéticos, pois os documentos juntados com a inicial demonstram claramente que o Autor quando pretender vender o veículo não conseguirá fazê-lo pelo preço regular do mercado, bem como na ocorrência de sinistro, a seguradora indenizará com um desconto de 30% (trinta por cento) sobre o valor contratado, o que significa prejuízo certo e determinado.

3. Não há de se confundir danos futuros com danos imaginários. No presente caso, o dano é certo, porém condicionado a evento futuro, sendo perfeitamente possível sua determinação no presente momento, razão por que o Autor estimou em 30% (trinta por cento), tomando como base o contrato de renovação de seguro cuja cláusula indenizatória prevê esse desconto como base de indenização na eventualidade de sinistro.

4. Quanto à regularização do vício, delira a Ré quando afirma que a expedição da carta sanou o problema! Isto apenas permitiu ao Autor licenciar seu veículo e renovar o contrato de seguro, porém o vício continua a existir. No presente caso o vício é a remarcação, que continua presente no chassi do veículo!

5. Assim, não há falar em falta de interesse de agir. O Autor tem interesse processual na exata medida que há um prejuízo a ser indenizado ou, se assim não for, há um vício no chassi do veículo que somente será sanado com a troca do chassi ou a troca do veículo.

Em face do acima exposto, acredita o Autor ter demonstrado a impropriedade das alegações da Ré em sua peça de resistência, razão pela qual acredita no afastamento da preliminar arguida, prosseguindo-se no feito com os atos ulteriores e necessários ao deslinde da presente demanda, que terá por fim a busca e o reconhecimento da tão almejada justiça.

Nestes termos Pede deferimento.

Local e data

Nome e assinatura do advogado n° da OAB

# Capítulo 7
## Saneamento do processo, Especificação de provas, Formulação de Quesitos e Indicação de Assistente Técnico

## 7.1 DO SANEAMENTO E DA ORGANIZAÇÃO DO PROCESSO

Não sendo o caso de julgamento conforme o estado do processo (ver CPC, arts. 354 e 355), o juiz promove o saneamento do processo, verificando a pertinência das provas a serem produzidas, afastando aquelas que entenda impertinentes, e determinando outras eventuais providências.

Além disso o juiz verificará se existem questões processuais pendentes e se houver determinará o que for necessário fazer. É nesta fase que o magistrado irá também decidir se aplica a teoria da carga probatória dinâmica ao caso concreto, observando sempre a distribuição do ônus da prova estabelecida no art. 373 do CPC.

Para prosseguimento de nossos estudos das petições possíveis no processo de conhecimento, vamos neste capítulo elaborar a petição de indicação do assistente técnico, em cujo corpo serão também formulados os quesitos e, para isso, vamos considerar que o juiz tenha proferido o seguinte despacho saneador:

*"Processo nº ...... Fls. (xx). Dou o feito por saneado. Determino a realização de prova pericial, nomeando como perito o Engº Hingo Madinho, cujos honorários fixo em R$ .........., com prazo de apresentação do laudo em 60 dias. Em quinze dias formulem as partes quesitos e, em querendo, indiquem assistentes técnicos. Com base nos artigos 4º, I, e 6º, VIII, do Código de Defesa do Consumidor defiro o pedido posto na inicial determinando a inversão do ônus da prova, intimando-se a Ré para o recolhimento dos honorários periciais. Indefiro a produção de prova testemunhal requerida tendo em vista que o depoimento pessoal das partes e a prova pericial serão suficientes para o devido esclarecimento da controvérsia posta nos autos. A audiência de instrução será designada após a realização da prova pericial. Intime-se. Adv. Fulano de Tal – OAB (xxx) e Sicrânio de Tal – OAB (xxx)."*

## 7.2    DA PROVA PERICIAL

A prova pericial pode consistir em **exame**, quando tratar-se de examinar pessoas ou coisas móveis; **vistoria**, quando tratar-se de imóveis; e, **avaliação** quando o objeto da perícia seja a determinação de um valor pecuniário para um determinado bem, móvel ou imóvel (CPC, art. 464, *caput*).[1]

Se o objeto da perícia for complexa por envolver mais que uma área do conhecimento humano, o juiz está autorizado a nomear mais que um perito, podendo as partes indicar também mais que um assistente técnico conforme seja necessário (CPC, art. 475).[2]

Há uma importante inovação no CPC 2015 que é a possibilidade de realização de **perícia consensual**. Quer dizer, as partes, podem indicar, de comum acordo, um perito que seja de confiança de ambos, desde que as partes sejam ambas maiores e capazes e o objeto da lide comportem transação. Na petição conjunta na qual será indicado o perito as partes já indicarão, se for o caso, seus respectivos assistentes técnicos (CPC, art. 471).[3]

Depois de intimados da nomeação do perito pelo juiz, as partes terão o prazo comum de 15 (quinze) dias para arguir o impedimento ou suspeição do perito; indicar seus respectivos assistentes técnicos; e, apresentar os quesitos (ver CPC, art. 421, I a III).

Outra novidade é que o perito somente receberá seus honorários depois de terminar os trabalhos. Excepcionalmente o juiz poderá autorizar o pagamento antecipado de 50% (cinquenta por cento) dos honorários, ficando o restante para depois da entrega do laudo. Outra inovação é que o juiz poderá reduzir a remuneração do perito se o laudo for inconcluso ou deficiente (ver CPC, art. 465, §§ 4º e 5º).

---

1. CPC, Art. 464. A prova pericial consiste em exame, vistoria ou avaliação.
2. CPC, Art. 475. Tratando-se de perícia complexa que abranja mais de uma área de conhecimento especializado, o juiz poderá nomear mais de um perito, e a parte, indicar mais de um assistente técnico.
3. CPC, Art. 471. As partes podem, de comum acordo, escolher o perito, indicando-o mediante requerimento, desde que:

    I – sejam plenamente capazes;

    II – a causa possa ser resolvida por autocomposição.

    § 1º As partes, ao escolher o perito, já devem indicar os respectivos assistentes técnicos para acompanhar a realização da perícia, que se realizará em data e local previamente anunciados.

    § 2º O perito e os assistentes técnicos devem entregar, respectivamente, laudo e pareceres em prazo fixado pelo juiz.

    § 3º A perícia consensual substitui, para todos os efeitos, a que seria realizada por perito nomeado pelo juiz

CAPÍTULO 7 • SANEAMENTO, PROVAS, QUESITOS E ASSISTENTE TÉCNICO

O perito deverá comunicar aos assistentes técnicos das partes, com pelo menos 5 (cinco) dias de antecedência, a data e o local das diligências e exames que irá realizar (CPC, art. 466, § 2º).[4]

## 7.3 PETIÇÃO INDICANDO ASSISTENTE TÉCNICO

Tanto o autor quanto o réu podem indicar o assistente técnico, se assim pretenderem (não é obrigatório), declinando o nome e qualificação do mesmo, cuja missão será a de acompanhar a realização dos trabalhos do perito que foi indicado pelo juízo.

O assistente técnico é o perito da parte. Ele é importante porque, além de acompanhar a perícia e colaborar para uma boa atuação do perito, também elabora seu próprio laudo, no qual expõe suas opiniões técnicas a respeito do objeto periciado. Este laudo deverá ser juntado aos autos no prazo de 15 (quinze) dias após a intimação das partes quanto à apresentação do laudo do perito judicial (ver CPC, art. 477, § 1º).

O laudo do assistente técnico, que é chamado de parecer, poderá ser muito útil para confrontar, ou confirmar, as conclusões do perito.

## 7.4 APRESENTAÇÃO DE QUESITOS

Os quesitos são as perguntas que as partes apresentam ao perito para que sejam por ele respondidas. Normalmente são perguntas diretas, sobre o objeto que será alvo da perícia, podendo ser também questionado aspectos fáticos ligados ao objeto do litígio.

Esclareça-se que o próprio juiz da causa, quando indica o perito, formula seus próprios quesitos e oportuniza a ambas as partes contendoras a apresentação de seus quesitos.

---

4.  CPC, Art. 466. O perito cumprirá escrupulosamente o encargo que lhe foi cometido, independentemente de termo de compromisso.

§ 1º Os assistentes técnicos são de confiança da parte e não estão sujeitos a impedimento ou suspeição.

§ 2º O perito deve assegurar aos assistentes das partes o acesso e o acompanhamento das diligências e dos exames que realizar, com prévia comunicação, comprovada nos autos, com antecedência mínima de 5 (cinco) dias.

## 7.5 A INDICAÇÃO DO ASSISTENTE TÉCNICO E APRESENTAÇÃO DOS QUESITOS

Vejamos como ficaria a petição do autor indicando assistente técnico e formulando os respectivos quesitos, que podem ser apresentados no próprio corpo da petição ou pode ser oferecida em peça apartada.

Utilizaremos como exemplo o processo hipotético, que é base para toda nossa argumentação, cuja petição inicial envolvendo Juka *versus* Gran Mikko Motors, foi apresentada no capítulo 1.

### 7.5.1 Modelo de petição indicando assistente técnico e quesitos

AO JUÍZO DA_____VARA CÍVEL DA COMARCA DE_____ESTADO DE_____

*(espaço para despacho)*

**Processo nº_____.**

JUKA SAURO, já devidamente qualificado nos autos em epígrafe, no qual contende com GRAN MIKKO MOTORS S.A., por seu advogado que a esta subscreve, vem, com o devido respeito e acatamento perante Vossa Excelência, atendendo o R. Despacho de fls., expor e requerer o quanto segue:

I – Por primeiro, indicar como seu assistente técnico o Sr. Beto A. S. Neiras, brasileiro, solteiro, engenheiro mecânico, portador do RG (xxx) e CPF (xxx), com escritório profissional à Rua do Descobrimento, 1500 – CEP (xxx), nesta Cidade – telefones (xxxx).

II – Por segundo, informar que apresenta ao final da presente peça os quesitos a serem respondidos pelo perito nomeado pelo Juízo.

Outrossim, requer seja o assistente técnico, acima indicado, intimado da data e horário da realização da perícia.

Protesta ainda pela formulação de quesitos suplementares.

Nestes termos,

Pede e Espera, Deferimento.

Local e data

Nome e assinatura do advogado nº da OAB

**Quesitos a serem respondidos pelo *expert*:**

1. O veículo em questão se encontra com o chassi remarcado?

2. Se sim, tal remarcação foi realizada de que forma?

3. É possível determinar quem realizou referida marcação?

4. Referida remarcação é visível a olho nu?

5. Saberia informar qual tem sido o comportamento das autoridades policiais quando se deparam com um veículo de chassi remarcado?

6. Com os conhecimentos que o perito possa ter do mercado, é possível afirmar que referido veículo sofrerá uma depreciação no seu valor comercial quando de sua revenda?

7. Se sim, é possível estimar qual seria este valor de depreciação?

## 7.6 IMPUGNAÇÃO DO VALOR DOS HONORÁRIOS PERICIAIS

É importante registrar que a parte à qual incumbe arcar com os custos da realização da perícia, neste caso a ré, mesmo não indicando assistente técnico nem formulando quesitos, poderá, se for o caso, impugnar o valor dos honorários periciais fixados pelo juiz.

Naturalmente o juiz tem o poder de arbitrar os honorários que entenda cabível frente ao caso concreto, considerando a especialidade e a complexidade do trabalho a ser realizado. Nesse particular aspecto, entendemos que o critério que deve nortear a fixação dos honorários periciais é o princípio da razoabilidade.

Razoabilidade é a qualidade do razoável. E razoável é definido como o regulado, o justo, o conforme a razão. O próprio dicionário equipara ambas as expressões ao indicar como sinônimo.

Advirta-se ainda que a decisão que fixa os honorários, como de resto qualquer outra decisão no processo, deverá ser motivada (CPC, 11, caput). [5]

Depois de superada a discussão sobre os honorários, a perícia será realizada e depois que o perito juntar seu lado aos autos, as partes serão intimadas para se manifestar sobre o resultado do laudo apresentado. Este é o momento oportuno para a parte pedir esclarecimentos adicionais ou mesmo apontar falhas contidas nas conclusões do *expert*.

---

5. Art. 11. Todos os julgamentos dos órgãos do Poder Judiciário serão públicos, e fundamentadas todas as decisões, sob pena de nulidade.

## 7.6.1   Modelo de petição de impugnação dos honorários do perito

AO JUÍZO DA____VARA CÍVEL DA COMARCA DE____ESTADO DE____.

*(espaço para despacho)*

**Processo nº____.**

GRAN MIKKO MOTORS S.A., já devidamente qualificado nos autos da ação ordinária que lhe move JUKA SAURO, também já qualificado, por seu advogado que a esta subscreve, vem, com o devido respeito e acatamento, perante Vossa Excelência, tendo em vista o R. Despacho de fls., IMPUGNAR os valores fixados a títulos de remuneração dos trabalhos do perito, tendo em vista que não há nenhuma complexidade nos trabalhos a serem realizados não se justificando valor tão elevado.

Esclarece a peticionária que os trabalhos periciais deverão ser realizados em no máximo duas horas (irá somente verificar a remarcação do chassi), considerando-se inclusive o tempo de deslocamento, sendo que a hora/remuneração para engenheiro mecânico, conforme tabela do sindicato da categoria, é de R$ 350,00 (trezentos e cinquenta reais), logo, os honorários deveriam ter como referências esses valores, de tal sorte que seu valor deveria ser de R$ 700,00, e não R$ 2.500,00, como fixado.

Assim, é a presente para requerer a Vossa Excelência a revisão dos honorários periciais fixados, tendo em vista que, conforme demonstrado, tal valor se mostra excessivo, justificando sua redução.

Termos em que,

Pede e espera, Deferimento.

Local e data

Nome e assinatura do advogado nº da OAB

## 7.7   IMPUGNAÇÃO DA CONCLUSÃO DO LAUDO PERICIAL

Após a conclusão da perícia, o perito deverá juntar aos autos do processo o seu laudo técnico e, em seguida, o juiz verificará de sua regularidade determinando às partes que se manifestem sobre o mesmo, no prazo comum de 15 (quinze) dias (CPC, art. 477, § 1º).[6]

---

6.  CPC, Art. 477. O perito protocolará o laudo em juízo, no prazo fixado pelo juiz, pelo menos 20 (vinte) dias antes da audiência de instrução e julgamento.

§ 1º As partes serão intimadas para, querendo, manifestar-se sobre o laudo do perito do juízo no prazo comum de 15 (quinze) dias, podendo o assistente técnico de cada uma das partes, em igual prazo, apresentar seu respectivo parecer.

§ 2º O perito do juízo tem o dever de, no prazo de 15 (quinze) dias, esclarecer ponto:

I – sobre o qual exista divergência ou dúvida de qualquer das partes, do juiz ou do órgão do Ministério Público;

É exatamente nesta oportunidade que as partes podem peticionar informando que estão de acordo com o laudo apresentado ou impugnar suas conclusões.

É perfeitamente possível que a perícia esteja incompleta, cabendo nesse caso pedir novas informações ao perito.

Vamos considerar que no nosso exemplo, o autor concordou com o resultado pericial apresentado e, depois de instado pelo juiz a se manifestar, elaborou a sua petição concordando com o resultado apresentado.

### 7.7.1 Modelo de petição concordando com o laudo pericial

AO JUÍZO DA_____VARA CÍVEL DA COMARCA DE_____ESTADO DE_____.

*(espaço para despacho)*

**Processo nº_____.**

JUKA SAURO, já devidamente qualificado nos autos em epígrafe, no qual contende com GRAN MIKKO MOTORS S.A., por seu advogado que a esta subscreve, vem, mui respeitosamente à presença de Vossa Excelência, atendendo o R. Despacho de fls., informar que está concorde com o laudo pericial apresentado, até porque o teor do mesmo confirma todas as alegações postas na inicial.

Assim, requer seja determinado os atos ulteriores e necessários ao prosseguimento do feito.

Pede Deferimento.

Local e data

Nome e assinatura do advogado nº da OAB

## 7.8 MODELOS DE PETIÇÕES INDICANDO OUTRAS PROVAS

Além da prova técnica pericial que vimos até aqui, pode ocorrer de o juiz determinar que as partes especifiquem as provas que entendem ser necessárias realizar.

Partindo dessa premissa, vamos elaborar duas petições: uma do autor informando a necessidade de realização de audiência para oitiva de testemunhas,

---

II – divergente apresentado no parecer do assistente técnico da parte.

§ 3º Se ainda houver necessidade de esclarecimentos, a parte requererá ao juiz que mande intimar o perito ou o assistente técnico a comparecer à audiência de instrução e julgamento, formulando, desde logo, as perguntas, sob forma de quesitos.

§ 4º O perito ou o assistente técnico será intimado por meio eletrônico, com pelo menos 10 (dez) dias de antecedência da audiência.

MANUAL DE PRÁTICA JURÍDICA CIVIL • Nehemias Domingos de Melo

pretendendo com isso comprovar os danos morais sofridos e, outra, da ré, informando o contrário, ou seja, que não há necessidade de realização de provas porque o processo já estaria em condições de ser julgado.

Embora as partes possam requerer a realização de todo e qualquer meio de prova ou mesmo dispensá-las, é o juiz quem decidirá pela conveniência de realização (ou não) das mesmas. Aliás, o juiz pode determinar a realização de provas mesmo de ofício, isto é, sem provocação das partes, tendo em vista ser ele o destinatário das provas (CPC, art. 370).[7]

Assim, tendo com base ainda o processo do Juka contra a Gran Mikko, vamos aos modelos de petições.

### 7.8.1 Modelo de petição requerendo provas

AO JUÍZO DA____VARA CÍVEL DA COMARCA DE____ESTADO DE____.

*(espaço para despacho)*

**Processo n°** ____

JUKA SAURO, já devidamente qualificado nos autos em epígrafe, no qual contende com GRAN MIKKO MOTORS S.A., também já regularmente qualificada, por seu advogado que a esta subscreve, vem, com o devido respeito e acatamento, à presença de Vossa Excelência, tendo em vista o R. Despacho de fls., REQUERER a oitiva das testemunhas abaixo arroladas, tendo em vista que o depoimento das mesmas será de grande importância para a comprovação dos transtornos pelos quais o Autor passou e bem como dos dissabores que até hoje são enfrentados em face dos problemas apresentados no veículo adquirido, sendo esta prova importante para aferição e quantificação do dano moral.

Pelo acima exposto e, acreditando ter demonstrado a pertinência da realização da prova testemunhal, apresenta o rol abaixo e informa que as mesmas comparecerão espontaneamente à audiência que venha a ser designada, não sendo necessário intimação.[8]

Pede deferimento.

Local e data

Nome e assinatura do advogado n° da OAB

---

7. Art. 370. Caberá ao juiz, de ofício ou a requerimento da parte, determinar as provas necessárias ao julgamento do mérito.

   Parágrafo único. O juiz indeferirá, em decisão fundamentada, as diligências inúteis ou meramente protelatórias.

8. Pela sistemática do Novo CPC é o advogado da parte é quem tem a obrigação de intimar as testemunhas, somente recorrendo ao judiciário quando for frustrada a tentativa de intimar a testemunhas ou houver alguma justificada necessidade (CPC, art. 455).

Rol de Testemunhas:

1. Hanibal Hanzinza, brasileiro, casado, engenheiro, portador do RG n° (...) e CPF n° (...), residente na Rua (endereço completo).

2. Mano Brawn, brasileiro, solteiro, motorista, portador do RG n° (...) e do CPF n° (...), residente na Rua (endereço completo).

3. Pelicano Verdes Mares, brasileiro, divorciado, soldador, portador do RG n° (...) e do CPF n° (...), residente na Rua (endereço completo).

## 7.8.2 Modelo de petição informando que não há provas a produzir

AO JUÍZO DA____VARA CÍVEL DA COMARCA DE____ESTADO DE____.

*(espaço para despacho)*

**Processo n°____.**

GRAN MIKKO MOTORS S.A., já devidamente qualificada nos autos da ação de indenização que lhe é movida por JUKA, também já regularmente qualificada nos autos em referência, por seu advogado que a esta subscreve, vem, mui respeitosamente, à presença de Vossa Excelência, tendo em vista o R. Despacho de fls., informar que não tem provas a produzir.

De outro lado, compulsando tudo quanto dos autos consta, s.m.j., verifica-se que o processo se encontra em condições de julgamento conforme o seu estado, pois a matéria versada no mesmo é exclusivamente de direito e a matéria de fato já foi devidamente apresentada e contestada (CPC, art. 355, i), não se justificando o retardamento do feito com dilação probatória.

Assim, é a presente para requerer a Vossa Excelência o prosseguimento do feito com a determinação dos atos ulteriores, úteis e necessários ao deslinde da demanda.

Termos em que, Pede deferimento.

Local e data

Nome e assinatura do advogado n° da OAB

# Capítulo 8
## Audiência de Instrução
## e Julgamento e dos Memoriais

## 8.1 ATOS PREPARATÓRIOS PARA A AUDIÊNCIA DE INSTRUÇÃO E JULGAMENTO

Encerrando a fase instrutória, o juiz determinará a realização de audiência de instrução e julgamento quando no processo se faça necessário a colheita de prova oral que poderá constar de esclarecimentos do perito e dos assistentes técnicos; depoimento pessoal das partes (primeiro do autor e depois do réu); e, por fim, a oitiva das testemunhas (primeiro as do autor, e depois as do réu), nesta ordem preferencial (CPC, art. 361).[1]

Para que ocorra a audiência de instrução e julgamento existem alguns atos preparatórios sendo o mais importante a intimação das partes (se foi requerido depoimento pessoal) e a intimação das testemunhas.

Pode também ocorrer, conforme a complexidade da causa, que o juiz marque uma audiência preliminar para, juntamente com os advogados das partes, promover o saneamento do processo (CPC, art. 357, § 3º).[2]

O ato de intimação das testemunhas será responsabilidade dos advogados das partes que deverão fazer isso por carta com aviso de recebimento. Quer dizer, o advogado de cada parte será responsável por intimar as testemunhas que tenham

---

1. CPC, Art. 361. As provas orais serão produzidas em audiência, ouvindo-se nesta ordem, preferencialmente:

    I – o perito e os assistentes técnicos, que responderão aos quesitos de esclarecimentos requeridos no prazo e na forma do art. 477, caso não respondidos anteriormente por escrito;

    II – o autor e, em seguida, o réu, que prestarão depoimentos pessoais;

    III – as testemunhas arroladas pelo autor e pelo réu, que serão inquiridas.

    Parágrafo único. Enquanto depuserem o perito, os assistentes técnicos, as partes e as testemunhas, não poderão os advogados e o Ministério Público intervir ou apartear, sem licença do juiz.

2. CPC, Art. 357. (omissis)

    § 3º Se a causa apresentar complexidade em matéria de fato ou de direito, deverá o juiz designar audiência para que o saneamento seja feito em cooperação com as partes, oportunidade em que o juiz, se for o caso, convidará as partes a integrar ou esclarecer suas alegações.

MANUAL DE PRÁTICA JURÍDICA CIVIL • Nehemias Domingos de Melo

sido arroladas, informando-as do dia e hora e local da realização da audiência. As partes também podem se responsabilizar por levarem suas próprias testemunhas independentemente de intimação, presumindo-se, caso não compareçam, que a parte desistiu da sua oitiva (ver CPC, art. 455 e seus §§).

Excepcionalmente a intimação das testemunhas pode ser realizada pela forma tradicional, isto é, pela via judicial quando não for possível aos advogados intimarem suas respectivas testemunhas e justifiquem essa necessidade. Também será por intimação judicial quando a testemunha for servidor público ou militar, hipótese em que o juiz o requisitará ao chefe da repartição ou ao comando do corpo em que servir; a testemunha houver sido arrolada pelo Ministério Público ou pela Defensoria Pública; bem como as pessoas que tenham foro privilegiado, ou seja, aquelas indicadas no art. 454 do Novo CPC.

O prazo para as partes apresentarem o rol de testemunhas será de 15 (quinze) dias, contados da intimação da decisão que saneou o processo. Porém, se foi designado a realização de audiência preliminar para a realização do saneamento participativo e nesta audiência que as partes devem apresentar a lista das testemunhas (ver CPC, art. 357, § 4º e 5º).

## 8.2 A REALIZAÇÃO DA AUDIÊNCIA DE INSTRUÇÃO E JULGAMENTO

No dia e na hora designados, o juiz declarará aberta a audiência de instrução e julgamento e mandará apregoar as partes e os respectivos advogados, bem como outras pessoas que dela devam participar (CPC, art. 358).[3]

Aberta a audiência, o juiz tentará conciliar as partes, independentemente de ter havido audiência de conciliação ou mediação (CPC, art. 359).[4] Se as partes se compuserem, o acordo será firmado e o juiz homologará para que surta seus efeitos legais, encerrando-se a fase de conhecimento do processo (ver CPC, art. 487, III, b).

Na audiência de instrução e julgamento as provas orais serão produzidas nesta ordem: primeiro os peritos e assistentes técnicos prestarão os esclarecimentos se isso foi requerido; em seguida prestarão depoimento pessoal o autor e o réu;

---

3. CPC, Art. 358. No dia e na hora designados, o juiz declarará aberta a audiência de instrução e julgamento e mandará apregoar as partes e os respectivos advogados, bem como outras pessoas que dela devam participar.

4. Há um erro grosseiro de grafia no artigo 359 do Novo CPC quando fala em arbitragem como uma forma de solução consensual de conflito, quando em verdade a arbitragem não é isso, vejamos: Art. 359: Instalada a audiência, o juiz tentará conciliar as partes, independentemente do emprego anterior de outros métodos de solução consensual de conflitos, como a mediação e a arbitragem.

CAPÍTULO 8 • AUDIÊNCIA DE INSTRUÇÃO E JULGAMENTO E DOS MEMORIAIS **107**

e, por fim, serão ouvidas as testemunhas arroladas pelo autor e depois as do réu (ver CPC, art. 361). Essa ordem pode ser eventualmente modificada pelo juiz.

Uma importante novidade com relação à realização da audiência é que os advogados das partes poderão formular perguntas diretamente às testemunhas, cabendo ao juiz o papel de controle para evitar perguntas que induzam a testemunha, assim como aquelas que sejam impertinentes com o caso *sub judice* (CPC, art. 459).[5]

Na eventualidade de ocorrência de algum evento que justifique marcar nova data para continuação da audiência (ausência de testemunhas ou do perito), o nosso código considera que ela é una, ainda que sua realização tenha se desenrolado em dias diferentes (CPC, art. 365).[6]

## 8.3 DECISÕES PROFERIDAS EM AUDIÊNCIA

No desenrolar da audiência, muitas questões são decididas pelo magistrado de plano. Nela o juiz pode indeferir o depoimento pessoal de uma ou ambas as partes; decidirá as contraditas de testemunhas (quando impugnadas pela parte contrária); poderá indeferir a oitiva de testemunhas regularmente arroladas; bem como poderá indeferir as perguntas e reperguntas das partes, além de decidir sobre requerimentos apresentados na própria audiência.

Dessas decisões proferidas em audiência não cabe recurso. A parte que não se conformar com alguma decisão proferida em audiência deverá guardar seu inconformismo para ser suscitado em preliminares de sua eventual apelação ou nas contrarrazões (ver CPC, art. 1.009, § 1º). Quer dizer, as matérias prejudiciais às partes que não podem ser enfrentadas por agravo de instrumento não mais sofrem os efeitos da preclusão, permitindo-se ao prejudicado suscitá-las quando de sua apelação ou contrarrazões, conforme o caso.

---

5. CPC, Art. 459. As perguntas serão formuladas pelas partes diretamente à testemunha, começando pela que a arrolou, não admitindo o juiz aquelas que puderem induzir a resposta, não tiverem relação com as questões de fato objeto da atividade probatória ou importarem repetição de outra já respondida.

   § 1º O juiz poderá inquirir a testemunha tanto antes quanto depois da inquirição feita pelas partes.

   § 2º As testemunhas devem ser tratadas com urbanidade, não se lhes fazendo perguntas ou considerações impertinentes, capciosas ou vexatórias.

   § 3º As perguntas que o juiz indeferir serão transcritas no termo, se a parte o requerer

6. CPC, Art. 365. A audiência é una e contínua, podendo ser excepcional e justificadamente cindida na ausência de perito ou de testemunha, desde que haja concordância das partes.

   Parágrafo único. Diante da impossibilidade de realização da instrução, do debate e do julgamento no mesmo dia, o juiz marcará seu prosseguimento para a data mais próxima possível, em pauta preferencial.

## 8.4 ENCERRAMENTO DA AUDIÊNCIA DE INSTRUÇÃO E JULGAMENTO

Encerrando a audiência, isto é, após o juiz ter colhido todas as provas orais que se fazia necessário no processo, as partes terão oportunidade de se manifestar oralmente (primeiro o advogado do autor e depois o do réu), pelo prazo de 20 minutos para cada um, podendo ser prorrogado por mais 10 minutos. Se o Ministério Público intervier no feito, também deverá ser ouvido pelo mesmo prazo e após as partes (CPC, art. 364, *caput*).[7]

Se houver litisconsórcio ou intervenção de terceiros no processo, o prazo será o mesmo com a soma da prorrogação (trinta minutos) e será dividido entre os participantes, se as partes não convencionarem de outra forma.

## 8.5 MEMORIAIS OU ALEGAÇÕES FINAIS

Diz o Código de Processo Civil que se a causa apresentar complexidade, tanto de fato quanto de direito, o debate oral poderá ser substituído por apresentação de memorais escritos, que serão apresentados em cartório no prazo de 15 (quinze) dias, sucessivos, isto é, primeiro o do autor e depois o do réu, assegurando-se a ambos o acesso aos autos (ver CPC, art. 364, § 2º).

Esclareça-se que o memorial deverá ser um resumo sucinto de tudo quanto possa ter ocorrido no processo, cabendo a cada parte destacar aquilo que repute mais importante para a defesa de seu direito. É uma peça que servirá para rememorar os fatos e documentos mais relevantes. Na realidade, cada parte procura destacar aquilo que lhe interessa e irá omitir os fatos e documentos que não lhe são favoráveis.

De toda sorte, é uma peça importante tendo em vista que se pode fazer um retrospecto de tudo que possa ter ocorrido no processo, ressalvando fatos e documentos; destacando-se trechos dos depoimentos (das partes e/ou das testemunhas) que sejam relevantes para o esclarecimento da demanda; bem como destaque sobre o laudo pericial (no caso de ter sido realizado perícia).

---

7. CPC, Art. 364. Finda a instrução, o juiz dará a palavra ao advogado do autor e do réu, bem como ao membro do Ministério Público, se for o caso de sua intervenção, sucessivamente, pelo prazo de 20 (vinte) minutos para cada um, prorrogável por 10 (dez) minutos, a critério do juiz.

   § 1º Havendo litisconsorte ou terceiro interveniente, o prazo, que formará com o da prorrogação um só todo, dividir-se-á entre os do mesmo grupo, se não convencionarem de modo diverso.

   § 2º Quando a causa apresentar questões complexas de fato ou de direito, o debate oral poderá ser substituído por razões finais escritas, que serão apresentadas pelo autor e pelo réu, bem como pelo Ministério Público, se for o caso de sua intervenção, em prazos sucessivos de 15 (quinze) dias, assegurada vista dos autos

# CAPÍTULO 8 • AUDIÊNCIA DE INSTRUÇÃO E JULGAMENTO E DOS MEMORIAIS

Encerrada esta fase, os autos serão conclusos ao juiz que deverá proferir sentença no prazo de 30 (trinta) dias (CPC, art. 366).[8]

## 8.6 PROBLEMA PARA ELABORAÇÃO DAS ALEGAÇÕES FINAIS

Tomaremos ainda como base o processo que vem orientando nossas petições, desde o primeiro capítulo, envolvendo o nosso amigo Juka Sauro e a fabricante de veículos Gran Mikko Motors.

Vamos considerar que na audiência de instrução e julgamento os depoimentos pessoais das partes, bem como a oitiva das testemunhas do autor, nada acrescentaram ao processo além do que já constava do mesmo. Vejamos como ficaria o memorial do autor e o do réu.

### 8.6.1 Memorial do autor

AO JUÍZO DA_____VARA CÍVEL DA COMARCA DE_____ESTADO DE_____.

*(espaço para despacho)*

**Processo nº** _____

JUKA SAURO, já devidamente qualificado nos autos em epígrafe, no qual contende com a empresa GRAN MIKKO MOTORS S.A., por seu advogado que a esta subscreve, vem, mui respeitosamente, perante Vossa Excelência apresentar suas ALEGAÇÕES FINAIS, o que faz nos seguintes termos:

#### I – BREVE RESUMO DOS FATOS

1. O Autor promoveu a presente ação buscando indenização por danos materiais em face da desvalorização do veículo que saiu de fábrica com o chassi remarcado. Pleiteou lucros cessantes tendo em vista que utiliza o veículo como táxi e ficou vários dias impossibilitado de trabalhar enquanto aguardava a regularização da documentação do veículo. Pleiteou também danos morais em face dos dissabores e transtornos a que se viu submetido em face do problema apresentado pelo referido veículo (fls. ... a ...).

2. A empresa Ré apresentou contestação, na qual não negou os fatos quanto à remarcação, porém aduziu a seu favor de que a remarcação fora realizada de forma legal e autorizada e que referido vício teria sido sanado com a entrega da carta que permitiu ao Autor realizar a regularização do veículo junto ao Detran/SP e à seguradora. Impugnou o pedido de lucros cessantes e também os danos morais (fls. ... a ...).

---

8. CPC, Art. 366. Encerrado o debate ou oferecidas as razões finais, o juiz proferirá sentença em audiência ou no prazo de 30 (trinta) dias.

3. Sobreveio a réplica na qual o Autor reafirma tudo quanto posto na inicial.

4. Realizada audiência preliminar, a mesma restou infrutífera, tendo sido saneado o processo e determinado a realização de prova pericial.

5. Prova pericial realizada, realizou-se audiência de instrução e julgamento na qual foram colhidos os depoimentos pessoais das partes e das testemunhas do autor.

6. Em breve síntese foram estes os fatos ocorridos no presente processo.

## II – DA DESVALORIZAÇÃO DO VEÍCULO

7. O veículo tem chassi remarcado, fato este inconteste. Entende o Autor que o simples fato da remarcação do chassi, por si só, já deprecia o valor de mercado do veículo. Tal fato se enquadra nos chamados fatos notórios, tendo em vista que nenhuma concessionária irá aceitar pagar o valor de mercado neste veículo que é símbolo de problemas.

8. Documentos juntados aos autos, bem como informação prestada pelo perito (ver fls.), nos dão conta de que não se trata de meros temores. O veículo

será depreciado em cerca de 30% (trinta por cento) de seu valor comercial quando da eventual revenda.

9. Não se discute se a remarcação foi realizada de forma legal ou ilegal. Estamos discutindo é se tal fato deprecia o veículo em questão, ou não. Além do mais, o fabricante falhou com o dever de boa-fé que deve instruir as relações de consumo tendo em vista não ter informado previamente ao Autor a existência do problema ora em debate.

10. Para melhor esclarecer a questão, trazemos à colação trecho de julgado proferido pelo ilustre Desembargador (nome do magistrado), que em caso exatamente idêntico envolvendo fabricante e comprador de veículo assim preceituou:

*"No mais, a ação é de extrema simplicidade, pois trata-se de defeito decorrente de fabricação, que torna o veículo impróprio ao uso, eis que poderá até a autora ter o veículo apreendido pelas autoridades policiais, se insistir em transitar com o mesmo. Por isso mesmo, e sem maiores perquirições, desnecessárias ante a clareza dos fatos, aplica-se ao caso o artigo 18 do Código de Defesa do Consumidor, acolhendo-se o pedido da autora para condenar a ré a indenizar no valor equivalente a 30% do valor de aquisição do veículo"* (TJSP 13ª CC – Ap. nº 99.023857-1 – DOE de __/__/__).

## III – DO DANO MORAL

11. Evidente o dano moral de quem se encontra em tal situação. A angústia que toma de assalto quem se vê ludibriado, tendo comprado "gato por lebre", é visível e aferível *prima facie*. Coloque-se no lugar do autor e veja-se se esta é uma situação que não se enquadraria dentre os chamados dissabores da vida moderna.

12. Ademais, as provas orais colhidas em audiência confirmam que o autor passou a sofrer com os risinhos daqueles que o consideram um "otário" e, especialmente,

CAPÍTULO 8 • AUDIÊNCIA DE INSTRUÇÃO E JULGAMENTO E DOS MEMORIAIS | **111**

pelos seus colegas de profissão, que lhe atribuem pechas depreciativas como se ele tivesse alguma responsabilidade pela remarcação promovida no chassi do veículo.

13. Somente quem se colocar na posição do autor é que poderá imaginar quão incômoda é a situação de quem possui um veículo em tais condições, que está sujeito a ser barrado em qualquer "batida policial" e as dificuldades em explicar que tal remarcação é regular e não decorre de nenhum ato ilícito.

## IV – CONCLUSÃO

Assim, não há falar-se em dano imaginário ou hipotético. No presente caso, o dano é muito concreto. Decorre das máximas de experiência de vida, que qualquer cidadão comum tem condições de avaliar e prever.

Ademais, vejam-se a documentação que se encontra encartada aos autos (fls. ... e ...) e, mais importante, o laudo realizado pelo *expert* do juízo; demonstram cabalmente os prejuízos que o autor terá que suportar em razão de ter adquirido um veículo com chassi remarcado (ver especialmente as fls.).

Trata-se, é bem verdade, de questão de bom senso e de razoabilidade, sendo certo que a empresa montadora do veículo tinha antecipadamente conhecimento de tal gravame e quedou-se silente no momento da venda, faltando, no mínimo, com o dever de lealdade e boa-fé que deve reger qualquer contratação, até porque, se declinasse a existência do problema, certamente o autor não teria adquirido tal veículo.

Assim, é a presente para reiterar a Vossa Excelência o pedido posto na exordial: que seja julgada totalmente procedente a presente demanda, reconhecendo ao Autor o direito de substituição do veículo por outro novo e em iguais condições ou (alternativamente) o abatimento proporcional no preço, além de lucros cessantes e danos morais.

Termos em que,

Pede e espera, Deferimento.

Local e data

Nome e assinatura do advogado nº da OAB

## 8.6.2 Memorial da ré

AO JUÍZO DA_____VARA CÍVEL DA COMARCA DE_____ESTADO DE_____.

*(espaço para despacho)*

**Processo nº 2007.999979-9-000 – nº de ordem 1587/2007**

GRAN MIKKO MOTORS S.A., já devidamente qualificado nos autos em epígrafe, na ação de indenização que lhe move JUKA SAURO, por seu advogado que a esta subscreve, vem, mui respeitosamente, perante Vossa Excelência apresentar suas ALEGAÇÕES FINAIS, aduzindo o quanto segue:

# I – DOS FATOS

1. O Autor intentou a presente ação visando obter indenização por danos materiais por suposta desvalorização do veículo em face do chassi remarcado. Além disso, pretende também lucros cessantes e danos morais por supostos dissabores e transtornos a que se viu submetido em face do problema apresentado pelo referido veículo (fls. ... a ...).

2. Tendo sido realizada audiência preliminar, para tentativa de conciliação, a Ré se dispôs a fazer uma proposta, porém o Autor recusou qualquer discussão para composição amigável, demonstrando claramente que seu intuito é o de se locupletar à custa do suposto problema referenciado.

3. A Ré contestou todos os fatos alegados pelo Autor, provando de forma cabal que a remarcação é autorizada por lei, que tal problema foi devidamente solucionado com a entrega da carta que permitiu ao Autor realizar a regularização do veículo junto ao Detran/SP e à seguradora, atendendo ao que dispõe o art. 18 do CDC, de tal sorte que o vício foi sanado no prazo legal.

4. Demonstrou e provou que os danos são imaginários e hipotéticos, logo não se devendo indenizar meras frustrações e infundados temores (ver fls. ... a ...).

5. Foi realizada prova pericial que a Ré entendeu desnecessária, e conforme prova o laudo apresentado nenhum fato novo o *expert* apurou, assim como na audiência de instrução e julgamento ficou visível que o Autor apenas apresenta temores infundados, o que reforça a tese de que não há danos a ser indenizados no presente caso.

6. Não se olvide de que no Brasil estamos vivendo o fato por demais preocupante: a indústria do dano moral. Qualquer dissabor ou mesmo meros caprichos têm ensejado a propositura de ações, como a presente, na qual se buscam indenizações como se prêmio de loteria fosse. O que se espera é que o Judiciário não se preste a premiar indevidamente estes espertalhões do mercado.

## II – CONCLUSÃO

Por tudo quanto consta dos autos, verifica-se que não há ilícito que possa ensejar qualquer tipo de indenização. Rememore-se que o dever de indenizar se assenta na prática de ilícito que possa causar dano, segundo o que dispõe o nosso Código Civil (art. 186).

Além do mais, no campo da responsabilidade civil é preciso que a parte demonstre claramente o dano e, mais do que isso, o nexo causal entre o dano e o agente causador, fatos que não se apresentam provados no presente processo.

Outrossim, provada a inexistência de dano, o que se espera é que o julgador, verificando que os temores do Autor são infundados, reconheça que os danos pleiteados são imaginários e hipotéticos, o que, a toda evidência, não autoriza nenhum tipo de indenização.

Assim, é a presente para requerer a Vossa Excelência seja a ação julgada totalmente improcedente, condenando-se o Autor nas verbas sucumbências de praxe.

Termos em que,

Pede e espera, Deferimento.

Local e data

Nome e assinatura do advogado nº da OAB

# Capítulo 9[1]
## Sentença e Embargos de Declaração

## 9.1 SENTENÇA

A sentença é ato do juiz que extingue o processo (ver CPC, art. 316), tanto o processo de execução (ver CPC, art. 925) como o de conhecimento (ver CPC, arts. 485; 486 e 487). Neste último caso, ela tem aptidão para fazer coisa julgada.

De todos os atos do juiz apenas a sentença tem aptidão para dizer o direito ao caso concreto. Com ela o magistrado encerra sua atividade de julgar a causa. Na inexistência de recurso, a sentença transita em julgado e passa a representar a solução oriunda do Estado-Juiz. Aquela que tem legitimidade (porque passou por todo o devido processo legal) e poder para – se necessário – ser executada à força.

Não obstante, há possibilidade de uma sentença extinguir o processo sem resolver o mérito, ou seja, sem a prolação da solução jurídica pacificadora da lide. O art. 485 do CPC enumera várias hipóteses de sentença sem resolução de mérito. Nessas hipóteses o art. 317 do CPC determina que o juiz conceda à parte oportunidade para correção do vício, a fim de poder aproveitar o processo já em curso.

Por último, lembramos que a sentença que não resolve o mérito, não produz coisa julgada material, e por isso possibilita que a ação seja novamente ajuizada.

## 9.2 CONTEÚDO DA SENTENÇA DE MÉRITO

De acordo com o art. 489 do CPC, a sentença de mérito é composta de três partes distintas, quais sejam: o relatório (breve relato do ocorrido no processo); a motivação ou fundamentos ( as razões de fato e de direito sobre as quais o juiz apoiará sua decisão); e, dispositivo (é a parte final da sentença, na qual o juiz aco lhe ou rejeita o pedido do autor, no todo ou em parte).

Importante inovação, traz o § 1º do art. 489, pois ele detalha como deve ser desenvolvida a parte da motivação da sentença, a fim de evitar fundamentações de decisões puramente formais retiradas de um mesmo "modelo de sentença".

---

1. Este capítulo conta com a colaboração da Profa. Marcia Cardoso Simões.

De forma que o dispositivo considera não fundamentada a decisão que, por exemplo, invoca "motivos que se prestariam a justificar qualquer outra decisão; ou "não enfrentar **todos os argumentos** deduzidos no processo capazes de, em tese, infirmar a conclusão adotada pelo julgador.

O referido dispositivo tem despertado controvérsia entre juízes e advogados. Os primeiros alegam não haver tempo hábil para tamanho detalhamento em cada uma das causas julgadas, e que se assim procedessem o tempo dispendido na tarefa inviabilizaria o serviço jurisdicional já superlotado.

Por outro lado, os advogados defendem o dispositivo, pois almejam garantir que suas petições e seus argumentos sejam devidamente analisados pelo magistrado. Ou seja, defendem que cada causa é única e merece atenção individualizada.

**Em resumo**: com o Novo CPC, as sentenças deverão ser fundamentadas de verdade.

## 9.3    EXEMPLO DE UMA SENTENÇA DE MÉRITO

Tendo como referência aquele suposto processo que instruiu nossas petições nos primeiros capítulos da presente obra (Juka X Gran Mikko), vamos imaginar que o processo tenha seguido regularmente todas as fases possíveis do procedimento comum e, tendo sido encerrada a fase instrutória com a realização da audiência de instrução e julgamento e o oferecimento de memoriais por ambas as partes, o processo tenha ficado apto a receber a decisão do juiz.

Os autos foram conclusos ao juiz para proferir sentença que, nesse caso, será de mérito. Vejamos no tópico seguinte como poderia ser o teor dessa sentença.

## 9.4    MODELO DE SENTENÇA DE MÉRITO

**VISTOS**

Processo n° _____

**Ação de Substituição de Bem Durável por Vício ou Defeito de Produto c.c. Lucros Cessantes e Danos Morais**

**Autor: Juka Sauro**

**Requerida: Gran Mikko Motors S.A.**

O autor ajuizou a presente ação contra a requerida alegando, em resumo, que adquiriu em 13 de julho de 2020 um veículo zero-KM, modelo X-Sport, de fabricação da ré, ano e modelo 2020, no valor de R$ 100.000,00 (cem mil reais), de acordo com a documentação que anexou à inicial.

CAPÍTULO 9 • SENTENÇA E EMBARGOS DE DECLARAÇÃO

Ao renovar o seguro, em dezembro de 2021, foi surpreendido com a negativa da seguradora em manter o contrato, pois foi atestado que o "veículo possui duas gravações de chassi, sendo que uma encontra-se rasurada".

A requerida, instada a responder sobre isso, justificou a situação alegando que o veículo tinha sido remarcado na própria fábrica.

Contudo, só conseguiu contratar uma seguradora após o ofício que a requerida enviou ao Detran, explicando a situação.

Entretanto, teme que a seguradora crie problemas no caso de sinistro, além do quê, também teme a apreensão do veículo por parte da polícia, em eventual *blitz* de trânsito ou em abordagem de rotina.

Mencionou doutrina e jurisprudência que amparam a sua tese, bem como o art. 18 do Código de Defesa do Consumidor e requereu, ao final, a substituição do produto ou o abatimento do preço, correspondente a 30% do valor pago. Além disso, também requereu a indenização por danos morais, uma vez que a insegurança gerada por essa situação vem lhe causando dor e sofrimento que devem ser indenizáveis; nesse ponto, deixou o *quantum* ao critério do juiz.

**Juntou documentos (fls. 10/18).**

A requerida foi citada e ofereceu a sua contestação, alegando, em resumo, que realmente o chassi recebeu dupla numeração na própria fábrica. No seu entender, apesar do percalço narrado na inicial, após a providência que tomou, ou seja, oficiar ao Detran, conseguiu o autor contratar um seguro, não se justificando, de forma alguma, a sua pretensão. É que, obviamente, estará a seguradora obrigada a pagar a indenização em caso de sinistro e com o esclarecimento dos fatos nenhum prejuízo pode ser identificado. Como o problema foi sanado, não se fala em substituição do bem e nada comprova a desvalorização do veículo.

Também não aceita a ocorrência de dano moral, uma vez que a requerida, logo que tomou ciência dos fatos, em poucas horas providenciou o ofício ao Detran, legitimando toda a situação. Requereu a improcedência da ação (fls. 27/43 e documentos – fls. 44/72).

O despacho de fl. 81 observou sobre a necessidade de produção de provas, designando perícia e, depois, designando audiência de instrução e julgamento (fl. 90).

O autor apresentou petição e novos documentos (fls. 92/108), tendo a requerida apresentado a sua manifestação (fls. 110/115); em audiência foi produzida prova oral, constante do depoimento pessoal do autor e da ré que, de novo, nada acresceram. As partes se manifestaram por memoriais (fls. 117/118).

**Este é o relatório, DECIDO.**

Não há dúvida de que se está diante de uma relação de consumo, de modo que as disposições do Código de Defesa do Consumidor têm inteira aplicação. A pretensão do autor, na verdade, se assenta no art. 18, do CDC, que dispõe:

"Os fornecedores de produtos de consumo duráveis ou não duráveis respondem solidariamente pelos vícios [...]

I – a substituição do produto por outro da mesma espécie, em perfeitas condições de uso;

[...]

III – o abatimento proporcional do preço."

Essa a pretensão exposta na inicial, alternativamente, a substituição do bem ou o abatimento do preço, estipulado esse, em 30% do valor que pagou. Além disso, o autor quer indenização por lucros cessantes e pelos danos morais, porém, vamos por partes.

Em 13 de dezembro de 2020 as partes celebraram um negócio por meio do qual o autor adquiriu o veículo descrito na inicial, pagando por ele o valor de R$ 100.000,00.

Em dezembro de 2021, ao renovar a proposta de seguro, descobriu que o veículo possui duas gravações de chassi, sendo uma delas rasurada.

Em vista disso, teve problemas com a renovação do seguro, só conseguindo o intento depois que a própria requerida oficiou ao Detran, explicando que a remarcação ou a dupla gravação teria ocorrido na própria fábrica.

Ainda assim, de acordo com o documento de fls. 105/108, o fato lhe impôs um ônus.

Mas não é só, o autor teme que a seguradora lhe negue o pagamento em caso de sinistro, bem como teme a apreensão do bem e os gastos disso decorrente, no caso de uma batida policial ou de uma abordagem de rotina.

O seu primeiro temor é injustificado, já que, diante de tal negativa, restará a evidente ilicitude da seguradora.

O seu segundo temor é fundado, pois ainda que o autor tenha em mãos os necessários documentos que comprovem a boa origem do veículo estará sempre sujeito a dissabores e transtornos.

Contudo, não é esse o ponto.

Sem dúvida que pagar mais pelo seguro é consequência dessa situação não provocada por ele, o que certamente lhe causa um prejuízo.

A questão, todavia, se prende em ponto que figura na essência dessa relação jurídica. Nesse sentido de destacar que "*sob inspiração dos ideais que nortearam o Código do Consumidor, ligados ao Estado de Justiça, com a consequente proteção da parte economicamente mais fraca na relação jurídica, a teoria dos vícios inserida no diploma legal aludido é muito mais evoluída do que aquela constante do Código Civil, ainda sob ideais individualistas e de um Estado de Direito*" (*Responsabilidade civil por danos aos consumidores*, Roberto Senise Lisboa, Coord: Carlos Alberto Bittar, Saraiva, 1992, p. 70).

Sob esse ponto de vista, portanto, cabe esclarecer que, em certas situações, o CDC adotou a responsabilidade objetiva, não perquirindo mais a ocorrência da culpa.

Entretanto, no caso em tela, ainda sem deixar de considerar a relação de consumo e todas as consequências disso decorrente, resta evidente a culpa da requerida e o dano do autor. É certo, não na extensão por ele dimensionada, mas dano e culpa existiram, assim como o correspondente nexo causal.

CAPÍTULO 9 • SENTENÇA E EMBARGOS DE DECLARAÇÃO

A própria perícia confirmou que a fábrica montadora do veículo efetuou dupla gravação no chassi. Ademais, é ponto incontroverso que a requerida vendeu o veículo ao autor. A dupla marcação é fato de fundamental importância e, certamente, estigmatiza o bem e coloca o seu proprietário em constante tensão, quando não causa prejuízo.

Não se pode deixar de considerar, por outro lado, que a requerida, logo que tomou conhecimento do fato, tomou providência útil e necessária, enviando ao Detran um ofício de explicações sobre o ocorrido. Isso foi suficiente para garantir o contrato de seguro sobre o bem, registre-se, com ônus de 30%, justamente em face da dupla remarcação do chassi.

Entretanto, não basta, uma vez que, apesar de tudo, queira a requerida ou não, o veículo apresenta um vício que lhe diminui o valor. A assertiva tem por base não só o documento apresentado a fl. 96, mas também a experiência comum, do que ordinariamente acontece.

Não se trata de vislumbrar uma mera expectativa negativa, pois, à evidência, não há como dar a esse veículo o mesmo valor que um outro, da mesma espécie, sem o vício material de que aqui se trata. Obviamente o seu valor de mercado sofrerá uma diminuição por ocasião da venda e a providência tomada pela requerida junto ao Detran não altera essa conclusão. Repita-se, o mercado não age com os mesmos critérios, justamente em decorrência dos prováveis e quase certos problemas e prejuízos oriundos dessa irregularidade material.

O art. 18, *caput*, do CDC diz que o vício do produto se verifica em três situações distintas: na impropriedade do bem, na inadequação do bem ou na diminuição do seu valor.

O bem não é impróprio para uso, tanto que o autor dele vem se utilizando desde a compra; não é inadequado, pois esse uso não está limitado por nenhum fator, mas, facilmente se conclui, a remarcação do chassi causa diminuição no valor do veículo.

O pedido do autor, de abatimento do preço, teve por critério a porcentagem de 30%; ao que parece, a média entre os valores consubstanciados na prova que produziu.

Por outro lado, vale registrar, não há como atender ao pedido de substituição do bem, sobretudo porque não se trata de impropriedade ou de inadequação do mesmo.

Assim, a pretensão alternativa procede no que toca ao abatimento do preço, que deve ter por critério os 20% encontrados pela seguradora, afastando-se a estimativa de fl. 96, bem como aquela da inicial, em 30%.

Já com relação aos danos morais, convém estabelecer alguns fatos. A irregularidade no veículo foi constatada em dezembro de 2020, contudo, pelo que se tem, a requerida, tão logo foi acionada, tomou as providências que supunham ser suficientes para minimizar os problemas do autor. A ansiedade sentida pelo autor, até o restabelecimento do contrato de seguro, não é suficiente para a indenização pretendida. E, observe-se, não houve nenhum ato concreto que tenha abalado o espírito do autor, de modo a lhe causar dor ou sofrimento indenizáveis.

Em conclusão, das pretensões narradas na inicial acolhe-se apenas aquela que se refere à condenação em dinheiro, correspondente ao abatimento do preço, pela diminuição do valor do bem.

Posto isso, julgo parcialmente procedente a presente ação e condeno a requerida ao pagamento de R$ 20.000,00 (20% de R$ 100.000,00), com juros e correção monetária, desde a data do efetivo desembolso.

Considerando a sucumbência recíproca, maior da requerida, condeno-a ao pagamento das custas processuais e honorários advocatícios, que fixo em 15% sobre o valor corrigido da condenação.

P.R.I.C.

Local, data, nome e assinatura do Juiz de Direito

## 9.5 EMBARGOS DE DECLARAÇÃO

É o recurso cabível contra qualquer decisão judicial visando esclarecer os vícios de obscuridade, contradição ou omissão que nelas possa conter, especialmente as sentenças e acórdãos (CPC, art. 1.022),[2] que deverão ser interpostos no prazo de 5 (cinco) dias, dirigido diretamente ao juiz ou relator que tenha prolatado a decisão que se pretende ver esclarecida (CPC, art. 1.023).[3]

Esclarecendo melhor: ocorre omissão quando o juiz ou relator não se pronuncia sobre o pedido ou mesmo qualquer ponto suscitado por qualquer das partes; obscuridade pode ser entendida como a falta de clareza fazendo com que a decisão possa ser considerada ambígua; e contradição ocorre quando a decisão é proferida, por exemplo, em desacordo com tudo o contido no relatório.

A regra geral nesse tipo de recurso é que não há o contraditório, ou seja, a parte contrária não é instada a se manifestar em contrarrazões, pois sua finalidade é corrigir o julgado sem inverter a sucumbência.

Porém, excepcionalmente os embargos de declaração podem ter "efeitos infringentes" (ou modificativos), pois ao ser corrigida a omissão, a contradição ou a obscuridade, temos como consequência lógica uma modificação no con-

---

2. CPC, Art. 1.022. Cabem embargos de declaração contra qualquer decisão judicial para:

   I – esclarecer obscuridade ou eliminar contradição;

   II – suprir omissão de ponto ou questão sobre o qual devia se pronunciar o juiz de ofício ou a requerimento;

   III – corrigir erro material.

   Parágrafo único. Considera-se omissa a decisão que:

   I – deixe de se manifestar sobre tese firmada em julgamento de casos repetitivos ou em incidente de assunção de competência aplicável ao caso sob julgamento

   II – incorra em qualquer das condutas descritas no art. 489, § 1º.

3. CPC, Art. 1.023. Os embargos serão opostos, no prazo de 5 (cinco) dias, em petição dirigida ao juiz, com indicação do erro, obscuridade, contradição ou omissão, e não se sujeitam a preparo.

   § 1º Aplica-se aos embargos de declaração o art. 229.

   § 2º O juiz intimará o embargado para, querendo, manifestar-se, no prazo de 5 (cinco) dias, sobre os embargos opostos, caso seu eventual acolhimento implique a modificação da decisão embargada.

CAPÍTULO 9 • SENTENÇA E EMBARGOS DE DECLARAÇÃO **119**

teúdo do julgado que, inclusive, pode inverter o polo vencedor. Neste caso, o parágrafo 2º do art. 1.023 garante o contraditório ao determinar: "o juiz intimará o embargado para, querendo, manifestar-se no prazo de 5 (cinco) dias, sobre os embargos opostos, caso seu eventual acolhimento implique a modificação da decisão embargada".

Ademais, o § 4º do mesmo artigo garante ao embargado, que já tiver interposto outro recurso, o direito de complementar ou alterar suas razões recursais tendo em vista que os embargos de declaração tiveram efeitos infringentes.

Os embargos declaratórios não estão sujeitos a preparo (ver CPC, art. 1.023), afinal pelas custas judiciais já pagas antes da sentença, às partes têm direito a uma prestação jurisdicional perfeita, sem obscuridade, contradição ou omissão.

De acordo com o artigo 1.026 do CPC, os embargos de declaração não possuem efeito suspensivo como regra, mas o parágrafo primeiro do referido dispositivo prevê a possibilidade de tutela antecipada recursal cujos requisitos são demonstração da "probabilidade de provimento do recurso ou, sendo relevante a fundamentação, se houver risco de dano grave ou de difícil reparação".

O *caput* do artigo 1.026 também concede aos embargos de declaração o efeito interruptivo. Por força desse efeito, o prazo para recursos posteriores contra a decisão embargada permanece interrompido desde a oposição dos embargos até a data da intimação das partes acerca de seu julgamento. A partir desta data começará a correr desde o início o prazo para o recurso posterior.

Aspecto importante que releva comentar é que, em face do efeito interruptivo dos embargos declaratórios, é possível que o mesmo seja manejado tão-somente com o intuito de retardar o regular andamento do feito. Nessa circunstância, caberá ao magistrado (seja o juiz de primeiro grau, seja o relator no Tribunal), aferir se o recurso tem caráter procrastinatório e, se assim for, aplicar multa autorizada pelo Código de Processo Civil (CPC, art. 1.026, §§ 2º e 3º). A fim de evitar os embargos procrastinatórios o novo código limitou a proposição de embargos de declaração sobre a decisão julgadora de embargos de declaração. Assim o parágrafo 4º do artigo 1.026 dispõe: "Não serão admitidos novos embargos de declaração se os 2 (dois) anteriores houverem sido considerados protelatórios".

Os embargos de declaração são também cabíveis para prequestionar matéria submetida à apreciação pelos Tribunais inferiores quando seja necessário interpor recursos para o STJ ou STF. Quer dizer, quando o Tribunal de origem não tiver se manifestado expressamente sobre o ponto ou artigo de lei que a parte entende violado, deverá provocar essa manifestação através dos embargos de declaração como condição de admissibilidade do recurso especial ou extraordinário.

## 9.6 PROBLEMA PARA ELABORAÇÃO DOS EMBARGOS DE DECLARAÇÃO

Tomando como base a sentença relatada no item 9.4 (caso: Juka X Gran Mikko), constata-se que o juiz não fez nenhuma menção ao pedido do autor por lucros cessantes (ver petição inicial no Capítulo 1). Nesse caso há uma omissão que poderá ser sanada pela via dos embargos declaratórios, cuja redação poderia ser da seguinte forma

## 9.7 MODELO DE PETIÇÃO DE EMBARGOS DE DECLARAÇÃO

AO JUÍZO DA _____ VARA CÍVEL DA COMARCA DE_____ – ESTADO DE_____.

*(espaço para despacho)*

**Processo nº** _____

**Ação Indenizatória (ordinária)**

JUKA SAURO, já devidamente qualificado nos autos em epígrafe, no qual contende com GRAN MIKKO MOTORS S.A., por seu advogado que a esta subscreve, vem, com o devido respeito e acatamento perante Vossa Excelência, dentro do prazo legal, opor os presentes EMBARGOS DE DECLARAÇÃO à r. sentença proferida nos referidos autos, com fundamento nos art. 1.022 e seguintes do Novo Código de Processo Civil, em razão da mesma não haver se pronunciado relativamente à condenação da parte Ré em lucros cessantes, conforme expressamente requerido na petição inicial.

Pelo exposto, requer o embargante seja sanada a omissão, condenando-se a empresa Ré ao pagamento de R$ 4.500,00 a título de lucros cessantes, devidamente corrigido desde a data do evento e juros desde a citação.

Nestes termos Pede deferimento.

Local e data

Nome e assinatura do Advogado nº da OAB

## 9.8 DECISÃO DO JUIZ NOS EMBARGOS DE DECLARAÇÃO

Note-se que, diferentemente dos outros recursos, este é processado e julgado pelo próprio órgão que prolatou a decisão que se pretende corrigida.

Nesse nosso exemplo, o juiz poderia proferir a seguinte decisão:

**Processo nº _____**

**Ação Indenizatória (ordinária)**

**Vistos**

Fls. 188/189: Com razão o embargante no que se refere à omissão quanto aos lucros cessantes que deveriam constar da decisão de fls. 182/186.

Assim, conheço dos embargos de declaração para corrigir a omissão quanto ao pedido de lucros cessantes, de tal sorte que a parte da motivação da sentença fica acrescida do seguinte parágrafo:

> *"Já com relação aos lucros cessantes, o documento apresentado não se presta a comprovar os efetivos ganhos declinados pelo autor e, tendo em vista o que dispõe o art. 373 do CPC, tenho que o autor não se desincumbiu do ônus que lhe competia, razão porque não conheço do pedido."*

No mais, mantenho a sentença tal qual lançada.

Publique-se e intime-se

Nome do juiz e assinatura

# Capítulo 10
## Agravo de Instrumento

## 10.1 NOÇÕES DOUTRINÁRIAS

O agravo de instrumento somente é cabível, como regra, em situações muito específicas, conforme consta expressamente do art. 1.015 do CPC, quais sejam: tutelas provisórias; mérito do processo; rejeição da alegação de convenção de arbitragem; incidente de desconsideração da personalidade jurídica; rejeição do pedido de gratuidade da justiça ou acolhimento do pedido de sua revogação; exibição ou posse de documento ou coisa; exclusão de litisconsorte; rejeição do pedido de limitação do litisconsórcio; admissão ou inadmissão de intervenção de terceiros; concessão, modificação ou revogação do efeito suspensivo aos embargos à execução; e, redistribuição do ônus da prova. Cabe também agravo de instrumento contra todas as decisões interlocutórias proferidas na fase de liquidação de sentença ou de cumprimento de sentença, bem como no processo de execução e no processo de inventário e, também, nos casos em que lei especial assim determinar.

Nas situações que não cabe agravo a matéria poderá ser arguida na apelação ou nas contrarrazões, conforme o casso, pois referidas matérias não recluem.

Além disso o STJ considerou que o rol do art. 1.015 do CPC é de "taxatividade mitigada", por isso admite a interposição de agravo de instrumento quando verificada a urgência decorrente da inutilidade do julgamento da questão no recurso de apelação (Tema Repetitivo 988).

O agravo de instrumento será dirigido diretamente ao tribunal competente por meio de petição que deverá conter, além dos nomes das partes, a exposição do fato e do direito no qual se baseia a irresignação do agravante, encerrando com o pedido de reforma ou de invalidação da decisão e o próprio pedido, além dos nomes e endereços dos advogados constantes do processo (ver CPC, art. 1.016).

O art. 1.017 estipula quais são as peças que deverão obrigatoriamente instruir a petição de agravo de instrumento. O recurso deverá ser instruído com cópias da petição inicial, da contestação, da petição que ensejou a decisão agravada, da própria decisão agravada, da certidão da respectiva intimação ou outro documento oficial que comprove a tempestividade e das procurações outorgadas aos advogados do agravante e do agravado. Além disso, deverá também juntar a comprovação do recolhimento das respectivas custas e do porte de retorno, quando devidos, conforme tabela publicada pelos tribunais.

Cumpre destacar que o inciso II do referido art. 1.017 traz uma importante inovação ao permitir que, na impossibilidade de instruir a petição do agravo de instrumento com os documentos necessários, possa o advogado da parte, sob as penas da lei, juntar a declaração de inexistência destes documentos.

É também permitido ao agravante a juntadas ao recurso das peças ditas facultativas que, a seu critério, possa ser útil à perfeita compreensão da questão posta em discussão.

Na eventualidade de o recorrente não juntar as cópias necessárias ou mesmo tendo o recurso algum outro vício que comprometa a admissibilidade do agravo de instrumento, o relator determinará que a parte promova a regularização, visando com isso o aproveitamento do ato processual, somente indeferindo o recurso se a parte não cumprir com essa determinação (ver CPC, art. 932, parágrafo único). Ademais, o agravante deverá atentar para o fato de que o agravo de instrumento é recebido tão somente no efeito devolutivo, isto é, não suspende o curso do processo. Assim, se a decisão agravada pode causar prejuízos irreparáveis, será importante requerer ao relator do recurso no Tribunal que lhe atribua o efeito suspensivo para sobrestar o andamento do feito até que o agravo seja julgado (CPC, art. 1.019, I).[1] A parte poderá também requerer que o relator atribua efeito ativo para, por exemplo, conceder a tutela de urgência eventualmente negada em primeiro grau.

Recebido o agravo no tribunal será ordenada a intimação do agravado, na pessoa de seu procurador constituído nos autos, para que responda aos termos do recurso, no prazo de 15 (quinze) dias úteis, sendo possível a juntada de documentos que possa comprovar suas alegações (ver CPC, art. 1.019, II).

---

1. CPC, Art. 1.019. Recebido o agravo de instrumento no tribunal e distribuído imediatamente, se não for o caso de aplicação do art. 932, incisos III e IV, o relator, no prazo de 5 (cinco) dias:

    I – poderá atribuir efeito suspensivo ao recurso ou deferir, em antecipação de tutela, total ou parcialmente, a pretensão recursal, comunicando ao juiz sua decisão;

    II – ordenará a intimação do agravado pessoalmente, por carta com aviso de recebimento, quando não tiver procurador constituído, ou pelo Diário da Justiça ou por carta com aviso de recebimento dirigida ao seu advogado, para que responda no prazo de 15 (quinze) dias, facultando-lhe juntar a documentação que entender necessária ao julgamento do recurso;

    III – determinará a intimação do Ministério Público, preferencialmente por meio eletrônico, quando for o caso de sua intervenção, para que se manifeste no prazo de 15 (quinze) dias.

CAPÍTULO 10 • AGRAVO DE INSTRUMENTO **125**

Para interpor o agravo de instrumento, o agravante deverá observar as seguintes recomendações:

a) o prazo é de 15 (quinze) dias úteis, contados da intimação do advogado ou da sociedade de advogados que representa a parte (ver CPC, art. 1.003);

b) é interposto através de petição dirigida diretamente ao tribunal competente;

c) a petição deverá conter a exposição do fato e do direito; as razões do pedido de reforma da decisão; e o nome e o endereço completo dos advogados das partes;

d) instruir a petição do agravo, obrigatoriamente, com cópias da petição inicial, da contestação, da petição que motivou a decisão agravada, da certidão da respectiva intimação e das procurações outorgadas aos advogados do agravante e do agravado;

e) poderá, ainda, facultativamente, juntar à petição de interposição outras peças do processo que possam ser importantes para o reconhecimento do direito do agravante;

f) finalmente, deverá juntar à petição o comprovante do recolhimento das custas, bem como o pagamento das despesas de porte e retorno (se houver).

## 10.2 PROBLEMAS PARA ELABORAÇÃO DO AGRAVO DE INSTRUMENTO

Vamos considerar que o nosso cliente Juka Sauro havia requerido os benefícios da gratuidade de justiça e o juiz tenha concedido tal pedido.

Na sua contestação a Gran Mikko alegou em preliminares que o autor não fazia jus ao benefício da gratuidade de justiça tendo em vista que estava assistido por advogado particular.

O juiz da causa, ao fazer o saneamento do processo, resolveu acolher o pedido da empresa ré e cassou o benefício anteriormente concedido, determinado ademais que o autor recolhesse as custas devidas no prazo de 10 dias sob pena de extinção do feito.

Tendo em vista que o simples fato de estar a parte assistida por advogado particular não ilide a presunção emanada da declaração de pobreza (ver CPC, art. 99, § 4º), que também não cede diante de meras alegações da parte contrária, desacompanhadas de qualquer elemento de prova, cabe interpor agravo de instrumento para recuperar o benefício que foi cassado.

## 10.2.1 Modelo de petição de interposição do agravo de instrumento[2]

EXCELENTÍSSIMO(A) SENHOR(A) DOUTOR(A) DESEMBARGADOR(A) PRESIDENTE DO EGRÉGIO TRIBUNAL DE JUSTIÇA DO ESTADO DE SÃO PAULO

*(espaço para despacho)*

JUKA SAURO (qualificação completa) nos autos da ação em que contende com GRAN MIKKO MOTORS S.A., pessoa jurídica de direito privado, regularmente inscrita no CNPJ sob nº (xxx), não se conformando, data vênia, com a decisão que acolheu o pedido de revogação da gratuidade de justiça, vem, por seu advogado que a esta subscreve, com fundamento no art. 1.015, V, do Novo Código de Processo Civil, interpor o presente recurso de AGRAVO DE INSTRUMENTO.

Assim, instruindo a presente com as razões em anexo, bem como com as peças obrigatórias e o recolhimento de custas, REQUER o recebimento e processamento do presente recurso que, após distribuição e intimação do Agravado para responder, seja julgado no prazo previsto no art. 1.020 do CPC.

Termos em que, Pede Deferimento.

Local e data

Nome e assinatura do advogado nº da OAB

## 10.2.2 Modelo de petição com as razões do agravo de instrumento[3]

AO EGRÉGIO TRIBUNAL DE JUSTIÇA DO ESTADO DE SÃO PAULO

**Objeto: Agravo de instrumento**

**Origem:**_____ª **Vara Cível da Comarca de**_____

**Processo nº**_____

**Agravante: Juka Sauro**

**Agravado: Gran Mikko Motors S.A.**

**Ilustres Julgadores!...**

### I – DA DECISÃO AGRAVADA

Trata-se de agravo na forma de instrumento que se interpõe em face da decisão interlocutória proferida nos autos em referência, na qual o ilustre juízo oficiante acolheu a impugnação apresentada pela agravada.

---

2. Como já informado, alguns autores entendem que se pode fazer em peça única.
3. Esta peça é também chamada de "minuta do agravo".

Vale rememorar que o agravante requereu na sua petição inicial lhe fosse concedido a gratuidade de justiça e que o juiz da causa acolheu tal pedido deferindo-lhe os benefícios.

Ocorre que na contestação a agravada, em preliminares, alegou que o agravante não faria jus a tal benefício requerendo a sua revogação.

No despacho saneador o ilustre juízo acolheu o pedido da agravada e cassou a decisão anteriormente proferida, nos seguintes termos:

> "*A contratação de advogado para causa concorre para invertida presunção de hipossuficiência, fazendo crer, a menos que ao contrário se prove, que o litigante patrocinado por advogado contratado tem condições de suportar as custas do processo*".

## II – DA NECESSIDADE DE REFORMA DA DECISÃO

Verifica-se pelos documentos que foram juntados com a inicial que o ora agravante é pessoa pobre na acepção jurídica do termo.

A lei não exige o estado de miserabilidade da pessoa, bastando a afirmação de hipossuficiência para que o benefício seja concedido (CPC, art. 99, § 3º).

A agravante não trouxe aos autos nenhuma prova de que o agravante seja pessoa de grandes posses. Ao contrário disso limitou-se a arguir que o agravante estaria assistido por advogado particular, logo, não poderia ser merecedor de tal benefício porque se assim fosse, estaria assistido por defensor público.

Advirta-se que esse argumento de que a parte estaria assistida por advogado particular é algo superado no passado. O Novo CPC é claro ao preceituar que o fato de a parte estar assistida por advogado particular não pode ser motivo suficiente para a negativa de tal benefício (veja-se art. 99, § 4º).

Não bastasse a expressa previsão legal, cumpre esclarecer que o agravante contratou advogado particular para patrocinar sua causa, porém essa contratação é *ad exitus*, conforme é a praxe de mercado quando se busca na justiça algum tipo de indenização.

## III – CONCLUSÃO

Em face do exposto, REQUER a agravante que o presente agravo seja conhecido e provido para o fim de reformar a decisão ora agravada, concedendo assim o benefício gratuidade de justiça ao agravante.

Por oportuno informa que os advogados constituídos nos autos são (informar o nome dos advogados, número de inscrição na OAB e endereço completo).

Esclarece ainda que o presente recurso está devidamente instruído com as cópias das seguintes peças em anexo: petição inicial, contestação, decisão agravada; certidão de intimação e procuração dos advogados de ambas as partes.

Nestes termos, Pede deferimento.

Local e data

Nome e assinatura do advogado nº da OAB

## 10.3 COMUNICAÇÃO AO JUIZ DA CAUSA

Depois de interposto o agravo de instrumento o agravante poderá, no prazo de 3 (três) dias peticionar ao juiz da causa informando a interposição do recurso, juntando cópia da petição de interposição, comprovante de protocolização do mesmo e a relação dos documentos que instruíram o recurso, com a finalidade de permitir o juízo de retratação pelo magistrado que proferiu a decisão impugnada (CPC, art. 1.018).[4]

Sendo os autos físicos deixa de ser uma faculdade e passa a ser obrigação, sob pena de o agravado alegar essa falha em suas contrarrazões e o recurso não ser conhecido pelo tribunal (ver CPC, art. 1.018, §§ 2º e 3º).

Tal medida tem por finalidade oportunizar ao magistrado de primeiro grau exercer o juízo de retratação.

De outro lado, não sendo autos eletrônicos (físico), essa providência pode facilitar a defesa da parte agravada que poderá ter ciência do teor do agravo perante o cartório onde se processa a causa, sem a necessidade de se dirigir ao Tribunal.

### 10.3.1 Modelo de petição informando ao juiz da causa

AO JUÍZO DA_____VARA CÍVEL DA COMARCA DE_____ESTADO DE _____

*(espaço para despacho)*

**Processo nº** _____

JUKA SAURO, já devidamente qualificada nos autos em referência, no qual contende com a empresa GRAN MIKKO MOTORS S.A., também já devidamente qualificada, não tendo se conformado, data vênia, com a decisão proferida no despacho saneador que cassou os benefícios de gratuidade de justiça, vem, por seu advogado que a esta subscreve, informar que interpôs AGRAVO DE INSTRUMENTO contra referida decisão, instruindo a minuta com cópia dos seguintes documentos:

---

4. CPC, Art. 1.018. O agravante poderá requerer a juntada, aos autos do processo, de cópia da petição do agravo de instrumento, do comprovante de sua interposição e da relação dos documentos que instruíram o recurso.

§ 1º Se o juiz comunicar que reformou inteiramente a decisão, o relator considerará prejudicado o agravo de instrumento.

§ 2º Não sendo eletrônicos os autos, o agravante tomará a providência prevista no caput, no prazo de 3 (três) dias a contar da interposição do agravo de instrumento.

§ 3º O descumprimento da exigência de que trata o § 2º, desde que arguido e provado pelo agravado, importa inadmissibilidade do agravo de instrumento.

a) Decisão agravada.

b) Certidão de intimação da decisão.

c) Procuração dos advogados das partes.

d) Petição inicial; e

e) Contestação.

Assim, juntando à presente cópia das razões do agravo, bem como a comprovação de protocolização da mesma junto ao Tribunal de Justiça, requer a Vossa Excelência se digne reconsiderar o R. despacho agravado.

Termos em que, Pede Deferimento.

Local e data

Nome e assinatura do advogado n° da OAB

## 10.4 CONTRARRAZÕES DO AGRAVADO

Em respeito ao princípio do contraditório, o agravado será intimado para responder aos termos do agravo.

A resposta do agravado, também chamada de contrarrazões, deverá ser protocolada no prazo de 15 (quinze) dias úteis, diretamente no tribunal no qual foi interposto o recurso.

Como advogado da Gran Mikko, alegar que o agravante goza de uma situação econômica privilegiada e que agiu certo o Juiz de 1° grau ao cessar os benefícios da gratuidade de justiça.

A petição de interposição é exatamente igual ao modelo já apresentado no item 10.2.1, fazendo-se as devidas adaptações, por isso não há necessidade de repetir a peça.

### 10.4.1 Modelo de petição com as contrarrazões do agravado

AO EGRÉGIO TRIBUNAL DE JUSTIÇA DO ESTADO DE SÃO PAULO

**Objeto: Agravo de instrumento**

**Origem:_____ª Vara Cível da Comarca de _____**

**Processo n°_____**

**Agravante: Juka Sauro**

**Agravado: Gran Mikko Motors S.A.**

**Ilustres Julgadores!...**

# I – PRELIMINARMENTE – RECURSO INTEMPESTIVO

Veja-se pelos próprios documentos que o agravante acostou ao seu recurso que o agravo é intempestivo e, portanto, não deve nem ser conhecido, o que se requer desde logo.

Se verificar à fls._____, a intimação das partes, quanto à decisão que cassou a gratuidade de justiça concedida no despacho inicial, foi publicada no dia __/__/__, contando-se o prazo de 15 (quinze) dias a partir de __/__/__, encerrando-se o prazo no dia __/__/__

Ocorre que o agravante interpôs seu recurso na data de __/__/__, portanto um dia após o escoamento do prazo legal, razão porque seu recurso é extemporâneo e não deve, por conseguinte, ser conhecido.

## II – NO MÉRITO

Ainda que a preliminar não seja aceita, o que se admite tão somente por amor ao debate, no mérito o recurso também não merece ser provido, tendo em vista que a decisão do juiz a quo foi escorreita não estando a merecer nenhum reparo.

Veja-se que em sua qualificação o agravante se apresenta como motorista de taxi, o que faz presumir que seja uma pessoa com rendimento suficiente para fazer frente às despesas do processo.

Não bastasse isso, a lide versa sobre um veículo automotor que foi adquirido pelo valor de R$ 100.000,00 e, pela nota fiscal juntada na inicial, foi adquirido à vista o que, convenhamos, é indicativo de que o agravante é pessoa cuja renda seria suficiente para arcar com as custas do processo.

É importante rememorar que o CPC, embora diga claramente que a simples declaração feita pela pessoa natural, faz presumir sua necessidade da gratuidade de justiça (art. 99, § 3º) outorgou ao magistrado o poder de indeferir ou mesmo cassar a gratuidade se nos autos houver elementos que evidenciem a falta dos pressupostos, como é o presente caso (art. 99, § 2º).

## III – CONCLUSÃO

Assim, por qualquer que seja o ângulo que se analise a questão, fica claro que o agravante não faz jus aos benefícios da gratuidade judiciária, razão porque de ser mantida a decisão do juízo *a quo*.

Pelo que foi exposto acima, REQUER seja recebida as contrarrazões ao agravo de instrumento para em preliminar, acatar a intempestividade do recurso, consequentemente, negando-se seguimento ao recurso interposto.

Na improvável hipótese de não acolhimento da preliminar, requer-se que, se conhecido o recurso, lhe seja negado provimento pelas razões acima expostas.

Nestes termos, Pede deferimento.

Local e data

Nome e assinatura do advogado nº da OAB

# Capítulo 11
## Apelação e o Recurso Adesivo

### 11.1 APELAÇÃO

É o recurso adequado para impugnar a sentença proferida por juiz de primeiro grau, seja ela definitiva (que resolve o mérito, pois acolhe ou rejeita o pedido do autor, como disposto no art. 487 do CPC) ou terminativa (que extingue o processo sem resolução de mérito nas hipóteses elencadas no art. 485 do CPC).

A apelação, dentre todos os recursos elencados taxativamente no art. 994, é o de maior amplitude, porque sua fundamentação é livre, e sua aplicação é ampla. Ele representa um meio de veicular a inconformidade da parte sucumbente, dando plena aplicação ao princípio do duplo grau de jurisdição.

Tanto os *erros in procedendo* (erros de natureza processual ou procedimental); como os *erros in judicando* (aqueles que decorrem da interpretação equivocada das normas de direito material, e da aplicação dos princípios de direito, como também relativos à interpretação das provas). Enfim, a apelação representa um novo julgamento da causa.

Ademais, não podemos olvidar que o Novo CPC ampliou ainda mais os temas que podem ser abordados na apelação, incluindo as questões resolvidas na fase de conhecimento que não comportam impugnação por agravo de instrumento. De acordo com o § 1º do art. 1.009: "As questões resolvidas na fase de conhecimento, se a decisão a seu respeito não comportar agravo de instrumento, não são cobertas pela preclusão e devem ser suscitadas em preliminar de apelação, eventualmente interposta contra a decisão final, ou nas contrarrazões".

Ademais, o recorrente deve atentar para a possibilidade de o recorrido alegar essas matérias (que não comportam agravo de instrumento) em preliminares de suas contrarrazões, fato que irá ampliar a matéria objeto da apelação, nos termos do § 2º do art. 1.009 do CPC. Trata-se de observação importante, pois conflita com o que até então considerávamos como princípios norteadores dos recursos: a proibição da *reformátio in pejus* e o princípio da dialeticidade que exigia respeito ao princípio dispositivo e, portanto, enunciava que a petição de interposição do recurso era suficiente para estabelecer os limites do princípio devolutivo.

## 11.2 EFEITOS

O primeiro efeito automático de todos os recursos é o de obstar o trânsito em julgado da decisão impugnada. Além deste, a apelação possui efeito devolutivo (Novo CPC, art. 1.013, *caput*);[1] e, como regra, terá também efeito suspensivo (Novo CPC, art. 1.012, *caput*)[2] e outros efeitos, os quais merecem menção mais elaborada nos tópicos a seguir.

Vejamos os efeitos da apelação.

### 11.2.1 O efeito devolutivo da apelação

Os órgãos de segundo grau de jurisdição também obedecem ao princípio da inércia da jurisdição e ao princípio dispositivo, segundo o qual aquele que tem a iniciativa da ação ou do recurso é quem tem poder para estabelecer os limites da atuação jurisdicional, de modo que a decisão julgadora deve ficar adstrita (limitada) ao pedido do autor, ou do recorrente.

Em outras palavras o apelante quando elabora a apelação faz um pedido recursal ao qual o magistrado deve ficar atrelado. Esse pedido pode consistir em uma reforma total ou apenas parcial da sentença recorrida. Sendo assim, em regra, no que se refere à parte da sentença que não foi objeto da apelação, não pode haver reforma. Da mesma forma que o CPC, em regra, nega a possibilidade de pedido genérico (art. 324), também o pedido recursal deve ser delimitado e especificado (art. 1.010, III e IV). É o pedido recursal que possibilita o reexame da matéria, é ele quem "devolve" ao Tribunal a possibilidade de revê-la dentro dos limites do pedido.

Em suma: o efeito devolutivo transfere ao órgão *ad quem* o conhecimento da matéria impugnada, de modo que o novo julgamento ficará adstrito ao pedido recursal: *tantum devolutum quantum appelatum.* É o que dispõe o art. 1.013, *caput*, do CPC.

Esse princípio garante a *proibição da reformatio in pejus,* pois é vedado ao tribunal *ad quem* decidir de modo a piorar a situação do recorrente, por extrapolar o limite da devolutividade do recurso interposto.

Não obstante, o CPC, nos parágrafos 1º e 2º do art. 1.009, trouxe inovação que estranhamente admite ao recorrido ampliar a matéria a ser julgada na apelação por ocasião de suas contrarrazões. Devido à importância do tema transcrevemos referidos parágrafos a seguir:

---

1. CPC, Art. 1.013. A apelação devolverá ao tribunal o conhecimento da matéria impugnada.
2. CPC, Art. 1.012. A apelação terá efeito suspensivo.

CAPÍTULO 11 • APELAÇÃO E O RECURSO ADESIVO

Art. 1.009. omissis

§ 1º As questões resolvidas na fase de conhecimento, se a decisão a seu respeito **não** comportar agravo de instrumento, não são cobertas pela preclusão e devem ser suscitadas em preliminar de apelação, eventualmente interposta contra a decisão final, **ou nas contrarrazões**" (o destaque é nosso).

§2º Se as questões referidas no § 1º forem **suscitadas em contrarrazões**, o recorrente será intimado para, em 15 (quinze) dias, manifestar-se a respeito delas (mais uma vez, o destaque é nosso).

## 11.2.2 O efeito suspensivo da apelação

O efeito suspensivo da apelação impede a eficácia da sentença, de modo que durante o trâmite da apelação não poderá haver o cumprimento da sentença.

De acordo com o *caput* do art. 1.012, a regra que o Código estabelece confere efeito suspensivo à apelação, de modo que esse recurso tem força para impedir que a sentença produza no mundo dos fatos efeitos imediatos antes do julgamento do recurso.

Já o parágrafo 1º do artigo excepciona a regra do *caput* e não confere o efeito suspensivo às apelações cuja matéria diga respeito às hipóteses expressamente previstas nos incisos I a VI do parágrafo. Nessas hipóteses o apelado (vencedor em primeira instância) poderá promover o cumprimento provisório da sentença, mesmo durante o tempo de tramitação da apelação.

Os parágrafos 3º e 4º do art. 1.012 possibilita ao apelante conseguir efeito suspensivo ao seu recurso desde que expressamente o requeira e que demonstre a "probabilidade de provimento do recurso ou se, sendo relevante a fundamentação, houver risco de dano grave ou de difícil reparação". Trata-se de modalidade de tutela antecipada recursal, visto o cunho satisfativo que a concessão do efeito suspensivo tem em relação ao pedido recursal. Em outras palavras, antecipar a tutela recursal significa obter antes do julgamento do recurso os efeitos que decorrerão do provimento desde.

## 11.2.3 Efeito translativo da apelação

A apelação também tem o efeito translativo ao permitir que o tribunal possa tomar conhecimento de todas as questões suscitadas e discutidas no processo, ainda que não tenham sido solucionadas, desde que relativas ao capítulo impugnado (ver CPC, art. 1.013, § 1º).

Ademais, o tribunal pode conhecer todas as matérias de ordem pública, mesmo que não tenham sido suscitadas no recurso.

## 11.2.4 Efeito substitutivo da apelação

O efeito substitutivo, disposto no art. 1.008,[3] é comum a todos os recursos, incluindo a apelação. Ele é importante para deixar claro que ao final do processo existirá apenas uma decisão definitiva, sem conflitos internos. Assim o que o tribunal decidiu substitui o que havia sido determinado pela sentença, mas na parte sobre a qual não houve recurso, a sentença subsiste.

## 11.3 PRESSUPOSTOS RECURSAIS

Ao decidirmos apelar e antes mesmo de elaborar a petição para ajuizamento do recurso é preciso examinar com cuidado a presença dos pressupostos recursais, sem os quais nosso recurso não será nem mesmo conhecido, pois todos os recursos, incluindo a apelação estão sujeitos a um prévio juízo de admissibilidade realizado antes da apreciação do mérito recursal.

O juízo de admissibilidade positivo costuma ser implícito. Portanto, se estivermos diante de uma solução de procedência ou de improcedência do pedido recursal poderemos com certeza dizer que o recurso obteve juízo de admissibilidade positivo. Já no caso de admissibilidade negativa, a decisão deverá ser expressa e fundamentada.

De acordo com o Novo CPC, o juízo de admissibilidade é realizado apenas em segundo grau (ver parte final do § 3º do art. 1.010), pelo relator do recurso (ver art. 932, parágrafo único).

Várias são as classificações dos pressupostos de admissibilidade encontradas na doutrina. Decidimos por encampar a classificação do mestre Barbosa Moreira:[4]

São pressupostos intrínsecos aqueles concernentes à própria existência do poder de recorrer. São eles: cabimento, legitimação, interesse recursal, inexistência de fato impeditivo ou extintivo do poder de recorrer.

Já os pressupostos extrínsecos referem-se ao modo de exercer o poder de recorrer. São eles: tempestividade, regularidade formal e preparo.

Como a presente obra tem uma abordagem essencialmente prática, não nos deteremos na explicação de cada um dos pressupostos. Não obstante, faremos algumas observações importantes por ocasião da elaboração da petição de interposição da apelação.

---

3. CPC, Art. 1.008. O julgamento proferido pelo tribunal substituirá a decisão impugnada no que tiver sido objeto de recurso.
4. BARBOSA MOREIRA. José Carlos. *Comentários ao Código de Processo Civil*, v. 5, 11. e. Rio de Janeiro: Forense, 2004, p. 262.

## 11.4 ELABORAÇÃO DA PETIÇÃO DE INTERPOSIÇÃO DA APELAÇÃO

**Quanto à forma de interposição,** tanto a apelação quanto as contrarrazões são interpostas perante o próprio juiz que julgou à causa (juízo *a quo*) em duas petições distintas: uma de interposição (dirigida ao juiz), à qual deverá ser anexada a outra petição com as razões da apelação (dirigida ao Tribunal).

**Quanto aos requisitos da petição de interposição da apelação,** eles vêm elencados no art. 1.010, caput e incisos I a IV do CPC.[5] Vejamos:

a) De acordo com o *caput* do art. 1010 do CPC, a primeira peça da petição deve ser dirigida ao juiz que julgou a causa. Portanto o endereçamento que normalmente fazemos no cabeçalho da peça deve ser para o juiz *a quo*, conforme modelo sugerido mais adiante.

b) Na segunda petição, da qual constam as razões do recurso deverá conter: nomes e qualificação das partes;[6] os fundamentos de fato e de direito; as razões do pedido de reforma, total ou parcial, ou de anulação da decisão, e o pedido expresso de nova decisão, tudo conforme o modelo redigido mais abaixo.

**Quanto ao desenvolvimento do texto da segunda petição,** há informações que merecem ser ressaltadas no texto a fim de tornar convincente, bem elaborado, e melhor estruturado[7].

a) A informação de que está interpondo a peça no prazo legal, isto é, tempestivamente.

b) Requerer que o recurso seja recebido no duplo efeito: devolutivo e suspensivo (ver art. 1.012 e 1.013).

---

5. CPC, Art. 1.010. A apelação, interposta por petição dirigida ao juízo de primeiro grau, conterá:
   I – os nomes e a qualificação das partes;
   II – a exposição do fato e do direito;
   III – as razões do pedido de reforma ou de decretação de nulidade;
   IV – o pedido de nova decisão.
   § 1º O apelado será intimado para apresentar contrarrazões no prazo de 15 (quinze) dias.
   § 2º Se o apelado interpuser apelação adesiva, o juiz intimará o apelante para apresentar contrarrazões.
   § 3º Após as formalidades previstas nos §§ 1º e 2º, os autos serão remetidos ao tribunal pelo juiz, independentemente de juízo de admissibilidade.
6. Na prática forense, como as partes já estão qualificadas no processo, dispensa-se a qualificação, exceto quando tratar-se de recurso do terceiro prejudicado.
7. No caso de candidato em provas, especialmente da OAB, fazer menção a estes aspectos significa a demonstração de conhecimento sobre a matéria, o que pode ser muito útil e resultar numa boa avaliação.

MANUAL DE PRÁTICA JURÍDICA CIVIL • NEHEMIAS DOMINGOS DE MELO

c) Convém realçar a ausência de pelo menos uma dentre as causas que podem ocasionar a pronta negação de provimento ao recurso pelo próprio relator, antes mesmo das contrarrazões, conforme prevê o inciso IV, letras "a", "b" e "c" do art. 932 do CPC.

Esses dispositivos versam sobre hipóteses nas quais a lei impede o prosseguimento dos recursos. Essas barreiras ao recurso acontecem sempre que a sentença recorrida estiver em conformidade com: a) súmula dos tribunais superiores (súmulas impeditivas de recurso); b) acórdão proferido pelo STF ou pelo STJ em julgamento de recursos repetitivos; c) entendimento firmado em incidente de resolução de demandas repetitivas ou de assunção de competência, tudo nos termos do art. 932 IV, letra "a" do CPC.

d) Alternativamente a letra "c" acima, se o caso concreto se enquadrar nas hipóteses previstas no inciso V, do art. 932, "a", "b" e "c", é muito importante ressaltar esse aspecto, e pedir expressamente que o relator que dê provimento ao recurso logo após a apresentação das contrarrazões sem necessidade de remessa a julgamento colegiado.

Esses dispositivos referem-se às seguintes hipóteses autorizadoras de julgamento do recurso pelo seu relator, sempre que a decisão recorrida for contrária: a) sumula do STF ou do STJ ou do próprio tribunal; b) acórdão proferido pelo STF ou pelo STJ em julgamento de recursos repetitivos; c) entendimento firmado em incidente de resolução de demandas repetitivas ou de assunção de competência.

e) Requerer a remessa dos autos ao tribunal, logo após o regular processamento indicado nos parágrafos 1º e 2º do art. 1.010 do CPC, independentemente de juízo de admissibilidade,

Deverá mencionar por fim, de maneira expressa, que está juntando respectivas guias de recolhimentos das custas e do porte/retorno dos autos (quando necessário – ver art. 1.007, especialmente o § 4º). Trata-se do pressuposto recursal chamado de preparo. Se for o caso de justiça gratuita, estará isento do recolhimento, mas deverá mencionar tal circunstância.

## 11.5 PRAZO PARA INTERPOSIÇÃO

O prazo para a interposição do recurso de apelação é de 15 (quinze) dias úteis, contados da leitura da sentença em audiência, ou da intimação dos advogados das partes, ou da sociedade de advogados, quando a sentença não for proferida em audiência (CPC, art. 1.003).[8]

---

8. CPC, Art. 1.003. O prazo para interposição de recurso conta-se da data em que os advogados, a sociedade de advogados, a Advocacia Pública, a Defensoria Pública ou o Ministério Público são intimados da decisão.

CAPÍTULO 11 • APELAÇÃO E O RECURSO ADESIVO **137**

Igual prazo tem o apelado para apresentar sua resposta (contrarrazões) e eventualmente, seu recurso adesivo.

## 11.6 JUÍZO DE ADMISSIBILIDADE

Outro detalhe que é importante ressaltar é que pela sistemática adotada pelo CPC 2015, não há mais juízo de admissibilidade na primeira instância. Quem fará o juízo de admissibilidade será o relator ao qual o processo será distribuído no tribunal (ver CPC, art. 1.010, § 3º).

Quer dizer, efeitos do recebimento serão declarados pelo Tribunal, de sorte a afirmar que se a parte requerer a atribuição de efeito suspensivo para aqueles que não o tenham ou o suspensivo ativo, quando o caso assim exigir, deverá fazê-lo em preliminar da sua própria peça de apelação (ou nas contrarrazões) para que o relator analise a questão.

## 11.7 MATÉRIAS QUE NÃO SOFREM O EFEITO DA PRECLUSÃO

Se alguma decisão do juiz de primeiro grau causou prejuízo à parte; e, se dessa decisão não cabia agravo de instrumento (ver o rol taxativo do art. 1.015 do CPC); a parte pode suscitá-la em preliminares de sua apelação (ou mesmo nas contrarrazões), para que o tribunal possa reapreciar a matéria.

Se isso for suscitado pelo apelado em suas contrarrazões, o apelante será intimado para apresentar sua réplica às contrarrazões (ver CPC, art. 1.009, §§ 1º e 2º).

## 11.8 PROBLEMA PARA ELABORAÇÃO DA APELAÇÃO

Vamos tomar como base o problema apresentado no capítulo 1, envolvendo Juka Sauro e a empresa Gran Mikko Motors S.A. que instruiu a elaboração do modelo de petição inicial (ver item 1.14). Vamos imaginar que o julgamento

---

§ 1º Os sujeitos previstos no caput considerar-se-ão intimados em audiência quando nesta for proferida a decisão (ver os demais §§).

§ 3º No prazo para interposição de recurso, a petição será protocolada em cartório ou conforme as normas de organização judiciária, ressalvado o disposto em regra especial.

§ 4º Para aferição da tempestividade do recurso remetido pelo correio, será considerada como data de interposição a data de postagem.

§ 5º Excetuados os embargos de declaração, o prazo para interpor os recursos e para responder-lhes é de 15 (quinze) dias.

§ 6º O recorrente comprovará a ocorrência de feriado local no ato de interposição do recurso.

# MANUAL DE PRÁTICA JURÍDICA CIVIL • Nehemias Domingos de Melo

de primeiro grau foi favorável ao Juka e a empresa ré não se conformou com o resultado.

Assim, vamos elaborar tanto a petição de interposição quanto as razões do recurso em favor da empresa ré para com isso, submeter a matéria impugnada a nova apreciação, dessa vez pelo Tribunal de Justiça estadual.

## 11.8.1 Modelo de petição de interposição

AO JUÍZO DA____VARA CÍVEL DA COMARCA DE____ESTADO DE____.

*(espaço para despacho)*

**Proc. nº____.**

GRAN MIKKO MOTORS S.A., já devidamente qualificada nos autos da ação ordinária que lhe é movida por JUKA SAURO, também já qualificado nos autos em epígrafe, vem à presença de Vossa Excelência, não se conformando, *data venia*, com a R. sentença de fls., tempestivamente apresentar recurso de APELAÇÃO contra a mesma, o que faz com fundamento nos arts. 1009 e seguintes do Código de Processo Civil.

Assim, requer a Vossa Excelência se digne receber o presente recurso em seu duplo efeito e, após o cumprimento das formalidades processuais, seja encaminhada, independentemente de juízo de admissibilidade, ao Egrégio Tribunal de Justiça do Estado, com as razões em anexo.

Informa por fim, que não há impedimento quanto ao recebimento da presente apelação, tendo em vista a inexistência de súmula regulando a matéria, bem como comprova o devido preparo, através das guias de recolhimento em anexo.

Nestes Termos,

P. Deferimento.

Local e data

Nome e assinatura do Advogado nº da OAB

## 11.8.2 Modelo de petição com as razões da apelação

### RAZÕES DE APELAÇÃO

Processo n°_____

Origem: _____ Vara da Comarca de_____

Apelante: Gran Mikko Motors S.A.

Apelado: Juka Sauro

EGRÉGIO TRIBUNAL,

1. Houve por bem o MM. Juiz "a quo" julgar parcialmente procedente a presente ação, condenando a Apelante ao pagamento de R$ 20.000,00 (20% de R$ 100.000,00), com juros e correção monetária desde 13 de junho de 2020 (data do efetivo desembolso).

2. Condenou ainda a Apelante ao pagamento das custas processuais e honorários advocatícios fixados em 15% sobre o valor corrigido da condenação.

3. Com a devida "venia", em que pese o brilhantismo com que Sua Excelência fundamentou a r. sentença apelada, o mesmo deixou de aplicar o melhor direito, ignorando os fatos descritos nos autos; merecendo, assim, ser reformada, senão vejamos.

4. Primeiramente, vale observar que Sua Excelência muito bem reconheceu ser despropositado o receio do Apelado no que tange ao não ressarcimento pela companhia seguradora aos eventuais ilícitos ocorridos com o veículo.

5. De fato, estando a companhia seguradora ciente da remarcação de fábrica do chassi, parece óbvio que não poderá recusar a indenizar eventuais sinistros utilizando tal argumento para negá-lo, além do que, conforme se depreende da r. sentença ora apelada "diante de tal negativa restará evidente a ilicitude da seguradora".

6. Não obstante tal reconhecimento, equivocou-se Sua Excelência ao declarar evidente a culpa da Apelante e o dano do Apelado.

7. Ora, conforme explicitado nos autos, não há como negar ter referido chassi recebido dupla numeração na fábrica.

8. Pois bem, a fim de retificar o engano, foi sobreposta a letra "x" sobre o número da gravação feita erroneamente, para, assim, logo abaixo de tal rasura, ser executada a segunda gravação, já com a numeração correta.

9. Vale observar que diversas montadoras automobilísticas costumam reaproveitar os chassis gravados incorretamente. A lei assim autoriza. Em suma, não há que se falar em culpa, haja vista que a legislação ora vigente não restringe a remarcação do chassi da forma como ocorrida, confira-se:

*"Lei n° 9.053 de setembro de 1997:*

*Art. 114. O veículo será identificado obrigatoriamente por caracteres gravados no chassi ou no monobloco, reproduzidos em outras partes, conforme dispuser o DETRAN.*

*§ 1º A gravação será realizada pelo fabricante ou montador, de modo a identificar o veículo, seu fabricante e as suas características, além do ano de fabricação, que não poderá ser alterado.*

*§ 2º As regravações, quando necessárias, dependerão de prévia autorização da autoridade executiva de trânsito e somente serão processadas por estabelecimento por ela credenciado, mediante a comprovação de propriedade do veículo, mantida a mesma identificação anterior, inclusive o ano de fabricação."*

10. Como se vê, muito embora o chassi do veículo tenha sido regravado, tal alteração se deu pelo próprio fabricante, culminando por atestar a legitimidade do veículo perante o Departamento de Trânsito do Estado de São Paulo.

11. E mais, não há que se falar em negligência por parte da Apelante, eis que, conforme já mencionado, todas as montadoras reutilizam os chassis, e, para tanto, são obrigadas a renumerá-los, o que, de fato, não inutiliza ou mesmo estigmatiza o veículo que dele se origina.

12. Inaplicável, ainda, ao caso em tela, o art. 18 do C.D.C., eis que, além de o problema ter sido sanado, obviamente não se pode falar em vício do produto, haja vista que a remarcação do chassi se deu pelo próprio fabricante, que em ato contínuo e através de documento oficial, atestou a legitimidade do veículo, o que efetivamente não caracteriza qualquer vício.

13. Esse é o entendimento da jurisprudência emanada de nossos Tribunais, confira-se e, por ilustrativo, colacionamos:

"Compra e venda – Vício oculto não caracterizado – Alienação de veículo constando da documentação oficial que o chassi era remarcado – recurso provido para julgar improcedente a ação redibitória. Circunstância expressa no documento exibido ao comprador não pode ser ignorada por este, não caracterizado vício oculto" (TJPR – 4ª CC, Ac. 11650 – Rel. Des. Troiano Neto – DOE 30.9.1996).

14. Como se vê, não se trata a remarcação do chassi de defeito de fabricação, sendo certo que em tendo o fabricante reconhecido a veracidade do veículo, parece óbvio que o mesmo não restará desvalorizado. Ademais, vale salientar que o problema foi devidamente sanado. Não há que se falar, portanto, em indenização.

15. Observe-se, ainda, que restou incomprovado o fato de ter sido reduzido o valor de mercado de referido veículo em razão da remarcação do chassi. Ora, para obter o reconhecimento de tal alegação, deveria o Apelado tê-la provado, o que, de fato, não o fez.

16. Observe-se ainda que o próprio MM. Juiz "a quo", reconheceu a coerência da tese defendida pela Apelante ao dispor na r. sentença apelada que o *"Departamento de Trânsito compreendeu a situação e deu legitimidade ao bem..."* (grifamos).

17. Como se vê, incoerente o decidido por Sua Excelência que ao reconhecer ter o Detran dado legitimidade ao veículo, condenou a Apelante ao pagamento de inde-

nização em razão da diminuição do valor do bem, fato esse que não restou provado nos autos.

18. Finalmente, caso seja mantida tal condenação, o que se admite somente para argumentar, vale dizer que não se trata de um veículo "zero-quilômetro", sendo evidente que a porcentagem a qual a Apelante foi condenada a título de depreciação não pode ter como parâmetro o preço pago por ocasião da aquisição do veículo, mas tão-somente o seu valor de mercado na data de referido pagamento.

19. Por todo o exposto, Apelante requer ao Egrégio Tribunal que acolha o presente recurso e reforme a r. sentença de fls.__/__ (indicar quais folhas dos autos), a fim de que seja julgada totalmente IMPROCEDENTE a ação, invertendo-se os ônus da sucumbência.

20. Outrossim, caso assim não entenda esse E. Tribunal, Apelante requer seja acolhido parcialmente o presente recurso para reformar a r. sentença apelada, reconhecendo que a porcentagem a qual a Apelante foi condenada incida sobre o valor de mercado do veículo e não sobre o preço pago por ocasião de sua aquisição.

É o que se requer, como medida de JUSTIÇA!

Local e data

Nome e assinatura do

Advogado nº da OAB/sigla do

Estado

## 11.9 RESPOSTA DO APELADO (PETIÇÃO DE INTERPOSIÇÃO E DE CONTRARRAZÕES)

Tendo em vista a interposição de apelação pela empresa ré, o juiz recebendo a petição mandará dar ciência ao recorrido para que o mesmo possa apresentar sua resposta que, neste caso, chama-se contrarrazões.

Nesta peça a parte não pode fazer pedido a seu favor, pois a finalidade das contrarrazões restringe-se, apenas e tão-somente, à refutação das alegações constantes no apelo interposto pela parte adversa. Se pretender fazer pedido a seu favor, deverá verificar se houve sucumbência recíproca, pois nesse caso poderia caber recurso adesivo.

Já mencionamos que este procedimento se desenvolve inicialmente perante o juiz que julgou a causa, razão porque há a necessidade de uma petição de interposição dirigida a ele, e outra com as contrarrazões propriamente ditas, dirigidas ao Tribunal que irá julgar o recurso.

Nos termos do previsto no art. 1.009, § 1º, as questões prejudiciais que tenha ocorrido no curso do processo, das quais não cabia interpor agravo de instrumento, deverão ser suscitadas como preliminares das contrarrazões. É como se fosse uma espécie de apelação adesiva, só que interposta pelo apelado perante o tribunal, independente de sucumbência recíproca.

**Entenda bem**: junto com as contrarrazões da apelação, o apelado poderá alegar irregularidade ou mesmo ilegalidade de qualquer decisão interlocutória que tenha sido proferido em seu desfavor no curso do processo, se dela não cabia o recurso de agravo de instrumento.

**Exemplo**: vamos imaginar que o apelado tenha requerido a realização de prova testemunhal no momento processual próprio e o juiz tenha indeferido. Nesse caso não cabe agravar, pois esta situação não está prevista no rol do art. 1.015 do CPC. Agora nas contrarrazões o apelado poderá suscitar esta questão em suas preliminares alegando que houve cerceamento de defesa.

### 11.9.1 Modelo de petição de interposição

AO JUÍZO DA_____VARA CÍVEL DA COMARCA DE_____ESTADO DE_____

*(espaço para despacho)*

**Proc. nº**_____

JUKA SAURO, já devidamente qualificada nos autos da ação ordinária na qual contende com GRAN MIKKO MOTORS S.A., também já qualificado nos autos em referência, por seu advogado que a esta subscreve, tendo em vista a apresentação de Recurso de Apelação pela empresa Ré, vem, com o devido acatamento e respeito, apresentar as inclusas Contrarrazões, nos termos do art. 1010 do Código de Processo Civil Brasileiro, requerendo seu processamento e encaminhamento ao Tribunal competente.

Termos em que, Pede, Deferimento.

Local e data

Nome e assinatura do Advogado

nº da OAB

## 11.9.2 Modelo de petição com as contrarrazões

### CONTRARRAZÕES DA APELAÇÃO

Processo nº _____

Origem_____ª Vara Cível da Comarca de_____

Apelante: Gran Mikko Motors S.A.

Apelado: Juka Sauro

Colenda Câmara,

Eméritos Julgadores!...

### I – BREVE HISTÓRICO

1. Trata-se de ação de Substituição de Bem Durável por vício/defeito de produtos c/c com lucros cessantes e danos morais, com base no Código de Defesa do Consumidor (Lei nº 8.078/90), na qual o Apelado busca a troca do veículo ou o abatimento proporcional no preço em razão de remarcação do chassi do veículo adquirido junto à empresa ora Apelante, fato este que somente veio a ter ciência um ano após a aquisição do veículo, exatamente quando da vistoria pela empresa Seguradora para renovação do contrato de seguro.

2. Regularmente processado, o feito veio a merecer sentença em que o MM. Juiz "*a quo*" julgou parcialmente procedente o pedido do Apelado, condenando a Apelante ao pagamento de R$ 20.000,00 correspondente a 20% do valor de aquisição do veículo, devidamente corrigido desde a data da aquisição do bem, além da condenação nas verbas sucumbenciais e honorários advocatícios de 15% sobre o valor corrigido da condenação.

3. Inconformada a Ré apresentou recurso de Apelação, buscando reformar a R. Sentença, ao argumento de que não restou demonstrada sua culpa ou negligência quanto à remarcação do chassi e, que não restou demonstrado a redução do valor do mercado do bem em apreço, além de considerar que a seguradora não poderia recusar a indenizar em face de eventual sinistro.

4. Ao final pede que a sentença seja reformada "*in totum*" e, se assim não for, que se acolha parcialmente o recurso para que o percentual de 20% seja aplicado ao valor de revenda no mercado na atualidade e não o valor de aquisição do veículo, conforme decidido em primeira instância.

## II – NO MÉRITO

5. Contudo tais alegações, em que pese o esforço linguístico do patrono da Apelante, são por demais frágeis e não se sustentam de "*per si*", conforme restará demonstrado a seguir.

## II – NO MÉRITO

6. Registre-se inicialmente que, no presente caso, os fatos são incontroversos. A empresa Apelante em nenhum momento negou o fato quanto à remarcação do chassi e, até pericialmente tal fato restou provado. Sua insurgência se circunscreve ao fato de que tal remarcação do chassi, no seu entender, não causa nenhuma lesividade ao Apelado. É de notória sabença que possuir um veículo com remarcação de chassi é sinônimo de sérios problemas. Não bastassem os eventuais dissabores a que estão sujeitos tais proprietários, seja com os agentes de trânsito seja com os agentes policiais, é certo que na hora da revenda tais veículos sofrem depreciação, muito além daquelas decorrentes do mero uso.

7. Ademais, no tocante ao contrato de seguro, a desvalorização a que está sujeito o bem, em razão de eventual sinistro, não é expectativa futura de dano, é prejuízo na certa. Vejam-se os documentos encartados a fls. 105 e 108, emitidos pela Seguradora Segura Tudo S.A. que expressamente diz: "em caso de perda total, sua indenização será de 70% do veículo referência da tabela FIPE do Jornal Valor Econômico... (fls. 105)". Ou seja, na eventualidade de sinistro, a seguradora indenizará o contratante em somente 70% do valor do veículo, acarretando, por conseguinte, a perda de 30% do valor do mesmo.

8. Assim, não se trata de dano imaginário, nem se trata de temor quanto ao eventual pagamento a menos. Estamos diante de um fato concreto: por ser remarcado o chassi, a indenização por perda total (se ocorrer sinistro) se dará a base de 70% do valor do veículo, implicando na perda do valor correspondente a 30%. Este fato irá se repetir todo ano quando da renovação do seguro, pois é regra adotada pelas seguradoras em geral.

9. Também não há que se falar em provimento parcial do recurso com o fito de fazer incidir a condenação sobre o valor atual de venda do veículo, aquele percentual adotado como critério para indenizar. Isto porque há que se retroceder no tempo para ir buscar na origem os valores quando da efetivação do evento danoso, "*in casu*", a venda do veículo depreciado. A prevalecer a tese da Apelante estaremos diante de uma grave injustiça porque o desembolso foi realizado à época da aquisição do veículo e a indenização deve se dar pelos valores ali representados.

10. Independentemente de qualquer conceituação quanto a lesividade ou não que tal fato causa ao Apelado, é preciso lembrar que a empresa Apelante, quando da venda do veículo, omitiu deliberadamente a existência da remarcação e, neste contexto, cabe perguntar: Será que alguém informado de que o veículo que está adquirindo tem o chassi remarcado, ainda assim se disporia a comprá-lo nas mesmas condições que lhe foi oferecido ou exigiria algum desconto ou contrapartida para manter sua intenção de compra?!... Ou ainda: Se o chassi remarcado é algo tão natural, como procura fazer crer a Apelante, porque a mesma omitiu tal fato por ocasião da venda?!...

11. Em verdade a empresa Apelante violou de forma flagrante os princípios da boa-fé, da transparência e do dever de informação a que todo consumidor tem direito. O dever de informar, na maior parte das vezes, é decorrente do princípio básico da

boa-fé objetiva, que constitui regra elementar de convivência social onde os contratantes devem ter um comportamento calcado na lealdade, respeitando os interesses do outro, com o objetivo comum do adimplemento, sem olvidar para a condição de vulnerabilidade (técnica, jurídica, fática ou política) expressamente outorgada ao consumidor pela legislação consumerista. Esta condição, consumidor vulnerável, que é uma presunção *jure et jure,* casuisticamente poderá ter agregada a hipossuficiência (técnica, fática ou jurídica), como no presente caso.

12. Não se pode olvidar também que o dever de informar implica em que o fornecedor preste informações ADEQUADA, PRECISA e CLARA (art. 6º, inciso III, do CDC). Como assevera o insigne mestre Nehemias Domingos de Melo, "é obrigação do fornecedor prestar informações honesta sobre os produtos e serviços que oferta ao mercado de consumo. Isso ocorre porque dentre os direitos básicos do consumidor encontra-se o de receber informações adequadas e claras, sobre os produtos e serviços disponibilizados no mercado de consumo, inclusive com especificação de qualidade, quantidade, características, composição e preço, além dos eventuais riscos que o produto ou serviço possa oferecer, para que ele possa exercer de forma livre e consciente a sua opção quanto à escolha do produto ou do serviço que pretende adquirir" (*Da defesa do consumidor em juízo por danos causados em acidentes de consumo.* Atlas, 2010, p. 50). Neste mesmo sentido, Cláudia Lima Marques, comentando o dever de informação complementar asseverando que *"a idéia central é possibilitar uma aproximação e uma relação contratual mais sincera e menos danosa entre o consumidor e fornecedor"* (*Contratos no Código de Defesa do Consumidor,* 3. ed., Revista dos Tribunais, 1998, p. 286).

13. Desta forma, ainda que estivéssemos sob o manto do Código Civil, e não sob as diretrizes protetivas do Código de Defesa do Consumidor, ainda assim a culpa da empresa Apelante se mostra flagrante. De outro lado, o dano do Apelado também é notório, de tal sorte que andou bem a sentença ao reconhecer que *"dano e culpa existiram, assim como o correspondente nexo causal. A própria requerida confirmou que a fábrica efetuou dupla gravação no chassi"* (ver fl. 124 *in fine*). Para mais a frente afirmar: *"daí sua culpa* (da apelante), *a dupla marcação é fato de fundamental importância, que certamente estigmatiza o bem e coloca o seu proprietário em constante tensão, quando não causa prejuízo"* (vide fl. 125, 2º parágrafo).

## III – CONCLUSÃO

Assim, por tudo quanto compõe os autos e pela exposição acima realizada, ficou cabalmente demonstrado o acerto da R. Sentença guerreada que, se merecesse correção, deveria ser para majorar o valor da condenação para 30% (trinta por cento) e para acolher o pleito de danos morais e lucros cessantes, pleitos estes que serão objeto de recurso adesivo.

Sendo assim, confia o Apelado que a Egrégia Câmara, negará provimento à presente apelação e confirmará a Douta Decisão recorrida, pelos seus próprios e jurídicos fundamentos, tudo conforme ao direito e a Justiça.

Local e data

Nome e assinatura do Advogado

nº da OAB

## 11.10 RECURSO ADESIVO

Quando ambas as partes são sucumbentes, isto é, os contendores são em parte vencidos e vencedores, ambos podem ingressar com a apelação no prazo comum de 15 (quinze) dias. Se somente um ingressar com o recurso, o Código de Processo Civil permite que a outra parte, aquela que havia se contentado com a decisão (pois dela não recorreu), possa no prazo da resposta apresentar também seu recurso que, neste caso, será chamado de recurso adesivo (art. 997, § 1º).[9]

O recurso adesivo é, por assim dizer, um tipo especial de recurso tendo em vista que só é cabível nos casos em que haja sucumbência recíproca, quando uma das partes, tendo se conformado com a decisão, deixa de interpor o recurso próprio no momento oportuno vindo a ser surpreendido pela parte contrária, que interpõe o seu próprio recurso no prazo que era comum a ambos.

Tem cabimento na apelação, no recurso extraordinário e no recurso especial e do recurso principal será dependente. Quer dizer, o recurso adesivo somente será conhecido se o recurso principal apresentar regularidade, logo, se o recurso principal não for conhecido (por deserção ou inadmissibilidade) ou se houver desistência, o adesivo não chegará a ser apreciado.

O momento de interposição é o mesmo da resposta do recorrido. Quer dizer, tendo a parte oposta apresentado seu recurso, no mesmo prazo e juntamente com as contrarrazões, a outra parte poderá interpor o recurso adesivo em peça autônoma, cujas regras seguem as mesmas do recurso principal no que diz respeito à admissibilidade, preparo e julgamento.

No tribunal, ambos os recursos serão julgados na mesma sessão, sendo apreciado primeiro o recurso principal e depois o adesivo.[10]

---

9. CPC, Art. 997. Cada parte interporá o recurso independentemente, no prazo e com observância das exigências legais.

§ 1º Sendo vencidos autor e réu, ao recurso interposto por qualquer deles poderá aderir o outro.

§ 2º O recurso adesivo fica subordinado ao recurso independente, sendo-lhe aplicáveis as mesmas regras deste quanto aos requisitos de admissibilidade e julgamento no tribunal, salvo disposição legal diversa, observado, ainda, o seguinte:

I – será dirigido ao órgão perante o qual o recurso independente fora interposto, no prazo de que a parte dispõe para responder;

II – será admissível na apelação, no recurso extraordinário e no recurso especial;

III – não será conhecido, se houver desistência do recurso principal ou se for ele considerado inadmissível.

10. Conforme nossa obra Novo CPC anotado, comentado e comparado, p. 902.

## 11.11 FORMA DE INTERPOSIÇÃO E PRAZO

O recurso adesivo será também interposto por petição dirigida ao juiz da causa (igual o modelo versado no item 11.8.1), devendo ser protocolada conjuntamente com as contrarrazões, sob pena de preclusão.

O prazo é o mesmo de resposta do apelado, ou seja, 15 (quinze) dias úteis, porém se uma das peças for protolocada antes fará com que ocorra a preclusão no que diz respeito a outra. Por isso, as duas peças devem ser protocoladas simultaneamente.

Deverá também atender os pressupostos de admissibilidade, inclusive o recolhimento de custas e despesas (se for o caso).

## 11.12 PARA MELHOR ENTENDER O RECURSO ADESIVO

Vamos utilizar novamente o caso que está sendo objeto de nossos estudos até para, sequencialmente, o leitor acompanhar e compreender melhor todas as nuances e fases que podem envolver um processo.

Vamos considerar que Juka e a Gran Mikko foram ambos sucumbentes em face da decisão do juiz, senão vejamos:

a) Juka pediu abatimento do preço + lucros cessantes + danos morais. Ganhou a ação somente no que diz respeito à indenização por abatimento no preço, e "perdeu" no tocante aos lucros cessantes e danos morais;

b) Gran Mikko poderia ter sido condenada nos três pedidos e conseguiu se livrar de indenizar por lucros cessantes e danos morais. Foi vitoriosa nestes dois aspectos e perdedora na indenização por abatimento de preço.

Desta forma, ambos teriam interesse de agir e poderiam ingressar com recurso de apelação visando alterar a decisão monocrática.

No caso em estudo não foi o que aconteceu, tendo em vista que Juka se conformou com a decisão que lhe reconheceu somente o direito de ser indenizado pela desvalorização do veículo. Já com relação à empresa, a mesma entendeu que não deveria ter procedência a ação, nem mesmo para reconhecer esta indenização, por isso recorreu buscando a reforma da sentença. Diante do fato de que a empresa ingressou com apelação, Juka está autorizado a interpor sua apelação, mesmo que fora do prazo inicial, que será recebida como recurso adesivo, desde que protocolada juntamente com as contrarrazões.

O recurso adesivo também será interposto por petição dirigida ao juiz da causa, igual ao modelo apresentado em 11.8.1 (com as devidas adaptações) à qual deverá ser anexada as razões do recurso.

## 11.12.1 Modelo de petição com as razões do recurso adesivo

RECURSO ADESIVO (À APELAÇÃO)

Processo n° _____

Origem: _____ª Vara Cível da Comarca de _____

Apelante: Juka Sauro

Apelado: Gran Mikko Motors S.A.

Colenda Câmara,

Eméritos Julgadores!...

### I – HISTÓRICO

1. Em razão da aquisição de um veículo com chassi remarcado pela fabricante ora Apelada, o Apelante ingressou com a presente ação de substituição de bem durável por vício/defeito de produto c/c lucros cessantes e danos morais, pleiteando alternativamente ou a substituição do veículo ou o abatimento proporcional no preço no importe de 30% (trinta por cento), conforme autorizado pelo art. 18 do Código de Defesa do Consumidor (Lei n° 8.078/90).

2. Juntou provas dos fatos alegados, em especial quanto à desvalorização do veículo adquirido, desvalorização esta decorrente da remarcação do indigitado chassi, atestado tanto pela Seguradora Segura Tudo (fls. 104 a 108) quanto pela prova pericial realizada (fl. 96).

3. Sentenciando o feito, houve por bem o MM. Juiz "*a quo*" julgar parcialmente procedente a ação para condenar a Apelada no importe de R$ 20.000,00, valor este correspondente a 20% do preço de aquisição do veículo, que deverá ser corrigido à data da compra do bem, acrescido de juros, condenando-a ainda nas verbas sucumbenciais e honorárias que fixou em 15% do valor da condenação corrigido, excluindo os danos morais e lucros cessantes.

4. Irresignada a Apelada interpôs recurso de apelação buscando alterar a sentença de primeiro grau, o que autoriza o Apelante a interpor a presente apelação adesiva (CPC, art. 997, § 1°).

### II – DA REFORMA DA SENTENÇA

5. A sentença de primeiro grau merece ser reformada para contemplar de um lado o montante pedido a título de indenização pela desvalorização do veículo, qual seja,

30% (trinta por cento) do valor de compra do mesmo, assim como para atender aos pedidos de condenação da empresa ora apelada por lucros cessantes e danos morais, que se justificam pelos argumentos a seguir esposados.

6. Prescreve o art. 18 da lei consumerista que o consumidor pode, não sendo o vício sanado, pleitear alternativamente e à sua escolha, a substituição do produto por outro da mesma espécie e em perfeitas condições (inciso I) ou o abatimento proporcional do preço (inciso III).

7. No caso presente, como o Apelante continuou utilizando o veículo, parece mais razoável pedir o abatimento no preço, a título de indenização pelo vício do produto adquirido, vício este que diminui o preço de revenda do veículo, já que, como é de notória sabença, um veículo com chassi remarcado encontra sérias restrições para ser comercializado, além de significar uma desvalorização no momento da comercialização do mesmo.

8. Sob risco de parecer redundante, não podemos esquecer que estamos diante de uma situação que se amolda perfeitamente nas diretrizes do Código de Defesa do Consumidor, que foi flagrantemente violentado, especialmente naqueles princípios que impõem ao fornecedor o dever da boa-fé objetiva, da informação e da transparência, princípios estes que devem nortear todas as relações de consumo.

9. A empresa disponibilizou no mercado um veículo com chassi remarcado e, ao comercializá-lo, quedou-se silente com o claro intuito de não ter dificuldades com a venda. Ao depois, passado um ano da aquisição, tendo que renovar o seguro veicular, quando então é obrigado a submeter o veículo a uma vistoria, o Apelante veio a tomar ciência de que o veículo tinha seu chassi remarcado. É bem verdade que renovou o seguro, porém, com o acréscimo no valor do prêmio a ser pago e, com a condição contratualmente estipulada de que, na eventualidade de sinistro, a indenização deveria corresponder a 70% do valor do bem, ou seja, perdendo 30% do valor que o veículo poderia possuir no mercado.

10. Ademais, a Apelada, por tudo quanto consta dos autos, sequer negou a existência da remarcação. Tentou se esquivar da obrigação de indenizar alegando que aquele fato não diminui o valor do bem e que, tendo emitido uma declaração para apresentação à empresa de seguros e ao Detran, teria cumprido a contento suas obrigações, não existindo mais vício a reclamar.

11. Ocorre que tais providências não inibem a ação administrativa do Estado, exercida pelos seus agentes de trânsito ou de polícia que, vistoriando referido veículo, poderão até determinar sua apreensão para averiguação de sua procedência.

12. Assim, o Apelante tem em mãos um verdadeiro "mico" que poderá representar sérios problemas, seja na sua utilização diária, seja quando pretender se desfazer do bem, restando evidenciado que tal veículo sofrerá depreciação de preço quando de sua venda.

### III – DOS LUCROS CESSANTES

13. O ilustre magistrado sentenciante afastou o pedido de indenização por lucros cessantes aduzindo que a documentação juntada aos autos não seria hábil e suficiente

para comprovar os prejuízos pelo Apelante e, com base no art. 373, I do CPC,[11] afastou a postulação (ver fl. 150).

14. Nesse aspecto não andou bem a sentença tendo em vista que os chamados fatos notórios podem dispensar a realização de prova, norma incontroversa na doutrina e na jurisprudência que foi reproduzida pelo novo Código no art. 374, I e IV. No presente caso, o Apelante fez prova de que é motorista de táxi, fato não impugnado pela parte contrária, logo o veículo é utilizado como instrumento de trabalho, daí porque os lucros cessantes eram de ser presumidos e, se o documento acostado aos autos não é hábil a comprovar o montante dos valores auferidos diariamente, deveria o magistrado estimar o valor a ser indenizado, reconhecendo a procedência do pleito por lucros cessantes. Neste aspecto, a sentença está por merecer reforma.

## IV – DOS DANOS MORAIS

15. O Apelante tem hoje em mãos um veículo que, certamente, lhe dificultará a comercialização na hora de efetuar uma troca. De duas uma, ou se sujeita a perder algum valor em razão desta desvalorização, ou age com má-fé e tenta contar com a sorte, queda-se silente e espera para ver se o adquirente irá perceber a existência da remarcação (esta não é a conduta que se espera).

16. Imagine-se o atingimento de um sonho através da aquisição de um veículo zero-km. Ao depois, este adquirente constata que este sonho, em verdade, virou um pesadelo porquanto o veículo adquirido tem um problema congênito, qual seja, REMARCAÇÃO DO CHASSI.

17. Num quadro deste, imagine-se a situação do Apelante. Tem em mãos um veículo que sabe de antemão será de difícil comercialização e, mais, que certamente ao tentar vendê-lo o mesmo irá sofrer uma depreciação que, pelo que dos autos consta, poderá ser até superior a 30% (trinta por cento).

18. Ademais, a angústia do Apelante é permanente, pois está sujeito aos humores dos agentes públicos que atuam na fiscalização de veículos que poderão, na eventualidade de uma chamada "batida" de trânsito ou policial, vir a enfrentar até uma eventual apreensão do veículo para averiguação. Nesse passo, MM. Juiz sentenciante bem andou quando firmou "*o seu segundo temor é fundado, pois ainda que o autor tenha em mãos os necessários documentos que comprovem a boa origem do veículo, estará sempre sujeito a dissabores e transtornos*" (ver fl. 140).

19. Se uma situação como a vivida pelo Apelante não configurar dano moral, precisamos rever nossos conceitos quanto a este instituto legal. Somente à guisa de exemplo, trazemos à colação ementa de julgado em que foi relator o E. Des. Ademir Pimentel, do Egrégio Tribunal de Justiça do Rio de Janeiro, que, tratando do descaso de empresa Concessionária de veículos frente a questão de vício de produto, assim prelecionou:

---

11. CPC, art. 373: O ônus da prova incumbe:

I – ao autor, quanto ao fato constitutivo de seu direito; (…).

CAPÍTULO 11 • APELAÇÃO E O RECURSO ADESIVO **151**

*"27010121 – COMPRA E VENDA DE VEÍCULO – VÍCIOS E DEFEITOS OCUL-TOS DA COISA VENDIDA – ÔNUS DA PROVA – DANO MATERIAL – DANO MORAL – FIXAÇÃO DO VALOR – I e II*

*(omissis). III – Somente quem passa por semelhante situação pode avaliar o desgaste que representa a compra de um carro zero quilômetro, com todas aquelas expectativas, sonhos, planos, e para fazer valer o seu direito junto à vendedora, tem que recorrer ao PROCON, **não podendo as empresas que agem dessa forma, permanecer impunes, sob pena de novas práticas atentatórias ao direito do consumidor**, erigido constitucionalmente a um dos princípios gerais da atividade econômica. IV – Deve, a condenação pelo dano moral, servir de conforto frente às idas e vindas; das humilhações naturais a que se submete o cidadão que, unilateralmente, cumpre todas as cláusulas contratuais e não é correspondido por aqueles que detendo o poder econômico, não consideram valores morais e nem sentimentos humanos"* (TJRJ – AC 8.405/1999– (Ac. 08101999) – 8ª C. Cív. – Rel. Des. Ademir Pimentel – j. 31.8.1999) (grifo nosso).[12]

## V – CONCLUSÕES

Por tudo quanto foi exposto e, pelos documentos constantes dos autos, acredita o Apelante ter demonstrado que a sentença de fls. merece ser reformada integralmente para:[13]

a) Elevar a condenação da indenização por abatimento de preço de 20% para 30% do valor da aquisição do veículo, devidamente corrigido e atualizado desde a data da aquisição.

b) Condenar a Apelada por lucros cessantes no valor de R$ 4.500,00 conforme postulado na inicial.

c) Condenar a Apelada por danos morais nos termos como pedido na exordial.

Tudo por ser de direito e da mais lídima JUSTIÇA!

Local e data

Nome e assinatura do Advogado

nº da OAB

## 11.13 CONTRARRAZÕES AO RECURSO ADESIVO

Assim como na apelação, também no recurso adesivo a parte contrária terá direito de se manifestar sobre o conteúdo do recurso. Nesta peça a parte irá apresentar seus argumentos contrários à postulação do apelante. Tal fato se dá em respeito ao princípio constitucional do contraditório e da ampla defesa.

---

12. Quando o peticionário faz algum destaque, ou grifa texto, deve informar que o destaque ou grifo não consta do original.
13. Nesse caso, se o Tribunal entender cabível a majoração da indenização, bem como lucros cessantes e danos morais, determinará o *quantum*, sem necessidade de que os autos retornem à primeira instância. O acórdão do Tribunal substituirá a sentença.

## 11.14 JULGAMENTO DOS RECURSOS NO TRIBUNAL

Tendo em vista que as contrarrazões ao recurso adesivo segue o mesmo formato do recurso principal, remetemos o leitor para o modelo contido no item 11.7.2 do presente capítulo.

## 11.14 JULGAMENTO DOS RECURSOS NO TRIBUNAL

A apelação e o recurso adesivo, juntamente com as contrarrazões de ambos os recursos, serão encartados ao processo e encaminhados ao Tribunal de Justiça que promoverá a distribuição a um dos desembargadores de uma das câmaras (neste caso, câmara de direito privado).

O desembargador que tenha recebido os recursos é chamado de relator e ele é quem irá elaborar o voto apreciando a matéria que foi objeto dos recursos. No dia do julgamento, o relator contará com mais dois outros votos (do revisor e do terceiro juiz). O resultado da votação será redigido pelo relator (se sua tese foi vencedora) ou por um dos outros dois juízes que participaram do julgamento (se a tese do relator foi vencida). Em ambos os casos, a decisão é chamada de acórdão (corresponde à sentença).

Ao relator, durante o processamento da apelação no tribunal, caberá o juízo de admissibilidade inicial do recurso, com a providência prevista no parágrafo único do art. 932; e todos os outros poderes previstos nos artigos 932, III a V; e 933 *caput*; e nos parágrafos 1º, 2º e 3º do art. 938 todos do CPC.

## 11.15 RESULTADO DO JULGAMENTO DOS RECURSOS NO TRIBUNAL

No caso em estudo (Juka X Gran Mikko), vamos supor que após regular tramitação da apelação (juntamente com o adesivo), ambos foram submetidos a julgamento, cujo resultado poderia ser representado pelo seguinte acórdão:

**MODELO DE ACÓRDÃO**

**TRIBUNAL DE JUSTIÇA DO ESTADO DE SÃO PAULO**

_____ª **CÂMARA DE DIREITO PRIVADO**

**Apelação Cível nº** _____

**Comarca de** _____

**Apelante: Gran Mikko Motors S.A.**

**Apelado/Recorrente Adesivo: Juka Sauro**

"EMENTA OFICIAL:[14]

APELAÇÃO CÍVEL. RECURSO ADESIVO. AÇÃO DE INDENIZAÇÃO POR DANOS MATERIAL E MORAL. REMARCAÇÃO DE CHASSI. DESVALO-RIZAÇÃO DO VEÍCULO. (I) É devida a indenização por dano moral, além da indenização por dano material, decorrente da remarcação de chassis, mesmo quando realizada pelo fabricante, em razão dos previsíveis transtornos aos quais estará sujeito o proprietário do veículo em tais circunstâncias. (II) O dano moral deve ser fixado levando em consideração o caráter punitivo da indenização, mas não pode levar o ofendido ao enriquecimento ilícito, o que, no caso, restará atendido fixado no valor de duzentos salários mínimos. (III) Apelação improvida e Recurso Adesivo ao qual se dá parcial provimento."

## ACÓRDÃO

Vistos, relatados e discutidos os autos.

Acordam, os Desembargadores integrantes da Quadragésima Quinta Câmara de Direito Privado[15] do Tribunal de Justiça do Estado, à unanimidade, em negar provimento à Apelação Cível e dar provimento parcial ao Recurso Adesivo.

Custas, na forma da lei.

Participaram do julgamento, além do signatário, os eminentes Senhores Desembarga-dores. (nome do revisor e do 3º juiz).

Local e data e nome do Relator.

## RELATÓRIO

JUKA SAURO ajuizou Ação de Reparação de Danos Patrimoniais e Morais contra GRAN MIKKO MOTORS S.A., dizendo, em síntese, que adquiriu um veículo zero-km e que um ano após a aquisição, ao tentar renovar o seguro veicular, veio a ser constatado pela seguradora de que o veículo estava com o chassi remarcado, razão porque não pode renovar o seguro de seu veículo.

Alegou ainda que contatou a empresa fabricante e que a mesma forneceu uma decla-ração que serviu para regularizar o veículo junto ao Detran e também junto à seguradora. Em razão disso ficou 15 dias sem trabalhar, razão por que pede lucros cessantes.

Entende ainda que faz jus a uma indenização por depreciação decorrente do vício de produto ou a substituição do veículo por outro igual e em perfeitas condições, adu-zindo que poderá vir a ser interceptado por policiais, e que eventual vistoria no veículo poderá lhe causar transtornos e dissabores, razão por que pediu também indenização por danos morais.

Requereu a procedência da ação, com a condenação da ré no pagamento dos danos patrimoniais e danos morais, este em valor a ser livremente fixado pelo juiz.

---

14. A ementa do acórdão é uma espécie de resumo estruturado do que resultou no julgamento do recurso.
15. No Tribunal de Justiça do Estado de São Paulo as câmaras que julgam os processos cíveis são chamadas de "Direito Privado".

Citado, o requerido ofereceu contestação. Nela alegou que a remarcação do chassi ocorreu de forma legal; que foi disponibilizado para o autor, em tempo hábil, uma declaração que regularizou a situação do veículo, razão por que não haveria vícios a ser regularizados, não se podendo falar em indenização a qualquer título.

Na réplica, os autores reforçaram seus argumentos e pedidos iniciais.

Em audiência, inexitosa a conciliação, foi produzida a prova oral, além da pericial realizada a seu tempo.

Encerrada a instrução, vieram os memoriais, através dos quais as partes analisaram a prova dos autos e reiteraram suas manifestações e pedidos anteriores.

A ação foi julgada parcialmente procedente, para condenar a Ré a pagar aos autores indenização a título de dano material, pela depreciação do veículo no valor correspondente a 20% do valor de aquisição do veículo, afastado o pedido de lucros cessantes e de dano moral.

Irresignada, a ré apelou, sustentando que a prova dos autos não foi devidamente apreciada, que não restou demonstrada sua culpa ou negligência quanto à remarcação do chassi e que não restou demonstrada a redução do valor do mercado do bem em apreço. Requereu o provimento da apelação.

O autor recorreu adesivamente, alegando que o pedido inicial é integralmente procedente, conforme argumentou na exordial, pois seus direitos foram violados pela requerida, motivo pelo qual requer a reforma da sentença, para o fim de aumentar o valor da condenação de 20% para 30%, além de reconhecer o direito à indenização por lucros cessantes e pelo dano moral. As partes contra-arrazoaram. Subiram conclusos os autos.

É o relatório.

## VOTO

O exame dos autos mostra que, em virtude da remarcação do chassi do veículo de propriedade do autor, ato de responsabilidade da apelante, depreende-se que problemas poderiam advir de seu ato, quando da transferência do veículo ou mesmo em eventual inspeção policial.

Desta forma, sendo incontestável que a remarcação do chassi corresponde a uma depreciação, que incide em qualquer veículo com este tipo de problema, correta foi a sentença que reconheceu o direito de indenização correspondente a 20% do valor de aquisição do mesmo. Não há falar em revisão.

Além disso, é previsível, segundo as regras de experiência do que diuturnamente acontece, de que se o veículo for apreendido pela Polícia, em virtude dessa remarcação do chassi, seu proprietário enfrentará dissabores de monta, não se podendo falar em temores infundados. Ademais, a frustração de quem adquire um veículo novo que depois se descobre tem um vício insanável já estaria por merecer a devida indenização, impondo-se assim ao apelante o pagamento de uma indenização por dano moral que, no presente caso, estima-se em duzentos salários mínimos. É que, a par do caráter punitivo da indenização, relativamente a quem ofende, o valor indenizatório tem que corresponder a uma satisfação para a vítima, além de que se deve observar o grau de suportabilidade do encargo financeiro, pois de nada adianta impor ao ofensor uma reparação alta, se não tiver ele capacidade financeira de suportá-la (Apelação Cível nº 595068842 – 6ª Câmara Cível/TJRS).

De outro lado, o documento de fl. ... não é suficiente para comprovar os efetivos ganhos diários postulados pelo adesivo a título de lucros cessantes, razão por que agiu certo o magistrado *a quo* quando deu pela improcedência deste pleito.

Assim, não merece provimento a apelação da ré. Quanto ao recurso adesivo, este merece o devido provimento para condenar a apelante por danos morais no importe equivalente a duzentos salários mínimos, afastado o pedido por lucros cessantes.

Isto posto, nego provimento à apelação e dou parcial provimento ao recurso adesivo.

# Capítulo 12
# Dos Recursos aos Tribunais Superiores

## 12.1 ESCLARECIMENTOS INICIAIS

Neste capítulo vamos tratar dos recursos aos tribunais superiores (STJ e STF), quais sejam: recurso ordinário (CPC, arts. 1.027/1.028); recurso especial e recurso extraordinário (CPC, arts. 1.029/1.035); e, do agravo em recurso especial e em recurso extraordinário (CPC, art. 1.042).[1]

Além desses é bom lembrar que sempre cabe embargos de declaração contra qualquer decisão no âmbito dos tribunais superiores, sempre que houver omissão, obscuridade, contradição ou haja necessidade de correção de erro material (ver CPC, art. 1.022).[2]

## 12.2 RECURSO ORDINÁRIO CONSTITUCIONAL[3]

Tanto o STF quanto o STJ têm competência para conhecer e julgar o recurso ordinário nos termos como previsto na Constituição Federal nos arts. 102, II e 105, II, respectivamente.

Segundo o art. 1.027 do CPC, serão julgados em recurso ordinário, pelo Supremo Tribunal Federal, os mandados de segurança, os habeas data e os mandados de injunção decididos em única instância pelos tribunais superiores (STJ, TST, TSE e STM), quando denegatória a decisão. Já pelo Superior Tribunal de Justiça, serão julgados os mandados de segurança decididos em única instância pelos tribunais regionais federais ou pelos tribunais de justiça dos Estados e do Distrito Federal, quando denegatória a decisão, e também, os processos em que forem partes, de um lado, Estado estrangeiro ou organismo internacional e, de outro, Município ou pessoa residente ou domiciliada no País.

---

1. Só por curiosidade cabe informar que o agravo previsto no art. 1.042 do Novo CPC é também chamado de "agravo nos próprios autos" ou "agravo contra despacho denegatório de seguimento do recurso especial ou extraordinário".
2. Maiores detalhes sobre os embargos de declaração, remetemos o leitor ao capítulo 9 do presente livro.
3. A doutrina chama este recurso de "recurso ordinário constitucional", cuja abreviatura é ROC, isso para evitar confusão com o "recurso ordinário" da justiça trabalhista.

O recurso ordinário vai funcionar como se fosse uma espécie de apelação, sendo certo que tanto o STF quanto o STJ, conforme o caso, irão atuar como órgão de 2ª instância. Tanto é verdade que o próprio CPC, no seu art. 1.027, § 2º, manda aplicar ao recurso ordinário o disposto nos art. 1.013, § 3º, que trata do efeito translativo da apelação. Dessa forma, o Novo CPC passa a prever, expressamente, a aplicação da "teoria da causa madura" no recurso ordinário.

### 12.2.1 Da interposição

A petição de interposição do recurso deverá ser endereçada ao Presidente do Tribunal que proferiu a decisão denegatória. As razões recursais deverão ser anexadas à petição de interposição, devendo ser dirigidas ao STF ou STJ, conforme o caso.

O prazo para a interposição do recurso ordinário constitucional será, como regra, 15 (quinze) dias (ver CPC, art. 1.003, § 5º). Será também de 15 (quinze) dias o prazo para o recorrido apresentar suas contrarrazões (ver CPC, art. 1.028, § 2º).

No ato de interposição o recorrente deverá comprovar o recolhimento das custas exigidas, bem como de outras despesas, sob pena de ver seu recurso ser declarado deserto (ver CPC, art. 1.007). Se for beneficiário da gratuidade de justiça, deverá informar tal fato indicando com precisão em quais folhas do processo se encontra a decisão concessiva.

Cumpridas todas as formalidades, o Presidente do Tribunal recorrido encaminhará o recurso ao STJ ou STF, independente de juízo de admissibilidade.

### 12.2.2 Modelo de petição de interposição do recurso ordinário

EXCELENTÍSSIMO(A) SENHOR(A) DOUTOR(A) DESEMBARGADOR(A) PRESIDENTE DO EGRÉGIO TRIBUNAL DE JUSTIÇA DO ESTADO DE_____,

**Processo nº** _____

**Mandado de segurança**

ANASTAZINO QUEROLUZ, já devidamente qualificado nos autos em referência, por seu advogado que esta subscreve, que recebe intimações e avisos na (endereço completo do advogado, inclusive e-mail), não se conformando com o venerando acórdão proferido pela .... (indicar qual câmara do tribunal), que negou provimento ao mandamus, vem, respeitosamente, perante Vossa Excelência, interpor o presente:

## RECURSO ORDINÁRIO CONSTITUCIONAL

o que faz com fulcro no art. 105, II, alínea "a", da Constituição Federal e na Lei 8.038/90, requerendo seja recebido e processado e encaminhado, com as inclusas razões, ao Colendo Superior Tribunal de Justiça.

Termos em que, Pede deferimento.

Local e data

Nome e assinatura do Advogado

nº da OAB

## 12.2.3 Modelo de petição com as razões do recurso ordinário

### RAZÕES DE RECURSO ORDINÁRIO CONSTITUCIONAL

**Processo nº**_____

**Mandado de segurança**

**Recorrente: Anastazino Queroluz**

**Recorrida: _____ª Câmara _____**

**Egrégio Tribunal,**

**Colenda Turma,**

**Doutos Julgadores!...**

### I – DOS FATOS

O recorrente é servidor público estável, foi demitido do cargo através da Portaria n. _____, de __/__/__, , publicada no DOE de __/__/__, por ato do Senhor Secretário Estadual das Relações do Trabalho, tendo como motivação o fato de que teria, de forma ilegal, favorecido várias prefeituras, que, embora em desacordo com as disposições da Lei de Responsabilidade Fiscal, teriam voltado à situação de aparente legalidade para receberem verbas públicas.

Em razão disso, impetrou, no prazo legal, junto ao Egrégio Tribunal de Justiça do Estado, mandado de segurança, com pedido de liminar, aduzindo, com a devida fundamentação, que o ato de demissão seria inválido, tendo em vista ter havido cerceamento de defesa e ofensa ao devido processo legal, exatamente pelo fato de que o ora recorrente não ter sido ouvido no processo administrativo, cuja comissão processante opinou pela sua demissão sumária.

Em acórdão de fls. __/__, o Tribunal de Justiça do Estado_____, denegou a segurança pleiteada, razão porque só resta ao recorrente manejar o presente recurso ordinário.

## II – DO CABIMENTO DO RECURSO

Tendo em vista tratar-se de ato de Secretário de Estado, a impetração do mandado de segurança contra o ato de demissão do recorrente, foi dirigido ao Colendo Tribunal de Justiça estadual, por força do que dispõe a legislação que rege a matéria.

## III – DO DIREITO

Como já demonstrado no mandado de segurança proposto contra ato do senhor Secretário de Estado, o processo administrativo disciplinar do qual resultou a Portaria de demissão n° _____, de __/__/__, publicada no DOE de __/__/__, está eivado de vício insanável, devendo ser cassada..

Uma rápida análise dos autos do processo administrativo disciplinar, confirmará que a Comissão processante agiu ao arrepio da lei, pois negou o sagrado direito de defesa do ora recorrente que não teve direito ao contraditório nem a ampla defesa, sendo tal processo administrativo nulo de pleno direito.

Advirta-se ainda que o procedimento da referida Comissão processante fere de morte o disposto no art. 5°, inciso LV, da Constituição da República Federativa do Brasil, por não observar a regra do o devido processo legal assegurado por lei.

Requer-se, portanto, a anulação da Portaria de n° _____ de __/__/__, do processo administrativo disciplinar que lhe deu origem e a imediata reintegração do recorrente ao cargo anteriormente ocupado.

## IV – DO PEDIDOS

Pelo exposto, o recorrente requer o processamento para dar provimento ao recurso, para reformar a decisão recorrida, concedendo-se a segurança para a anulação da Portaria n° ..., de ../../...,, do processo administrativo disciplinar que lhe deu origem e que seja determinada a imediata reintegração do recorrente ao cargo anteriormente ocupado.

Termos em que, Pede deferimento.

Local e data

Nome e assinatura do Advogado n° da OAB.

## 12.3 RECURSO ESPECIAL

Este recurso é endereçado ao Superior Tribunal de Justiça (STJ), visando reformar decisão dos Tribunais de Justiça dos Estados ou dos Tribunais Regionais Federais, quando eles tiverem decidido questões que (conforme CF, art. 105, III):

a) contrariar tratado ou lei federal ou mesmo negar-lhe vigência;

b) julgar válido ato local contestado em razão de lei federal;

CAPÍTULO 12 • DOS RECURSOS AOS TRIBUNAIS SUPERIORES

c) der a lei federal interpretação divergente da que lhe haja atribuído outro tribunal;

d) além dessas questões, expressamente previstas na Constituição, o STJ tem entendido que cabe recurso especial para rever os valores das indenizações por danos morais, quando eles forem exorbitantes ou aviltantes.

Este tipo de recurso não se presta a discutir matéria de fato ou de prova,[4] devendo o debate ficar por conta das teses jurídicas utilizadas por ambas as partes no tocante ao direito submetido à apreciação. Quer dizer, só é cabível discutir as matérias de direito.

### 12.3.1 Pressupostos de admissibilidade

Além dos requisitos gerais de todos os recursos, o especial deverá observar os seguintes requisitos específicos:

a) que a decisão (acórdão) tenha sido proferido por Tribunal de Justiça dos Estados-membros ou pelos Tribunais Regionais Federais;

b) demonstração de que no julgamento ocorreu alguma das hipóteses previstas no art. 105, III, da Constituição Federal;

c) que a matéria tenha sido pré-questionada, isto é, que o objeto da controvérsia que autoriza a propositura do especial tenha sido apreciada pelo Tribunal julgador.[5]

d) que a matéria objeto do recurso seja relevante, isto é, tenha alguma repercussão no seio da sociedade.[6]

### 12.3.2 Processamento

O Recurso Especial deverá ser interposto, no prazo de 15 (quinze) dias contados da publicação do acórdão, perante o próprio Tribunal que tenha proferido a decisão que se pretende ver reformada, mediante petição de interposição dirigida ao Presidente do Tribunal, à qual serão anexadas as razões do recurso (neste caso endereçada ao STJ) e as guias de comprovação do recolhimento do devido preparo e taxas de porte e retorno.

---

4. STJ – Súmula 7: Pretensão de simples reexame de prova não enseja recurso especial.

5. Se a matéria não tiver sido apreciada pelo Tribunal, antes da propositura do Especial a parte deverá manejar o recurso de Embargos de Declaração para forçar o órgão julgador a se manifestar sobre a tese que fundamentará o recurso Especial.

   Nesse sentido, súmula STJ 211: Inadmissível recurso especial quanto à questão que, a despeito da oposição de embargos declaratórios, não foi apreciada pelo tribunal *a quo*.

6. No dia 15 de julho 2022, foi publicada a Emenda Constitucional 125/22 que deu nova redação ao § 2º do art. 105 da Constituição Federal, acrescentando nova exigência de admissibilidade, qual seja, a de que "o recorrente deve demonstrar a relevância das questões de direito federal infraconstitucional discutidas no caso".

Além disso, se o recurso fundar-se em dissídio jurisprudencial, o recorrente deverá fazer a prova da divergência com a certidão, cópia ou citação do repositório de jurisprudência, oficial ou credenciado, inclusive em mídia eletrônica, em que houver sido publicado o acórdão divergente, ou ainda com a reprodução de julgado disponível na rede mundial de computadores, com indicação da respectiva fonte, devendo-se, em qualquer caso, mencionar as circunstâncias que identifiquem ou assemelhem os casos confrontados, nos termos do art. 1.029, § 1º do Novo Código de Processo Civil.

A parte contrária terá também o prazo de 15 (quinze) dias para responder aos termos do recurso, através das contrarrazões, que também será interposta perante o próprio Tribunal recorrido (ver CPC, art. 1.030).

Após a manifestação da parte contrária o Tribunal recorrido verificará da regularidade do recurso e de sua admissibilidade podendo dar ou negar seguimento ao mesmo (ver CPC, art. 1.030, § 1º). Da decisão denegatória de seguimento ao recurso especial, caberá, conforme o caso, agravo nos próprios autos para o tribunal superior (ver CPC, art. 1.042) ou agravo interno (art. 1.021), dependendo das circunstâncias.

Cumpre ainda advertir que tanto o recurso especial quanto o recurso extraordinário serão recebido tão somente no efeito devolutivo (ver CPC, art. 995), mas o interessado poderá requerer a concessão de efeito suspensivo ao recurso especial: (I) ao tribunal superior respectivo, no período compreendido entre a publicação da decisão de admissão do recurso e sua distribuição, ficando o relator designado para seu exame prevento para julgá-lo; (II) ao relator, se já distribuído o recurso; ou finalmente, (III) ao presidente ou ao vice-presidente do tribunal recorrido, no período compreendido entre a interposição do recurso e a publicação da decisão de admissão do recurso, assim como no caso de o recurso ter sido sobrestado, nos termos do art. 1.037, tudo conforme disciplinado no § 5º do art. 1.029, do Novo CPC.

### 12.3.3 Contrarrazões ao recurso especial

Em respeito ao princípio do contraditório e da ampla defesa, a parte contrária terá direito de apresentar suas contrarrazões ao Recurso Especial interposto. O prazo será também de 15 (quinze) dias.

Neste caso, o recorrido deverá defender o acerto da decisão do Tribunal, propugnando pela manutenção do acórdão.

CAPÍTULO 12 • DOS RECURSOS AOS TRIBUNAIS SUPERIORES **163**

Deverá fazer uma petição de interposição (igual ao modelo visto no item 17.3.4) e outra petição com as contrarrazões recursais, conforme modelo que veremos a seguir.

### 12.3.4 Petição de interposição do recurso especial (este modelo também serve para a interposição das contrarrazões)

EXCELENTÍSSIMO SENHOR DOUTOR DESEMBARGADOR PRESIDENTE DO TRIBUNAL DE JUSTIÇA DO ESTADO DE SÃO PAULO

*(espaço para despacho)*

**Nº da Apelação** _____

FRANCISCLEDE DO REGO PENTEADO, já devidamente qualificada nos autos do recurso de apelação referenciado, na qual contende com MAYCOM GÉQUIÇOM, também já qualificado, por seu advogado que a esta subscreve, inconformado, *data venia*, com o r. acórdão proferido pela ...ª Câmara   desse Egrégio Tribunal, vem,

respeitosamente, com fundamento no artigo 105, inciso III, letras "a" e "c" da Constituição Federal, interpor RECURSO ESPECIAL, consubstanciado nas razões em anexo.

Nestes termos, requerendo a Vossa Excelência se digne receber o presente recurso e mandar processá-lo na forma da lei e, após o cumprimento das formalidades processuais, remetê-lo ao Superior Tribunal de Justiça, informando ainda ser beneficiário da gratuidade de justiça (fls.   ), razão porque deixa de juntar comprovação de

recolhimento do preparo e do porte de envio e retorno.

Pede deferimento Local e data

Nome e assinatura do Advogado

nº da OAB

### 12.3.5 Petição com as razões do recurso especial[7]

**EGRÉGIO SUPERIOR TRIBUNAL DE JUSTIÇA**

**Objeto: Recurso Especial**

**Recorrente: Francisclede do Rego Penteado**

**Recorrido: Maycom Géquiçom**

---

7. Petição elaborado com base em modelo que se encontra no site Juriste, disponível em: <http://www.jurisite.com.br/site/cont_peticoes.php?conteudo_id=797>.

Origem: Apelação nº_____

Tribunal de Justiça do Estado de_____

## EMÉRITOS JULGADORES!...

O recorrente interpôs recurso de apelação perante o Egrégio Tribunal de Justiça do Estado de_____, inconformado com a r. sentença prolatada nos autos da Ação indenizatória promovida por MAYCOM GÉQUIÇOM, em julgamento de apelação cível, decisão esta que manteve sentença de primeiro grau que julgara improcedente a AÇÃO DE INDENIZAÇÃO POR DANOS MORAIS E MATERIAIS proposta pelo RECORRENTE que, data maxima venia, não encontrou guarida na ordem jurídica nacional, vez que violou e a lei federal, conforme se demonstrará;

### I – DOS FATOS

1. A recorrente ingressou com AÇÃO DE INDENIZAÇÃO POR DANOS MATERIAIS E MORAIS na qual atribui responsabilidade civil ao RECORRIDO pela morte de (XXX) (Certidão de Óbito à fl. XX). Conforme narrado na peça exordial da ação que tramitou em primeiro grau de jurisdição, o RECORRIDO deu causa, de forma absolutamente exclusiva, a um acidente automobilístico que vitimou o (XXX), filho do RECORRENTE, conforme farto material probatório carreado aos autos do processo em epígrafe (ver especialmente fls. ).

2. Conforme a narrativa dos fatos constante dos autos, no dia (XX/XX/XXX), na cidade de (XXX), por volta das (XX) horas, o filho do RECORRENTE seguia com seu carro pela Rua (XXX), em direção à casa de um amigo. Na mesma rua, porém em sentido contrário, o RECORRIDO conduzia seu veículo. Entretanto, fazia-o em claro descumprimento às normas de trânsito, pois que ele dirigia seu automóvel em elevadíssima velocidade.

3. Além das normas de trânsito que impõem controle de velocidade, em se considerando o intenso fluxo de carros que trafegam rotineiramente no local, o próprio sentido de prudência determina que os veículos mantenham, ali, rígido controle de aceleração.

4. Além de guiar em alta velocidade, o RECORRIDO forçou uma arriscada e insegura ultrapassagem sobre um terceiro veículo que trafegava em sua mão de direção, vindo a atingir violentamente o carro do Sr. (XXX), fato este que findou por causar seu óbito, 24 horas depois, no Hospital (XXX) (documentos às fls. XX-XX).

5. Não é demais reiterar que, nessa oportunidade, o Sr. (XXX) guiava seu automóvel com absoluta prudência – como de costume, acurando-se por completo de todo o dever de cuidado necessário para que nada de pior ocorresse, o que, em razão do desmedimento do RECORRIDO, não foi o bastante para evitar o pior.

CAPÍTULO 12 • DOS RECURSOS AOS TRIBUNAIS SUPERIORES **165**

6. Nesse plano, está explícito que a conduta do RECORRIDO eiva-se de irrefragável culpa, no que poderíamos subsumi-la à modalidade da imprudência, visto que simplesmente abdicou de obedecer a limites razoáveis de segurança na direção de seu carro, vindo causar a máxima lesão ao Sr. (XXX).

7. Nas alegações finais apresentadas (fls. XX-XX), o RECORRENTE apresentou, de forma irrepreensível, todos os argumentos que apontam para a correta observação das provas produzidas ao longo do processo, de modo a tornar ainda mais explícita a obrigação de indenizar.

8. É de se concluir, assim, que o RECORRIDO teve exclusiva culpa pela morte do filho do RECORRENTE, pelas motivações já articuladas, de modo que a presente AÇÃO DE INDENIZAÇÃO POR DANOS MATERIAIS E MORAIS haveria – e há – de ser julgada totalmente procedente com base no Código Civil – Lei n° 10.406/02, sobretudo nos arts. 186, 927 e 943 do referido diploma legal, observando-se, outrossim, o que dispõe a Súmula n° 562 do Supremo Tribunal Federal.

9. Todavia, muito embora todos os fatos narrados estejam fartamente provados nos autos, tais foram solenemente ignorados na sentença do magistrado que do processo conheceu em primeira instância. Segundo o entendimento do MM. Juiz, o RECORRENTE não alçou provar o direito que reclamava em juízo.

10. O RECORRENTE, diante da manifesta contrariedade à lei federal (dispositivos supra apontados), não tardou em opor embargos de declaração (fls. XX-XX), com fins de prequestionamento, visando o esclarecimento da questão, requerendo ao juiz que se manifestasse expressamente sobre o dito conflito. Apesar da tentativa, o magistrado manteve o posicionamento exposto da sentença na decisão dos embargos.

11. Contra tal decisão, se insurgiu o RECORRENTE, através de recurso de apelação, requerendo ao Tribunal de Justiça do Estado de (XX) que, enfim, atribuísse justiça ao caso, resolvendo a contrariedade à lei. Contudo, a (XX)ª Câmara Cível, por unanimidade, manteve e sentença de primeiro grau.

12. Em razão do exposto, apresenta-se o RECORRENTE ao Colendo Superior Tribunal de Justiça (STJ) de forma a pugnar pela reforma, *in totum*, da decisão de 2° grau, devendo ser, assim, prestada a justa tutela jurisdicional ao RECORRENTE, qual seja, condenação do RECORRIDO ao pagamento de indenização por danos materiais, no valor de R$ (XXX), bem como indenização por danos morais decorrentes do mesmo fato, no valor de R$ (XXX), tal como requerido na petição que inaugurou a presente ação.

## II – DO DIREITO

13. O acórdão impugnado vulnera frontalmente o art. 186 do Código Civil (lei federal), que determina:

> "Aquele que, por ação ou omissão voluntária, negligência ou imprudência, violar direito e causar dano a outrem, ainda que exclusivamente moral, comete ato ilícito."

14. Vê-se que o direito à reparação dos danos causados, conferido pela lei federal em comento, não foi observado e concretizado pelos julgadores, apesar da farta prova presente nos autos.

15. O acórdão recorrido reconheceu "insuficiência de provas" do direito do RECOR-RENTE, no que, assim se pronunciando, fez côro ao que dispôs o magistrado de primeira instância a respeito. É de se espantar com tal ilação, vez que, como já se disse e se repetiu nessa peça recursal, o material probatório não deixa margens, sequer, a dúvidas sobre o direito do RECORRENTE. Tome-se, apenas a título de confirmação, a relação das inúmeras provas apresentadas, oportunamente, pelo RECORRENTE: (XXX).

16. De todo o apresentado, demonstradas as razões de fato e de direito que impulsionam o presente ato de impugnação, somente resta ao RECORRENTE dirigir-se ao Superior Tribunal de justiça, com base no art. 105, III, "a" da Constituição da República, porquanto a decisão do Tribunal de Justiça do Estado de (XX) contraria lei federal, em particular, o Código Civil, no ponto em que fixa a obrigação de indenizar em caso de cometimento de atos ilícitos.

### III – DOS REQUISITOS DE ADMISSIBILIDADE

17. É de se esclarecer que, tanto nos embargos de declaração opostos contra a decisão monocrática, como no próprio pleito de apelação, o RECORRENTE sustentou a contrariedade à lei federal (procedendo ao prequestionamento), vindo a requerer aos julgadores, num e noutro caso, que se manifestassem sobre a questão federal aventada.

18. Como já se pôde relatar, em ambos os casos os membros da magistratura entenderam não proceder o argumento, reconhecendo a "insuficiência de provas" que desautorizaria o acolhimento dos pedidos do RECORRENTE.

19. A decisão final do Egrégio Tribunal de Justiça do Estado de (XX) encerra discussão do feito nas vias ordinárias, não restando ao RECORRENTE mais nada senão passar à esfera extraordinária do Poder Judiciário.

20. Nesse contexto, é imperiosa a consideração do conjunto probatório apresentado na instrução processual. Não agir nesse sentido, importa em contrariedade à lei federal, sobretudo, ao Código Civil – Lei nº 10.406/02, especialmente os arts. 186, 927 e 943 do referido diploma. Tal panorama autoriza o manejo de Recurso Especial, conforme preceitua o art. 105, "a" da Constituição da República;

### IV – DO PEDIDO

Em razão do acima exposto, preenchidos os pressupostos legais, espera que Vossas Excelências, eminentes Ministros, deem provimento ao presente recurso, para o fim de reformar o v. acórdão da Colenda ...ª Câmara de Direito do Tribunal de Justiça do Estado de .....

Assim e sendo inconteste o direito do RECORRENTE e tendo sido contrariada a lei federal em comento, e o presente para REQUERER:

a) que seja conhecido e provido integralmente o presente Recurso Especial, para o fim de reformar o V. acórdão, concedendo ao RECORRENTE o direito à indenização de ordem material e moral, nos valores, respectivamente, de R$ (XXX) e R$ (XXX), corrigidos monetariamente;

b) que seja o RECORRIDO, condenado ao pagamento das custas e honorários advocatícios;

# CAPÍTULO 12 • DOS RECURSOS AOS TRIBUNAIS SUPERIORES

c) Outrossim, reitera os termos do pedido de isenção de custas judiciárias, já deferido pelo juízo de primeiro grau, pois continua o RECORRENTE não podendo arcar com tais custas sem prejuízo do próprio sustento e das famílias.

Termos que Pede deferimento.

Local e data

Nome e assinatura do advogado n° da OAB

## 12.3.6 Petição com as contrarrazões ao recurso especial

### EGRÉGIO SUPERIOR TRIBUNAL DE JUSTIÇA

**Objeto: Contrarrazões ao Recurso Especial**

**Recorrente: Gran Mikko Motors S/A**

**Recorrido: Rolando Kaio da Rocha**

**Origem: Apelação n°_____**

**Tribunal de Justiça do Estado de _____**

**Egrégio Tribunal,**

**Ilustres Ministros,**

Insurge-se a Recorrente contra decisão da Egrégia_____ª Câmara de Direito _____ do Tribunal de Justiça de _____, que negou provimento à sua apelação e deu provimento parcial ao recurso adesivo do ora Recorrido, reconhecendo o direito de indenização por dano moral, porém, em que pese os argumentos utilizados, razão não lhe assiste, conforme se demonstrará a seguir, inclusive no que diz respeito a ser incabível o Recurso Especial interposto.

### I – QUANTO À DIVERGÊNCIA APONTADA

1. Alegando ser cabível o Recurso Especial quando houver divergência com relação ao *quantum* indenizatório, em face de eventual excessividade, a Recorrida colaciona diversos acórdãos, todos do Superior Tribunal de Justiça, para embasar sua irresignação, porém comete grave equívoco no tocante à matéria, pois os acórdãos trazidos como paradigma não tratam de situações semelhantes ao contido na decisão atacada, logo de se concluir que não existe a divergência de entendimento apontado, razão por que não cabe recurso especial no presente caso, senão vejamos:

2. Rememorem-se os fatos:

a) A ação foi proposta na origem, motivada em razão da remarcação do chassi do veículo adquirido zero-km, conforme farta prova dos autos, o que poderá gerar diversos dissabores ao ora Recorrido.

b) Em segunda instância, os ilustres julgadores, acolhendo o pedido posto no recurso adesivo, reconheceram que esta situação, por si só, dava ensejo a indenização por danos morais, tendo em vista que o Recorrido passou por diversos constrangimentos e dissabores, e que também terá dificuldades quando pretender vender o indigitado veículo.

3. Observe-se os acórdãos colacionados como paradigmas tratam de matéria estranha aos presentes autos, senão vejamos: O acórdão colacionado à fl. (indicar o nº da folha do processo onde está encartado o acórdão) trata de questão envolvendo "cheque devolvido com anotação de insuficiência de fundos", que teve o montante reduzido de 200 para 30 salários-mínimos. O acórdão não se presta aos fins desejados, pois trata de matéria estranha à lide objeto do presente recurso (não estamos tratando de cheque devolvido e inscrição em bancos de dados).

4. Da mesma forma o segundo acórdão encartado à fl. (indicar o nº da folha do processo) refere-se a outro tipo de problema, não a chassi remarcado de veículo, razão por que não serve para formalizar a divergência apontada.

5. Assim, de se concluir que NÃO HÁ A DIVERGÊNCIA apontada, pelo menos em face dos arestos colacionados, que possam embasar o pedido de revisão dos valores arbitrados a título de danos morais, que a Recorrente pede seja afastado ou reduzido para o montante equivalente a 30 salários-mínimos.

Desta forma, o que se espera é que seja reconhecida a inexistência da alegada divergência e, por conseguinte, NEGADO SEGUIMENTO ao presente Recurso Especial, por total falta de amparo legal.

## II – QUANTO AO DANO MORAL

6. Quanto ao valor indenizatório fixado pelo Tribunal a título de danos morais, destaca o Relator que *"considerando o nível econômico do autor, motorista, e a responsável pelo pagamento da indenização, sólida empresa automobilística, revela-se razoável a fixação do valor da indenização no valor correspondente a 200 salários mínimos equivalente, hoje, a aproximadamente, R$ (indicar o valor em reais)"*.

7. Ademais, decisão do próprio STJ tem reconhecido que o vício de produto enseja indenização por danos morais, além do eventual dano material, tendo em vista a frustração de expectativa do adquirente de produtos viciados/defeituosos, conforme emenda de acórdão que se colaciona, do qual foi relator o E. Ministro (nome do ministro) de seguinte teor:

"O fornecedor do produto é responsável pela reparação dos danos decorrente de vício encontrado no produto junto a ele adquirido, nos termos do art. 18 do CDC, sendo opção do consumidor a troca ou o abatimento no preço. A indenização a título de danos morais deve ser arbitrada a fim de compensar a vítima pelos transtornos havidos, orientando-se pelos critérios sugeridos na doutrina e na jurisprudência, e, no caso presente se mostra dentro da razoabilidade a fixação em 200 salários--mínimos" (Resp nº... (número do recurso) – Rel. Min. (nome do ministro) – J. (data do julgamento) e (data da publicação).

## III – CONCLUSÃO

Por tudo quanto exposto, demonstrando o não cabimento do recurso nos itens referenciados, demonstrando ademais que a suposta divergência jurisprudencial, que poderia ensejar de conhecimento do Recurso Especial não restou devidamente demonstrada, o que se espera é que o Tribunal de origem reconheça tudo quanto acima explicitado e, portanto, NEGUE SEGUIMENTO ao recurso objeto da presente. Contudo, se superada esta fase, o que se admite tão somente por amor ao debate, REQUER-SE que conhecido o Recurso lhe seja negado provimento pelas razões expostas na presente peça de resistência, pois assim este Tribunal estará fazendo a tão merecida JUSTIÇA!

Pede deferimento.

Local e data

Nome e assinatura do Advogado

OAB/sigla do Estado

## 12.4 RECURSO EXTRAORDINÁRIO

Este tipo de recurso é endereçado ao Supremo Tribunal Federal (STF), visando reformar decisão, quando o acórdão decidido, em única ou última instância, envolver as questões previstas na Constituição Federal (art. 102, III), quais sejam:

a) contrariar dispositivo da Constituição Federal;

b) declarar inconstitucionalidade de lei federal ou de tratado;

c) julgar válida lei ou ato de governo local contestado em face da Constituição Federal; e

d) julgar válida lei local contestada em face de lei federal.

Nesse recurso não é permitido às partes discutirem matéria de fato ou de prova,[8] devendo o debate ficar por conta das teses jurídicas utilizadas por ambas as partes no tocante ao direito submetido à apreciação. Quer dizer, irá se discutir matéria de direito.

### 12.4.1 Pressupostos de admissibilidade

Além dos requisitos gerais de todos os recursos, o extraordinário deverá observar os seguintes requisitos específicos:

a) que a decisão tenha sido proferida por qualquer Tribunal, como única ou última instância, significando dizer que foram esgotados todos os meios possíveis de impugnação da decisão da qual se recorre;[9]

---

8. Súmula STF – 279: Para simples reexame de prova não cabe recurso extraordinário.
9. Súmula STF – 281: É inadmissível o recurso extraordinário, quando couber, na Justiça de origem, recurso ordinário da decisão impugnada.

# MANUAL DE PRÁTICA JURÍDICA CIVIL • Nehemias Domingos de Melo

b) demonstração de que no julgamento ocorreu alguma das hipóteses previstas no art. 102, III, da Constituição Federal.

c) que a matéria tenha sido pré-questionada, isto é, que o objeto da controvérsia que autoriza a propositura do extraordinário tenha sido devidamente apreciada pelo Tribunal de origem;[10] e por fim

d) arguição de relevância demonstrando que a questão se reveste de importância pela sua repercussão geral (ver CF, art. 102, § 3º).

## 12.4.2 Processamento

Assim como o recurso especial, o extraordinário deverá ser interposto no prazo de 15 (quinze) dias contados da publicação do acórdão, perante o próprio Tribunal que tenha proferido a decisão que se pretende ver reformada, mediante petição de interposição dirigida ao Presidente do Tribunal, à qual serão anexadas as razões do recurso (neste caso endereçada ao STF) e as guias de comprovação do recolhimento do devido preparo e taxas de porte e retorno.

A parte contrária terá também o prazo de 15 (quinze) dias para responder aos termos do recurso, através das contrarrazões, que também será interposta perante o próprio Tribunal.

Após a manifestação da parte contrária, o Tribunal verificará da regularidade do recurso e de sua admissibilidade podendo dar ou negar seguimento ao mesmo, em decisão fundamentada (ver CPC, art. 1.030).

## 12.4.3 Interposição do recurso extraordinário

Para interpor o recurso extraordinário o recorrente deverá fazê-lo por meio de uma petição de interposição, dirigida ao Tribunal que proferiu a decisão que se pretender ver reformada.

Quanto ao modelo de petição de interposição, remetemos o leitor ao item 17.3.5, pois a peça será a mesma apenas com as devidas adaptações.

Já no tocante à petição com as razões propriamente do recurso, apresentaremos a seguir um resumo estruturado de como deve ser elaborado um recurso extraordinário.

---

10. Súmula STF – 282: É inadmissível o recurso extraordinário, quando não ventilada, na decisão recorrida, a questão federal suscitada (ver também Súmula 356).

## 12.4.4 Modelo de petição em recurso extraordinário

### RAZÕES DO RECURSO EXTRAORDINÁRIO

**Apelação cível n°\_\_\_\_**

**Origem: (indicar o órgão julgador, isto é, qual Câmara do Tribunal)**

**Recorrente: Nome**

**Recorrido: Nome**

**Egrégio Tribunal,**

**Eméritos Ministros,**

### I – BREVE RELATO

Trata-se... (neste tópico o peticionário faz um breve resumo do caso e do ocorrido nos julgamentos de primeira e segunda instâncias, apontando ao final as incongruências no julgado que se pretende ver modificado).

### II – DO CABIMENTO DO RECURSO EXTRAORDINÁRIO

Neste tópico, o peticionário deve demonstrar o preenchimento dos requisitos de admissibilidade do recurso extraordinário, ou seja, demonstrar que houve uma ou mais das violações previstas no art. 102, III, da Constituição Federal.

Além disso, o recorrente deverá também demonstrar que a questão versada no processo tem importância econômica, política ou social que transborda os limites dos próprios autos. É a chamada repercussão geral (CF, art. 102, III, § 3° c/c CPC, art. 1.035).

### III – DA OFENSA AO DISPOSITIVO CONSTITUCIONAL

Neste tópico, deverá ser feita exposição das razões de mérito do recurso, colacionando doutrina e jurisprudência, em apoio à tese jurídica defendida.

### IV– DO REQUERIMENTO DE REFORMA

Por tudo quanto acima exposto, requer que o presente recurso seja conhecido e provido para o fim de reformar o V. Acórdão recorrido no sentido de... (dizer o que se pretende).

Termos em que, Pede Deferimento.

Local e data

Nome e assinatura do advogado

OAB/sigla do Estado

## 12.5 AGRAVO EM RE OU EM RESP

Se o Tribunal recorrido negar seguimento ao recurso especial ou ao recurso extraordinário, isto é, obstar que o mesmo suba ao STJ ou ao STF, utilizando para isso o previsto no inciso V do art. 1.030, do CPC, caberá agravo nos próprios autos, no prazo de 15 (quinze) dias, em petição que será dirigida ao presidente ou ao vice-presidente do tribunal de origem (ver regimento interno do tribunal em questão), independentemente do pagamento de custas e despesas postais, aplicando-se a ela o regime de repercussão geral e de recursos repetitivos, inclusive quanto à possibilidade de sobrestamento e do juízo de retratação (CPC, art. 1.042, *caput* e § 2º).[11]

Recebido o recurso, o agravado será intimado para oferecer resposta no mesmo prazo de 15 (quinze) dias, podendo instruí-la com os documentos que entenda necessário e, em seguida, se não houver juízo de retratação, os autos subirão ao Superior Tribunal de Justiça ou ao Supremo Tribunal Federal, conforme o caso, onde será apreciado o seu cabimento (ver CPC, Art. 1.042, §§ 3º e 4º).

No tribunal superior o agravo será julgado, conforme dispõe o respectivo regimento interno, podendo ser realizado em conjunto com o recurso especial ou extraordinário. Se for julgado em conjunto, isto é, o agravo com o próprio recurso, as partes deverão ser intimadas para eventual sustentação oral (ver CPC, art. 1.042, § 5º).

---

11. CPC, Art. 1.042. Cabe agravo contra decisão do presidente ou do vice-presidente do tribunal recorrido que inadmitir recurso extraordinário ou recurso especial, salvo quando fundada na aplicação de entendimento firmado em regime de repercussão geral ou em julgamento de recursos repetitivos. (Redação dada pela Lei nº 13.256, de 2016).

   ... Dispositivos revogados pela Lei nº 13.256/16)

   § 2º A petição de agravo será dirigida ao presidente ou ao vice-presidente do tribunal de origem e independe do pagamento de custas e despesas postais, aplicando-se a ela o regime de repercussão geral e de recursos repetitivos, inclusive quanto à possibilidade de sobrestamento e do juízo de retratação. (Redação dada pela Lei nº 13.256, de 2016).

   § 3º O agravado será intimado, de imediato, para oferecer resposta no prazo de 15 (quinze) dias.

   § 4º Após o prazo de resposta, não havendo retratação, o agravo será remetido ao tribunal superior competente.

   § 5º O agravo poderá ser julgado, conforme o caso, conjuntamente com o recurso especial ou extraordinário, assegurada, neste caso, sustentação oral, observando-se, ainda, o disposto no regimento interno do tribunal respectivo.

   § 6º Na hipótese de interposição conjunta de recursos extraordinário e especial, o agravante deverá interpor um agravo para cada recurso não admitido.

   § 7º Havendo apenas um agravo, o recurso será remetido ao tribunal competente, e, havendo interposição conjunta, os autos serão remetidos ao Superior Tribunal de Justiça.

   § 8º Concluído o julgamento do agravo pelo Superior Tribunal de Justiça e, se for o caso, do recurso especial, independentemente de pedido, os autos serão remetidos ao Supremo Tribunal Federal para apreciação do agravo a ele dirigido, salvo se estiver prejudicado.

# CAPÍTULO 12 • DOS RECURSOS AOS TRIBUNAIS SUPERIORES

Caso tenha sido interposto tanto o recurso especial quanto o recurso extraordinário e ambos tenham sido inadmitidos, deverá o interessado interpor dois agravos, isto é, um agravo para cada recurso não admitido (ver CPC, art. 1.042, § 6º).

## 12.5.1 Interposição do agravo

O agravo contra decisão denegatória de seguimento ao recurso especial ou extraordinário será processado nos próprios autos e, como o processo estará no Tribunal de origem, é necessário que se faça através de uma petição de interposição endereçada ao Presidente do Tribunal que negou seguimento (similar ao modelo apresentado em 17.3.5 com as devidas adaptações) e outra com as próprias razões do recurso.

## 12.5.2 Petição de agravo contra decisão denegatória

### EGRÉGIO SUPERIOR TRIBUNAL DE JUSTIÇA

**Objeto: Agravo em Recurso Especial (CPC, art. 1.042)**

**Apelante: Gran Mikko**

**Apelado: Jojolino Sauro**

**Origem: Apelação nº_____**

**Tribunal de Justiça do Estado de _____**

**EMÉRITOS JULGADORES,**

### NOBRE RELATOR!...

A respeitável decisão de fls. (indicar qual o número da folha do processo onde se encontra a decisão denegatória), que negou seguimento ao recurso especial interposto pela ora agravante é passível de reforma.

Data vênia, em que pese o respeito à decisão prolatada, a mesma não pode prosperar e merece ser reformada, porque é contraditória, bem como se afastou da pacífica e mansa jurisprudência dominante no Superior Tribunal de Justiça.

A jurisprudência do Egrégio Superior Tribunal de Justiça é assente no que diz respeito ao cabimento do Recurso Especial para rediscutir o valor da condenação por danos morais, toda vez que esse valor se mostre irrisório ou exorbitante, de sorte que a decisão denegatória de seguimento fulcrada no fato de que a revisão dos valores fixados a título de dano moral não habilita o manejo do especial está completamente equivocada, razão por que deve ser reformada.

No presente caso entende o Agravante que o valor fixado a título de danos morais, além de não ser cabível, pois decorrente de meros dissabores por suposto vício de produto, foi fixado em dissonância com os princípios da razoabilidade e da proporcionalidade, de sorte que a permanecer seu valor estaremos diante de uma típica situação de enriquecimento sem causa, o que é vedado pelo nosso ordenamento jurídico.

Veja-se que o valor da condenação por danos morais no equivalente a 200 salários-mínimos tem sido adotado para casos graves, tais como a morte de um ente querido, ou a invalidez permanente decorrente de um ato ilícito, não em situações em que houve um eventual incumprimento contratual, como no caso em tela.

Assim é o presente para requerer a Vossa Excelência que, após a intimação do Agravado para oferecer suas respostas, seja o recurso especial conhecido e a ele dado provimento, por ser da mais alta e lídima JUSTIÇA!..

Pede deferimento.

Local e data

Nome e assinatura do Advogado

OAB/sigla do Estado

# Parte II
# DO CUMPRIMENTO DE SENTENÇA E DO PROCESSO DE EXECUÇÃO

# Capítulo 13[1]
## Do Cumprimento da Sentença

## 13.1 NOTAS INTRODUTÓRIAS

Anteriormente à Lei nº 11.232, de 22 de dezembro de 2005, a execução dos julgados dependia de uma ação autônoma que era denominada de "execução por título judicial". Significava dizer que após o encerramento da fase de conhecimento, ou seja, com o trânsito em julgado da decisão proferida numa ação condenatória, se o réu não cumprisse espontaneamente a decisão, cabia ao autor promover a execução do julgado, mediante provocação da jurisdição através de nova petição inicial. Nesse caso, a ação executiva era processada nos mesmos autos da ação de conhecimento, sendo que o réu deveria ser citado novamente, desta vez pessoalmente, abrindo-se prazo para satisfazer a decisão prolatada.

Dentre as diversas mudanças operadas no Código de Processo Civil nos anos de 2005/2007, uma delas fez desaparecer a figura da "Execução por título Judicial", fazendo aparecer em seu lugar um novo capítulo no processo de conhecimento denominado "Do Cumprimento da Sentença", visando dar maior celeridade à execução dos julgados.

Tal regra de mera mudança de fase processual foi mantida no Novo CPC (Lei nº 13.105, de 16 de março de 2015), ou seja, não é necessária a propositura de nova ação judicial, mas tão somente a apresentação de petição simples com requerimento de cumprimento do que foi atribuído na sentença judicial.

Algumas modificações importantes foram trazidas no CPC para a fase de cumprimento de sentença e para o processo de execução, pois expressamente inovou o código quando impôs que são devidos honorários advocatícios na reconvenção, no cumprimento de sentença, provisório ou definitivo, na execução, resistida ou não, e nos recursos interpostos, de forma cumulativa (CPC, art. 85, § 1º).[2]

---

1. Este capítulo contou com a colaboração do Prof. Evandro Annibal.
2. CPC, Art. 85. A sentença condenará o vencido a pagar honorários ao advogado do vencedor.

   § 1º São devidos honorários advocatícios na reconvenção, no cumprimento de sentença, provisório ou definitivo, na execução, resistida ou não, e nos recursos interpostos, cumulativamente.

# 178 | MANUAL DE PRÁTICA JURÍDICA CIVIL • Nehemias Domingos de Melo

Ainda, tanto na fase de cumprimento de sentença quanto na execução será possível ofertar o incidente de desconsideração da personalidade jurídica para a tentativa de se atingir os bens particulares dos sócios nos casos de demandas promovidas contra pessoas jurídicas (CPC, art. 134, *caput*).[3]

Ressalte-se que o advogado não necessitará de outorga de novo instrumento de mandato (nova procuração) para que dê andamento à fase de cumprimento de sentença, haja vista que, salvo disposição expressa em sentido contrário constante do próprio instrumento, a procuração outorgada na fase de conhecimento é eficaz para todas as fases do processo, inclusive para o cumprimento de sentença (CPC, art. 105, § 4º).[4]

O cálculo aritmético do valor devido ainda é indispensável no cumprimento de sentença que reconhece a exigibilidade de obrigação de pagar quantia certa e deve seguir na própria petição de cumprimento de sentença (quando se tratar de cálculo simples) ou mediante a apresentação de demonstrativo discriminado e atualizado do crédito (memória de cálculo/planilha) em documento anexo à petição. O bom senso recomenda fazer sempre em apartado, anexando como última folha de seu petitório. É interessante manter o arquivo digital guardado no computador para facilitar as futuras atualizações dos débitos.

Outra inovação é que o exequente poderá optar pelo juízo do atual domicílio do executado, pelo juízo do local onde se encontrem os bens sujeitos à execução ou pelo juízo do local onde deva ser executada a obrigação de fazer (CPC, art. 516).[5]

> Parágrafo único. Nas hipóteses dos incisos II e III, o exequente poderá optar pelo juízo do atual domicílio do executado, pelo juízo do local onde se encontrem os bens sujeitos à execução ou pelo juízo do local onde deva ser executada a obrigação de fazer ou de não fazer, casos em que a remessa dos autos do processo será solicitada ao juízo de origem.

Não haverá nova citação do réu nesta fase do processo, pois o mesmo já estará nos autos bastando simples intimação que se processará nos termos como previsto no art. 513, § 2º, I a IV do Novo CPC.

---

3. CPC, art. 134. O incidente de desconsideração é cabível em todas as fases do processo de conhecimento, no cumprimento de sentença e na execução fundada em título executivo extrajudicial.
4. CPC, Art. 105. (omissis)
   § 4º Salvo disposição expressa em sentido contrário constante do próprio instrumento, a procuração outorgada na fase de conhecimento é eficaz para todas as fases do processo, inclusive para o cumprimento de sentença.
5. CPC, Art. 516. O cumprimento da sentença efetuar-se-á perante:
   I – os tribunais, nas causas de sua competência originária;
   II – o juízo que decidiu a causa no primeiro grau de jurisdição;
   III – o juízo cível competente, quando se tratar de sentença penal condenatória, de sentença arbitral, de sentença estrangeira ou de acórdão proferido pelo Tribunal Marítimo.

CAPÍTULO 13 • DO CUMPRIMENTO DA SENTENÇA **179**

A forma mais comum e mais importante de ocorrer a intimação do devedor para o cumprimento de sentença é na pessoa do seu advogado regularmente constituído nos autos, por simples publicação no Diário Oficial. Contudo há outras formas de intimação prevista no código como no caso de o devedor não possuir advogado constituído ou estiver representado pela Defensoria Pública, caso em que a intimação se fará por carta (via Correios) com aviso de recebimento. Outra hipótese é realizar a intimação por meio eletrônico, especialmente em se tratando de empresas públicas e privadas, exceto microempresas e das empresas de pequeno porte (CPC, art. 246, V).[6] Por último, pode-se promover a intimação por edital quando o executado tiver sido revel na fase de conhecimento.

Após o início da fase de cumprimento da sentença e o réu sido intimado, transcorridos os 15 (quinze) dias sem o pagamento do débito, a decisão judicial transitada em julgado poderá ser levada a protesto perante o Tabelião de Protestos (cartório extrajudicial), como dispõe o art. 517 do CPC[7]. Protesto é o ato formal e solene pelo qual se prova a inadimplência e o descumprimento de obrigação originada em títulos e outros documentos de dívida. No caso das sentenças, fica provada a inadimplência em relação a um título executivo judicial e, assim, terceiros, bem como o mercado em geral, ficarão cientes da situação de inadimplência evitando concessão de crédito a esse mau pagador.

O cumprimento de sentença poderá ser definitivo ou provisório. Será definitivo quando apresentado nos autos nos quais já se operou o trânsito em julgado da decisão. Será provisório quando apresentado nos autos nos quais a sentença foi impugnada por recurso desprovido de efeito suspensivo (recebido no efeito devolutivo).

O cumprimento provisório da sentença será requerido por petição dirigida ao juízo competente e não sendo eletrônicos os autos, a petição será acompanhada de cópias da decisão exequenda, certidão de interposição do recurso não dotado de efeito suspensivo, procurações outorgadas pelas partes, decisão de habilitação (se for o caso) e facultativamente por outras peças processuais consideradas necessárias para demonstrar a existência do crédito, cuja autenticidade poderá ser certificada pelo próprio advogado, sob sua responsabilidade pessoal

---

6. CPC, Art. 246. A citação será feita:

(omissis)

V – por meio eletrônico, conforme regulado em lei.

§ 1º Com exceção das microempresas e das empresas de pequeno porte, as empresas públicas e privadas são obrigadas a manter cadastro nos sistemas de processo em autos eletrônicos, para efeito de recebimento de citações e intimações, as quais serão efetuadas preferencialmente por esse meio.

7. CPC, Art. 517. A decisão judicial transitada em julgado poderá ser levada a protesto, nos termos da lei, depois de transcorrido o prazo para pagamento voluntário previsto no art. 523.

# 180 MANUAL DE PRÁTICA JURÍDICA CIVIL • Nehemias Domingos de Melo

(o advogado deve rubricar todas as folhas dos documentos juntados e abrir um tópico na petição fazendo a declaração, sob as penas da lei, que os documentos são autênticos).

Não ocorrendo pagamento voluntário no prazo de 15 (quinze) dias, o débito será acrescido de multa de 10% (dez por cento) e, também, de honorários de advogado de 10% (dez por cento). Efetuado o pagamento parcial neste prazo a multa e os honorários incidirão sobre o restante. Porém, não efetuado pelo executado tempestivamente o pagamento voluntário, será expedido, desde logo, mandado de penhora e avaliação, seguindo-se os atos de expropriação (CPC, art. 523)[8].

## 13.2 CUMPRIMENTO DA SENTENÇA NAS OBRIGAÇÕES DE FAZER (OU NÃO FAZER) E PARA ENTREGA DE COISA

O cumprimento das obrigações de fazer ou não fazer, oriundas do processo judicial, será processado nos termos do art. 536 do CPC.[9]

Quanto à obrigação de entrega de coisa, aplicar-se-á o disposto no art. 538 do CPC. Quer dizer que na própria sentença condenatória o juiz imporá as medidas que entenda necessárias para obrigar o vencido a executar a medida (multa diária,

---

8. CPC, Art. 523. No caso de condenação em quantia certa, ou já fixada em liquidação, e no caso de decisão sobre parcela incontroversa, o cumprimento definitivo da sentença far-se-á a requerimento do exequente, sendo o executado intimado para pagar o débito, no prazo de 15 (quinze) dias, acrescido de custas, se houver.

§ 1º Não ocorrendo pagamento voluntário no prazo do caput, o débito será acrescido de multa de dez por cento e, também, de honorários de advogado de dez por cento.

§ 2º Efetuado o pagamento parcial no prazo previsto no caput, a multa e os honorários previstos no § 1º incidirão sobre o restante.

§ 3º Não efetuado tempestivamente o pagamento voluntário, será expedido, desde logo, mandado de penhora e avaliação, seguindo-se os atos de expropriação.

9. CPC, Art. 536. No cumprimento de sentença que reconheça a exigibilidade de obrigação de fazer ou de não fazer, o juiz poderá, de ofício ou a requerimento, para a efetivação da tutela específica ou a obtenção de tutela pelo resultado prático equivalente, determinar as medidas necessárias à satisfação do exequente.

§ 1º Para atender ao disposto no caput, o juiz poderá determinar, entre outras medidas, a imposição de multa, a busca e apreensão, a remoção de pessoas e coisas, o desfazimento de obras e o impedimento de atividade nociva, podendo, caso necessário, requisitar o auxílio de força policial.

§ 2º O mandado de busca e apreensão de pessoas e coisas será cumprido por 2 (dois) oficiais de justiça, observando-se o disposto no art. 846, §§ 1º a 4º, se houver necessidade de arrombamento.

§ 3º O executado incidirá nas penas de litigância de má-fé quando injustificadamente descumprir a ordem judicial, sem prejuízo de sua responsabilização por crime de desobediência.

§ 4º No cumprimento de sentença que reconheça a exigibilidade de obrigação de fazer ou de não fazer, aplica-se o art. 525, no que couber.

§ 5º O disposto neste artigo aplica-se, no que couber, ao cumprimento de sentença que reconheça deveres de fazer e de não fazer de natureza não obrigacional.

CAPÍTULO 13 • DO CUMPRIMENTO DA SENTENÇA **181**

busca e apreensão de coisas e pessoas, desfazimento de obras e o impedimento de atividade nociva etc.), de tal sorte que não haverá necessidade de que o credor promova a execução, sendo possível o juiz agir de ofício. Importante frisar que o executado poderá ser condenado às penas de litigância de má-fé quando injustificadamente descumprir a ordem judicial e poderá ser responsabilizado por crime de desobediência.

No caso de não cumprimento de obrigação de entregar coisa no prazo estabelecido na sentença, será expedido mandado de busca e apreensão (coisa móvel) ou de imissão na posse (coisa imóvel). Eventual discussão acerca de existência de benfeitorias deve ser alegada em contestação (fase de conhecimento), assim como o direito de retenção por benfeitorias.

### 13.2.1 Modelo de petição provocando o cumprimento da sentença na obrigação de fazer

EXCELENTÍSSIMO(A) SENHOR(A) DOUTOR(A) JUIZ(A) DE DIREITO DA_____ª VARA CÍVEL FORO CENTRAL DA COMARCA DE_____ [10]

*(espaço para despacho)*

**Processo nº** _____

**Ação indenizatória (ordinária)**

**Objeto: Cumprimento da Sentença**

BEZERRINHA MILK LEITE, já devidamente qualificado nos autos em epígrafe, no qual contende com JOKA KFURO, por seu advogado que esta subscreve, vem, com o devido respeito e acatamento, perante Vossa Excelência, tendo em vista o trânsito em julgado da R. Sentença de fls., promover o

### CUMPRIMENTO DA SENTENÇA

requerendo seja o Réu intimado, na pessoa de seus procuradores devidamente constituídos nos autos, para que, no prazo fixado por este MM. Juízo cumpra o determinado (descrever).

Requer seja imposta uma multa diária que incidirá caso a obrigação não seja cumprida pelo executado no prazo determinado por este juízo, nos termos do art. 537 do CPC.

Requer, ainda, seja o executado condenado às penas de litigância de má-fé caso injustificadamente descumpra a ordem judicial, sem prejuízo de sua responsabilização por

---

10. Se é cumprimento de sentença é porque já há um processo de conhecimento em andamento, distribuído a uma determinada vara e com a devida numeração.

MANUAL DE PRÁTICA JURÍDICA CIVIL • Nehemias Domingos de Melo

crime de desobediência, nos termos do art. 536, § 3° e que seja o executado intimado para apresentar impugnação nos termos do art. 525, todos no do CPC.

Por derradeiro, requer a condenação do executado ao pagamento dos honorários advocatícios, nos termos do art. 85, § 1°, do CPC.

Termos em que,

Pede e Espera Deferimento.

Local e data, nome e assinatura do Advogado e n° da OAB

## 13.2.2 Modelo de petição provocando o cumprimento da sentença na obrigação de entrega de coisa

EXCELENTÍSSIMO(A) SENHOR(A) DOUTOR(A) JUIZ(A) DE DIREITO DA_____ª VARA CÍVEL FORO DA COMARCA DE_____[11]

*(espaço para despacho)*

**Processo n°** _____

**Ação indenizatória (ordinária)**

**Objeto: Cumprimento da Sentença**

BEZERRINHA MILK LEITE, já devidamente qualificado nos autos em epígrafe, no qual contende com JOKA KFURO, por seu advogado que esta subscreve, vem, com o devido respeito e acatamento, perante Vossa Excelência, tendo em vista o trânsito em julgado da R. Sentença de fls., promover o

**CUMPRIMENTO DA SENTENÇA,**

requerendo seja o Réu intimado, na pessoa de seus procuradores devidamente constituídos nos autos, para que, no prazo fixado por este MM. Juízo na r. sentença, entregue a seguinte coisa/bem:

(descrever).

Em caso de não entrega da coisa, requer seja expedido mandado de busca e apreensão ou de imissão na posse em favor do credor (conforme se tratar de coisa móvel ou imóvel), a ser cumprido por dois oficiais de justiça, nos termos do art. 536, § 2° do CPC.

Requer seja imposta uma multa diária que incidirá caso a obrigação não seja cumprida pelo executado no prazo determinado por este juízo, nos termos do art. 537 do CPC.

---

11. Se é cumprimento de sentença é porque já há um processo de conhecimento em andamento, distribuído a uma determinada vara e com a devida numeração.

CAPÍTULO 13 • DO CUMPRIMENTO DA SENTENÇA  **183**

Requer, ainda, seja o executado condenado às penas de litigância de má-fé caso injustificadamente descumpra a ordem judicial, sem prejuízo de sua responsabilização por crime de desobediência, nos termos do art. 536, § 3º e que seja o executado intimado para apresentar impugnação, se assim desejar, nos termos do art. 525, todos no do CPC.

Por derradeiro, requer a condenação do executado ao pagamento dos honorários advocatícios desta fase processual, nos termos do art. 85, § 1º do CPC.

Termos em que,

Pede deferimento.

Nome e assinatura do advogado

OAB/sigla do Estado

## 13.3 CUMPRIMENTO DA SENTENÇA NAS OBRIGAÇÕES POR QUANTIA CERTA

Neste caso, o credor mediante simples petição instruída com o demonstrativo discriminado e atualizado do crédito (memória de cálculo/planilha com os valores atualizados), requererá ao juiz da causa que seja o devedor intimado, na pessoa de seu advogado, para no prazo de 15 (quinze) dias efetuar o pagamento do valor fixado na sentença ou em liquidação (inteligência do art. 523 do CPC).

Na hipótese do devedor não possuir advogado constituído nos autos ou quando estiver representado pela Defensoria Pública, deverá ser intimado por carta (via Correios) com aviso de recebimento. Há ainda a hipótese de ser intimação por meio eletrônico em se tratando de empresas públicas e privadas (exceto microempresas e das empresas de pequeno porte) ou por edital quando tiver sido revel na fase de conhecimento.

Não cumprida espontaneamente a obrigação, o montante da condenação será acrescido de 10% (dez por cento) a título de multa, mais honorários advocatícios também de 10% (dez por cento), e a execução prosseguirá com a expedição de mandado de penhora e avaliação (CPC, art. 523, §§ 1º a 3º)[12].

---

12. CPC, Art. 523. No caso de condenação em quantia certa, ou já fixada em liquidação, e no caso de decisão sobre parcela incontroversa, o cumprimento definitivo da sentença far-se-á a requerimento do exequente, sendo o executado intimado para pagar o débito, no prazo de 15 (quinze) dias, acrescido de custas, se houver.

§ 1º Não ocorrendo pagamento voluntário no prazo do caput, o débito será acrescido de multa de dez por cento e, também, de honorários de advogado de dez por cento.

§ 2º Efetuado o pagamento parcial no prazo previsto no caput, a multa e os honorários previstos no § 1º incidirão sobre o restante.

§ 3º Não efetuado tempestivamente o pagamento voluntário, será expedido, desde logo, mandado de penhora e avaliação, seguindo-se os atos de expropriação.

Verifica-se assim que o cumprimento da sentença é apenas mais uma etapa (fase) que se dá em continuidade ao processo de conhecimento, agora visando à rápida satisfação do credor.

Uma novidade trazida pelo CPC de 2015 é a possibilidade de o devedor poder se antecipar e, por petição, realizar o pagamento do valor que entende ser devido, tão logo tenha ocorrido o trânsito em julgado da sentença que reconhece o dever de pagar quantia certa, sem necessidade de intimação.

O credor, por sua vez, terá o direito de se manifestar, no prazo de 5 (cinco) dias, podendo impugnar a quantia apresentada e levantá-la como parcela incontroversa (ver CPC, art. 526).

### 13.3.1 Modelo de petição provocando o cumprimento da sentença na obrigação de pagar quantia certa

AO DOUTO JUÍZO DA _____ª VARA CÍVEL DO FORO DA COMARCA DE_____ [13]

*(espaço para despacho)*

**Processo nº** _____

**Objeto: Cumprimento da Sentença**

BEZERRINHA MILK LEITE, já devidamente qualificado nos autos em epígrafe, no qual contende com JOKA KFURO, por seu advogado que esta subscreve, vem, com o devido respeito e acatamento, perante Vossa Excelência, tendo em vista o trânsito em julgado da R. Sentença de fls., promover o

### CUMPRIMENTO DA SENTENÇA

requerendo seja o Réu intimado, na pessoa de seus procuradores devidamente constituídos nos autos, para o pagamento espontâneo no prazo de 15 (quinze) dias do montante da indenização que, conforme memória de cálculos em anexo, importa no valor total de R$ 51.509,25 (cinquenta e um mil, quinhentos e nove reais e vinte e cinco centavos), nos termos do art. 509, § 2º e sob as penas do previsto no art. 523,[14] ambos do Novo Código de Processo Civil.

Pede Deferimento.

Local e data

Nome e assinatura do Advogado nº da OAB

---

13. Se é cumprimento de sentença é porque já há um processo de conhecimento em andamento, distribuído a uma determinada vara e com a devida numeração.
14. CPC, Art. 523 (ver NR 12, na página anterior).

## 13.3.2 Memória de cálculos

O demonstrativo discriminado e atualizado do crédito é também chamado de memória de cálculo ou planilha com os valores atualizados e deve acompanhar sempre a petição de cumprimento da sentença, como forma de permitir ao executado a possibilidade de discutir o seu acerto (ver CPC, art. 524).

Tal fato é pertinente porque uma ação, em qualquer lugar do Brasil, demanda sempre um longo tempo para se concluir. Tendo em vista a demora na prolação da decisão final, toda e qualquer sentença conterá sempre uma determinação informando a partir de quando se contam os juros e a partir de quando se pode promover a atualização monetária, com a finalidade de atualizar os valores.

O CPC trouxe expressamente no art. 524 que a memória de cálculo (demonstrativo discriminado e atualizado do crédito) deverá conter o nome completo, número do CPF ou CNPJ do exequente e do executado (conforme seja pessoa física ou jurídica), o índice de correção monetária adotado, os juros aplicados e as respectivas taxas, o termo (data) inicial e final dos juros e da correção monetária utilizados, a periodicidade da capitalização dos juros, se for o caso e a indicação dos bens passíveis de penhora, sempre que possível.

Além de tais informações é coerente informar o número de processo, vara e fórum onde tramitou o processo.

Para a verificação e conferência dos cálculos o juiz poderá enviar os autos ao contabilista do juízo, que terá o prazo máximo de 30 (trinta) dias para efetuá-la, salvo se o juiz determinar a conferência dos cálculos em outro prazo.

Quando o valor apontado no demonstrativo do exequente aparentemente exceder os limites da condenação, a execução será iniciada pelo valor pretendido, mas a penhora terá por base a importância que o juiz entender adequada.

Quando a elaboração do demonstrativo depender de dados em poder de terceiros ou do executado, o juiz poderá requisitá-los, sob cominação do crime de desobediência. O mesmo ocorre quando a complementação do demonstrativo depender de dados adicionais em poder do executado, caso em que, a requerimento do exequente, o juiz poderá requisitá-los, fixando prazo de até 30 (trinta) dias para o cumprimento da diligência. Se os dados adicionais não forem apresentados pelo executado, sem justificativa, no prazo designado, os cálculos apresentados pelo exequente serão considerados como corretos apenas com base nos dados de que dispõe (ver CPC, art. 524, § 3º a 5º).

Para ilustrar o acima exposto, vamos elaborar uma planilha de cálculos considerando a seguinte decisão, já transitada em julgado (cumprimento definitivo de sentença que reconhece o dever de pagar quantia certa).

Trecho final da sentença:

*DOE*, 5.5.2021

Arquivo: 879        Publicação: 43

Varas Cíveis Centrais_ª Vara Cível

> *"CONDENAR a ré a pagar à autora indenização por danos materiais correspondentes a R$ 4.500,00 e morais correspondentes a R$ 14.000,00, devidamente atualizados, o primeiro desde a distribuição e o segundo, a partir desta data, incidido os juros legais a contar da citação. CONDENO ainda a ré a suportar integralmente as custas e despesas do processo, além de honorários advocatícios ao procurador do autor, que fixo, observando os parâmetros do parágrafo segundo do art. 85, do Código de Processo Civil, em 15% do valor da condenação. P.R.I. Adv. (nome e n° da OAB do advogado do autor). Adv. (nome e n° da OAB do advogado da ré)."*

### 13.3.3  Modelo de planilha de cálculos

**MEMÓRIA DE CÁLCULOS**

**(Atualizada até novembro de 2021)**

**Autor: Bezerrinha Milk Leite, CPF_____**

**Réu: Jota Kfuro, CPF_____**


**Processo n° (indicar o n°)**

**Origem:_____ª Vara Cível da Comarca de_____**

**Ação indenizatória (ordinária)**

## I – DANO MATERIAL

Valor original da condenação em abril de 2020.............................R$ 4.500,00
Valor atualizado desde a distribuição
em 04/2020 (Tabela Depre)[15] .......................................................R$ 6.641,00
Juros desde a citação: jul./2020 à presente data =
total 61,5% sobre o valor da condenação atualizado.....................R$ 4.084,00
Valor atualizado da condenação por dano material.......................R$ 10.725,00

## II – DANO MORAL

Valor da condenação arbitrada em 2020 .......................................R$ 14.000,00
Atualização abr/2020 a nov/2020 .................................................R$ 22.200,00
Juros 1,0% am desde a sentença (50,0%) .....................................R$ 11.100,00
Valor atualizado da condenação por dano moral...........................R$ 33.300,00

## III – CUSTAS JUDICIAIS

A Ré deverá recolher e juntar comprovação das custas do processo e, se assim não fizer, deverá depositar juntamente com o valor da condenação as custas devidas cujo encargo de recolhimento poderá ficará a cargo da Autor, cujos valores são os seguintes:

Custas iniciais de 1% sobre o valor total da condenação.....................R$ 440,25
Custas a que se refere o art. 4º, II, da Lei Estadual nº 11.608/03-SP......R$ 440,25
TOTAL ........................................................................................R$ 880,50

## IV – TOTALIZAÇÃO DO DANO

Valor da condenação por dano material .......................................R$ 10.725,00
Valor da condenação por dano moral ...........................................R$ 33.300,00
Subtotal ........................................................................................ R$ 44.025,00

## V – DÉBITO TOTAL

Valor da condenação....................................................................R$ 44.025,00
Honorários de 15% sobre o valor da condenação.........................R$ 6.603,75
Custas judiciais............................................................................R$  880,50
TOTAL DA EXECUÇÃO .............................................................. R$ 51.509,25
(cinquenta e um mil, quinhentos e nove reais e vinte e cinco centavos).

---

15. Tabela de atualização dos valores judiciais publicada mensalmente pelo Tribunal de Justiça do Estado de São Paulo.

# Capítulo 14[1]
## Da Execução por Título Extrajudicial

## 14.1 NOTAS INTRODUTÓRIAS

A execução de título executivo extrajudicial parte do pressuposto de que o titular do título tem a certeza do direito a seu favor, podendo dispensar a fase de conhecimento e partir imediatamente para os atos que visem o efetivo cumprimento do estabelecido no título exequendo. Quer dizer, o titular do crédito conta com um direito previamente reconhecido a seu favor, isto porque a lei confere essa certeza de direito aos títulos que expressamente nomeia (ver CPC, art. 784).

Em outras palavras, o autor/exequente possui em mãos um título executivo extrajudicial, ou seja, um título que tem força executiva independentemente de pronunciamento judicial. Não se trata de uma sentença judicial, mas sim de um documento extrajudicial ao qual a lei confere força executiva.

A execução pode ser instaurada caso o devedor não satisfaça a obrigação certa, líquida e exigível consubstanciada em título executivo, seja judicial ou extrajudicial.

Importante salientar que "processo de execução" é aquele que se inicia com petição inicial que deve ser acompanhada do título executivo extrajudicial. Não se confunde com "execução" de título judicial, pois esta, na verdade, é uma fase processual que independe de petição inicial. Basta uma petição simples denominada "petição de cumprimento de sentença".

A execução para cobrança de crédito fundar-se-á sempre em título de obrigação certa, líquida e exigível e o CPC traz alguns exemplos desses documentos quando explicita que são títulos executivos extrajudiciais a letra de câmbio, a nota promissória, a duplicata, a debênture e o cheque; a escritura pública ou outro documento público assinado pelo devedor; o documento particular assinado pelo devedor e por 2 (duas) testemunhas; o instrumento de transação referendado pelo Ministério Público, pela Defensoria Pública, pela Advocacia Pública, pelos

---

1. Este capítulo contou com a colaboração do Prof. Evandro Annibal.

advogados dos transatores ou por conciliador ou mediador credenciado por tribunal; o contrato garantido por hipoteca, penhor, anticrese ou outro direito real de garantia e aquele garantido por caução; o contrato de seguro de vida em caso de morte; o crédito decorrente de foro e laudêmio; o crédito, documentalmente comprovado, decorrente de aluguel de imóvel, bem como de encargos acessórios, tais como taxas e despesas de condomínio; a certidão de dívida ativa da Fazenda Pública da União, dos Estados, do Distrito Federal e dos Municípios, correspondente aos créditos inscritos na forma da lei; o crédito referente às contribuições ordinárias ou extraordinárias de condomínio edilício, previstas na respectiva convenção ou aprovadas em assembleia geral, desde que documentalmente comprovadas; a certidão expedida por serventia notarial ou de registro relativa a valores de emolumentos e demais despesas devidas pelos atos por ela praticados, fixados nas tabelas estabelecidas em lei e todos os demais títulos aos quais, por disposição expressa, a lei atribui força executiva como, por exemplo, o contrato de honorários advocatícios que encontra previsão no Estatuto da Ordem dos Advogados do Brasil (Lei nº 8.906/94).

Conclui-se que o título executivo extrajudicial está para o processo de execução assim como a sentença está para a fase de cumprimento de sentença.

Por isso dizemos que na ação de execução o juiz não profere nenhum julgamento de mérito. Emana do juízo da execução ordens e comandos, visando a plena satisfação do credor. Na execução, o juiz manda citar o devedor não para se defender, mas sim para que cumpra com a obrigação. Não atendida a determinação, o juiz mandará penhorar bens, nomeará avaliador, determinará a realização de hasta pública ("leilão" para bens móveis e "praça" para bens imóveis) e conforme o caso, ordenará o pagamento ao credor. Veja-se: o juiz não profere julgamento, age no sentido de compelir o devedor a cumprir com sua obrigação.

Citado o devedor e não cumprida a obrigação, o juiz determinará as providências que supram a vontade do devedor (no caso de obrigação de fazer ou não fazer), ou determinará a busca e apreensão de coisas e pessoas ou fixará multa pelo inadimplemento (tratando-se de obrigação de entrega de coisa), ou ainda determinará os atos expropriativos (expropriação[2]) no caso de execução por quantia certa.

---

2. Expropriar significa privar e desapossar alguém de sua propriedade legalmente por ordem judicial. Retirar por ordem judicial forçadamente o patrimônio do devedor. A expropriação consiste em adjudicação, apropriação de frutos e rendimentos de empresa ou de estabelecimentos e de outros bens e alienação por iniciativa particular ou em leilão judicial eletrônico ou presencial.

CAPÍTULO 14 • DA EXECUÇÃO POR TÍTULO EXTRAJUDICIAL **191**

Embora a extinção da execução seja declarada por sentença (CPC, art. 925), não há lugar para extinção com resolução do mérito (CPC, art. 487) ou sem julgamento do mérito (CPC, art. 485). Trata-se apenas de uma sentença terminativa do processo executivo, atestando a satisfação do credor em relação ao que foi por ele pleiteado.

O devedor responde com todos os seus bens presentes e futuros para o cumprimento de suas obrigações, salvo as restrições estabelecidas em lei como, por exemplo, aqueles bens que são considerados impenhoráveis tais quais o bem de família e a conta salário, dentre outros.

Não haverá prisão por dívida, salvo a do responsável pelo inadimplemento voluntário e inescusável de obrigação alimentícia.

Caso o devedor principal (pessoa física) venha a falecer, os bens do espólio (bens que ficaram com a ocorrência da morte) arcam com suas dívidas, sendo que, feita a partilha, cada herdeiro responde por elas dentro das forças da herança e na proporção da parte que lhe coube, ou seja, os herdeiros só pagarão dívidas até os valores que receberam.

O exequente pode cumular várias execuções, ainda que fundadas em títulos diferentes, quando o executado for o mesmo e desde que para todas elas seja competente o mesmo juízo e idêntico o procedimento.

Para que se verifiquem as regras de competência para se iniciar o processo de execução é essencial que sejam analisados os preceitos trazidos pelo art. 781 do CPC[3]. Ainda, a parte exequente pode requerer ao juiz da execução que determine a inclusão do nome do executado em cadastros de inadimplentes, ou seja, órgãos de restrição ao crédito como SERASA, SCPC entre outros, nos termos do art. 782, § 3º do CPC.

---

3. CPC, Art. 781. A execução fundada em título extrajudicial será processada perante o juízo competente, observando-se o seguinte:

I – a execução poderá ser proposta no foro de domicílio do executado, de eleição constante do título ou, ainda, de situação dos bens a ela sujeitos;

II – tendo mais de um domicílio, o executado poderá ser demandado no foro de qualquer deles;

III – sendo incerto ou desconhecido o domicílio do executado, a execução poderá ser proposta no lugar onde for encontrado ou no foro de domicílio do exequente;

IV – havendo mais de um devedor, com diferentes domicílios, a execução será proposta no foro de qualquer deles, à escolha do exequente;

V – a execução poderá ser proposta no foro do lugar em que se praticou o ato ou em que ocorreu o fato que deu origem ao título, mesmo que nele não mais resida o executado

## 14.2 DOCUMENTOS QUE DEVEM INSTRUIR A PETIÇÃO

Na execução, assim como em qualquer outro procedimento, a atividade jurisdicional deverá ser provocada pelo interessado, através da petição inicial, que deverá atender aos requisitos constantes dos arts. 319 e 320, e, no caso de execução, acrescida dos exigidos pelos arts. 798 e 799, todos do CPC, quais sejam:

a) apresentação do original do título executivo extrajudicial[4];

b) o demonstrativo do débito atualizado até a data de propositura da ação, quando se tratar de execução por quantia certa (memória de cálculo);

c) a prova de que se verificou a condição ou ocorreu o termo, se for o caso;

d) a prova, se for o caso, de que adimpliu a contraprestação que lhe corresponde ou que lhe assegura o cumprimento, se o executado não for obrigado a satisfazer a sua prestação senão mediante a contraprestação do exequente;

Deverá ser indicada a espécie de execução de sua preferência, quando por mais de um modo puder ser realizada, os nomes completos do exequente e do executado e seus números de CPF ou CNPJ, os bens suscetíveis de penhora, sempre que possível, além dos requisitos constantes do art. 799 do CPC.

## 14.3 OS DIVERSOS TIPOS DE EXECUÇÃO

O Código de Processo Civil regula algumas espécies de execução, outras são reguladas em leis esparsas.[5]

Assim, temos a execução para entrega de coisa certa (arts. 806 a 810); execução para entrega de coisa incerta (arts. 811 a 813); execução das obrigações de fazer (arts. 815 a 821); execução das obrigações de não fazer (arts. 822 a 823); execução por quantia certa contra devedor solvente (art. 824); execução contra a Fazenda Pública (art. 910); e, execução de prestação alimentícia (arts. 911 a 913).

Por fim, execução contra devedor insolvente que nos termos do art. 1.052 do CPC, ficará ainda regulada pelo CPC/1973 (Lei nº 5.869, de 11 de janeiro

---

4. No caso de processos eletrônicos deve ser juntada aos autos a digitalização do título original, sendo que o título propriamente dito deve ser mantido em local seguro, pois sua apresentação pode ser determinada pelo juízo a qualquer momento.

5. Exemplo típico de execução regulada em lei esparsa é a execução por dívida fiscal, que é regulada pela Lei nº 6.830/80.

CAPÍTULO 14 • DA EXECUÇÃO POR TÍTULO EXTRAJUDICIAL **193**

de 1973, ver arts. 748 a 776), até a edição de lei específica que venha a regular a matéria.

Apresentaremos em seguida os modelos de petições das execuções mais usuais, destacando-se a de execução por quantia certa que, sem dúvida nenhuma, é aquela mais presente no dia-a-dia forense.

## 14.4 MODELO DE PETIÇÃO DE EXECUÇÃO NA OBRIGAÇÃO DE FAZER

AO JUÍZO DA____VARA CÍVEL DA COMARCA DE____ESTADO DE____

*(espaço para despacho = 10 linhas)*

JUKA DO SOSSEGO, (nacionalidade), (estado civil), (profissão), portador do RG nº (nº do documento) e inscrito no CPF/MF sob nº (nº documento), residente e domiciliado (endereço completo), por seu procurador signatário (doc. 1), que recebe avisos e intimações no (endereço do advogado, inclusive o eletrônico), vem, com o devido respeito e acatamento, perante Vossa Excelência, com base no art. 815 e seguintes do Novo Código de Processo Civil, promover a presente

### AÇÃO DE EXECUÇÃO DE OBRIGAÇÃO DE FAZER

contra ROLANDO KAIO DA ROCHA, (nacionalidade), (estado civil), (profissão), portador do RG nº (nº do documento) e inscrito no CPF/MF sob nº (nº do documento), residente e domiciliado (endereço completo), pelas razões de fato e de direito que passa a expor:

Primeiramente e em cumprimento ao que dispõe o art. 319, II e VII, do CPC, o exequente informa que os endereços eletrônicos (*e-mails*) das partes são: (autor) <____> e (réu) <____> e que o exequente opta pela realização (ou não) de audiência de conciliação ou de mediação.

1. O exequente firmou com o executado, na data de __/__/__, contrato de prestação de serviços, subscrito por duas testemunhas (doc. 2), pelo qual o executado assumiu o compromisso de fazer uma escultura de bronze com o busto do exequente, conforme discriminado na cláusula nº (indicar a cláusula).

2. O prazo para entrega da escultura foi fixado de comum acordo para o dia __/__/__, sendo certo que a integralidade do pagamento foi realizado no ato de contratação em moeda corrente, conforme recibo que se anexa (doc. 3).

3. Decorrido o prazo estipulado para o cumprimento espontâneo da obrigação a mesma não ocorreu, razão porque o exequente, para preservar seus direitos, enviou notificação extrajudicial (doc. 4) instando ao cumprimento da obrigação, porém o executado quedou-se silente

4. Não há dúvidas de que o exequente é portador de título executivo extrajudicial (CPC, art. 784, III, do CPC). De outro lado, a não realização dos serviços contratados

faz do Executado inadimplente, daí a razão da presente ação executiva com o fito de compeli-lo a cumprir com o avençado.

5. Advirta-se ainda que o autor cumpriu integralmente com a sua obrigação, qual seja, o pagamento do valor estimado do contrato de uma única só vez, de sorte a afirmar que encontra-se totalmente amparado pelo que dispõe art. 476 do Código Civil.

6. Quando se trata de obrigação de fazer de caráter personalíssimo, como é o caso, o credor poderá requerer ao juiz que assine prazo ao devedor para cumpri-la espontaneamente e, na eventual recusa ou mora do devedor, a obrigação pessoal converter-se-á em perdas e danos, aplicando-se o disposto no art. 821 do CPC, *in verbis*:

"Art. 821. Na obrigação de fazer, quando se convencionar que o executado a satisfaça pessoalmente, o exequente poderá requerer ao juiz que lhe assine prazo para cumpri-la.

Parágrafo único. Havendo recusa ou mora do executado, sua obrigação pessoal será convertida em perdas e danos, caso em que se observará o procedimento de execução por quantia certa".

7. Ademais, nas obrigações personalíssimas ou infungíveis, a simples recusa induz a culpa do devedor e, se resolverá, via perdas e danos, podendo, eventualmente, ser imposta multa diária como forma de obrigar o devedor a cumprir com o pactuado (CPC, art. 814), sendo uma forma indireta de exigir o cumprimento do pactuado.

Em face de tudo quanto foi exposto é a presente para REQUERER a Vossa Excelência se digne determinar a citação do executado para, no prazo assinalado pelo I. Juízo, realizar a obra contratada, sob pena de multa diária pelo incumprimento no valor de R$_____ (indicar um valor).

Na eventualidade de descumprimento da obrigação por parte do executado, requer desde já, seja instalada a fase de liquidação da sentença para apuração do *quantum debeatur* correspondente à indenização pelo descumprimento da obrigação de fazer, sem prejuízo da devolução dos valores pagos, que deverão ser atualizados e corrigidos.

Requer ainda, a condenação da Réu, nas custas processuais e honorários advocatícios que se espera sejam fixados a taxa usual de 20% (vinte por cento).

Provará o alegado por todos os meios em direito admitidos, especialmente pelos documentos que instrui a presente, sem prejuízo de outras que se façam necessário.

Dá-se à causa o valor de R$_____(valor do contrato)

Termos em que, Pede deferimento.

Local data

Nome e assinatura do Advogado nº da OAB.

CAPÍTULO 14 • DA EXECUÇÃO POR TÍTULO EXTRAJUDICIAL **195**

## 14.5 MODELO DE PETIÇÃO NA OBRIGAÇÃO DE NÃO FAZER

AO JUÍZO DA____VARA CÍVEL DA COMARCA DE____ESTADO DE ____

*(espaço para despacho = 10 linhas)*

JUKA DO SOSSEGO, (nacionalidade), (estado civil), (profissão), portador do RG nº (nº do documento) e inscrito no CPF/MF sob nº (nº documento), residente e domiciliado (endereço completo), por seu procurador signatário (doc. 1), que recebe avisos e intimações no (endereço do advogado, inclusive o eletrônico), vem, com o devido respeito e acatamento, perante Vossa Excelência, com base no art. 822 e seguintes do Novo Código de Processo Civil, promover a presente

### AÇÃO DE EXECUÇÃO DE OBRIGAÇÃO DE NÃO FAZER

contra ROLANDO KAIO DA ROCHA, (nacionalidade), (estado civil), (profissão), portador do RG nº (nº do documento) e inscrito no CPF/MF sob nº (nº do documento), residente e domiciliado (endereço completo), pelas razões de fato e de direito que passa a expor:

Primeiramente, em cumprimento ao que dispõe o art. 319, II e VII, do CPC, o exequente informa que os endereços eletrônicos (***e-mail***s) das partes são: (autor) <____> e (réu) <____> e que o exequente opta pela realização (ou não) de audiência de conciliação ou de mediação.

1. O exequente firmou com o executado, na data de __/__/__, um termo de acordo, subscrito por duas testemunhas (doc. 2), pelo qual o executado assumiu o compromisso de não mais colocar cartazes nos elevadores do condomínio onde reside o exequente, em relação a supostos débitos em aberto de cotas condominiais.

2. Ocorre que, mesmo diante de compromisso assinado e acordado entre as partes, o representante legal do condomínio ainda afixa cartazes de cobrança semanalmente.

3. O exequente, para preservar seus direitos, enviou notificação extrajudicial (doc. 3) instando ao cumprimento do acordado, requerendo que os cartazes de cobrança não mais fossem afixados mas o executado quedou-se silente.

4. Resta evidente que o executado praticou ato a cuja abstenção estava obrigado por contrato e isto configura afronta aos arts. 822 e ss do CPC, ***verbis:***

"Art. 822. Se o executado praticou ato a cuja abstenção estava obrigado por lei ou por contrato, o exequente requererá ao juiz que assine prazo ao executado para desfazê-lo.

Art. 823. Havendo recusa ou mora do executado, o exequente requererá ao juiz que mande desfazer o ato à custa daquele, que responderá por perdas e danos.

Parágrafo único. Não sendo possível desfazer-se o ato, a obrigação resolve-se em perdas e danos, caso em que, após a liquidação, se observará o procedimento de execução por quantia certa".

MANUAL DE PRÁTICA JURÍDICA CIVIL • Nehemias Domingos de Melo

Em face de tudo quanto foi exposto é a presente para REQUERER a Vossa Excelência se digne determinar a citação do executado para, no prazo de 24 (vinte e quatro) horas ou outro assinalado pelo I. Juízo, retire todos os cartazes afixados nas dependências do condomínio onde reside o exequente, sob pena de multa diária pelo incumprimento no valor de R$____(indicar um valor).

Havendo recusa por parte do executado requer que este I. Juízo possibilite que o exequente o faça e seja imposto multa caso a conduta do executado venha a se repetir.

Dá-se à causa o valor de R$ _____ (valor do contrato)

Termos em que, Pede deferimento.

Local data

Nome e assinatura do Advogado nº da OAB

## 14.6 MODELO DE PETIÇÃO NA OBRIGAÇÃO DE ENTREGA DE COISA CERTA

AO JUÍZO DA____VARA CÍVEL DA COMARCA DE____ESTADO DE____.

*(espaço para despacho = 10 linhas)*

JUKA DO FAROFINO, (nacionalidade), (estado civil), (profissão), portador do RG nº (nº do documento) e inscrito no CPF/MF sob nº (nº do documento), residente e domiciliado (endereço completo, inclusive e-mail), por seu procurador signatário (doc. 1), que recebe avisos e intimações no (endereço do advogado, inclusive o eletrônico), vem, com o devido respeito e acatamento, perante Vossa Excelência, com base no art. 806 e seguintes do Código de Processo Civil, promover a presente

**AÇÃO DE EXECUÇÃO PARA ENTREGA DE COISA CERTA**

contra ROLANDO KAIO DA PEDRA, (nacionalidade), (estado civil), (profissão), portador do RG nº (nº do documento) e inscrito no CPF/MF sob nº (nº do documento), residente e domiciliado (endereço completo), pelas razões de fato e de direito que passa a expor:

Cumpre assinar preliminarmente e em cumprimento ao art. 319, II e VII, do CPC, o exequente informa que os endereços eletrônicos (*e-mails*) das partes são: (autor) <____> e (réu) <____> e que o exequente opta pela realização (ou não) de audiência de conciliação ou de mediação.

1. Exequente e executado firmaram contrato particular, devidamente assinado por ambos e por mais duas testemunhas idôneas (doc. 2), de tal sorte que referido documento é título executivo extrajudicial, conforme o disposto no art. 784, III, do CPC.

2. No que foi pactuado pelas partes, consta a obrigação de entrega, pelo executado de 50 (cinquenta) cabeças de gado da raça Nelore, entrega que deveria ter ocorrido na data de__/__/__ (indicar a data), sob pena de multa diária pelo atraso, equivalente a dois salários mínimos por dia de atraso.

CAPÍTULO 14 • DA EXECUÇÃO POR TÍTULO EXTRAJUDICIAL **197**

3. O exequente tentou amigavelmente resolver o que ficou estabelecido no contrato, porém seus esforços restaram infrutíferos, tendo em vista que o executado se recusa ao cumprimento da obrigação alegando que houve valorização do rebanho, razão por que exigia uma complementação no preço.

4. Vencido o prazo, o executado não cumpriu com a obrigação, razão por que é a presente para coagi-lo a cumprimento da obrigação.

Assim expostos os fatos, é a presente para REQUERER a Vossa Excelência seja o executado citado, para, no prazo de 15 (quinze) dias, satisfazer a obrigação, sob pena de multa diária que se espera seja fixada por esse juízo (CPC, art. 806, § 1º).

Requer, outrossim, seja a citação realizada por oficial de justiça, autorizando-o proceder a diligência com o permissivo do art. 212, § 2º, do CPC.

Caso o executado deixe de entregar a coisa, não apresente embargos ou os mesmos sejam julgados improcedentes, requer-se desde já a expedição de mandado de busca e apreensão, nos termos do art. 806, § 2º do estatuto processual vintente.

Requer ainda a condenação do executado nas custas e honorários advocatícios e dando-se à causa o valor de R$ _____(indicar o valor).

Pede deferimento.

Local data

Nome e assinatura do Advogado nº da OAB

## 14.7 MODELO DE PETIÇÃO DE EXECUÇÃO POR QUANTIA CERTA

AO JUÍZO DA_____VARA CÍVEL DA COMARCA DE_____ESTADO DE_____

*(espaço para despacho = 10 linhas)*

JUKA DO FAROFINO, (nacionalidade), (estado civil), (profissão), portador do RG nº (nº do documento) e inscrito no CPF/MF sob nº (nº documento), residente e domiciliado (endereço completo), por seu procurador signatário (doc. 1), que recebe aviso e comunicações no endereço do rodapé, vem, com o devido respeito e acatamento, perante Vossa Excelência, com base no art. 824 e seguintes do Código de Processo Civil, promover a presente

**AÇÃO DE EXECUÇÃO POR QUANTIA CERTA Contra Devedor Solvente**

em face de ROLANDO KAIO DA ROCHA, (nacionalidade), (estado civil), (profissão), portadora do RG nº (nº do documento) e inscrito no CPF/MF sob nº (nº do documento), residente e domiciliado (endereço completo), pelas razões de fato e de direito que passa a expor:

Primeiramente, em cumprimento ao art. 319, II e VII, do CPC, o exequente informa que os endereços eletrônicos (*e-mails*) das partes são: (autor)<_____> e (réu) <_____> e que o exequente opta pela realização (ou não) de audiência de conciliação ou de mediação.

1. O exequente é credor do executado por dívida líquida e certa, representada por uma nota promissória (doc. 2) que preenche todos os requisitos legais de forma e

mérito, emitida pelo executado, vencida em 20 de junho do corrente ano, no valor de R$ 4.000,00 (quatro mil reais) que, acrescido de juros e atualização, conforme planilha de cálculo que se anexa (doc. 3), perfaz o valor de R$ 4.500,00 (quatro mil e quinhentos reais).

2. Tendo se tornado inexitosas todas as tratativas amigáveis e os meios suasórios empregados pelo exequente para haver do executado o valor de seu crédito, recorre à constrição judicial como forma de fazer valer o seu direito.

Em razão do exposto e com fundamento no art. 829 e seguintes do Código de Processo Civil, requer a citação do executado, no endereço acima mencionado para que, no prazo de 3 (três) dias, pague o valor atualizado de R$ 4.500,00 (quatro mil e quinhentos reais), acrescido de custas processuais e honorários advocatícios calculados na base de 20% sobre o valor do pedido ou nomeie bens à penhora sob pena de, não o fazendo, serem-lhe penhorados tantos bens quantos bastem para a integral satisfação do crédito reclamado, intimando-o a opor embargos, caso queira, no prazo legal de 15 (quinze) dias.

Requer que a citação seja processada por oficial de justiça advertido para proceder a diligência com o permissivo do art. 212, § 2º, do CPC.

Requer, por fim, a intimação do cônjuge do executado, caso a penhora venha a recair, eventualmente, sobre bens imóveis.

Dá-se à causa o valor de: R$ 4.500,00.

Nestes termos, Pede deferimento.

Local data

Nome e assinatura do Advogado

nº da OAB

## 14.8 OBSERVAÇÕES IMPORTANTES

1. Veja-se que na petição de execução o pedido de citação é para que o executado cumpra com a obrigação. Não é para apresentar defesa ou contestação sob pena de revelia (até porque não há revelia no processo executivo).

2. Embora o antigo Código de Processo Civil (CPC/1973) estipulasse que a citação em execução só poderia ser pessoal e realizada por oficial de justiça (antigo CPC, art. 222, *d*), com a nova redação do CPC/2015, foi possibilitada a citação por carta (via Correios) nos termos do art. 247 do CPC, devendo ocorrer por oficial de justiça somente nos casos previstos no art. 249 do CPC, principalmente quando a citação por carta for frustrada.

3. Observe-se ainda que não há protesto ou indicação de provas, já que o título executivo é a única prova necessária nesse tipo de processo (contudo nada impede que o requerimento seja feito).

CAPÍTULO 14 • DA EXECUÇÃO POR TÍTULO EXTRAJUDICIAL

4. Da mesma forma não se pede que "a ação seja julgada procedente", porque, conforme já explicamos, não há julgamento de mérito nesse tipo de ação.

5. O foro competente será, via de regra, o do domicílio do devedor, mas poderá ser o foro de eleição constante do contrato ou outro conforme consta explicitado no art. 781[6] do CPC.

---

6. CPC, Art. 781. A execução fundada em título extrajudicial será processada perante o juízo competente, observando-se o seguinte:

I – a execução poderá ser proposta no foro de domicílio do executado, de eleição constante do título ou, ainda, de situação dos bens a ela sujeitos;

II – tendo mais de um domicílio, o executado poderá ser demandado no foro de qualquer deles;

III – sendo incerto ou desconhecido o domicílio do executado, a execução poderá ser proposta no lugar onde for encontrado ou no foro de domicílio do exequente;

IV – havendo mais de um devedor, com diferentes domicílios, a execução será proposta no foro de qualquer deles, à escolha do exequente;

V – a execução poderá ser proposta no foro do lugar em que se praticou o ato ou em que ocorreu o fato que deu origem ao título, mesmo que nele não mais resida o executado.

# Capítulo 15[1]
## Da execução por título executivo extrajudicial contra a Fazenda Pública

## 15.1 NOTAS INTRODUTÓRIAS

A execução contra a Fazenda Pública está prevista no CPC no artigo 910, com remissão aos artigos 534 e 535. Trata-se de execução de título extrajudicial na qual haverá a citação para que a Fazenda Pública oponha embargos no prazo de 30 (trinta) dias.

A previsão contida no art. 910 do CPC põe fim a uma antiga discussão doutrinária e passa a admitir expressamente a execução por título extrajudicial contra a Fazenda Pública. Esse assunto já mereceu tanto embate que o Superior Tribunal de Justiça chegou a sumular a questão.[2]

Na petição inicial, além dos requisitos dos arts. 319 e 320, o exequente deverá apresentar demonstrativo discriminado e atualizado do crédito (memória de cálculo), no qual deverá constar o nome completo e o número de CPF ou CNPJ do exequente, o índice de correção monetária adotado, os juros aplicados e as respectivas taxas, o termo inicial e o termo final dos juros e da correção monetária utilizados, a periodicidade da capitalização dos juros, se for o caso e a especificação dos eventuais descontos obrigatórios realizados.

Havendo pluralidade de exequentes, cada um deverá apresentar sua própria memória de cálculo, individualizando os respectivos valores.

Nos embargos à execução, a Fazenda Pública poderá alegar qualquer matéria que lhe seria lícito deduzir como defesa no processo de conhecimento.

Porém, se não forem opostos os embargos ou transitada em julgado a decisão que os rejeitar, será expedido precatório ou requisição de pequeno valor (RPV) em favor do exequente, haja vista que não pode haver penhora de bens públicos.

---

1. Este capítulo foi elaborado pelo Prof. Evandro Annibal.
2. Súmula 279 do STJ: "É cabível execução por título extrajudicial contra a Fazenda Pública".

Ressalte-se que, nos termos do art. 100 da Constituição Federal, os pagamentos devidos pelas Fazendas Públicas Federal, Estaduais, Distrital e Municipais, em virtude de sentença judiciária, far-se-ão exclusivamente na ordem cronológica de apresentação dos precatórios e à conta dos créditos respectivos, proibida a designação de casos ou de pessoas nas dotações orçamentárias e nos créditos adicionais abertos para este fim.

Tendo em vista que o pagamento de precatórios ou mesmo da requisição de pequeno valor enfrenta uma morosidade enorme para que o exequente receba seus valores, tem-se que o credor poderá ceder, total ou parcialmente, seus créditos em precatórios a terceiros, independentemente da concordância da fazenda pública e a cessão de precatórios somente produzirá efeitos após comunicação, por meio de petição protocolizada, ao tribunal de origem e à entidade devedora.

No caso de fase de cumprimento de sentença, não incide a multa de 10% (dez por cento) pelo não pagamento pela Fazenda Pública. Quer dizer, mesmo que a Fazenda Pública não pague no prazo de 15 (quinze) dias, não pode ser cobrada pelo exequente a multa de 10% previsto para as outras execuções por título extrajudicial.

## 15.2 MODELO DE PETIÇÃO DE EXECUÇÃO DE OBRIGAÇÃO DE ENTREGA DE COISA CONTRA A FAZENDA PÚBLICA

AO JUÍZO DA _____ª VARA DA FAZENDA PÚBLICA _____

*(espaço para despacho = 10 linhas)*

JUKA DO SOSSEGO, (nacionalidade), (estado civil), (profissão), portador do RG nº (nº do documento) e inscrito no CPF/MF sob nº (nº documento), residente e domiciliado (endereço completo), por seu procurador signatário (doc. 1), que recebe avisos e intimações no (endereço do advogado, inclusive o eletrônico), vem, com o devido respeito e acatamento, perante Vossa Excelência, com base no art. 910 do Novo Código de Processo Civil, promover a presente

**AÇÃO DE EXECUÇÃO DE OBRIGAÇÃO DE ENTREGA DE COISA**

contra a Fazenda Pública do Estado de São Paulo....

Primeiramente, em cumprimento ao art. 319, II e VII do CPC, o exequente informa que os endereços eletrônicos (***e-mail***s) das partes são: (autor) <_____> e (réu) <_____> e que o exequente opta pela realização (ou não) de audiência de conciliação ou de mediação.[3]

---

3. Embora o artigo 319, inciso VII, do CPC tenha acrescido um requisito na petição inicial, qual seja o do autor optar, ou não, pela realização de audiência de conciliação ou mediação, nos casos de demandas contra a Fazenda Pública o acordo entre as partes não é assunto pacífico. A jurisprudência tem entendido que só é possível acordo nos autos nos quais é parte a Fazenda Pública quando não representar dano

CAPÍTULO 15 • EXECUÇÃO POR TÍTULO EXTRAJUDICIAL CONTRA A FAZENDA PÚBLICA **203**

A executada ofertou em jornais de grande circulação um leilão de ambulâncias antigas (bens inservíveis) que seriam vendidas mediante lanços de interessados em leilão extrajudicial.

O exequente compareceu na data e local do leilão e arrematou uma ambulância seminova para que reutilizasse suas peças.

Vide auto de arrematação e contrato de cessão de direitos em anexo (doc.) bem como ao comprovante de pagamento (doc.).

Ocorre que, mesmo tendo dado o maior lanço e arrematado o bem quitando a totalidade do preço, a executada se nega a entregar referido veículo.

Nos termos do art. 815 do CPC, quando o objeto da execução for obrigação de fazer, o executado será citado para satisfazê-la no prazo que o juiz lhe designar, se outro não estiver determinado no título executivo.

Não resta outra alternativa ao exequente senão a de ajuizar a presente demanda, tendo em vista a recusa injustificada da ré.

Diante de todo o exposto, nos termos do art. 910 e seguintes do CPC, requer seja a Fazenda Pública citada para ofertar Embargos para que ao final seja a executada condenada à obrigação de fazer, qual seja de entregar ao exequente o bem arrematado, sob pena de expedição de ofício ao Ministério Público para apuração de crime de improbidade.

Requer a condenação da executada ao pagamento de custas e honorários advocatícios em máximo grau.

Dá-se à causa o valor de R$_____(por extenso).

Termos em que, Pede deferimento.

Local e data

Nome e assinatura do Advogado n° da OAB

## 15.3 MODELO DE PETIÇÃO DE EXECUÇÃO POR QUANTIA CERTA CONTRA A FAZENDA PÚBLICA

AO JUÍZO DA_____ª VARA DA FAZENDA PÚBLICA_____

*(espaço para despacho = 10 linhas)*

SOSSEGO LTDA, pessoa jurídica de direito privado, regulamente inscrita no CNP sob sob n° (n° documento), com endereço comercial à (indicar endereço completo, incluindo CEP), por seu procurador signatário (doc. 1), que recebe avisos e intimações no (endereço do advogado, inclusive o eletrônico), vem, com o devido respeito e acatamento, perante Vossa Excelência, com base no art. 910 do Novo Código de Processo Civil, promover a presente

---

ao erário e quando for respeitada a ordem de pagamento de precatório e RPV, nos termos do artigo 100 da Constituição Federal. Outro ponto a ser ainda decidido pelos tribunais é a possibilidade de negócios processuais (modificação de procedimento de tramitação processual) nos termos do artigo 190 do CPC nas causas em que for parte a Fazenda Pública.

# AÇÃO DE EXECUÇÃO POR QUANTIA CERTA

contra a Fazenda Pública do Estado de São Paulo.... (ou do município etc.).

Primeiramente, em cumprimento ao art. 319, incisos II e VII do CPC, o exequente informa que os endereços eletrônicos (*e-mails*) das partes são: (autor) <_____> e (réu) <_____> e que o exequente opta pela realização (ou não) de audiência de conciliação ou de mediação.[4]

O exequente é uma concessionária que comercializa veículos, inclusive para órgãos públicos.

A executada abriu um certame licitatório para aquisição de veículo, tendo a exequente sido a vencedora de referida licitação.

Cumprindo sua parte no contrato a exequente procedeu à entrega de todos os veículos, transmitindo a posse e a propriedade, nos termos dos recibos em anexo (doc. 2).

Contudo, a Fazenda Pública não procedeu ao pagamento dos valores, não quitando sua obrigação.

Ou seja, estão devidamente comprovados a vitória na licitação, a entrega dos veículos e a não quitação do preço que, inclusive, está documentada por mensagens eletrônicas (doc. 3).

Não cumprida a obrigação, não resta outra alternativa ao exequente senão a de ajuizar a presente demanda, visando a satisfação de seu crédito.

Diante de todo o exposto, requer seja a Fazenda Pública citada para ofertar Embargos para que ao final seja a executada condenada ao pagamento do valor total da licitação, sob pena de expedição de ofício ao Ministério Público para apuração de crime de improbidade.

Caso não haja oposição dos Embargos ou havendo rejeição a estes, requer seja expedida requisição do valor devido, mais acréscimos legais nos termos da memória de cálculo em anexo (doc.), por intermédio do presidente deste egrégio tribunal, para satisfação da dívida, nos termos do art. 910 do CPC.

Requer a condenação da executada ao pagamento de custas e honorários advocatícios em máximo grau.

Dá-se à causa o valor de R$_____(por extenso).

Termos em que, Pede deferimento.

Local e data

Nome e assinatura do Advogado n° da OAB

---

4. Ver NR 2.

# Capítulo 16[1]
## Da defesa do Executado

## 16.1 CONSIDERAÇÕES INICIAIS

É preciso destacar inicialmente que a defesa do executado em nada se assemelha com a defesa do réu no processo de conhecimento, isto porque na execução parte-se de uma certeza oriunda de um título ao qual a lei confere certeza, liquidez e exigibilidade (ver CPC, art. 784).

Mesmo quando tratamos do cumprimento da sentença (execução de título judicial), a defesa do réu, que neste caso chama-se de impugnação, encontra limites estreitos no que diz respeito às matérias que podem ser nela discutidas (ver CPC, art. 525).

Assim, iremos estudar as defesas do executado que no cumprimento da sentença (título executivo judicial) far-se-ão através do incidente chamado impugnação (ver CPC, art. 525) e, quando referentes aos títulos executivos extrajudiciais, processar-se-ão por meio dos embargos do devedor (ver CPC, arts. 914 ss).

## 16.2 DEFESA DO RÉU NO CUMPRIMENTO DA SENTENÇA – IMPUGNAÇÃO

A defesa do devedor se faz mediante uma simples petição denominada de impugnação (ou ainda "impugnação ao cumprimento de sentença"), e como esta fase do processo visa tão-somente à execução do julgado, o executado não poderá discutir toda e qualquer matéria, estando limitado àquelas expressamente previstas no art. 525, § 1º do CPC, quais sejam:

I – falta ou nulidade da citação se, na fase de conhecimento, o processo correu à revelia;

II – ilegitimidade de parte;

III – inexequibilidade do título ou inexigibilidade da obrigação;

IV – penhora incorreta ou avaliação errônea;

---

1. Este capítulo contou com a colaboração do Prof. Evandro Annibal.

V – excesso de execução ou cumulação indevida de execuções;

VI – incompetência absoluta ou relativa do juízo da execução;

VII – qualquer causa modificativa ou extintiva da obrigação, como pagamento, novação, compensação, transação ou prescrição, desde que supervenientes à sentença.

A impugnação será apresentada nos próprios autos em petição autônoma. Eventual alegação de impedimento ou suspeição observará o disposto nos arts. 146 e 148 do CPC.

Transcorrido o prazo de 15 (quinze) dias sem o pagamento voluntário do débito, inicia-se novo prazo de 15 (quinze) dias para que o executado, **independentemente de penhora ou nova intimação**, apresente, nos próprios autos, sua impugnação.

Como regra geral, a impugnação não suspende o cumprimento da sentença. Porém, pode o juiz conceder efeito suspensivo se forem relevantes os fundamentos e o réu demonstrar que o prosseguimento da execução poderá lhe causar grave dano ou de difícil reparação. Nesse caso, o réu deverá segurar o juízo com penhora, caução ou depósito. Cumpre alertar que, mesmo tendo sido atribuído efeito suspensivo, tal fato não obsta a efetivação dos atos de substituição, de reforço ou de redução da penhora e de avaliação dos bens (CPC, art. 525, §§ 6º e 7º).

A apresentação de impugnação não impede a prática dos atos executivos, inclusive os de expropriação, podendo o juiz, a requerimento do executado e desde que garantido o juízo com penhora, caução ou depósito suficientes, atribuir-lhe efeito suspensivo, se seus fundamentos forem relevantes e se o prosseguimento da execução for manifestamente suscetível de causar ao executado grave dano de difícil ou incerta reparação e a concessão de efeito suspensivo não impedirá a efetivação dos atos de substituição, de reforço ou de redução da penhora e de avaliação dos bens.

Quando o efeito suspensivo atribuído à impugnação disser respeito apenas a parte do objeto da execução, esta prosseguirá quanto à parte restante e ainda que atribuído efeito suspensivo à impugnação sendo lícito ao exequente requerer o prosseguimento da execução, oferecendo e prestando, nos próprios autos, caução suficiente e idônea a ser arbitrada pelo juiz.

Quando o executado alegar que o exequente, em excesso de execução, pleiteia quantia superior à resultante da sentença, deverá declarar de imediato o valor que entende correto, apresentando demonstrativo discriminado e atualizado de seu cálculo, sob pena de indeferimento liminar de sua impugnação (ver CPC, art. 525, §§ 4º e 5º).

CAPÍTULO 16 • DA DEFESA DO EXECUTADO **207**

## 16.2.1 Problema para elaboração da defesa do executado no cumprimento de sentença

Dentre as situações que autoriza a apresentação de impugnação, o legislador previu o excesso de execução (art. 525, V, do CPC). Aliás, esse tipo de situação é muito comum no dia-a-dia forense tendo em vista que a planilha de cálculo apresentada pelo credor, sendo documento unilateralmente produzido, pode conter dados equivocados quanto à origem do débito; aplicação de juros ou atualização a partir de datas diferentes da que constou na sentença; e, até mesmo, valores pleiteados na inicial e não reconhecidos na sentença de mérito (nesse sentido, ver art. 917, § 2º do CPC).

Para efeito da elaboração da petição de impugnação, vamos imaginar que num determinado processo o autor deu início ao cumprimento de sentença apresentado sua planilha de cálculos e nela tenha incluído lucros cessantes quando a sentença sob a qual se funda a execução não reconheceu esse direito ao autor. Como a sentença não tratou de lucros cessantes, isto motivaria a apresentação de impugnação, conforme veremos.

Advirta-se mais uma vez que se o réu impugnar o cumprimento de sentença alegando excesso de execução deve, obrigatoriamente, declinar qual é o valor que entende ser o correto, sob pena de rejeição liminar de sua impugnação (ver CPC, art. 525, § 4º).

## 16.2.2 Modelo de petição de impugnação ao cumprimento de sentença

AO DOUTO JUÍZO DA _____ª VARA CÍVEL DO FORO DA COMARCA DE_____.[2]

*(espaço para despacho)*

**Processo nº** _____

**Objeto: Impugnação ao Cumprimento da Sentença**

JOKA KFURO, já devidamente qualificado nos autos em epígrafe, por seu advogado que esta subscreve, vem, com o devido respeito e acatamento, perante Vossa Excelência, com base no art. 525 do Novo do Código de Processo Civil e demais disposições legais aplicáveis à espécie, apresentar sua

---

2. Se é impugnação ao cumprimento de sentença é porque já há um processo em andamento, distribuído a uma determinada vara e com a devida numeração.

## IMPUGNAÇÃO AO CUMPRIMENTO DA SENTENÇA

em face de BEZERRA MILK LEITE, também já devidamente qualificado nos autos em referência, pelos motivos de fato e de direito que a seguir passa a expor:

1. Diante do trânsito em julgado da sentença que reconheceu o direito do Autor, o mesmo promoveu o início da fase de execução, através do pedido de cumprimento da sentença, em face do ora impugnante.

2. Contudo os cálculos apresentados pelo autor estão em desconformidade com a R. Decisão, caracterizando excesso de execução, o que autoriza a propositura da presente impugnação.

3. Veja-se que a planilha apresentada pelo autor consigna valores atinentes a lucros cessantes e isto não foi reconhecido na ação ora proposta, restando expressamente afastada quando da prolação da sentença (ver fl. indicar o nº da folha do processo onde consta a sentença).

4. Assim, o valor correto deve ser o de R$_____(indicar qual valor correto), nos estreitos limites do que foi fixado na R. Sentença, devendo a execução prosseguir com base neste valor.

Assim, em face de tudo quanto acima exposto, é a presente para requerer a Vossa Excelência:

a) A intimação do impugnado, na pessoa de seu advogado, para, querendo, apresente resposta à presente impugnação.

b) Após regular processamento, seja a presente considerada procedente para reconhecer como valor correto o montante de R$ _____ (indicar o valor).

c) A condenação do impugnado ao pagamento de custas e honorários advocatícios.[3]

d) Requer ainda provar o alegado por todos os meios de prova em direito admitidos, especialmente pela planilha de cálculo que a esta acompanha.

Termos em que, Pede Deferimento.

Local e data

Nome e assinatura do Advogado nº da OAB

## 16.3 DEFESA DO EXECUTADO POR TÍTULO EXTRAJUDICIAL ATRAVÉS DOS EMBARGOS À EXECUÇÃO

Os embargos correspondem a uma ação autônoma, distribuída por dependência ao mesmo juízo onde se processa a execução e devem ser instruídos com

---

3. A questão dos honorários no cumprimento de sentença está expressamente previsto no art. 85, § 1º in verbis:

Art. 85. A sentença condenará o vencido a pagar honorários ao advogado do vencedor.

§ 1º São devidos honorários advocatícios na reconvenção, no cumprimento de sentença, provisório ou definitivo, na execução, resistida ou não, e nos recursos interpostos, cumulativamente.

CAPÍTULO 16 • DA DEFESA DO EXECUTADO **209**

cópias das peças processuais relevantes, que poderão ser declaradas autênticas pelo próprio advogado, sob sua responsabilidade pessoal.

Quer dizer, sendo os embargos uma ação incidental de caráter cognitivo, nela o executado irá procurar discutir a veracidade da execução e do título que a instrui, utilizando para isso de todos os meios de prova em direito admitido.

Antes de distribuir os embargos o advogado deverá verificar se a execução tramita por formato digital (processo eletrônico) ou formato físico (autos em papel) e ainda deve verificar se a distribuição dos embargos deve ser feita por formato digital ou físico haja vista que é comum execuções que ainda tramitam em autos físicos terem a distribuição dos embargos por meio digital.

Os embargos deverão ser opostos no prazo de 15 (quinze) dias, contados da juntada aos autos do mandado de citação devidamente cumprido (CPC, art. 915)[4] e, para garantia do contraditório, o exequente será intimado para responder, também no prazo de 15 (quinze) dias.

Após isso o juiz verificará da necessidade de dilação probatória designando audiência de conciliação, instrução e julgamento (ver CPC, art. 920, II) ou, se não for o caso, proferirá julgamento conforme o estado do processo (CPC, art. 354).

A oposição dos embargos não suspende o curso da execução, porém se o devedor desejar obter efeito suspensivo deverá requerer ao juiz, atendendo ainda os seguintes requisitos: garantir o juízo através do depósito, caução ou penhora; e apresentar argumentos relevantes de que o prosseguimento da execução poderá lhe causar grave dano ou de difícil reparação (CPC, art. 919, § 1º).[5] Mesmo que

---

4. CPC, Art. 915. Os embargos serão oferecidos no prazo de 15 (quinze) dias, contado, conforme o caso, na forma do art. 231.

    § 1º Quando houver mais de um executado, o prazo para cada um deles embargar conta-se a partir da juntada do respectivo comprovante da citação, salvo no caso de cônjuges ou de companheiros, quando será contado a partir da juntada do último.

    § 2º Nas execuções por carta, o prazo para embargos será contado:

    I – da juntada, na carta, da certificação da citação, quando versarem unicamente sobre vícios ou defeitos da penhora, da avaliação ou da alienação dos bens;

    II – da juntada, nos autos de origem, do comunicado de que trata o § 4º deste artigo ou, não havendo este, da juntada da carta devidamente cumprida, quando versarem sobre questões diversas da prevista no inciso I deste parágrafo.

    § 3º Em relação ao prazo para oferecimento dos embargos à execução, não se aplica o disposto no art. 229.

    § 4º Nos atos de comunicação por carta precatória, rogatória ou de ordem, a realização da citação será imediatamente informada, por meio eletrônico, pelo juiz deprecado ao juiz deprecante.

5. CPC, Art. 919. Os embargos à execução não terão efeito suspensivo.

    § 1º O juiz poderá, a requerimento do embargante, atribuir efeito suspensivo aos embargos quando verificados os requisitos para a concessão da tutela provisória e desde que a execução já esteja garantida por penhora, depósito ou caução suficientes.

concedido o efeito suspensivo, o mesmo não tem o condão de obstar os atos de penhora e avaliação de bens.

Advirta-se, por fim, que a oposição dos embargos que tenham caráter meramente protelatório, isto é, desprovido de qualquer fundamento legal, será considerada conduta atentatória à dignidade da justiça.

No prazo para embargos, reconhecendo o crédito do exequente e comprovando o depósito de 30% (trinta por cento) do valor em execução, acrescido de custas e de honorários de advogado, o executado poderá requerer que lhe seja permitido pagar o restante em até 6 (seis) parcelas mensais, acrescidas de correção monetária e de juros de um por cento ao mês (CPC art. 916, *caput*)[6] e a opção por este tipo de parcelamento importa renúncia ao direito de opor embargos à execução (este parcelamento não se aplica ao cumprimento da sentença – ver art. 916, § 7º, do CPC).

Contudo, havendo o parcelamento previsto no art. 916, o não pagamento de qualquer das prestações acarretará, cumulativamente, o vencimento das prestações subsequentes e o prosseguimento do processo, com o imediato reinício dos atos executivos, a imposição ao executado de multa de dez por cento sobre o valor das prestações não pagas.

A matéria de cabimento dos embargos está restrita ao que preceitua o art. 917 do CPC sendo que o executado poderá alegar inexequibilidade do título ou inexigibilidade da obrigação, penhora incorreta ou avaliação errônea, excesso de execução ou cumulação indevida de execuções, retenção por benfeitorias necessárias ou úteis, nos casos de execução para entrega de coisa certa, incompetência absoluta ou relativa do juízo da execução, qualquer matéria que lhe seria lícito deduzir como defesa em processo de conhecimento.

### 16.3.1 Problema para elaboração dos embargos

Tomando como base um processo de execução no qual o exequente tenha instruído sua petição inicial com cópia do título (não o original) e que, além disso, não tenha feito ressalva de que recebeu parte da dívida exequenda.

Nesse caso, vejamos como ficaria a petição de embargos do devedor.

---

6. CPC, Art. 916. No prazo para embargos, reconhecendo o crédito do exequente e comprovando o depósito de trinta por cento do valor em execução, acrescido de custas e de honorários de advogado, o executado poderá requerer que lhe seja permitido pagar o restante em até 6 (seis) parcelas mensais, acrescidas de correção monetária e de juros de um por cento ao mês.

CAPÍTULO 16 • DA DEFESA DO EXECUTADO    **211**

## 16.3.2  Modelo de petição de embargos na execução por quantia certa

AO DOUTO JUÍZO DA ＿＿＿ ª VARA CÍVEL DO FORO DA COMARCA DE＿＿＿.[7]

*(espaço para despacho)*

**Distribuição por dependência ao[8] Processo n°** ＿＿＿

ROLANDO KAIO DA ROCHA, já devidamente qualificado nos autos da ação de execução por título extrajudicial em epígrafe, por seu advogado que esta subscreve, vem, com o devido respeito e acatamento, perante Vossa Excelência, com base no art. 914 do Novo Código de Processo Civil e demais disposições legais aplicáveis à espécie, opor

### EMBARGOS DO DEVEDOR

#### (embargos à execução de título extrajudicial)

em face de JOKA DO FAROFINO, também já devidamente qualificado nos autos em referência, pelos motivos de fato e de direito que a seguir passa a expor:

Primeiramente, em cumprimento ao art. 319, incisos II e VII do CPC, o embargante informa que os endereços eletrônicos (*e-mail*s) das partes são: (autor)＿＿＿ e (réu)＿＿＿e que o embargante opta pela realização (ou não) de audiência de conciliação ou de mediação.

1. O embargado promoveu a ação de execução que ora se embarga, alegando ser credor de dívida líquida e certa, no valor de R$ 4.500,00 (quatro mil e quinhentos reais), representada por uma nota promissória vencida em 20 de junho do corrente ano, tendo instruído a ação executiva com cópia xerográfica da referida cambial.

2. A execução não pode prosperar, por duas boas razões:

Primeiro, porque o embargado instruiu a execução com cópia xerográfica do título e não com o original, contrariando o que dispõe o art. 798, inc. I, "a", do CPC, que, expressamente, determina: cumpre ao credor, ao requerer a execução, instruir a petição inicial: inc. I, alínea "a" – com o título executivo; e,

Segundo, porque o embargante já pagou parcialmente a aludida cambial, na data do vencimento, conforme consta na anotação aposta no verso do documento original, não exibido pelo embargado, mas que o embargante comprova mediante a cópia do cheque nominal ao credor, no valor de R$ (indicar o valor), através do qual foi pago parcialmente o título.

---

7. Sendo embargos é porque já existe um processo executivo em andamento, distribuído a uma determinada vara e com a devida numeração. Por isso nossa petição tem endereçamento para uma vara determinada e nela fazemos constar o número do processo de execução, pois a ele os embargos serão apensados.

8. Quer dizer que está sendo distribuída a ação de embargos ao mesmo juízo onde se processa a execução e isto se justifica porque os embargos são conexos à execução (CPC, art. 253, I).

3. Embora o ônus da prova seja do devedor na ação de embargos, compete ao credor instruir a inicial com a prova da liquidez, certeza e exigibilidade do título, condições que não foram satisfeitas pelo exequente, ao pretender executar a integralidade de uma dívida já parcialmente paga.

Em razão do exposto, requer, com fundamento nos dispositivos legais invocados, sejam os presentes embargos recebidos em seu efeito suspensivo, intimando-se o embargado para impugná-los, querendo, prosseguindo o feito em seus trâmites legais, até final decisão que os julgue procedentes, para anular a execução, condenando-se o embargado em custas processuais, honorários advocatícios na base de 20% sobre o valor dado à causa e demais cominações legais, condenando, ainda, como litigante de má-fé, nos exatos termos dos arts. 79 e 80 do Estatuto Processual Civil (CPC), por deduzir pretensão contra fato incontroverso.

Requer, outrossim, sejam os presentes embargos distribuídos por dependência e autuados em apenso ao Processo de Execução nº 2007.29101949-0, em trâmite perante esse juízo e cartório.

Protesta por todo o gênero de provas e requer a sua produção pelos meios admitidos em direito, como juntada de documentos, perícias, inquirição de testemunhas e depoimento pessoal do embargado, pena de confissão.

Dá aos presentes embargos o valor de R$ 4.500,00 (valor da execução).

Nestes termos Pede deferimento.

Local e data

Nome e assinatura do Advogado nº da OAB.

### 16.3.3 Modelo de petição de embargos na execução para entrega de coisa

AO DOUTO JUÍZO DA_____ª VARA CÍVEL DO FORO DA COMARCA DE_____.[9]

*(espaço para despacho)*

**Distribuição por dependência ao[10] Processo nº** _____

ROLANDO KAIO DA ROCHA, já devidamente qualificado nos autos da ação de execução por título extrajudicial em epígrafe, por seu advogado que esta subscreve, vem, com o devido respeito e acatamento, perante Vossa Excelência, com base no art. 914 do Novo Código de Processo Civil e demais disposições legais aplicáveis à espécie, opor

---

9. Sendo embargos é porque já existe um processo executivo em andamento, distribuído a uma determinada vara e com a devida numeração. Por isso nossa petição tem endereçamento para uma vara determinada e nela fazemos constar o número do processo de execução, pois a ele os embargos serão apensados.

   \*Verificar se a distribuição dos embargos é em formato digital, mesmo se a execução for processo físico.

10. Quer dizer que está sendo distribuída a ação de embargos ao mesmo juízo onde se processa a execução e isto se justifica porque os embargos são conexos à execução (CPC, art. 286, I).

# CAPÍTULO 16 • DA DEFESA DO EXECUTADO | 213

## EMBARGOS DO DEVEDOR

em face de JOKA DO FAROFINO, também já devidamente qualificado nos autos em referência, pelos motivos de fato e de direito que a seguir passa a expor:

Primeiramente, em cumprimento ao art. 319, II e VI, I do CPC, o embargante informa que os endereços eletrônicos (*e-mails*) das partes são: (autor) < _____ > e (réu) < _____ > e que o embargante opta pela realização (ou não) de audiência de conciliação ou de mediação.

1. O embargado promoveu a ação de execução que ora se embarga, alegando ser credor de obrigação de dar (entrega de coisa), qual seja de que haveria adquirido três cabeças de gado nelore do embargante, no valor total de R$ 4.500,00 (quatro mil e quinhentos reais), representada por instrumento de promessa de venda e compra assinado e subscrito por duas testemunhas, que previa data de entrega o dia 20 de junho do corrente ano, tendo instruído a ação executiva com cópia simples do contrato.

2. A execução não pode prosperar, por duas boas razões:

Primeiro, porque o embargado não acostou à petição inicial o respectivo comprovante de pagamento do valor do contrato e, ainda, pelo fato de que o valor da aquisição não foi devidamente quitado.

Segundo, porque o embargante já procedeu à tradição no ato da assinatura do contrato de uma cabeça de gado, entrega está devidamente comprovada pelo recibo de entrega que segue em anexo.

Diz o art. 917 do CPC:

*Nos embargos à execução, o executado poderá alegar:*

*(omissis)*

*III – excesso de execução ou cumulação indevida de execuções;*

*(omissis)*

*§ 2º Há excesso de execução quando:*

*IV – o exequente, sem cumprir a prestação que lhe corresponde, exige o adimplemento da prestação do executado;*

No presente caso resta patente que não pode o exequente requerer o cumprimento total da obrigação haja vista que sequer sua parte foi cumprida no contrato, ou seja, em outras palavras, o embargado, sem cumprir a prestação que lhe corresponde, não pode exigir o adimplemento da prestação do embargante; é aquilo que a doutrina chama de exceção de contrato não cumprido (ver CC, art. 476).

3. Embora o ônus da prova seja do embargante na ação de embargos, compete ao credor instruir a inicial com a prova de seu direito ao pretender executar a integralidade de uma obrigação já parcialmente quitada.

Em razão do exposto, requer, com fundamento nos dispositivos legais invocados, sejam os presentes embargos recebidos em seu efeito suspensivo, intimando-se o embargado para impugná-los, querendo, prosseguindo o feito em seus trâmites legais, até final decisão que os julgue procedentes, para anular a execução, condenando-se o embargado em custas processuais, honorários advocatícios na base de 20% sobre o valor dado à causa e demais cominações legais, condenando, ainda, como litigante de má-fé, nos exatos termos dos arts. 79 e 80 do Estatuto Processual Civil, por deduzir pretensão contra fato incontroverso.

Requer, outrossim, sejam os presentes embargos distribuídos por dependência e autuados em apenso ao Processo de Execução nº , em trâmite perante esse juízo e cartório.

Protesta por todo o gênero de provas e requer a sua produção pelos meios admitidos em direito, como juntada de documentos, perícias, inquirição de testemunhas e depoimento pessoal do embargado, pena de confissão.

Dá aos presentes embargos o valor de R$ 4.500,00 (valor da execução)

Nestes termos Pede deferimento.

Local e data,

Nome e assinatura do Advogado nº da OAB.

PARTE III
# DOS PROCEDIMENTOS ESPECIAIS

# Capítulo 17[1]
# Das Petições nos Procedimentos Especiais

## 17.1 NOTAS INTRODUTÓRIAS

Pela sistemática adotada pelo legislador brasileiro, as espécies processuais foram sistematizadas de acordo com o tipo de tutela. Dessa forma, temos o processo de conhecimento e o de execução. Em apoio a eles, existem as tutelas provisórias (de urgência e evidência).

O processo de conhecimento se divide entre procedimento comum e especial, incluindo o cumprimento de sentença. Já as demandas pelo procedimento especial se dividem em de jurisdição contenciosa ou voluntária.

As ações que tramitam pelo procedimento especial têm peculiaridades que as distinguem dos demais procedimentos, tendo em vista que algumas têm características do processo de conhecimento com antecipação de tutela (nas ações possessórias, por exemplo); de conhecimento e de execução (ação monitória, por exemplo), e outras cujo procedimento é *sui generis* (como, por exemplo, na ação de consignação em pagamento em que, para discutir o direito material, o autor deverá primeiro depositar o valor que entende correto).

No presente capítulo, iremos apresentar os fundamentos básicos e os modelos de petição para propositura das seguintes ações de procedimento especial: consignação em pagamento (CPC, arts. 539 a 549); de exigir contas (CPC, arts. 550 a 553); possessórias (CPC, arts. 554 a 568); embargos de terceiros (CPC, arts. 674 a 681); e a monitória (CPC, arts. 700 a 702).

## 17.2 DA AÇÃO DE CONSIGNAÇÃO EM PAGAMENTO

Esse é o tipo de ação destinada a obter a extinção ou a liberação da obrigação, com o devedor pagando a dívida ou consignando a coisa, especialmente nos casos em que o credor se recusa a receber, de sorte que assim procedendo o devedor afasta a sua mora (*solvendi*), constituindo o credor em mora (*accipiendi*).

---

1. Este capítulo contou com a colaboração do Prof. Marco Antônio Garcia Lopes Lorencini.

Por essa razão, no caso de recusa, a preparação para esta ação é muito importante. Antes mesmo de ajuizá-la, o devedor, futuro autor, deverá já ter uma prova documental de que ofereceu o valor que deve ao credor e houve a recusa. Normalmente isto é feito mediante notificação extrajudicial.

Têm legitimação ativa para requerer a medida tanto o próprio devedor, quanto os seus sucessores, assim como terceira pessoa que queira, por ele, saldar a dívida.

As hipóteses de cabimento vêm explicitadas no art. 335 do Código Civil:

a) Se o credor, sem justa causa, recusar-se a receber ou tentar eximir-se de dar quitação;

b) Se o credor, desinteressado ou por malícia, não for nem mandar receber a coisa no lugar, tempo e condições combinadas;

c) Se o credor for incapaz de receber, for desconhecido, declarado ausente, ou residir em lugar incerto ou de acesso perigoso ou difícil;

d) Se ocorrer dúvida sobre quem deva legitimamente receber;

e) Se pender litígio sobre o objeto;

f) Se houver concurso de preferência contra o credor; e, finalmente,

g) Se o credor for incapaz de receber o pagamento.

Têm legitimação passiva aquele que o autor reputa seja o credor ou credores, conforme o caso.

A ação deverá ser ajuizada no lugar do pagamento (ver CC, art. 337). Mas este poderá variar de acordo com a natureza da dívida. Em alguns casos, o local do pagamento é o domicílio do credor (dívida portável). Em outros, é no do domicílio do devedor (dívida quesível).

Segundo o art. 544 do CPC, o réu poderá invocar em contestação: I – não houve recusa ou mora em receber a quantia ou a coisa devida; II – foi justa a recusa; III – o depósito não se efetuou no prazo ou no lugar do pagamento; IV – o depósito não é integral. Se o réu alegar que o depósito não é integral, deverá indicar claramente qual é o montante que entende devido. Indicado o montante que seria o devido, o autor terá o prazo de 10 (dez) dias para completar o pagamento, segundo o que dispõe o art. 545 do CPC.

O réu pode alegar esta insuficiência na própria peça de contestação. E se tiver algum ponto para pedir em reconvenção, deverá fazê-lo também em contestação, já que a reconvenção também será apresentada na contestação (ver CPC, art. 343).

CAPÍTULO 17 • DAS PETIÇÕES NOS PROCEDIMENTOS ESPECIAIS **219**

**Atenção:** embora não seja muito usual é importante informar que tratando-se de obrigação em dinheiro, o devedor pode fazer a consignação
extrajudicial, isto é, depositar o valor devido em banco situado no lugar do
pagamento, cientificando o credor, por carta com AR, para que ele, no prazo
de 10 (dez) dias, apresente sua manifestação de recusa. Nesse caso, o silêncio
será entendido como aceitação e o devedor estará liberado da obrigação.
Caso haja recusa, o devedor deverá propor a ação de consignação no prazo
de 1 (um) mês (ver CPC, art. 539, § 1º ao 4º).

## 17.2.1 Modelo de petição da ação de consignação em pagamento

AO JUÍZO DA_____VARA CÍVEL DA COMARCA DE_____ESTADO DE_____ [2]

*(espaço para despacho)*

JOKA KFURO, (nacionalidade), (profissão), (estado civil), portador da Carteira de
Identidade nº (número), inscrito no CPF/MF sob o nº (número) (doc. 2),[3] residente e domiciliado na Rua (endereço completo), Cidade de_____, no Estado de_____, por seu procurador
infra-assinado, instrumento de mandato incluso (doc. 1),[4] que recebe avisos e intimações na
(endereço do advogado, inclusive com e-mail), vem, mui respeitosamente, à presença de
Vossa Excelência, com fulcro no disposto nos artigos 539 e seguintes do Novo Código de
Processo Civil c/c com a Lei nº 8.245/91 e demais cominações aplicáveis, propor a presente

### AÇÃO DE CONSIGNAÇÃO EM PAGAMENTO

em face de JOJOLINHO TIGRÃO, (nacionalidade), (estado civil), (profissão), residente
na rua (indicar endereço completo), nesta cidade, pelos fundamentos de fato e de direito
que a seguir aduz:

Primeiramente, em cumprimento ao que dispõe o art. 319, II e VII do CPC, o requerente informa que os endereços eletrônicos (***e-mail***s) das partes são: (autor) <_____> e
(réu) <_____> e que o mesmo opta pela realização (ou não) de audiência de conciliação
ou de mediação.

1. O requerente, através de contrato de locação, cuja cópia vai anexa, firmado em
__/__/__, pactuou, na condição de inquilino, a locação do prédio de propriedade
do requerido, localizado na Rua 15 de Novembro nº 1.899, nesta cidade, para uso
residencial, pelo prazo de 36 meses, com o aluguel mensal fixado em R$_____, a ser
reajustado anualmente.

---

2. Indicar o nome da Comarca.
3. Embora pareça repetitivo, recomenda-se juntar cópia simples do RG e do CPF, muito embora isto não
seja exigido. É recomendável assim proceder, pois esta é a melhor forma de identificação do autor.
4. A procuração *ad juditia* (mandato) será sempre o doc. nº 1, pois será o primeiro documento anexado
à petição inicial. No nosso exemplo o doc. nº 2 são os documentos pessoais do autor (RG e CPF).

# MANUAL DE PRÁTICA JURÍDICA CIVIL • Nehemias Domingos de Melo

2. Na data aprazada para pagamento do aluguel, ou seja, no dia 05 do corrente mês, o requerente compareceu nos escritórios do requerido, ocasião em que foi surpreendido com a recusa de seu recebimento, sob a alegação de que o valor contratualmente fixado se tornou muito defasado, estando abaixo do preço de mercado imobiliário, razão pela qual haveria um aumento de 50% sobre valores pactuados.

3. O requerente rebela-se contra a injusta pretensão do requerido, por considerá-la, ilegal e abusiva, pois conflita com a legislação vigente, além de contrariar as disposições estabelecidas no contrato formalizado pelas partes. Não lhe resta, portanto, outra alternativa que não a de buscar, através do remédio jurídico, consignar a quantia devida, assim como as que se forem vencendo no decorrer da demanda.

Em razão do exposto, com fundamento nos dispositivos legais preambularmente invocados, requer a citação do requerido para, em dia e hora a serem designados, vir a cartório, a fim de receber a importância de R$ _____, correspondente ao valor dos locativos do mês, sob pena da mesma ser depositada em estabelecimento bancário determinado por Vossa Excelência, ou contestar a presente ação, querendo, no prazo legal,[5] prosseguindo o feito em seus trâmites, até final sentença que o julgue procedente, condenando, ainda, o requerido, no pagamento das custas processuais, nos honorários advocatícios e demais cominações legais.

Protesta por todo o gênero de provas e requer a sua produção pelos meios admitidos em direito e, dando-se à causa o valor de R$ _____ (valor dos alugueres).

Nestes Termos,

Pede e Espera Deferimento.

Local e data

Nome e assinatura do Advogado nº da OAB.

## 17.3 DA AÇÃO DE EXIGIR CONTAS

A ação de exigir contas é cabível para exigir que alguém preste as contas devidas, cujo procedimento segue o que disciplina os arts. 550 a 553 do Novo Código de Processo Civil.

Em muitas situações, pessoas que estejam administrando bens de terceiros, podem ser obrigados a prestar contas de suas atividades ou dos resultados de sua administração, como por exemplo, os tutores, curadores, testamenteiro, inventariante, síndico, dentre outros.

A obrigatoriedade pode decorrer de contrato ou da função que a pessoa possa ter assumido em virtude da lei.

Essa ação é cabível também em face de quantias pagas, em razão da rescisão contratual por inadimplemento do devedor, para que este exija a devolução dos

---

5. Na inexistência de prazo específico para esta ação, aplica-se o prazo geral do procedimento comum, qual seja 15 dias, observado os termos do art. 335 do CPC.

## CAPÍTULO 17 • DAS PETIÇÕES NOS PROCEDIMENTOS ESPECIAIS · 221

valores que foram pagos, como, por exemplo, nos casos de consórcio, apreensão de bens de alienação fiduciária, compra de bens imóveis, dentre outros.

Na ação de exigir contas, o legitimado ativo é aquele que tem o direito de exigir, ao passo que é réu deverá ser aquele que o autor entende que esteja obrigado a prestá-la (CPC, art. 550).[6]

A ação deverá ser ajuizada no foro competente, sendo que as regras gerais de competência têm validade neste tipo de ação. Contudo, as contas do inventariante, do tutor, do curador, do depositário e de qualquer outro administrador serão prestadas em apenso aos autos do processo em que tiver sido nomeado (ver CPC, art. 553).

Se o autor tiver razão, será uma ação em duas fases, ou seja, primeiro haverá uma decisão condenando o réu a prestar contas e depois uma julgando as contas apresentadas. Se a sentença apurar algum saldo, este valor constituirá título executivo judicial (ver art. 552 do CPC).

### 17.3.1 Modelo de petição na ação de exigir contas

AO JUÍZO DA____VARA CÍVEL DA COMARCA DE____ESTADO DE____[7]

*(espaço para despacho)*

JOKA KFURO, (nacionalidade), (profissão), (estado civil), portador da Carteira de Identidade n° (número), inscrito no CPF/MF sob o n° (número) (doc. 2),[8] residente e domiciliado na Rua (endereço completo), Cidade de____, no Estado de____, por seu

---

6. CPC, Art. 550. Aquele que afirmar ser titular do direito de exigir contas requererá a citação do réu para que as preste ou ofereça contestação no prazo de 15 (quinze) dias.

    § 1° Na petição inicial, o autor especificará, detalhadamente, as razões pelas quais exige as contas, instruindo-a com documentos comprobatórios dessa necessidade, se existirem.

    § 2° Prestadas as contas, o autor terá 15 (quinze) dias para se manifestar, prosseguindo-se o processo na forma do Capítulo X do Título I deste Livro.

    § 3° A impugnação das contas apresentadas pelo réu deverá ser fundamentada e específica, com referência expressa ao lançamento questionado.

    § 4° Se o réu não contestar o pedido, observar-se-á o disposto no art. 355.

    § 5° A decisão que julgar procedente o pedido condenará o réu a prestar as contas no prazo de 15 (quinze) dias, sob pena de não lhe ser lícito impugnar as que o autor apresentar.

    § 6° Se o réu apresentar as contas no prazo previsto no § 5°, seguir-se-á o procedimento do § 2°, caso contrário, o autor apresentá-las-á no prazo de 15 (quinze) dias, podendo o juiz determinar a realização de exame pericial, se necessário

7. Indicar o nome da Comarca.

8. Embora pareça repetitivo, recomenda-se juntar cópia simples do RG e do CPF, muito embora isto não seja exigido. É recomendável assim proceder, já que esta é a forma de perfeita identificação do autor.

MANUAL DE PRÁTICA JURÍDICA CIVIL • Nehemias Domingos de Melo

procurador infra-assinado, instrumento de mandato incluso (doc. 1),[9] que recebe avisos e intimações na (endereço do advogado, inclusive eletrônico), vem, mui respeitosamente, à presença de Vossa Excelência, com fulcro no disposto nos artigos 550 e seguintes do Novo Código de Processo Civil, propor a presente

## AÇÃO DE EXIGIR CONTAS

em face da instituição financeira BANCO TOPA TUDO POR DINHEIRO S.A., pessoa jurídica de direito privado, regularmente inscrita no CNPJ/MF sob nº (indicar o nº), sediada na (endereço completo, inclusive com CEP), pelos fundamentos de fato e de direito que a seguir aduz:

## I – PRELIMINARMENTE

Primeiramente, em cumprimento ao que dispõe o art. 319, II e VII do CPC, o requerente informa que os endereços eletrônicos (*e-mails*) das partes são: (autor) <_____> e (réu) <_____> e que o mesmo opta pela realização (ou não) de audiência de conciliação ou de mediação.

## II – HISTÓRICO

1. O Requerente adquiriu na Concessionária Jojolino Automóveis Ltda., em (indicar a data), um veículo novo, marca Gran Mikko, modelo Tico-Tico, licenciado com placa CSN 8967 de (indicar a cidade), pelo valor de R$ (indicar o valor, inclusive por extenso) conforme prova a inclusa nota fiscal (doc. 3).

2. Do valor total, financiou através do Banco Requerido a quantia de R$ (indicar o valor), em X parcelas de R$ (indicar o nº de parcelas e o valor de cada uma), perfazendo o valor total (valor total inclusos principal, juros e IOF), conforme contrato de financiamento que se anexa (doc. 4).

3. O Autor pagou as 3 (três) primeiras prestações, no valor total de R$ (indicar o valor), vindo, ao depois, ficar inadimplente em razão de desemprego, resultante da problemática econômico-financeira que se desenvolve no país e que atinge a toda a população.

4. Em razão da inadimplência veio a sofrer a ação de busca e apreensão, promovida pelo Banco credor, sendo que na data de (indicar a data) promoveu a entrega amigável do bem, sustando assim o prosseguimento da ação, cuja desistência os patronos do Banco aceitaram, tanto que protocolaram junto ao Juízo competente a correspondente petição de anuência (doc. 5).

5. Após a devolução amigável do bem, ocorrida no escritório dos patronos da empresa Ré e mediante recibo (doc. 6), os mesmos informaram ao Autor que, tão logo o bem fosse leiloado, o Banco promoveria o acerto de contas e, se houvesse algum saldo, credor ou devedor, lhe seria dado ciência.

---

9. A procuração *ad juditia* (mandato) será sempre o doc. nº 1, pois será o primeiro documento anexado à petição inicial. No nosso exemplo o doc. nº 2 são os documentos do autor (RG e CPF).

CAPÍTULO 17 • DAS PETIÇÕES NOS PROCEDIMENTOS ESPECIAIS **223**

6. Decorridos mais de (indicar o tempo passado), tendo o Autor reclamado diversas vezes e vendo que seus reclamos não surtiam nenhum efeito prático, por meios próprios procurou descobrir o ocorrido com o leilão do referido veículo, vindo a saber que o mesmo fora leiloado e vendido pelo valor de R$ (indicar o valor), em leilão promovido pelo Leiloeiro (indicar o nome), conforme nota de venda nº (informar os dados), que ora se anexa (doc. 7).

7. Ciente da venda do veículo no referido leilão, realizou uma pesquisa junto ao Detran/SP (doc. 8), através da qual cientificou-se de que o veículo encontra-se circulando com a mesma numeração de placa, licenciado em nome de (nome do adquirente), no município de (indicar o município onde consta licenciado o veículo).

### III – DO DIREITO

8. O Banco Requerido financiou o valor de R$_____, vindo a receber por este financiamento o total de R$ _____(correspondente ao valor do bem leiloado + as 3 prestações pagas do financiamento), gerando um saldo favorável ao Banco de R$_____, que no entender do Autor caracteriza, no mínimo, um enriquecimento sem causa, mesmo que se aplique eventuais juros decorrentes da mora.

9. Importante destacar que não há falar-se em comissão de leiloeiro porque esta foi devidamente cobrada do arrematante, conforme prova a inclusa nota de venda e transferência do bem (doc. 9).

10. Fazendo-se uma simples conta aritmética, considerando-se o desembolso realizado pelo Autor, chega-se ao seguinte resultado: o bem custava R$ _____, dos quais financiou pelo Banco Requerido o montante de R$ _____, dando uma entrada no valor de R$_____, (recibo, doc. 10) que somado às 3 parcelas do financiamento pagas (R$ _____), perfazem o valor de R$ _____, valores estes que comprovadamente o Autor perdeu no processo de negociação do bem em questão.

11. De concluir-se, pelo acima exposto, e tomando-se como base os valores recebidos pelo Banco, que o Autor é CREDOR da importância de R$ (indicar o valor), que é exatamente a diferença a maior que o Requerido recebeu pelo financiamento realizado.

12. Finalmente, é a presente ação de prestação de contas perfeitamente pertinente à matéria aqui versada, tendo em vista que, conforme demonstrado, o Autor é credor de saldo decorrente da venda do bem em leilão, razão por que, não tendo obtido sucesso pelas vias extrajudiciais, socorre-se do Judiciário para ver atendida sua pretensão.

13. Ademais, a ação de exigir de contas compete aquele que tiver direito de exigi-la (CPC, art. 550) e, se dúvida restar, trazemos à colação julgado do E. Tribunal de Justiça do (indicar o estado) que, julgando matéria igual a versada nos presentes autos, assim se pronunciou:

*"ALIENAÇÃO FIDUCIÁRIA – MEDIDA CAUTELAR DE PRESTAÇÃO DE*

*CONTAS – Dever legal de o credor fiduciário, em caso de venda do bem, exibir ao devedor fiduciante o demonstrativo de contas decorrente da venda do bem realizada por leiloeiro oficial, dando conta do saldo apurado em favor de um ou outro, porquanto a própria lei assegura ao credor o direito ao recebimento do saldo ou a entrega ao devedor do excesso. Apelo improvido"* (indicar a origem do acórdão, tribunal, relator e data de julgamento).

## IV – CONCLUSÃO

Assim, em face de tudo quanto foi acima exposto, é a presente para REQUERER a Vossa Excelência:

a) A concessão dos benefícios da justiça gratuita, vez que se declara pobre na acepção jurídica do termo, fazendo juntada da respectiva declaração (doc. 11).[10]

b) A citação da Requerida, por via postal, conforme autorizado pelo artigo 247 do CPC, para que, no prazo de 15 (quinze) dias, responda aos termos da presente ação, prestando suas contas ou defendendo-se, sob pena de, não o fazendo, sujeitar-se às cominações legais.

c) A condenação da Requerida à devolução do saldo que o Autor entende norária que Vossa Excelência houver por bem arbitrar.

Protestado provar o que for necessário, utilizando-se de todos os meios de provas admitidas em direito, REQUER, finalmente, que dos atos deste D. Juízo, quando publicado na imprensa oficial, constem os nomes do advogado subscritor.

Dá-se à presente o valor de R$_(valor do saldo credor).

Nestes Termos,

Pede e Espera Deferimento.

Local e data

Nome e assinatura do Advogado

Nº da OAB

## 17.4 DAS AÇÕES EM DEFESA DA POSSE

A posse é uma situação de fato em que a pessoa, independente de ser o proprietário, exerce sobre a coisa poderes ostensivos de dono, conservando-a e defendendo-a como se sua fosse (CC, art. 1.196 c/c art. 1.204).

A posse, como estado de fato, é reconhecida pelo nosso ordenamento jurídico e merece proteção, através das ações específicas (interdito, manutenção e reintegração). Protege-se a posse contra qualquer ato que signifique ameaça ou violação da relação entre a pessoa e a coisa possuída.

Protege-se a posse por si mesma, uma vez que o possuidor, pelo só fato de o ser, tem mais direito do aquele que não é o possuidor. Assim, protege-se a posse,

---

10. A declaração apresentada em apartado pode ser substituída por declaração do advogado no próprio corpo da petição (CPC, art. 99).

CAPÍTULO 17 • DAS PETIÇÕES NOS PROCEDIMENTOS ESPECIAIS

na presunção de que o possuidor é o proprietário aparente. Nos dizeres de Caio Mário, a posse é a sentinela na defesa da propriedade.

Para efeito de exemplificação, vamos elaborar uma petição de reintegração de posse que, dentre as possessórias, nos parece ser a mais importante.

A realidade é dinâmica. Sensível a isso, a lei dispensa um maior rigor no pedido deduzido na petição. Isso porque em um dia a posse do autor pode sofrer uma ameaça. No outro, turbação. No terceiro, esbulho. Assim, de acordo com o ordenamento jurídico processual, o autor estaria, a cada dia, sendo impelido a ajuizar uma diferente ação possessória, sem a garantia, no entanto, de que no dia seguinte a situação retratada permanecesse a mesma. Por causa disso, o legislador, através do art. 554 do novel diploma legal, estatuiu a fungibilidade entre as ações possessórias estabelecendo: "A propositura de uma ação possessória em vez de outra não obstará a que o juiz conheça do pedido e outorgue a proteção legal correspondente àquela cujos pressupostos estejam provados."

Além da proteção possessória, o autor pode cumular pedidos de (I) condenação em perdas e danos; e (II) indenização dos frutos. O autor pode ainda requerer imposição de medida necessária e adequada para: (I) evitar nova turbação ou esbulho; (II) cumprir-se a tutela provisória ou final, como é o caso de pedir a imposição de multa (ver CPC, art. 555).

Na petição inicial de reintegração ou manutenção, caberá ao autor provar (I) a sua posse; (II) a turbação ou o esbulho praticado pelo réu; (II) a data da turbação ou do esbulho; (IV) a continuação da posse, embora turbada, na ação de manutenção, ou a perda da posse, na ação de reintegração (ver CPC, art. 561).

O procedimento especial somente se aplica se a ação for ajuizada dentro do prazo de um ano e um dia contados da turbação ou esbulho, sendo inclusive possível o pedido de liminar para a manutenção ou a reintegração de posse (CPC, art. 558, *caput*).[11] A liminar poderá ser concedida *inaudita altera parte*, porém se necessário fazer prova oral para o deferimento da liminar, o juiz designará audiência de justificação prévia, que poderá ser pedida na petição inicial (CPC, art. 562).[12]

---

11. CPC, Art. 558. Regem o procedimento de manutenção e de reintegração de posse as normas da Seção II deste Capítulo quando a ação for proposta dentro de ano e dia da turbação ou do esbulho afirmado na petição inicial.

    Parágrafo único. Passado o prazo referido no caput, será comum o procedimento, não perdendo, contudo, o caráter possessório

12. CPC, Art. 562. Estando a petição inicial devidamente instruída, o juiz deferirá, sem ouvir o réu, a expedição do mandado liminar de manutenção ou de reintegração, caso contrário determinará que o autor justifique previamente o alegado, citando-se o réu para comparecer à audiência que for designada.

MANUAL DE PRÁTICA JURÍDICA CIVIL • Nehemias Domingos de Melo

Caso o réu queira alguma proteção possessória, ele poderá apresentar na própria contestação, sem necessidade de reconvenção. Por isso a doutrina diz que esta é uma típica ação dúplice (NCP, art. 556).[13]

**Atenção:** se o esbulho ou turbação tiver ocorrido a mais de ano e dia, o autor deverá utilizar o procedimento comum (ver CPC, art. 558, parágrafo único).

### 17.4.1 Modelo de petição na ação de reintegração de posse

AO JUÍZO DA_____VARA CÍVEL DA COMARCA DE_____ESTADO DE_____ [14]

*(espaço para despacho):*

HAZARINO SAURO, (nacionalidade), (estado civil), (profissão), portador do RG n° _____ e do CPF n° _____ (doc. 2), residente na rua (indicar endereço completo), e-mail (indicar), por seu procurador firmatário (doc. 1), com escritório também nesta cidade, na Rua (endereço do advogado, inclusive eletrônico), vem perante esse Juízo propor, com base no disposto nos arts. 560 e seguinte do Código de Processo Civil, a presente

### AÇÃO DE REINTEGRAÇÃO DE POSSE c/c DESFAZIMENTO DE CONSTRUÇÃO

contra a JOJOLINHO TIGRÃO, (nacionalidade), (estado civil), (profissão), residente na rua (indicar endereço completo), pelos motivos de fato e de direito que articuladamente passa a expor:

### PRELIMINARMENTE

Primeiramente cumpre esclarecer que o autor desconhece o endereço de email do réu. Ao mesmo tempo declara não ter interesse na realização da audiência de conciliação tendo em vista sua incompatibilidade com o rito previsto para a ação de reintegração de posse.

### II – DOS FATOS E DO DIREITO

1. O Peticionário é possuidor e reside na casa situada no endereço citado. O referido imóvel foi adquirido no ano de 2001, por contrato particular de compra e venda, devidamente registrado no Cartório de Registro de Imóveis (doc. 3).

2. Em maio deste ano, acolheu em sua residência o réu, estudante vindo do interior, que não possuía lugar para morar, tendo cedido a ele um dos dois quartos da casa, apenas provisoriamente, e sem qualquer ônus.

---

Parágrafo único. Contra as pessoas jurídicas de direito público não será deferida a manutenção ou a reintegração liminar sem prévia audiência dos respectivos representantes judiciais.

13. CPC, Art. 556. É lícito ao réu, na contestação, alegando que foi o ofendido em sua posse, demandar a proteção possessória e a indenização pelos prejuízos resultantes da turbação ou do esbulho cometido pelo autor.

14. Foro do local do imóvel.

# CAPÍTULO 17 • DAS PETIÇÕES NOS PROCEDIMENTOS ESPECIAIS

3. Há um mês, viajou para encontrar sua família, residente no Estado do Maranhão, ficando ausente de casa por duas semanas.

4. Quando retornou, foi surpreendido por obra feita pelo réu, na sala da casa, de frente para a rua, constante de um balcão de alvenaria, de 3m X 1m, conforme fotografias anexas (docs. 3 e 4), de onde administrava pequeno bar vendendo bebidas variadas.

5. O Requerente manifestou sua total discordância com a referida obra, condenando a iniciativa do réu, que alegou ter direitos à casa, e recusou-se a desfazer o balcão e terminar com a atividade comercial ali desenvolvida.

6. O Requerente está sendo tolhido em seus direitos, pois além da turbação que sofre diariamente, pelas dificuldades de viver em sua casa – barulho, movimento de pessoas etc. – foi esbulhado no espaço referente a sala, que não pode usar.

7. A posse antes existente foi sempre pacífica e mansa, como podem atestar as testemunhas abaixo arroladas, e não tem o réu qualquer direito ao imóvel.

## III – CONCLUSÃO

Assim expostos os fatos, é a presente para REQUERER de Vossa Excelência

A concessão liminar, *inaudita altera parte*, de mandado de reintegração na posse de toda a área do imóvel, em favor do ora Requerente, tendo em vista que o esbulho ocorreu a menos de ano e dia.

Seja, após, o réu citado da presente ação, cientificado do prejuízo em seu silêncio, e, após normal tramitação, com a ouvida das testemunhas, se necessário, seja tornada definitiva a medida judicial provisória.

Seja o réu condenado ao desfazimento da obra realizada, retornando o local afetado ao seu estado anterior.

Seja ademais condenado em custas e honorários advocatícios, estes fixados em 20% sobre o valor da causa.

Protesta por todos os meios de prova, especialmente a testemunhal cujo rol apresenta abaixo.

Dá-se à causa o valor de R$_____ (indicar o valor) tão somente para efeitos legais.[15]

Nestes Termos

Pede Deferimento.

Local e data, Nome e assinatura do Advogado nº da OAB

## Rol de Testemunhas:

1. Fulano de Tal (qualificação e endereço completo).

2. Beltrano de Tal (idem).

3. Sicrano de Tal (idem).

---

15. O valor da causa normalmente é o valor do imóvel conforme conste do IPTU.

## 17.5  AÇÃO DE EMBARGOS DE TERCEIROS

Os embargos de terceiros trata-se, a bem da verdade de uma ação, de procedimento especial, cuja finalidade é a proteção da posse ou da propriedade daquele que, não tendo sido parte no processo, sofre ato de constrição ou ameaça judicial que recai sobre bem do qual é proprietário ou possuidor, como ocorre no caso de penhora, depósito, arresto, sequestro, alienação judicial, arrecadação, arrolamento ou inventário (CPC, art. 674).[16]

Não se deve confundir os embargos de terceiros com intervenção de terceiro, nem com embargos à execução, porque nos embargos de terceiro não se discute o mérito da causa principal; busca-se tão-somente a exclusão do bem da constrição judicial, sendo seus pressupostos os seguintes:

a) Uma apreensão judicial;

b) O Embargante deverá ser proprietário ou possuidor (inclusive o fiduciário – ver CPC, art. 674, § 1º);

c) Necessário ser estranho á lide instaurada;

d) Interpor os embargos dentro dos seguintes prazos: se no processo de execução, no prazo de até 5 (cinco) dias após a arrematação, adjudicação ou alienação por iniciativa particular, mas sempre antes da assinatura da respectiva carta; se no processo de conhecimento, até enquanto não transitada em julgado a sentença (CPC, art. 675).[17]

---

16. CPC, Art. 674. Quem, não sendo parte no processo, sofrer constrição ou ameaça de constrição sobre bens que possua ou sobre os quais tenha direito incompatível com o ato constritivo, poderá requerer seu desfazimento ou sua inibição por meio de embargos de terceiro.

§ 1º Os embargos podem ser de terceiro proprietário, inclusive fiduciário, ou possuidor.

§ 2º Considera-se terceiro, para ajuizamento dos embargos:

I – o cônjuge ou companheiro, quando defende a posse de bens próprios ou de sua meação, ressalvado o disposto no art. 843;

II – o adquirente de bens cuja constrição decorreu de decisão que declara a ineficácia da alienação realizada em fraude à execução;

III – quem sofre constrição judicial de seus bens por força de desconsideração da personalidade jurídica, de cujo incidente não fez parte;

IV – o credor com garantia real para obstar expropriação judicial do objeto de direito real de garantia, caso não tenha sido intimado, nos termos legais dos atos expropriatórios respectivos.

17. CPC, Art. 675. Os embargos podem ser opostos a qualquer tempo no processo de conhecimento enquanto não transitada em julgado a sentença e, no cumprimento de sentença ou no processo de execução, até 5 (cinco) dias depois da adjudicação, da alienação por iniciativa particular ou da arrematação, mas sempre antes da assinatura da respectiva carta.

Parágrafo único. Caso identifique a existência de terceiro titular de interesse em embargar o ato, o juiz mandará intimá-lo pessoalmente.

CAPÍTULO 17 • DAS PETIÇÕES NOS PROCEDIMENTOS ESPECIAIS

São considerados terceiros e, portanto legitimados para ajuizar embargos de terceiro, aqueles expressamente nominados no art. 674, § 2º do Novo CPC, quais sejam: "I o cônjuge ou companheiro, quando defende a posse de bens próprios ou de sua meação, ressalvado o disposto no art. 843; II o adquirente de bens cuja constrição decorreu de decisão que declara a ineficácia da alienação realizada em fraude à execução; III quem sofre constrição judicial de seus bens por força de desconsideração da personalidade jurídica, de cujo incidente não fez parte; IV o credor com garantia real para obstar expropriação judicial do objeto de direito real de garantia, caso não tenha sido intimado, nos termos legais dos atos expropriatórios respectivos" (ver CPC, art. 674, § 2º).

Ademais, ressalva ainda o que "caso identifique a existência de terceiro titular de interesse em embargar o ato, o juiz mandará intimá-lo pessoalmente" (ver CPC, art. 675, parágrafo único).

Por sua vez, "Será legitimado passivo o sujeito a quem o ato de constrição aproveita, assim como o será seu adversário no processo principal quando for sua a indicação do bem para a constrição judicial" (ver CPC, art. 677, § 4º).

Os embargos serão distribuídos por dependência e correrão em autos distintos perante o mesmo juiz da apreensão. É regra de competência funcional do juízo, portanto improrrogável. No entanto, "nos casos de ato de constrição realizado por carta, os embargos serão oferecidos no juízo deprecado, salvo se indicado pelo juízo deprecante o bem constrito ou se já devolvida a carta" (CPC, art. 676).[18]

Os embargos de terceiro também servem para defesa da meação do cônjuge inocente na execução; como também serve para alegação de bem de família pelo cônjuge que não é parte na execução.

Além dos requisitos comuns a toda petição inicial, nos embargos de terceiro o "o embargante fará a prova sumária de sua posse ou de seu domínio e da qualidade de terceiro, oferecendo documentos e rol de testemunhas". Em acréscimo prevê ainda o legislador que "o possuidor direto pode alegar, além da sua posse, o domínio alheio.", podendo a posse ser provada por meio de audiência preliminar designada pelo juiz (CPC, art. 677).[19]

---

18. CPC, Art. 676. Os embargos serão distribuídos por dependência ao juízo que ordenou a constrição e autuados em apartado.

Parágrafo único. Nos casos de ato de constrição realizado por carta, os embargos serão oferecidos no juízo deprecado, salvo se indicado pelo juízo deprecante o bem constrito ou se já devolvida a carta.

19. CPC, Art. 677. Na petição inicial, o embargante fará a prova sumária de sua posse ou de seu domínio e da qualidade de terceiro, oferecendo documentos e rol de testemunhas.

§ 1º É facultada a prova da posse em audiência preliminar designada pelo juiz. § 2º O possuidor direto pode alegar, além da sua posse, o domínio alheio.

Se provar de maneira escorreita o domínio ou a posse sobre o bem em questão, o juiz poderá determinar, liminarmente, a suspensão das medidas constritivas, podendo eventualmente exigir que a parte preste caução, ressalvada a impossibilidade daquele que for economicamente hipossuficiente (CPC, art. 678).[20]

Cumpre ainda assinalar que, mesmo no caso de concessão de liminar, o requerido será intimado, na pessoa de seu advogado constituído nos autos principais para, no prazo de 15 (quinze) dias, oferecer contestação (CPC, art. 679).[21] Se os embargos tiverem sido manejados por credor com garantia real, a matéria de defesa do embargado fica restrita à: que o devedor comum é insolvente; o título é nulo ou não obriga terceiro; e, outra é a coisa que foi dada em garantia (CPC, art. 680).[22]

Ao final da instrução processual, se o juiz considerar procedente o pedido do embargante, confirmará a liminar, mandará cancelar os atos de constrição e, conforme o caso, declarará o reconhecimento do domínio, da manutenção na posse ou da reintegração definitiva do bem ou do direito ao embargante (CPC, art. 681).[23]

---

§ 3º A citação será pessoal, se o embargado não tiver procurador constituído nos autos da ação principal.

§ 4º Será legitimado passivo o sujeito a quem o ato de constrição aproveita, assim como o será seu adversário no processo principal quando for sua a indicação do bem para a constrição judicial.

20. CPC, Art. 678. A decisão que reconhecer suficientemente provado o domínio ou a posse determinará a suspensão das medidas constritivas sobre os bens litigiosos objeto dos embargos, bem como a manutenção ou a reintegração provisória da posse, se o embargante a houver requerido.

Parágrafo único. O juiz poderá condicionar a ordem de manutenção ou de reintegração provisória de posse à prestação de caução pelo requerente, ressalvada a impossibilidade da parte economicamente hipossuficiente.

21. CPC, Art. 679. Os embargos poderão ser contestados no prazo de 15 (quinze) dias, findo o qual se seguirá o procedimento comum.

22. CPC, Art. 680. Contra os embargos do credor com garantia real, o embargado somente poderá alegar que:

I – o devedor comum é insolvente;

II – o título é nulo ou não obriga a terceiro;

III – outra é a coisa dada em garantia.

23. CPC, Art. 681. Acolhido o pedido inicial, o ato de constrição judicial indevida será cancelado, com o reconhecimento do domínio, da manutenção da posse ou da reintegração definitiva do bem ou do direito ao embargante.

CAPÍTULO 17 • DAS PETIÇÕES NOS PROCEDIMENTOS ESPECIAIS **231**

## 17.5.1 Modelo de petição na ação de embargos de terceiros

AO JUÍZO DA_____VARA CÍVEL DA COMARCA DE_____ESTADO DE____

*(espaço para despacho)*

**Distribuição por dependência ao Processo n°** _____

SETEMBRINO SAURO, (nacionalidade), (profissão), (estado civil), portador da Carteira de Identidade n° (número), inscrito no CPF/MF sob o n° (número) (doc. 2),[24] residente e domiciliado na Rua (endereço completo), Cidade de (indicar cidade e estado), por seu procurador infra-assinado, instrumento de mandato incluso (doc. 1),[25] que recebe avisos e intimações na (endereço do advogado, inclusive o e-mail), vem, mui respeitosamente, à presença de Vossa Excelência, com fundamento no art. 674 e seguintes do Código de Processo Civil, opor

### EMBARGOS DE TERCEIRO

contra JOKA KFURO, (nacionalidade), (profissão), (estado civil), portador da Carteira de Identidade n° (número), inscrito no CPF/MF sob o n° (número), residente e domiciliado na Rua (endereço completo), Cidade de (indicar cidade e estado),[26] pelas razões de fato e fundamentos de direito que passa a expor.

Primeiramente cumpre esclarecer que o autor desconhece o endereço de e-mail do réu. Ao mesmo tempo declara não ter interesse na realização da audiência de conciliação tendo em vista sua incompatibilidade com o rito previsto para a ação de embargos de terceiro.

1. O embargante, através de escritura pública de compra e venda lavrada em notas do _____° Tabelionato desta comarca em __/__/__ (doc. 3), e devidamente averbada junto à Matrícula n° _____, do Cartório do Registro de Imóveis competente.

(doc. 4), adquiriu da empresa Justino Justo & Cia. Ltda. o imóvel situado na Rua (endereço completo), onde reside desde a data de sua aquisição.

2. No dia do corrente mês, o embargante foi surpreendido com o recebimento, através de Oficial de Justiça, do mandado de penhora recaindo sobre o imóvel em questão, expedido por esse MM. Juízo e Cartório, extraído dos autos do Processo de execução n°_____, que é promovido por JOTA KFURO contra a empresa JUSTINO JUSTO & CIA. LTDA.

---

24. Cópia simples do RG e do CPF, embora não exigido, é recomendável assim proceder, já que esta é a forma de não deixar dúvidas quanto à identificação do autor.

25. A procuração *ad juditia* (mandato) será sempre o doc. n° 1, pois será o primeiro documento anexado à petição inicial. No nosso exemplo o doc. n° 2 são os documentos do autor (RG e CPF).

26. Poderia escrever onde consta a qualificação: "já devidamente qualificado, na ação em referência", tendo em vista que o embargado se encontra qualificado na ação principal onde ele é o exequente.

# 232 MANUAL DE PRÁTICA JURÍDICA CIVIL • Nehemias Domingos de Melo

3. Ocorre que o embargante, além de não compor o polo passivo daquela demanda, adquiriu, quitou e registrou o referido imóvel em data muito anterior à promoção daquela execução, conforme faz prova a documentação já anexada (docs. 3 e 4).

4. O embargante sofre, portanto, violência ilegal e injusta, eis que, não sendo parte naquela execução, vê seu patrimônio sofrer excussão injusta.

5. Diz o Código de Processo Civil: "Quem, não sendo parte no processo, sofrer constrição ou ameaça de constrição sobre bens que possua ou sobre os quais tenha direito incompatível com o ato constritivo, poderá requerer seu desfazimento ou sua inibição por meio de embargos de terceiro" (art. 675 do CPC).

6. Pelos motivos expostos, são comportáveis os presentes embargos, para que o bem de propriedade do ora Embargante, seja afastado da constrição judicial.

Em razão do exposto, requer:

a) seja deferida liminarmente a manutenção da posse do bem penhorado ao embargante, eis que provada a propriedade e posse do mesmo;

b) seja determinada a suspensão imediata do processo de execução mencionado, até decisão final de mérito dos presentes embargos,

c) Seja citado o embargado para que, no prazo de 15 (quinze) dias, oferecer defesa, caso queira, aos presentes embargos.

d) Seja, após normal tramitação, julgados totalmente procedentes os presentes embargos, para o fim de excluir o bem penhorado da constrição judicial.

e) Seja ademais condenado o embargado nas verbas da sucumbência, especialmente, custas processuais e honorários advocatícios.

Finalmente, protesta por todo o gênero de provas e requerem a sua produção pelos meios admitidos em direito.

Valor da causa: R$ _____ (valor do bem móvel ou imóvel)

Nestes termos Pede deferimento.

Local e data

Nome e assinatura do Advogado n° da OAB

## 17.5.2 Modelo de petição na ação de embargos de terceiros para defesa da meação e alegação de bem de família

AO JUÍZO DA_____VARA CÍVEL DA COMARCA DE_____ESTADO DE_____.

*(espaço para despacho)*

**Distribuição por dependência ao Processo n°_____**

MARIA DA SERRA TALHADA, brasileira, casada, do lar, portadora da Cédula de Identidade RG n° (mencionar o número), regularmente inscrita no CPF/MF sob o n° (mencionar o número), residente na (endereço completo), por seu procurador infra-assinado,

CAPÍTULO 17 • DAS PETIÇÕES NOS PROCEDIMENTOS ESPECIAIS **233**

instrumento de mandato incluso (doc. 1), que recebe avisos e intimações na (endereço do advogado, inclusive eletrônico), vem, mui respeitosamente, perante Vossa Excelência, com fulcro no artigo 674 e seguintes do Novo Código de Processo Civil , opor os presentes

## EMBARGOS DE TERCEIRO

contra FAZ DE CONTA CONSTRUTORA LTDA., pessoa jurídica de direito privado, inscrita no CNPJ sob nº (indicar o número), com sede na (endereço completo), pelas razões de fato e fundamentos de direito que passa a expor.

Primeiramente cumpre esclarecer que o autor desconhece o endereço de e-mail do réu. Ao mesmo tempo declara não ter interesse na realização da audiência de conciliação tendo em vista sua incompatibilidade com o rito previsto para a ação de embargos de terceiro.

## I – DOS FATOS

Em julho do presente ano, a Embargante foi surpreendida com a chegada de perito judicial para avaliar o imóvel que é a sua moradia e de sua família que também é seu único imóvel, tendo em vista a constrição judicial determinada por Vossa Excelência em (mencionar a data), nos autos do Processo nº (indicar o número do processo e fls na qual o juiz determinou a avaliação), no qual a Embargada promove cumprimento de sentença em face da micro empresa Nilinho da Rocha Talhada Empreiteira de Obras ME, de propriedade de seu marido, Nilinho da Rocha Talhada, cuja cópia do decreto de penhora se anexa (doc. 2).

A Embargante é casada com Nilinho da Rocha Talhada desde (indicar a data), pelo regime (indicar qual é o regime de casamento), conforme faz prova a cópia atualizada da certidão de casamento que se anexa (doc. 3).

É certo também que a Embargante não tem nenhuma participação societária ou gerencial na empresa de seu esposo, até porque empresa individual (doc. 4), logo não pode responder por débitos da referida empresa.

O imóvel sobre o qual recai a penhora é o único bem do casal, situado na (indicar endereço completo), conforme pesquisa realizada junto ao (indicar o número) Cartório de Registro de Imóveis da Comarca da (indicar a comarca), cuja cópia se anexa (doc. 5).

É também nesse humilde imóvel que a Embargante, seu esposo e filho menor residem, conforme faz prova as contas de serviços públicos (água, luz, telefone, gás e outras) que se anexa, que chegam ao endereço tanto em nome da embargante, quanto em nome do seu marido (doc. 6).

## II – DO CABIMENTO DOS EMBARGOS DE TERCEIRO

É pacífico o entendimento de que o meio processual adequado para arguir impenhorabilidade por parte de terceiros são os embargos de terceiro, na medida em que, sendo o proprietário do bem que está sendo penhorado, não fez parte da lide.

Aliás, como está expresso no art. 674, *caput*, do Novo Código de Processo Civil, podem ser opostos contra ato de constrição, in verbis:

"Art. 674. Quem, não sendo parte no processo, sofrer constrição ou ameaça de constrição sobre bens que possua ou sobre os quais tenha direito incompatível com o ato constritivo, poderá requerer seu desfazimento ou sua inibição por meio de embargos de terceiro".

Nesse passo, não há óbice legal para que, nos presentes embargos, haja discussão sobre a incidência da Lei nº 8.009/90, que trata da impenhorabilidade de bem de família, mesmo porque está em jogo a infringência aos incisos XXII e LIV do art. 5º da Carta Magna, que asseguram o direito de propriedade e o devido processo legal, de modo a resguardar ao proprietário o seu direito em usar, gozar, defender e dispor seus bens.

Os Embargos de Terceiros também é meio processual hábil para salvaguardar a meação do cônjuge daquele que é executado. Isto porque, a lei processual também considera terceiro o litigante que, a despeito de atuar no processo, visa a proteger bens que, pela origem de sua aquisição ou da posse, não são suscetíveis de apreensão judicial, nos termos do retrocitado art. 674 e seguintes do CPC.

O cônjuge, nesse caso a mulher casada, é legitimado a aforar, sem a outorga do outro, embargos de terceiro para defender os seus próprios bens, a sua meação ou os bens reservados, quando a dívida exigida tiver sido contraída pelo outro cônjuge. Não bastasse os termos da lei, a questão também restou sumulada pelo Egrégio Superior Tribunal de Justiça:

STJ Súmula nº 134: Embora intimado da penhora em imóvel do casal, o cônjuge do executado pode opor embargos de terceiro para defesa de sua meação.

Assim, perfeitamente cabível a ação de Embargos de Terceiros, seja para defender a meação do cônjuge que não faz parte do processo, seja para que ele possa alegar em sua defesa o bem de família, razão porque, espera-se serenamente o acolhimento da presente demanda.

## III – MÉRITO – DO BEM DE FAMÍLIA

A Lei nº 8.009/90, que trata da impenhorabilidade do bem de família, preceitua em seus artigos 1º e 5º, *verbis*:

"Art. 1º. O imóvel residencial próprio do casal, ou da entidade familiar, é impenhorável e não responderá por qualquer tipo da dívida civil, comercial, fiscal, previdenciária ou de outra natureza, contraídas pelos cônjuges ou pelos pais ou filhos que sejam seus proprietários e nele residam, salvo nas hipóteses previstas nesta Lei." (omissis...)

"Art. 5º Para os efeitos de impenhorabilidade, de que trata esta Lei, considera-se residência um único imóvel utilizado pelo casal ou pela entidade familiar para moradia permanente."

No caso em tela, imóvel penhorado é utilizado pela Embargante e sua família como moradia permanente e é o único do casal, conforme já exaustivamente provado pela documentação anexada.

Vale rememorar também que o fundamento para a instituição do bem de família legal repousa na necessidade de resguardar o princípio não sendo mesmo exagero se falar em 'sobreprincípio' constitucional da dignidade humana (art. 1º, inciso III, Constituição Fede-

CAPÍTULO 17 • DAS PETIÇÕES NOS PROCEDIMENTOS ESPECIAIS **235**

ral), diretriz máxima a ser seguida e a prevalecer sobre outros interesses em especial os de natureza patrimonial (TEPEDINO, Gustavo Temas de direito civil 1ª Ed. Rio de Janeiro: Renovar, 1.999, p. 1-22).

Aliás, a questão do bem de família é tão importante que o Superior Tribunal de Justiça já decidiu que mesmo já tendo sido apreciada tal pedido, não se aplica a preclusão se alegado pelo cônjuge que não participa da execução, cuja emenda colacionamos:

> PROCESSUAL CIVIL. EXECUÇÃO MOVIDA AO CÔNJUGE VARÃO. LEI N. 8.009/90 SUSCITADA PELO EXECUTADO E REJEITADA POR DECISÃO JÁ PRECLUSA. EMBARGOS DE TERCEIRO DA ESPOSA MEEIRA. REAVIVAMENTO. POSSIBILIDADE. SÚMULA N. 205-STJ. I. Inobstante

> afastada pela instância ordinária, com decisão preclusa, a aplicação da Lei n. 8.009/90 à penhora havida nos autos da execução movida ao cônjuge varão, tem-se que a questão pode ser reavivada em

> embargos de terceiro opostos pela esposa do devedor, que não integrava aquele processo. II. Proteção que atinge a inteireza do bem, ainda que derivada apenas da meação da esposa, a fim de evitar a frustração do escopo da Lei nº 8.009/90, que é a de evitar o desaparecimento material do lar que abriga a família do devedor. III. Agravo desprovido (STJ -AgRg no REsp: 480506 RJ 2002/0144026-2, Relator: Ministro ALDIR PASSARINHO JUNIOR, Data de Julgamento: 20/11/2006, T4 QUARTA TURMA, Data de Publicação: DJ 26.02.2007 p. 594).

Destarte, ficou evidenciado que o bem penhorado é utilizado para residência da Embargante, de seu esposo (ora executado) e de seu filho, restando caracterizado tratar-se o bem de família, pelo que é impenhorável nos exatos termos da Lei nº 8.009/90.

## IV – MÉRITO – DA MEAÇÃO DO CÔNJUGE

Ainda que, por hipótese, Vossa Excelência entenda que o imóvel objeto da constrição não é bem de família, o que se admite apenas para continuar a argumentação, ainda assim o imóvel em questão não poderia ser penhorado na sua integralidade, pois faz parte do patrimônio comum do casal, de sorte que, no mínimo, deveria ser ressalvada a meação da ora Embargante, conforme a já citada súmula nº 134, editada pelo Superior Tribunal de Justiça.

Aliás, no presente processo, o cônjuge ora Embargante sequer foi intimado, tomando ciência da constrição da forma mais triste possível e imaginável: quando da visita do expert do juízo para promover a avaliação do imóvel em questão.

Não há dúvida de que a dívida foi contraída pela empresa da qual é titular o marido da Embargante, de sorte a afirmar que ela não participou desse procedimento e não se beneficiou do débito contraído, de sorte que isso já seria suficiente para resguardar seu direito à meação do imóvel.

## V – PEDIDO LIMINAR

Faculta o art. 678 do CPC que, *"**A decisão que reconhecer suficientemente provado o domínio ou a posse determinará a suspensão das medidas constritivas sobre os bens***

# 236 MANUAL DE PRÁTICA JURÍDICA CIVIL • Nehemias Domingos de Melo

*litigiosos objeto dos embargos, bem como a manutenção ou a reintegração provisória da posse, se o embargante a houver requerido.".*

Desta feita, tem-se que foi demonstrada cabalmente a posse do bem penhorado, como também se fez a prova da ordem de penhora realizada. No que concerne a caução, a Embargante oferece o próprio imóvel penhorado.

De fato, a concessão desta medida liminar é de suma importância para a Embargante, pois existe o perigo concreto de ser despojado de seu bem, que lhe serve de exclusiva moradia, além do fato da complicada e talvez impossível reversão de uma eventual arrematação desse bem se ao final forem julgados procedentes os presentes em Embargos.

Portanto, provada a posse e propriedade do Embargante do bem penhorado e a sua qualidade de terceiro, haja vista ser parte não participante da lide e que sequer figurava como sócio da executada, tem-se cumprido os requisitos para o conhecimento dos presentes embargos e sua concessão liminar.

## VI – DOS PEDIDOS E REQUERIMENTOS

Assim exposto os fatos é a presente para requerer a Vossa Excelência:

a) O recebimento dos presentes Embargos, com a suspensão do processo principal (art. 678 do CPC), requerendo a citação do Embargado para, no prazo de 15 (quinze) dias, contestar os presentes embargos, sob pena de incorrer nos efeitos da revelia.

b) O deferimento da liminar, com a suspensão de qualquer ato posterior à penhora, até decisão final nos presentes Embargos.

c) Seja, após regular tramitação, julgada totalmente procedente o presente incidente, para desconstituir o ato abusivo, cancelando-se a averbação da penhora e cancelando-se a caução, condenando-se ainda a Embargada nos ônus da sucumbência.

Protesta por todo o gênero de provas em direito admitido requerendo, especialmente a testemunhal, cujo rol será juntado a seu tempo.

Dá-se à causa o valor de R$_____ (valor do bem constrito)

Nestes termos, Pede deferimento.

Local e data

Nome e assinatura do Advogado n° da OAB

## 17.6 DA AÇÃO MONITÓRIA[27]

A ação monitória é um procedimento especial, de cognição sumária, através do qual o credor que não possui título executivo, mas apenas prova escrita da obrigação, provocará judicialmente a formação de um título executivo, sem as naturais dificuldades do processo de conhecimento, em face de um devedor

---

27. Texto extraído da minha obra Lições de Processo Civil, 3ª ed. Editora Foco, vol. 2, p. 183-189.

## CAPÍTULO 17 • DAS PETIÇÕES NOS PROCEDIMENTOS ESPECIAIS

capaz. A prova escrita pode consistir em prova oral documentada, produzida antecipadamente (CPC, art. 700, § 1º).[28]

**Em resumo:** é uma ação que se destina à constituição de um título executivo judicial, de forma mais rápida e eficaz, sem necessidade do processo de conhecimento, desde que o autor tenha uma prova escrita da obrigação assumida pelo réu.

Essa ação é cabível nas obrigações que envolvem soma em dinheiro, entrega de coisa fungível ou infungível ou mesmo para entrega de determinado bem móvel ou imóvel (ver CPC, art. 700, I a III).

É também cabível a ação monitória em face da Fazenda Pública. Isso já era previsto na súmula nº 339 do Superior Tribunal de Justiça, mas é importante que agora conste expressamente da lei (ver CPC, art. 700, § 6º). Admite-se ainda a ação monitória como forma de executar dívidas prescritas oriundas de títulos como cheque, nota promissória, letra de câmbio etc. (ver súmulas do STJ nºs 229, 503, 504 e 531).

De acordo com o que prescreve o Código de Processo Civil, além de obedecer as regras do art. 319, na petição inicial da ação monitória, incumbe ao autor explicitar, conforme o caso: a) A importância devida, instruindo-a com memória de cálculo; b) O valor atual da coisa reclamada; c) O conteúdo patrimonial em discussão ou o proveito econômico perseguido (ver CPC, art. 700, § 2º). O não atendimento a essa determinação autoriza o juiz a indeferir a petição inicial (ver CPC, art. 700, § 4º)

---

28. CPC, Art. 700. A ação monitória pode ser proposta por aquele que afirmar, com base em prova escrita sem eficácia de título executivo, ter direito de exigir do devedor capaz:

    I – o pagamento de quantia em dinheiro;

    II – a entrega de coisa fungível ou infungível ou de bem móvel ou imóvel;

    III – o adimplemento de obrigação de fazer ou de não fazer.

    § 1º A prova escrita pode consistir em prova oral documentada, produzida antecipadamente nos termos do art. 381.

    § 2º Na petição inicial, incumbe ao autor explicitar, conforme o caso:

    I – a importância devida, instruindo-a com memória de cálculo;

    II – o valor atual da coisa reclamada;

    III – o conteúdo patrimonial em discussão ou o proveito econômico perseguido.

    § 3º O valor da causa deverá corresponder à importância prevista no § 2o, incisos I a III.

    § 4º Além das hipóteses do art. 330, a petição inicial será indeferida quando não atendido o disposto no § 2º. deste artigo.

    § 5º Havendo dúvida quanto à idoneidade de prova documental apresentada pelo autor, o juiz intimá-lo-á para, querendo, emendar a petição inicial, adaptando-a ao procedimento comum.

    § 6º É admissível ação monitória em face da Fazenda Pública.

    § 7º Na ação monitória, admite-se citação por qualquer dos meios permitidos para o procedimento comum.

Nessa ação, o juiz, verificando a regularidade da petição inicial, mandará expedir o mandado de pagamento ou da entrega da coisa ou, ainda, para execução da obrigação de fazer ou não fazer, sendo o réu citado para cumprir a obrigação ou, discordando dela, oferecer embargos no prazo de 15 (quinze) dias (CPC, art. 701).[29]

Se houver dúvida quanto à idoneidade de prova documental apresentada pelo autor, visando aproveitar os atos judiciais já praticados, o juiz mandará intimá-lo, na pessoa de seu procurador regularmente constituído nos autos para, querendo, emendar a petição inicial, adaptando-a ao procedimento comum (ver CPC, art. 700, § 5º).

Cabe ainda registrar que o valor da causa deverá corresponder ao proveito econômico buscado pelo autor da demanda, sobre o qual deverá recolher as custas judiciais. Quer dizer, o valor a ser atribuído à causa deverá corresponder ao valor da quantia pleiteada ou do objeto perseguido, conforme seja o caso.

Após regularmente citado, citação esta que pode ser até mesmo por edital (ver CPC, art. 700, § 7º), o réu poderá adotar uma dessas quatro posturas distintas:

**a) Cumpre integralmente a obrigação no prazo estipulado:**

Nesse caso a obrigação foi satisfeita, o processo será extinto e o réu, como prêmio por esta atitude, deverá ser condenado a pagar honorários advocatícios de somente 5% (cinco por cento) do valor atribuídos à causa, ficando isento de custas (ver CPC, art. 701, *caput* e § 1º).

**b) Deposita 30% do valor e requer parcelamento do restante:**

No prazo de oferecimento dos embargos, que é de 15 (quinze) dias, o réu poderá reconhecer o valor que está sendo cobrado e, comprovando o depósito de 30% (trinta por cento) deste valor, acrescido de custas e de honorários de advogado, requerer que o juiz lhe faculte pagar o restante

---

29. CPC, Art. 701. Sendo evidente o direito do autor, o juiz deferirá a expedição de mandado de pagamento, de entrega de coisa ou para execução de obrigação de fazer ou de não fazer, concedendo ao réu prazo de 15 (quinze) dias para o cumprimento e o pagamento de honorários advocatícios de cinco por cento do valor atribuído à causa.

§ 1º O réu será isento do pagamento de custas processuais se cumprir o mandado no prazo.

§ 2º Constituir-se-á de pleno direito o título executivo judicial, independentemente de qualquer formalidade, se não realizado o pagamento e não apresentados os embargos previstos no art. 702, observando-se, no que couber, o Título II do Livro I da Parte Especial.

§ 3º É cabível ação rescisória da decisão prevista no caput quando ocorrer a hipótese do § 2º.

§ 4º Sendo a ré Fazenda Pública, não apresentados os embargos previstos no art. 702, aplicar-se-á o disposto no art. 496, observando-se, a seguir, no que couber, o Título II do Livro I da Parte Especial.

§ 5º Aplica-se à ação monitória, no que couber, o art. 916.

CAPÍTULO 17 • DAS PETIÇÕES NOS PROCEDIMENTOS ESPECIAIS **239**

em 6 (seis) parcelas mensais e consecutivas, acrescidas de correção monetária e de juros de 1% (um por cento) ao mês (CPC, art. 916, *caput*).[30]

### c) Queda-se silente e nada faz, logo revel:

Nesse caso, o mandado de citação, também chamado de mandado monitório, constituir-se-á, de pleno direito, em título executivo judicial e o autor poderá dar prosseguimento ao processo, observando-se as regras do cumprimento de sentença (ver CPC, arts. 523 a 538, conforme seja pagar quantia, obrigação de fazer ou não fazer ou entrega de coisa).

### d) Resiste à imposição e oferece embargos:

Ao oferecer embargos, a ação irá tramitar pelo procedimento comum, com realização de toda a frase instrutória, terminando com uma decisão final de mérito.

Os embargos monitórios podem ser manejados pelo réu sem a necessidade de prévia segurança do juízo, no prazo de 15 (quinze) dias, podendo o réu alegar toda e qualquer matéria em sua defesa. Porém, se alegar que o autor pleiteia quantia em excesso, deverá desde logo indicar qual o valor entende devido, sob pena de ver seus embargos serem rejeitados liminarmente (CPC, art. 702).[31]

---

30. CPC, Art. 916. No prazo para embargos, reconhecendo o crédito do exequente e comprovando o depósito de trinta por cento do valor em execução, acrescido de custas e de honorários de advogado, o executado poderá requerer que lhe seja permitido pagar o restante em até 6 (seis) parcelas mensais, acrescidas de correção monetária e de juros de um por cento ao mês.

31. CPC, Art. 702. Independentemente de prévia segurança do juízo, o réu poderá opor, nos próprios autos, no prazo previsto no art. 701, embargos à ação monitória.

    § 1º Os embargos podem se fundar em matéria passível de alegação como defesa no procedimento comum.

    § 2º Quando o réu alegar que o autor pleiteia quantia superior à devida, cumprir-lhe-á declarar de imediato o valor que entende correto, apresentando demonstrativo discriminado e atualizado da dívida.

    § 3º Não apontado o valor correto ou não apresentado o demonstrativo, os embargos serão liminarmente rejeitados, se esse for o seu único fundamento, e, se houver outro fundamento, os embargos serão processados, mas o juiz deixará de examinar a alegação de excesso.

    § 4º A oposição dos embargos suspende a eficácia da decisão referida no caput do art. 701 até o julgamento em primeiro grau.

    § 5º O autor será intimado para responder aos embargos no prazo de 15 (quinze) dias.

    § 6º Na ação monitória admite-se a reconvenção, sendo vedado o oferecimento de reconvenção à reconvenção.

    § 7º A critério do juiz, os embargos serão autuados em apartado, se parciais, constituindo-se de pleno direito o título executivo judicial em relação à parcela incontroversa.

    § 8º Rejeitados os embargos, constituir-se-á de pleno direito o título executivo judicial, prosseguindo-se o processo em observância ao disposto no Título II do Livro I da Parte Especial, no que for cabível.

    § 9º Cabe apelação contra a sentença que acolhe ou rejeita os embargos.

Se o réu não apontar qual o valor que entende devido ou não apresentar o demonstrativo, os embargos serão liminarmente rejeitados, se esse for o seu único fundamento, e, se houver outro fundamento, os embargos serão processados, mas o juiz deixará de examinar a alegação de excesso.

Oposto os embargos, a decisão do juiz mandando pagar, fazer ou não fazer ou entregar a coisa, fica sem efeito, até o julgamento em primeiro grau. Significa dizer que os embargos têm o condão de suspender a eficácia do mandado monitório, até que ele seja julgado pelo juiz (ver CPC, art. 702, § 4º)

A critério do juiz, os embargos serão autuados em apartado e, se os embargos apresentados atacar somente parte do que foi pedido pelo autor, isto é, for parcial, constituir-se-á de pleno direito o título executivo judicial em relação à parcela incontroversa.

Apresentados os embargos, o autor será intimado, na pessoa de seu advogado constituído nos autos, para, no prazo de 15 (quinze) dias, responder aos termos do que foi apresentado pelo réu. A resposta do autor irá funcionar como uma contestação. Por oportuno, é importante consignar que na ação monitória admite-se a reconvenção, sendo vedado o oferecimento de reconvenção à reconvenção (ver CPC, art. 702, § 6º).

A sentença que rejeitar os embargos, terá o efeito de constituir de pleno direito o título executivo judicial, prosseguindo-se o processo com a fase de cumprimento de sentença (ver CPC, art. 513 e ss).

Vale lembrar que a sentença pode também acolher a tese de defesa e com isso extinguir a ação monitória com julgamento de mérito. Tanto num caso quanto noutro, aquele que não concordar com o teor da decisão, deverá manejar o recurso de apelação que, s.m.j., deverá ser recebida apenas no efeito devolutivo (ver CPC, art. 702, § 4º que atribui efeito suspensivo aos embargos somente em primeiro grau).

Tanto o autor quanto o réu, poderá ser condenado por litigância de má-fé, cuja multa poderá ser executada nos próprios autos, nas seguintes situações:

**a) O autor:**

O juiz condenará o autor da ação monitória proposta indevidamente e de má-fé ao pagamento, em favor do réu, de multa de até 10% (dez por cento) sobre o valor da causa.

---

§ 10. O juiz condenará o autor de ação monitória proposta indevidamente e de má-fé ao pagamento, em favor do réu, de multa de até dez por cento sobre o valor da causa.

§ 11. O juiz condenará o réu que de má-fé opuser embargos à ação monitória ao pagamento de multa de até dez por cento sobre o valor atribuído à causa, em favor do autor.

## b) Quanto ao réu:

O juiz condenará o réu que de má-fé opuser embargos à ação monitória ao pagamento de multa de até 10% (dez por cento) sobre o valor atribuído à causa, em favor do autor.

Atualmente a ação monitória é de bastante uso, especialmente para os casos em que o credor é portador de um título que era executivo, mas perdeu essa força em face da prescrição. É o caso de cheque que, não apresentado no prazo de 6 (seis) meses, perde sua força executiva ou mesmo de uma nota promissória ou uma letra de câmbio nas mesmas condições. Quer dizer, o título prescrito irá lastrear o procedimento monitório, uma vez que através dele o autor irá demonstrar a certeza e a liquidez de uma obrigação (será a prova escrita).

O assunto é tão presente no nosso judiciário que o Superior Tribunal de Justiça (STJ) editou algumas súmulas para tratar do assunto e, pela importância vale destacar:

### a) Súmula 247:

O contrato de abertura de crédito em conta corrente, acompanhado do demonstrativo de débito, constitui documento hábil para o ajuizamento da ação monitória.

### b) Súmula 282:

Cabe a citação por edital em ação monitória.[32]

### c) Súmula 292:

A reconvenção é cabível na ação monitória, após a conversão do procedimento em ordinário.[33]

### d) Súmula 299:

É admissível a ação monitória fundada em cheque prescrito.

### e) Súmula 339:

É cabível ação monitória contra a Fazenda Pública.[34]

### f) Súmula 384:

Cabe ação monitória para haver saldo remanescente oriundo de venda extrajudicial de bem alienado fiduciariamente em garantia.

---

32. Ver CPC, art. 700, § 7º.
33. Ver CPC, art. 702, § 6º.
34. Ver CPC, art. 700, § 6º.

# MANUAL DE PRÁTICA JURÍDICA CIVIL • Nehemias Domingos de Melo

**g) Súmula 503:**

O prazo para ajuizamento de ação monitória em face do emitente de cheque sem força executiva é quinquenal, a contar do dia seguinte à data de emissão estampada na cártula.

**h) Súmula 504:**

O prazo para ajuizamento de ação monitória em face do emitente de nota promissória sem força executiva é quinquenal, a contar do dia seguinte ao vencimento do título.

**i) Súmula 531:**

Em ação monitória fundada em cheque prescrito ajuizada contra o emitente, é dispensável a menção ao negócio jurídico subjacente à emissão da cártula.

## 17.6.1 Modelo de petição na ação monitória – cheque sem força executiva

AO JUÍZO DA____VARA CÍVEL DA COMARCA DE____ESTADO DE ____

*(espaço para despacho)*

JUSTINO JUSTO & CIA. LTDA., pessoa jurídica de direito privado, regularmente inscrita no CNPJ sob nº (indicar o nº), com sede na (endereço completo), representada na forma de seu contrato social (doc. 2),[35] por seu procurador infra-assinado, instrumento de mandato incluso (doc. 1),[36] que recebe avisos e intimações na (endereço do advogado, inclusive e-mail), vem, mui respeitosamente, à presença de Vossa Excelência, com fundamento no art. 700 e seguintes do Código de Processo Civil, propor a presente

### AÇÃO MONITÓRIA

contra JOKA KFURO, (nacionalidade), (profissão), (estado civil), portador da Carteira de Identidade nº (número), inscrito no CPF/MF sob o nº (número), residente e domiciliado na Rua (endereço completo), Cidade de (indicar cidade e estado), pelas razões de fato e fundamentos de direito que passa a expor.

Primeiramente cumpre esclarecer que, em atendimento ao que dispõe o art. 319, II e VII do CPC, o autor desconhece o endereço de e-mail do réu. Ao mesmo tempo declara que tem interesse (ou não) na realização da audiência de conciliação e mediação.

---

35. Anexar cópia do contrato social para provar quem pode outorgar procuração em nome da empresa.
36. A procuração *ad juditia* (mandato) será sempre o doc. nº 1, pois será o primeiro documento anexado à petição inicial. No nosso exemplo o doc. nº 2 são os documentos do autor.

## I – DOS FATOS

1. A requerente é credora do Requerido na importância de R$ (indicar o valor), representado pelo cheque n° ..., sacado contra o Banco Topa Tudo por Dinheiro S.A., e devolvido duas vezes por insuficiência de fundos (doc. 3).

2. Referido título se originou da compra e venda realizada entre as partes, pelo qual o Requerido adquiriu um brinquedo da marca "Brincando Feliz", conforme faz prova a inclusa nota fiscal e canhoto de entrega que se anexa (doc. 4).

3. Logo após a primeira devolução a Requerente manteve contato, quando então o requerido solicitou que o cheque fosse reapresentado duas semanas depois. Conforme o combinado o cheque foi novamente depositado e voltou pelo mesmo motivo da anterior devolução – sem fundos.

4. Depois disso, a Autora contatou telefonicamente por diversas vezes o Requerido, uma das vezes por carta com AR (doc. 5), sendo certo que em todas as oportunidades o Requerido prometia comparecer à loja para trocar o cheque, porém não cumprindo com o prometido.

5. Em razão das inúmeras tratativas que se mostraram infrutíferas, o tempo transcorreu e o referido cheque perdeu sua força executiva, razão por que resta à Requerida a via da ação monitória como forma de receber seus créditos.

## II – DO DIREITO

6. Sobre a ação monitória diz o Código de Processo Civil, *verbis*:

> *Art. 700. A ação monitória pode ser proposta por aquele que afirmar, com base em prova escrita sem eficácia de título executivo, ter direito de exigir do devedor capaz:*
>
> *I – o pagamento de quantia em dinheiro;*
>
> *Omissis...*

7. Verifica-se pela leitura do retromencionado artigo que a situação presente se encaixa perfeitamente no permissivo legal, tendo em vista que a Autora possui comprovante de seu crédito por prova escrita, porém desprovida de força executiva em face da prescrição.

8. Nesse sentido é pacífica a jurisprudência de nossos Tribunais e, por exemplar, colacionamos ementa de acórdão emanado do Egrégio Superior Tribunal de Justiça assim redigido:

> *"PROCESSUAL CIVIL – AÇÃO MONITÓRIA – CHEQUE PRESCRITO – DOCU-MENTO HÁBIL À INSTRUÇÃO DO PEDIDO – DESCRIÇÃO DE CAUSA DEBENDI – DESNECESSIDADE – I. A jurisprudência do STJ é assente em admitir como prova hábil à comprovação do crédito vindicado em ação monitória cheque emitido pelo réu, cuja prescrição tornou-se impeditiva da sua cobrança pela via executiva.*
>
> *II. Para a propositura de ações que tais é despicienda a descrição da causa da dívida. III. Agravo desprovido"* (STJ – AgRg-REsp 200601740521 – (875116 SC) – 4ª T. – Rel. Min. Aldir Passarinho Junior – *DJU* 20.8.2007 – p. 00292).

## III – PEDIDO E REQUERIMENTO

Por tudo quanto acima exposto é a presente para requerer a Vossa Excelência:

a) A citação do réu para que, no prazo de 15 (quinze) dias, pague a importância já atualizada e corrigida (planilha de cálculos anexa) de R$ (indicar o valor), cientificando-o ademais de que se pagar no referido prazo, ficará isento do pagamento de custas processuais, arcando contudo com os honorários advocatícios de 5º (cinco por cento), nos termos do art. 701, caput, do CPC;

b) se assim não for, oferecer embargos no mesmo prazo, sob pena de conversão do mandado inicial em executivo, caso em que prosseguirá na forma dos dispositivos mencionados, até final sentença que o julgue procedente, acrescido ao débito os juros moratórios, a correção monetária, as custas processuais e os honorários advocatícios.

Pretende provar o alegado por todos os meios de prova em direito admitido, especialmente pelos documentos que instruem a presente, depoimento pessoal do demandado e outras que se façam necessárias, o que desde já se requer.

Dá-se à causa o valor de R$ (o valor que se está cobrando, conforme a planilha atualizada do débito).

Termos em que, Pede Deferimento.

Local e data

Nome e assinatura do Advogado nº da OAB

## 17.6.2 Modelo de petição na ação monitória – documento sem força de título executivo

AO JUÍZO DA_____VARA CÍVEL DA COMARCA DE_____ESTADO DE_____.[37]

*(espaço para despacho)*

JUSTINO JUSTUS, (qualificação completa), residente e domiciliado nesta cidade, na (endereço completo), por seu procurador abaixo firmado, conforme instrumento de mandato incluso (doc. 1), com escritório profissional na (endereço do advogado, inclusive e-mail), onde recebe intimações e avisos, vem, com o merecido respeito e acatamento, perante Vossa Excelência, com base no disposto no art. 700 e seguintes do Novo Código de Processo Civil. promover a presente

**AÇÃO MONITÓRIA,**

contra PRISPY LINDO, (qualificação se souber), residente e domiciliado nesta cidade, na Rua (endereço do Réu), expondo e requerendo o quanto segue:

---

37. Petição elaborada com base em modelo do Dr. Jayme Henkin, disponível no DVD Magister nº 54.

# CAPÍTULO 17 • DAS PETIÇÕES NOS PROCEDIMENTOS ESPECIAIS

Primeiramente cumpre esclarecer que, em atendimento ao que dispõe o art. 319, II e VII do CPC, o autor desconhece o endereço de e-mail do réu. Ao mesmo tempo declara que tem ter interesse (ou não) na realização da audiência de conciliação e mediação.

1. O Autor contratou com o Requerido, a fabricação de mobiliário completo para um quarto de casal, no dia 10 de novembro deste ano, tendo pagado, adiantadamente, o valor de R$ 4.100,00 (quatro mil e cem reais), conforme faz prova o incluso recibo no qual é discriminando a encomenda e fixado prazo de entrega, que era de 20 dias (doc. 2).

2. Vencido o prazo, o Autor procurou o Réu, tendo tomado conhecimento de que o mesmo não havia efetuado o serviço. Alegou aquele, na ocasião, que outros compromissos e a elevação do preço da madeira não possibilitavam o cumprimento do contratado, exigindo mais dinheiro e mais prazo. Inconformado com a absurda exigência, o Requerente pediu, ao menos, a devolução do dinheiro, recebendo negativa do Réu.

3. Dessa forma, só resta ao Requerente buscar as vias judiciárias com a finalidade de obter a devolução do valor que foi pago ao réu, tudo devidamente corrigido e acrescido de juros de mora.

4. Tendo em vista que o documento juntado – recibo e orçamento, não possui a eficácia de título executivo, mas constitui-se em prova escrita da dívida, possibilitando a promoção de Ação Monitória, a teor do artigo 700, do Código de Processo Civil que diz, expressamente: "A ação monitória compete a quem pretender, com base em prova escrita sem eficácia de título executivo, pagamento de soma em dinheiro, entrega de coisa fungível ou de determinado bem móvel."

Em razão do exposto, com amparo no artigo 700 e seguintes do Código de Processo Civil, REQUER:

a) A citação do réu para, no prazo de quinze (15) dias, proceder a devolução da importância de R$ 4.100,00 (quatro mil e cem reais), representada pelo documento incluso, ciente de que, pagando no prazo referido, ficará isento do pagamento de custas processuais e os honorários advocatícios serão de 5% (cinco por cento), nos termos do art. 701 do CPC.

b) Se assim não desejar, oferecer embargos, nos termos do art. 702 do mesmo diploma legal, sob pena de constituir-se, de pleno direito, o título executivo judicial, convertendo-se o mandado inicial em mandado executivo.

Protesta por todo o gênero de provas em direito admitido requerendo, desde logo, a depoimento pessoal do demandado.

Dá-se à causa o valor de R$ 4.100,00

Nestes termos Pede deferimento.

Local e data

Nome e assinatura do Advogado nº da OAB

## 17.7 DO INVENTÁRIO E DA PARTILHA[38]

Inventário é o processo (judicial ou administrativo) pelo qual são relacionados e arrecadados todos os bens, direitos e obrigações do *de cujus* que, após o pagamento das dívidas e dos impostos, se houver saldo de bens remanescente, será repartido entre seus herdeiros legítimos ou testamentários.

Já a partilha é a segunda parte do inventário e aquela que irá individualizar os bens que caberá a cada um dos herdeiros, finalizado assim o inventário.

Vale lembrar que, embora a herança se transmita no exato momento da abertura da sucessão, os bens pertencentes ao *de cujus* vão continuar figurando em seu nome (CC, art. 1.784).[39]

Para resolver isso haverá a necessidade de fazer-se o inventário, cujo ponto culminante será a expedição do formal de partilha, documento judicial que permitirá a cada um dos herdeiros transferir para os seus respectivos nomes os bens que lhes couberem no inventário. O inventário estará finalizado com a expedição do formal de partilha.

O Código de Processo Civil prevê duas espécies de inventário: o judicial e o extrajudicial ou administrativo. Porém, para efeito de estudos, podemos dividir o inventário judicial, que é o que nos interessa, em 3 (três) modalidade conforme veremos a seguir.

O **inventário judicial** é aquele no qual as partes provocam o judiciário, por petição distribuída ao juiz competente, que deve ser aberto no prazo de 2 (dois) meses contados da data do falecimento do *de cujus*, devendo estar encerrado no prazo de 12 (doze) meses, prazo este que pode ser prorrogado de ofício ou a requerimento da parte (CPC, art. 611).[40] Tendo em vista o disciplinamento constante do Código de Processo Civil, podemos identificar três modalidades de inventário judicial, senão vejamos:

### a) Inventário judicial comum ou tradicional:

Este tipo de inventário judicial é obrigatório em três situações muito concretas, quais sejam: se os herdeiros não estiverem de acordo com a partilha dos bens; se houver testamento; ou ainda, se houver incapaz entre os herdeiros

---

38. Texto extraído da minha obra Lições de Direito Civil – Família e Sucessões, 5ª. ed. Foco, 2022, v. 5.
39. CC, Art. 1.784. Aberta a sucessão, a herança transmite-se, desde logo, aos herdeiros legítimos e testamentários.
40. CPC, Art. 611. O processo de inventário e de partilha deve ser instaurado dentro de 2 (dois) meses, a contar da abertura da sucessão, ultimando-se nos 12 (doze) meses subsequentes, podendo o juiz prorrogar esses prazos, de ofício ou a requerimento de parte.

CAPÍTULO 17 • DAS PETIÇÕES NOS PROCEDIMENTOS ESPECIAIS **247**

(CPC, art. 610, 1ª parte).[41] Esta é a forma mais tradicional de inventário e que se processará de forma solene pelo rito ordinário, nos termos do que estabelece a nossa lei dos ritos (regulado nos arts. 610 a 658 do CPC). Este é o típico inventário que você já ouviu falar.

### b) Arrolamento sumário:

Este tipo de inventário se processa por um rito mais célere em face de sua simplicidade e pode ser utilizado quando todos os herdeiros são capazes e estão concordes com a forma como deva ser partilhado os bens. A forma é simplificada, pois basta os interessados apresentarem o plano de partilha e, desde que comprovada a quitação dos tributos, o juiz homologará de plano e sem maiores problemas (CPC, art. 659, *caput*).[42] A existência de credores não obsta a homologação da partilha ou da adjudicação, desde que reservados bens suficientes para o pagamento da dívida (CPC, art. 663).[43] Neste procedimento o requerente apresentará com sua petição inicial o pedido de nomeação do inventariante designado; a declaração e os títulos dos herdeiros e os bens do espólio; e, atribuirão valor aos bens para efeito de partilha e de recolhimento de taxas e tributos (CPC, art. 660).[44] Os tributos e taxas serão calculados com base no valor atribuído aos bens pelos herdeiros. Eventuais diferenças serão apuradas pelo fisco em procedimento administrativo e havendo diferenças serão cobradas pelos meios adequados (CPC, art. 662).[45]

---

41. CPC, Art. 610. Havendo testamento ou interessado incapaz, proceder-se-á ao inventário judicial.

    § 1º Se todos forem capazes e concordes, o inventário e a partilha poderão ser feitos por escritura pública, a qual constituirá documento hábil para qualquer ato de registro, bem como para levantamento de importância depositada em instituições financeiras.

    § 2º O tabelião somente lavrará a escritura pública se todas as partes interessadas estiverem assistidas por advogado ou por defensor público, cuja qualificação e assinatura constarão do ato notarial.

42. CPC, Art. 659. A partilha amigável, celebrada entre partes capazes, nos termos da lei, será homologada de plano pelo juiz, com observância dos arts. 660 a 663.

    § 1º O disposto neste artigo aplica-se, também, ao pedido de adjudicação, quando houver herdeiro único (omissis...).

43. CPC, Art. 663. A existência de credores do espólio não impedirá a homologação da partilha ou da adjudicação, se forem reservados bens suficientes para o pagamento da dívida.

    Parágrafo único. A reserva de bens será realizada pelo valor estimado pelas partes, salvo se o credor, regularmente notificado, impugnar a estimativa, caso em que se promoverá a avaliação dos bens a serem reservados.

44. CPC, Art. 660. Na petição de inventário, que se processará na forma de arrolamento sumário, independentemente da lavratura de termos de qualquer espécie, os herdeiros:

    I – requererão ao juiz a nomeação do inventariante que designarem;

    II – declararão os títulos dos herdeiros e os bens do espólio, observado o disposto no art. 630;

    III – atribuirão valor aos bens do espólio, para fins de partilha.

45. CPC, Art. 662. No arrolamento, não serão conhecidas ou apreciadas questões relativas ao lançamento, ao pagamento ou à quitação de taxas judiciárias e de tributos incidentes sobre a transmissão da propriedade dos bens do espólio.

MANUAL DE PRÁTICA JURÍDICA CIVIL • Nehemias Domingos de Melo

**Atenção:** não se aconselha a utilização deste tipo de inventário porque se pode fazê-lo pela forma extrajudicial com muito mais celeridade e menor custo.

## c) Arrolamento comum:

Trata-se de inventário que envolva bens no valor de até 1.000 (mil) salários mínimos. Diz o Código de Processo Civil que o inventariante nomeado, independentemente da assinatura de termo de compromisso, apresentará, com suas declarações, a atribuição do valor dos bens do espólio e o plano da partilha. O juiz nomeará um avaliador que oferecerá laudo em 10 (dez) dias, se houver discordâncias com relação aos valores apresentados pelo inventariante. Apresentado o laudo, o juiz, em audiência que designar, deliberará sobre a partilha, decidindo de plano todas as reclamações e mandando pagar as dívidas não impugnadas (CPC, art. 664).[46]

**Atenção:** nesta espécie de inventário o que autoriza a sua utilização é o valor dos bens do espólio, de sorte que pode ser realizado desta forma o inventário mesmo havendo interessado incapaz, desde que o Ministério Público não se oponha (CPC, art. 665).[47]

---

§ 1º A taxa judiciária, se devida, será calculada com base no valor atribuído pelos herdeiros, cabendo ao fisco, se apurar em processo administrativo valor diverso do estimado, exigir a eventual diferença pelos meios adequados ao lançamento de créditos tributários em geral.

§ 2º O imposto de transmissão será objeto de lançamento administrativo, conforme dispuser a legislação tributária, não ficando as autoridades fazendárias adstritas aos valores dos bens do espólio atribuídos pelos herdeiros

46. CPC, Art. 664. Quando o valor dos bens do espólio for igual ou inferior a 1.000 (mil) salários-mínimos, o inventário processar-se-á na forma de arrolamento, cabendo ao inventariante nomeado, independentemente de assinatura de termo de compromisso, apresentar, com suas declarações, a atribuição de valor aos bens do espólio e o plano da partilha.

§ 1º Se qualquer das partes ou o Ministério Público impugnar a estimativa, o juiz nomeará avaliador, que oferecerá laudo em 10 (dez) dias.

§ 2º Apresentado o laudo, o juiz, em audiência que designar, deliberará sobre a partilha, decidindo de plano todas as reclamações e mandando pagar as dívidas não impugnadas.

§ 3º Lavrar-se-á de tudo um só termo, assinado pelo juiz, pelo inventariante e pelas partes presentes ou por seus advogados.

§ 4º Aplicam-se a essa espécie de arrolamento, no que couber, as disposições do art. 672, relativamente ao lançamento, ao pagamento e à quitação da taxa judiciária e do imposto sobre a transmissão da propriedade dos bens do espólio.

§ 5º Provada a quitação dos tributos relativos aos bens do espólio e às suas rendas, o juiz julgará a partilha.

47. CPC, Art. 665. O inventário processar-se-á também na forma do art. 664, ainda que haja interessado incapaz, desde que concordem todas as partes e o Ministério Público.

CAPÍTULO 17 • DAS PETIÇÕES NOS PROCEDIMENTOS ESPECIAIS **249**

## 17.7.1 Juízo competente

Em se tratando de inventário e partilha judicial o juízo competente será o foro do domicílio do autor da herança (ver CPC, art. 48). Aliás, este mesmo juízo também será competente para conhecer e validar testamento, bem como para eventual anulação de partilha extrajudicial.

Será também no foro do domicílio do *de cujus* que se processarão as ações em que o espólio for réu, ainda que o óbito tenha ocorrido no estrangeiro.

Porém, se o autor da herança não tinha domicílio certo, será competente: o foro da situação dos bens imóveis; havendo bens imóveis em foros diferentes, qualquer deles; e, não havendo bens imóveis, o foro do local de qualquer dos bens do espólio.

## 17.7.2 Obrigatoriedade de consulta sobre a existência de testamento

Tanto no inventário judicial quanto no extrajudicial, há determinação do CNJ dirigida aos juízes e tabeliães com relação a eventual existência de testamento. Estas autoridades somente devem processar o inventário depois de realizar busca de testamento no banco de dados do Registro Central de Testamentos Online (RCTO) da Central Notarial de Serviços Compartilhados (ver CNJ, provimento nº 56/2016).

Quer dizer, é obrigatório para o processamento dos inventários e partilhas judiciais, bem como para lavratura de escrituras públicas de inventário extraju-dicial, a juntada de certidão acerca da inexistência de testamento deixado pelo autor da herança, expedida pela Central Notarial de Serviços Compartilhados (CENSEC).

No Estado de São Paulo o Tribunal de Justiça editou um provimento de nº 37/2016 para permitir a lavratura da escritura pública de inventário, mesmo existindo testamento, para os seguintes casos:

**a) Todos os herdeiros são maiores e capazes:**

Mesmo havendo testamento, se todos os herdeiros foram maiores, capazes concordes e mediante autorização do juízo onde se processou a **ação de abertura, registro e cumprimento de testamento,** poderão ser feitos o inventário e a partilha por escritura pública, que constituirá título hábil para o registro imobiliário.

**b) Testamento revogado, caduco ou inválido:**

Também poderão ser feitos o inventário e a partilha por escritura pública, nos casos de testamento revogado ou caduco, ou quando houver decisão

MANUAL DE PRÁTICA JURÍDICA CIVIL • Nehemias Domingos de Melo

judicial, com trânsito em julgado, declarando a invalidade do testamento, observadas a capacidade e a concordância dos herdeiros.

### 17.7.3 Abertura do inventário judicial e administração da herança

O Código Civil estipula o prazo de 30 (trinta) dias, após a morte do *de cujus*, como sendo o prazo para a abertura do processo de inventário (CC, art. 1.796).[48] Em contrapartida o Novo Código de Processo Civil fixa esse prazo em 2 (dois) meses (CPC, art. 611).[49] Nessa colisão de normas deve prevalecer o prazo estabelecido no Código de Processo Civil, exatamente por ser lei mais nova.

Após a abertura do inventário, diz ainda a lei instrumental que o mesmo deverá ser encerrado no prazo de 12 (doze) meses, prazo este que poderá ser prorrogado pelo juiz, de ofício ou a requerimento da parte.

Normalmente estes prazos não são respeitados. Raramente a família do falecido abre o inventário no prazo legal porque tratar desse assunto é, para a maioria das pessoas, algo muito complicado e doloroso. Mesmo já aberto o inventário, enquanto o inventariante não prestar compromisso, o administrador provisório é quem representará e administrará os bens do espólio (CPC, art. 613).[50]

### 17.7.4 Legitimidade para requerer a abertura do inventário

O pedido de abertura do inventário e de partilha deverá ser feito pela pessoa que esteja na posse e na administração do espólio, no prazo de 2 (dois) meses, conforme vimos acima. Além dos requisitos de qualquer petição inicial, o requerimento de abertura do inventário deve se fazer acompanhar, obrigatoriamente, da certidão de óbito do autor da herança e demais documentos pertinentes (CPC, art. 615).[51]

---

48. CC, Art. 1.796. No prazo de trinta dias, a contar da abertura da sucessão, instaurar-se-á inventário do patrimônio hereditário, perante o juízo competente no lugar da sucessão, para fins de liquidação e, quando for o caso, de partilha da herança.

49. CPC, Art. 611. O processo de inventário e de partilha deve ser instaurado dentro de 2 (dois) meses, a contar da abertura da sucessão, ultimando-se nos 12 (doze) meses subsequentes, podendo o juiz prorrogar esses prazos, de ofício ou a requerimento de parte.

50. CPC, Art. 613. Até que o inventariante preste o compromisso, continuará o espólio na posse do administrador provisório.

51. CPC, Art. 615. O requerimento de inventário e de partilha incumbe a quem estiver na posse e na administração do espólio, no prazo estabelecido no art. 611.
    Parágrafo único. O requerimento será instruído com a certidão de óbito do autor da herança.

CAPÍTULO 17 • DAS PETIÇÕES NOS PROCEDIMENTOS ESPECIAIS **251**

Independente dessa previsão legal, para o pedido de abertura de inventário e de partilha, o Código de Processo Civil reconhece ainda legitimidade concorrente para as seguintes pessoas (CPC, art. 616):[52]

a) O cônjuge ou companheiro supérstite;

b) O herdeiro;

c) O legatário;

d) O testamenteiro;

e) O cessionário do herdeiro ou do legatário;

f) O credor do herdeiro, do legatário ou do autor da herança;

g) O Ministério Público, havendo herdeiros incapazes;

h) A Fazenda Pública, quando tiver interesse;

i) O administrador judicial da falência do herdeiro, do legatário, do autor da herança ou do cônjuge ou companheiro supérstite.

Este rol não é taxativo, o que significa dizer que, qualquer dessas pessoas acima mencionadas, pode pedir a abertura do inventário porque, nesse caso, não há ordem preferencial.

## 17.7.5 Ordem de nomeação do inventariante

Do início e até o final do processo de inventário, a administração da herança ficará a cargo do inventariante (CC, art. 1.991),[53] que será nomeado pelo juiz conforme as normas do Código de Processo Civil (CPC, art. 617)[54] na seguinte ordem preferencial:

---

52. CPC, Art. 616. Têm, contudo, legitimidade concorrente:

    I – o cônjuge ou companheiro supérstite;

    II – o herdeiro;

    III – o legatário;

    IV – o testamenteiro;

    V – o cessionário do herdeiro ou do legatário;

    VI – o credor do herdeiro, do legatário ou do autor da herança;

    VII – o Ministério Público, havendo herdeiros incapazes;

    VIII – a Fazenda Pública, quando tiver interesse;

    IX – o administrador judicial da falência do herdeiro, do legatário, do autor da herança ou do cônjuge ou companheiro supérstite.

53. CC, Art. 1.991. Desde a assinatura do compromisso até a homologação da partilha, a administração da herança será exercida pelo inventariante.

54. CPC, Art. 617. O juiz nomeará inventariante na seguinte ordem:

    I – o cônjuge ou companheiro sobrevivente, desde que estivesse convivendo com o outro ao tempo da morte deste;

### a) Cônjuge ou companheiro sobrevivente:

O cônjuge ou companheiro sobrevivente é o primeiro na lista de preferência para ser nomeado inventariante; contudo, isso só será possível se convivia com o *de cujus* à época de sua morte.

### b) O herdeiro que esteja na posse e administração do espólio:

Na falta do cônjuge ou mesmo ele existindo não puder assumir o encargo, será nomeado inventariante o herdeiro que estiver na administração provisória da herança.

### c) Qualquer outro herdeiro:

Na falta de cônjuge e não estando nenhum dos herdeiros na posse e administração da herança, será nomeado inventariante qualquer um dos herdeiros que reivindique essa posição.

### d) O testamenteiro:

Será nomeado o testamenteiro se o *de cujus* lhe atribuiu a responsabilidade pela posse e administração dos bens da herança ou se toda a herança é composta de legados.

### e) Inventariante judicial:

O Código Civil menciona essa figura, porém ela hoje não mais existe na maioria dos Estados. Era um funcionário do Poder Judiciário que cumpria essa função de inventariante.

### f) Qualquer pessoa do povo:

Esgotadas as possibilidades de nomeação do inventariante dentre as pessoas acima mencionadas ou quando a litigiosidade entre elas for insuperável, o juiz designará qualquer pessoa idônea para o exercício dessa função. Essa pessoa poderá ser remunerada conforme fixe o juiz. É o que chamamos de **inventariante dativo**.

---

II – o herdeiro que se achar na posse e na administração do espólio, se não houver cônjuge ou companheiro sobrevivente ou se estes não puderem ser nomeados;

III – qualquer herdeiro, quando nenhum deles estiver na posse e na administração do espólio;

IV – o herdeiro menor, por seu representante legal;

V – o testamenteiro, se lhe tiver sido confiada a administração do espólio ou se toda a herança estiver distribuída em legados;

VI – o cessionário do herdeiro ou do legatário;

VII – o inventariante judicial, se houver;

VIII – pessoa estranha idônea, quando não houver inventariante judicial.

Parágrafo único. O inventariante, intimado da nomeação, prestará, dentro de 5 (cinco) dias, o compromisso de bem e fielmente desempenhar a função.

CAPÍTULO 17 • DAS PETIÇÕES NOS PROCEDIMENTOS ESPECIAIS **253**

Essa ordem deve ser respeitada porque a lei estabeleceu uma preferência, porém não é absoluta, podendo ser alterada por motivos justificados ou mesmo por comum acordo entre as partes.

## 17.7.6 Incumbência do inventariante

Depois de nomeado o inventariante e assinado o compromisso, ele é que representará o espólio, ativa ou passivamente, judicial e extrajudicialmente (CPC, art. 75, VII c/c art. 618, I). Essa regra comporta exceção porque, no caso do inventariante dativo, este não tem legitimidade para representar o espólio por expressa determinação legal, cabendo tal função aos herdeiros e sucessores do falecido conjuntamente (CPC, art. 75, § 1º).[55]

Além da incumbência acima, certamente uma das mais importante, cabe ainda ao inventariante as seguintes tarefas (CPC, art. 618):[56]

**a) Administrar o espólio:**

Cabe ao inventariante administrar todos os bens que compõe o acervo da herança, devendo para isso aplicar a mesma diligência que teria se os bens fossem seus.

**b) Apresentar as primeiras e últimas declarações:**

Deve também o inventariante prestar as primeiras e as últimas declarações pessoalmente ou por procurador com poderes especiais para isso.

**c) Exibir documentos:**

A requerimento das partes ou por determinação do juiz, deve o inventariante exibir em cartório, a qualquer tempo, para exame das partes, os documentos relativos ao espólio.

---

55. CPC, Art. 75. Serão representados em juízo, ativa e passivamente: (Omissis).

VII – o espólio, pelo inventariante; (Omissis)

§ 1º Quando o inventariante for dativo, os sucessores do falecido serão intimados no processo no qual o espólio seja parte.

56. CPC, Art. 618. Incumbe ao inventariante:

I – representar o espólio ativa e passivamente, em juízo ou fora dele, observando-se, quanto ao dativo, o disposto no art. 75, § 1º;

II – administrar o espólio, velando-lhe os bens com a mesma diligência que teria se seus fossem;

III – prestar as primeiras e as últimas declarações pessoalmente ou por procurador com poderes especiais;

IV – exibir em cartório, a qualquer tempo, para exame das partes, os documentos relativos ao espólio;

V – juntar aos autos certidão do testamento, se houver;

VI – trazer à colação os bens recebidos pelo herdeiro ausente, renunciante ou excluído;

VII – prestar contas de sua gestão ao deixar o cargo ou sempre que o juiz lhe determinar;

VIII – requerer a declaração de insolvência.

## d) Juntar nos autos certidão de testamento:

Deve também o inventariante diligenciar e verificar se existe testamento, juntando aos autos certidão do testamento, se houver.

## e) Colação dos bens:

Deve também trazer à colação os bens recebidos pelo herdeiro ausente, renunciante ou excluído.

## f) Prestar contas:

O inventariante é obrigado a prestar contas de sua gestão ao deixar o cargo ou sempre que o juiz lhe determinar.

## g) Requerer a insolvência do espólio:

Se o valor dos bens arrecadados for inferior ao montante das dívidas, deve o inventariante requerer a declaração de insolvência.

Todas essas atribuições acima descritas independem de qualquer provocação. É dever permanente do inventariante, contudo há outras atribuições que somente podem ser exercidas em situações especiais, ouvidos todos os demais interessados e devidamente autorizado pelo juiz (CPC, art. 619),[57] quais sejam:

## a) Alienar bens de qualquer espécie:

No curso do inventário pode ser necessário vender alguns bens seja para evitar deterioração, seja para fazer frente as despesas do próprio inventário. Se isso for necessário o inventariante peticionará ao juiz da causa e após manifestação de concordância de todos, poderá ser autorizada a alienação.

## b) Transigir em juízo ou fora dele:

É perfeitamente possível que durante a tramitação do processo haja necessidade de realização de qualquer acordo (judicial ou extrajudicial), especialmente com relação às dividas deixadas pelo *de cujus*. Nesse caso, o inventariante necessitará de autorização judicial para assim proceder.

## c) Pagar dívidas do espólio:

É dever do inventariante pagar todas as dívidas deixadas pelo *de cujus*, porém não poderá fazer isso ao seu bel prazer, pois necessitará da anuência dos demais herdeiros bem como de autorização judicial.

---

57. CPC, Art. 619. Incumbe ainda ao inventariante, ouvidos os interessados e com autorização do juiz:

I – alienar bens de qualquer espécie;

II – transigir em juízo ou fora dele;

III – pagar dívidas do espólio;

IV – fazer as despesas necessárias para a conservação e o melhoramento dos bens do espólio.

CAPÍTULO 17 • DAS PETIÇÕES NOS PROCEDIMENTOS ESPECIAIS

**255**

## d) Despesas para conservação dos bens:

Também para fazer as despesas necessárias para a conservação e o melhoramento dos bens do espólio, o inventariante precisa de autorização.

### 17.7.7 Das primeiras declarações

Depois de prestado o compromisso, o inventariante terá o prazo de 20 (vinte) dias para apresentar em juízo as primeiras declarações, das quais se lavrará termo circunstanciado, assinado pelo juiz, pelo escrivão e pelo inventariante, no qual deverão constar (CPC, art. 620),[58] as seguintes informações:

### a) Qualificação do *de cujus*:

Deverá indicar o nome, o estado, a idade e o domicílio do autor da herança, o dia e o lugar em que faleceu e informar também se deixou testamento.

---

58. CPC, Art. 620. Dentro de 20 (vinte) dias contados da data em que prestou o compromisso, o inventariante fará as primeiras declarações, das quais se lavrará termo circunstanciado, assinado pelo juiz, pelo escrivão e pelo inventariante, no qual serão exarados.

I – o nome, o estado, a idade e o domicílio do autor da herança, o dia e o lugar em que faleceu e se deixou testamento;

II – o nome, o estado, a idade, o endereço eletrônico e a residência dos herdeiros e, havendo cônjuge ou companheiro supérstite, além dos respectivos dados pessoais, o regime de bens do casamento ou da união estável;

III – a qualidade dos herdeiros e o grau de parentesco com o inventariado;

IV – a relação completa e individualizada de todos os bens do espólio, inclusive aqueles que devem ser conferidos à colação, e dos bens alheios que nele forem encontrados, descrevendo-se:

a) os imóveis, com as suas especificações, nomeadamente local em que se encontram, extensão da área, limites, confrontações, benfeitorias, origem dos títulos, números das matrículas e ônus que os gravam;

b) os móveis, com os sinais característicos;

c) os semoventes, seu número, suas espécies, suas marcas e seus sinais distintivos;

d) o dinheiro, as joias, os objetos de ouro e prata e as pedras preciosas, declarando-se-lhes especificadamente a qualidade, o peso e a importância;

e) os títulos da dívida pública, bem como as ações, as quotas e os títulos de sociedade, mencionando-se-lhes o número, o valor e a data;

f) as dívidas ativas e passivas, indicando-se-lhes as datas, os títulos, a origem da obrigação e os nomes dos credores e dos devedores;

g) direitos e ações;

h) o valor corrente de cada um dos bens do espólio.

§ 1º O juiz determinará que se proceda:

I – ao balanço do estabelecimento, se o autor da herança era empresário individual;

II – à apuração de haveres, se o autor da herança era sócio de sociedade que não anônima.

§ 2º As declarações podem ser prestadas mediante petição, firmada por procurador com poderes especiais, à qual o termo se reportará.

**b) A qualificação de todos os herdeiros:**

Deverá também qualificar todos os herdeiros informando seus nomes, o estado civil, a idade, o endereço eletrônico e suas respectivas residências e, havendo cônjuge ou companheiro supérstite, além dos respectivos dados pessoais, o regime de bens do casamento ou da união estável.

**c) Qualidade dos herdeiros:**

É a descrição do grau de parentesco dos herdeiros com o autor da herança e a qualidade com que concorre no inventário.

**d) Discriminação de todos os bens:**

Também deverá relacionar, de forma completa e individualizada, todos os bens do espólio, inclusive aqueles que devem ser conferidos à colação, e dos bens alheios que nele forem encontrados, descrevendo-os.

**e) Quanto aos imóveis:**

Nesta petição deverá o inventariante descrever os imóveis, com as suas especificações, nomeadamente local em que se encontram, extensão da área, limites, confrontações, benfeitorias, origem dos títulos, números das matrículas e ônus que os gravam.

**f) Quantos aos bens móveis:**

No que diz respeito aos bem móveis, deverão ser identificados com os sinais característicos, de forma que fiquem bem identificados. Se houver dinheiro, joias, objetos de ouro e prata ou pedras preciosas, deverá declarar especificadamente a qualidade, o peso e a importância de cada um.

**g) Quanto aos semoventes:**

Os semoventes deverão ser identificados informando-se o seu número, suas espécies, suas marcas e seus sinais característicos.

**h) Quanto às dívidas:**

Todas as dívidas ativas e passivas deverão ser discriminadas, indicando-se detalhadamente as datas, os títulos, a origem da obrigação e os nomes dos credores e dos devedores. Também deverão ser relacionados os títulos da dívida pública, bem como as ações, as quotas e os títulos de sociedade, devendo ser mencionado o número, o valor e a data.

**i) Outros direitos:**

Outros possíveis direitos deverão ser relacionados, inclusive os direitos sobre eventuais ações; bem como o valor corrente de cada um dos bens do espólio.

CAPÍTULO 17 • DAS PETIÇÕES NOS PROCEDIMENTOS ESPECIAIS **257**

Apresentada as primeiras declarações, o que pode ser feito já na petição inicial, o juiz determinará que se proceda ao balanço do estabelecimento, se o autor da herança era empresário individual. Poderá também determinar a apuração de haveres, se o autor da herança era sócio de sociedade que não anônima.

Embora não seja usual, as declarações podem ser prestadas mediante petição, firmada por procurador com poderes especiais, à qual o termo se reportará (ver CPC, art. 620, § 2º).

## 17.7.8 Das citações e das impugnações

Depois de apresentadas as primeiras declarações, o juiz mandará citar, para os termos do inventário e da partilha, o cônjuge ou o companheiro, os herdeiros e os legatários e mandará intimar a Fazenda Pública. Mandará também intimar o Ministério Público, caso haja herdeiro incapaz ou ausente; e, o testamenteiro, se houver testamento (CPC, art. 626).[59]

A citação de todos os interessados será feita pelo correio, cujo mandado deverá estar acompanhado de cópia das primeiras declarações. Aliás, mesmo os mandados de intimação da Fazenda Pública, do Ministério Público e do testamenteiro também deverão ser acompanhados de cópia das primeiras declarações. Independente das citações do cônjuge ou companheiro e dos herdeiros, juiz mandará publicar edital para dar conhecimentos a eventuais interessados incertos ou desconhecidos (ver CPC, art. 259).

Depois de concluídas as citações, abrir-se-á vista às partes, em cartório e pelo prazo comum de 15 (quinze) dias, para que se manifestem sobre as primeiras declarações. Este é o momento apropriado para qualquer das partes arguir erros, omissões e sonegação de bens; reclamar contra a nomeação de inventariante; ou ainda, contestar a qualidade de quem foi incluído no título de herdeiro (CPC, art. 627).[60]

---

59. CPC, Art. 626. Feitas as primeiras declarações, o juiz mandará citar, para os termos do inventário e da partilha, o cônjuge, o companheiro, os herdeiros e os legatários e intimar a Fazenda Pública, o Ministério Público, se houver herdeiro incapaz ou ausente, e o testamenteiro, se houver testamento.

    § 1º O cônjuge ou companheiro, os herdeiros e os legatários serão citados pelo correio, observado o disposto no art. 247, sendo, ainda, publicado edital, nos termos do inciso III do art. 259.

    § 2º Das primeiras declarações extrair-se-ão tantas cópias quantas forem as partes.

    § 3º A citação será acompanhada de cópia das primeiras declarações.

    § 4º Incumbe ao escrivão remeter cópias à Fazenda Pública, ao Ministério Público, ao testamenteiro, se houver, e ao advogado, se a parte já estiver representada nos autos

60. CPC, Art. 627. Concluídas as citações, abrir-se-á vista às partes, em cartório e pelo prazo comum de 15 (quinze) dias, para que se manifestem sobre as primeiras declarações, incumbindo às partes:

    I – arguir erros, omissões e sonegação de bens;

    II – reclamar contra a nomeação de inventariante

Se for apresentada alguma impugnação o juiz irá apreciar e se julgar procedente a impugnação, mandará, conforme o caso:

**a) Retificar as primeiras declarações:**

Se a impugnação versava sobre erros, omissões ou sonegação de bens essa é a providência que o juiz determinará.

**b) Remoção de inventariante:**

Se a impugnação questionava a qualidade do inventariante nomeado e foi julgada procedente, o juiz nomeará outro inventariante, observado a preferência legal.

**c) Qualidade de herdeiros:**

Se foi contestada a qualidade de algum herdeiro e o juiz julgou procedente, deverá determinar a exclusão desse herdeiro

A Fazenda Pública, no prazo de 15 (quinze) dias, após a vista, informará ao juízo, de acordo com os dados que constam de seu cadastro imobiliário, o valor dos bens de raiz descritos nas primeiras declarações (CPC, art. 629).[61] Esta providência destina-se a aferir os valores reais dos bens apresentados nas primeiras declarações do inventariante.

### 17.7.9 Da partilha

A partilha é o ato culminante do processo de inventário, significando o fim da comunhão entre os herdeiros com a atribuição a cada um dos seus respectivos quinhões e **pode ser extrajudicial**, quando todos os herdeiros forem capazes e estiverem de acordo com a divisão dos bens (CC, art. 2.015);[62] **ou judicial**, quando houver interesses de incapaz ou os herdeiros não estiverem concordes com a partilha (CC, art. 2.016).[63]

---

III – contestar a qualidade de quem foi incluído no título de herdeiro.

§ 1º Julgando procedente a impugnação referida no inciso I, o juiz mandará retificar as primeiras declarações.

§ 2º Se acolher o pedido de que trata o inciso II, o juiz nomeará outro inventariante, observada a preferência legal.

§ 3º (omissis)...

61. CPC, Art. 629. A Fazenda Pública, no prazo de 15 (quinze) dias, após a vista de que trata o art. 627, informará ao juízo, de acordo com os dados que constam de seu cadastro imobiliário, o valor dos bens de raiz descritos nas primeiras declarações

62. CC, Art. 2.015. Se os herdeiros forem capazes, poderão fazer partilha amigável, por escritura pública, termo nos autos do inventário, ou escrito particular, homologado pelo juiz.

63. CC, Art. 2.016. Será sempre judicial a partilha, se os herdeiros divergirem, assim como se algum deles for incapaz.

CAPÍTULO 17 • DAS PETIÇÕES NOS PROCEDIMENTOS ESPECIAIS

Com a partilha, encerra-se o inventário e faz desaparecer a figura do espólio, bem como acaba com a comunhão formada entre os herdeiros com a morte do *de cujus* (CC, art. 1.791, parágrafo único).[64]

Nesta fase final, o juiz facultará às partes a apresentação do plano de partilha e se todos estiverem de acordo homologará a partilha amigável (CPC, art. 647).[65]

Se não houver acordo entre as partes, o juiz mandará o processo ao partidor, que apresentará um plano de partilha e, depois de ouvidas as partes e resolvidas eventuais impugnações, a partilha será lançada aos autos pelo juiz (CPC, art. 652).[66] Da partilha constará os elementos especificados no art. 653 do CPC.[67] Depois de realizado o pagamento do imposto de transmissão, o juiz a julgará por sentença a partilha (CPC, art. 654).[68]

Transitada em julgado a sentença que julgou a partilha, o cartório do juízo expedirá o formal de partilha, que é o instrumento hábil à transferência dos bens para o nome dos respectivos herdeiros (CPC, art. 655).[69]

---

64. CC, Art. 1.791. (Omissis)

Parágrafo único. Até a partilha, o direito dos co-herdeiros, quanto à propriedade e posse da herança, será indivisível, e regular-se-á pelas normas relativas ao condomínio.

65. CPC, Art. 647. Cumprido o disposto no art. 642, § 3º, o juiz facultará às partes que, no prazo comum de 15 (quinze) dias, formulem o pedido de quinhão e, em seguida, proferirá a decisão de deliberação da partilha, resolvendo os pedidos das partes e designando os bens que devam constituir quinhão de cada herdeiro e legatário.

Parágrafo único. O juiz poderá, em decisão fundamentada, deferir antecipadamente a qualquer dos herdeiros o exercício dos direitos de usar e de fruir de determinado bem, com a condição de que, ao término do inventário, tal bem integre a cota desse herdeiro, cabendo a este, desde o deferimento, todos os ônus e bônus decorrentes do exercício daqueles direitos.

66. CPC, Art. 652. Feito o esboço, as partes manifestar-se-ão sobre esse no prazo comum de 15 (quinze) dias, e, resolvidas as reclamações, a partilha será lançada nos autos

67. CPC, Art. 653. A partilha constará:

I – de auto de orçamento, que mencionará:

a) os nomes do autor da herança, do inventariante, do cônjuge ou companheiro supérstite, dos herdeiros, dos legatários e dos credores admitidos;

b) o ativo, o passivo e o líquido partível, com as necessárias especificações;

c) o valor de cada quinhão;

II – de folha de pagamento para cada parte, declarando a quota a pagar-lhe, a razão do pagamento e a relação dos bens que lhe compõem o quinhão, as características que os individualizam e os ônus que os gravam.

Parágrafo único. O auto e cada uma das folhas serão assinados pelo juiz e pelo escrivão.

68. CPC, Art. 654. Pago o imposto de transmissão a título de morte e juntada aos autos certidão ou informação negativa de dívida para com a Fazenda Pública, o juiz julgará por sentença a partilha.

Parágrafo único. A existência de dívida para com a Fazenda Pública não impedirá o julgamento da partilha, desde que o seu pagamento esteja devidamente garantido.

69. CPC, Art. 655. Transitada em julgado a sentença mencionada no art. 654, receberá o herdeiro os bens que lhe tocarem e um formal de partilha, do qual constarão as seguintes peças:

I – termo de inventariante e título de herdeiros;

# 17.7.10 Modelo de petição pedindo a abertura de inventário[70]

AO JUÍZO DA ____ VARA DA FAMÍLIA E DAS SUCESSÕES DO FORO DA COMARCA DE ____

*(espaço de 5 linhas)*

FULANO DE TAL (qualificar adequadamente o requerente, inclusive informando seu endereço eletrônico), vem, respeitosamente, perante Vossa Excelência, por seu advogado que a esta subscreve (instrumento de mandado em anexo – doc. 1), que recebe intimações e avisos no (informar endereço completo) e email: (informar o email), requerer:

## ABERTURA DE INVENTÁRIO JUDICIAL

dos bens deixados pelo falecimento de (informar o nome do *de cujus*), o que faz com fundamento nos artigos 615 e seguintes do Código de Processo Civil, pelos fundamentos de fato e de direito que a seguir expõe.

## I – DOS FATOS

O Requerente é (indicar qual das pessoas legitimadas está requerendo – ver CPC, art. 616) do *de cujus*, falecido na data de (indicar dia, mês e ano), nesta cidade, conforme certidões de nascimento e de óbito que ora se anexam (doc. 2).

Quando do falecimento o *de cujus* era casado (por exemplo) com... (indicar nome e qualificação completa), residente e domiciliado na Rua... Nº..., na Cidade de..., Estado do..., pelo Regime de Comunhão Universal de Bens (ou outro regime), conforme faz prova a certidão de casamento que se anexa (doc. 4).

Além da viúva, o *de cujus* deixa 3 (três) filhos, um menor impúbere e dois maiores e capazes, conforme certidões de nascimento que se anexam (doc. 5), que são os seguintes:

a) Fulano de Tal (qualificar),

b) Beltrano de Tal (idem),

c) Sicrano de Tal (ibidem),

Tendo realizado a busca no Cartório Notarial do Brasil, constata-se que o *de cujus* não deixou testamento conforme faz prova a inclusa certidão (doc. 3).

---

II – avaliação dos bens que constituíram o quinhão do herdeiro;

III – pagamento do quinhão hereditário;

IV – quitação dos impostos;

V – sentença.

Parágrafo único. O formal de partilha poderá ser substituído por certidão de pagamento do quinhão hereditário quando esse não exceder a 5 (cinco) vezes o salário-mínimo, caso em que se transcreverá nela a sentença de partilha transitada em julgado.

70. Com base em modelo disponibilizado na internet pelo Dr. Renan Negreiros.

## II – DO DIREITO

Nos termos do art. 611 do Código de Processo Civil: "O processo de inventário e de partilha deve ser instaurado dentro de 2 (dois) meses a contar da abertura da sucessão, ultimando-se nos 12 (doze) meses subsequentes, podendo o juiz prorrogar esses prazos, de ofício ou a requerimento de parte".

Assim, dentro do prazo de lei, o Requerente faz o pedido de instauração do presente inventário no qual todos os herdeiros estão concordes, porém como um dos herdeiros é menor, a via judicial é o caminho imposto pela nossa legislação.

Informa ainda que todos os herdeiros, bem como a viúva meeira estão concordes com a indicação do peticionário para inventariante, ainda que não seja o primeiro do rol insculpido no art. art. 616 do Código de Processo Civil.

Tendo em vista que o *de cujus* era casado no Regime de Comunhão Universal de Bens, tem o cônjuge sobrevivente, direito a meação. Deve, pois ser inventariado o patrimônio do casal, extraindo-se dele a respectiva meação do cônjuge sobrevivente.

## III – DOS PEDIDOS

Diante de tudo quanto acima exposto, respeitado o prazo do art. 611 do Código de Processo Civil, é a presente para requerer:

a) a abertura do inventário;

b) A nomeação do requerente como inventariante dos bens do *de cujus*, prestando compromisso para o exercício do mister, requerendo ainda prazo para apresentação das primeiras declarações.

Requer, outrossim, provar o alegado por todos os meios em direito admitidos, notadamente pela juntada de outros documentos.

Termos em que, atribuindo à causa o valor de R$ _____,[71]

Pede deferimento.

Local e data

Nome e assinatura do Advogado (a)

nº da OAB

---

71. O valor da causa será o valor estimado de todos os bens deixados pelo falecido.

# Parte IV
# AÇÕES ESPECIAIS RELATIVAS AO DIREITO DE FAMÍLIA

# Capítulo 18[1]
## Petições no direito de família

## 18.1 NOTAS INTRODUTÓRIAS

Pela sistemática adotada pelo legislador brasileiro, as espécies processuais foram sistematizadas de acordo com o tipo de ação que vise tutelar determinado direito. Dessa forma temos o processo de conhecimento e cumprimento de sentença, o de execução e os especiais.

Na sistemática do CPC/73 tínhamos o processo de conhecimento que se dividia em comum (ordinário e sumário) e especial (de jurisdição contenciosa ou voluntária), além do processo de execução e o cautelar.

O Novo CPC manteve o processo de conhecimento, dividindo-o em procedimento comum e cumprimento de sentença, eliminando, desta forma, o procedimento sumário. O novo sistema legal recepcionou os procedimentos especiais, mantendo suas peculiaridades específicas, já que as ações que tramitam pelo procedimento especial têm características que as distinguem dos demais procedimentos. Assim também as ações de família.

Pelo sistema anterior, não havia qualquer tratamento diferenciado das ações que envolviam questões familiares, com exceção da ação de alimentos, tratada em dispositivo próprio (Lei nº 5.478/68).

O legislador de 2015, por sua vez, ao tratar dos procedimentos especiais, destina um Capítulo exclusivo para a regulamentação das Ações de Família, que se inicia a partir do art. 693.

O *novel codex* aposta na capacidade de as partes se comporem amigavelmente como solução mais adequada para a resolução dos conflitos oriundos das relações familiares. Tanto é assim que o mandado de citação do réu é para comparecimento em audiência de conciliação ou mediação e cujo mandado estará desacompanhado da petição inicial, exatamente para não acirrar os ânimos e facilitar o entendimento (CPC, art. 695, § 1º).[2]

---

1. Este capítulo contou com a colaboração da Profa. Fernanda Orsi Baltrunas Doretto.
2. CPC, Art. 695. Recebida a petição inicial e, se for o caso, tomadas as providências referentes à tutela provisória, o juiz ordenará a citação do réu para comparecer à audiência de mediação e conciliação, observado o disposto no art. 694.

MANUAL DE PRÁTICA JURÍDICA CIVIL • Nehemias Domingos de Melo

Neste capítulo vamos apresentar os modelos de petições mais comumente utilizados na área do direito de família. Como nos demais capítulos, não nos furtaremos a fornecer o embasamento legal e doutrinário mínimo para a perfeita compreensão de cada uma das ações.

Assim, vamos apresentar as petições aptas à propositura das seguintes ações de família: pedido de alimentos, incluindo a execução de alimentos e a defesa do executado; reconhecimento e dissolução da união estável; divórcio consensual e litigioso; interdição; e, investigação de paternidade cumulada com alimentos.

## 18.2 DOS ALIMENTOS

Podem pedir alimentos os parentes, aqueles que já foram unidos pelo vínculo matrimonial e pela união estável. São devidos de forma recíproca entre pais e filhos, podendo ser exigidos de forma extensiva a todos os ascendentes, recaindo a obrigação nos mais próximos em grau, uns em falta de outros.

Se o parente que deve alimentos em primeiro lugar não estiver em condições de suportar totalmente o encargo, serão chamados a concorrer os de grau imediato. Se vários forem os parentes na mesma linha, todos concorrerão na proporção de seus recursos, e aquele que for demandado judicialmente poderá chamar os demais para integrar a lide.

A principal regra que norteia o pedido de prestação alimentar é a de que sua fixação deve ser realizada na proporção das necessidades do alimentando e dos recursos da pessoa obrigada.

O Código Civil, ainda, dispõe em seu art. 1.694, § 2º, que os alimentos serão apenas os indispensáveis à subsistência, quando a situação de necessidade resultar de culpa de quem os pleiteia. Mais adiante, o art. 1.702 assevera que, na separação judicial litigiosa sendo um dos cônjuges inocente e desprovido de recursos, prestar-lhe-á o outro a pensão alimentícia que o juiz fixar.

Interessante notar, entretanto, que a culpa não mais se discute no âmbito das ações de divórcio, tendo em vista a Emenda Constitucional nº 66/2010 que

---

§ 1º O mandado de citação conterá apenas os dados necessários à audiência e deverá estar desacompanhado de cópia da petição inicial, assegurado ao réu o direito de examinar seu conteúdo a qualquer tempo.

§ 2º A citação ocorrerá com antecedência mínima de 15 (quinze) dias da data designada para a audiência.

§ 3º A citação será feita na pessoa do réu.

§ 4º Na audiência, as partes deverão estar acompanhadas de seus advogados ou de defensores públicos..

CAPÍTULO 18 • PETIÇÕES NO DIREITO DE FAMÍLIA

eliminou qualquer necessidade de justificativa para se processar o divórcio (judicial ou extrajudicial).

Desse modo, a discussão sobre a responsabilidade sobre o término do casamento poderá ser deslocada para eventual demanda alimentar, objetivando que se revele a culpa pelo término do casamento, para que o alimentante arque apenas com o montante necessário para a subsistência do alimentando, sem a preocupação de manter-lhe o padrão de vida.

Além da ação que objetiva a fixação dos alimentos, pode-se promover a ação revisional de alimentos, para majoração ou redução dos alimentos fixados, bem como de exoneração de alimentos, quando sobrevier mudança na situação financeira do alimentante ou do alimentando.

Necessário ainda mencionar que os alimentos, além dos definitivos, comportam uma divisão: **alimentos provisórios e provisionais**. Provisórios são aqueles pleiteados objetivando exclusivamente a manutenção da parte durante o processo judicial de dissolução do matrimônio ou da união estável, arbitrados liminarmente pelo juiz, sem ouvir o réu, no despacho inicial da ação de alimentos (só é possível quando houver prova pré-constituída do parentesco, casamento ou união estável). Já os provisionais são arbitrados como antecipação de tutela, preparatória ou mesmo incidental, de ação de separação judicial, divórcio, nulidade ou anulabilidade de casamento ou de alimentos, dependendo da comprovação dos requisitos inerentes a toda tutela de urgência: *fumus boni iuris* e o *periculum in mora* (destinam-se a manutenção do requerente no curso da tramitação do processo).

Com o casamento, a união estável ou o concubinato do credor da verba alimentar, cessa para o devedor o dever de prestar alimentos. Entretanto, um novo casamento do devedor não extingue a obrigação constante da sentença de divórcio.

O Novo CPC criou um capítulo específico para tratar das "ações de família", unificando os procedimentos com relação às ações contenciosas de divórcio, separação, reconhecimento e extinção de união estável, guarda, visitação e filiação.

Diz ainda o parágrafo único do art. 693 que a ação de alimentos e a que versar sobre interesse de criança ou de adolescente observará o procedimento previsto em legislação específica, aplicando-se, no que couber, as disposições do Capítulo específico do CPC que trata das ações de família. Desse modo continuam em vigor as disposições da Lei n° 5.478/68 e a Lei n° 8.069/90.

Cumpre esclarecer que esse procedimento será observado sempre que não houver acordo entre as partes (contencioso) porque se as partes estiverem de acordo o procedimento a ser observado será aquele disciplinado nos arts. 731 a 734 do Novo CPC.

O foro competente para a ação de alimentos está descrito no art. 53, II, do Novo CPC, que afirma que para a propositura da demanda é competente o foro de domicílio ou residência do alimentando.

## 18.2.1 Modelo de petição pedindo alimentos

DOUTO JUÍZO DA_____VARA DA FAMÍLIA E SUCESSÕES DO FORO DA COMARCA DE_____.

*(espaço para despacho)*

ASTROGILDA DA SILVA, nascida em 10 de maio de 2008 (conforme Certidão de Nascimento expedida pelo Oficial de Registro Civil das Pessoas Naturais do 27º Subdistrito – Tatuapé, assento de nascimento nº 123456, Livro A-123, Fls. 123), hoje com 07 anos de idade, e LUNARINA DA SILVA, nascida em 28 de outubro de 2010, conforme Certidão de Nascimento expedida pelo Oficial de Registro Civil das Pessoas Naturais do 38º Subdistrito – Vila Matilde, assento de nascimento nº 12345, Livro A-1234, Fls. 123), hoje com 04 anos de idade, neste ato representadas por sua mãe, SOLÁRIA DA SILVA, (nacionalidade), (estado civil), (profissão), portadora cédula de identidade RG nº (número) SSP/SP e CPF/MF nº (número), residente e domiciliada na (endereço completo), vêm, perante Vossa Excelência, com o devido respeito e acatamento, por sua advogada e bastante procuradora que a esta subscreve (doc. 1), com escritório no endereço (endereço completo, inclusive com e-mail), propor a presente

### AÇÃO DE ALIMENTOS COM PEDIDO DE LIMINAR

em face de ADROALDO DA SILVA, (nacionalidade), (estado civil), (profissão), portador cédula de identidade RG nº (número) SSP/SP e CPF/MF nº (número), residente e domiciliado no endereço (endereço completo), pelos motivos e fundamentos de fato e de direito a seguir expostos.

### PRELIMINARMENTE

Primeiramente, em cumprimento ao que dispõe o art. 319, II e VII do CPC, as Peticionárias informam que os endereços eletrônicos (e-mails) das partes são: (autor) <_____> e (réu) <_____> e que não se opõem à realização (ou não) de audiência de conciliação ou de mediação.

### I – FATOS

As Demandantes são filhas do casal SOLÁRIA DA SILVA e ADROALDO DA SILVA, conforme faz prova as certidões de nascimento que se anexa (doc. 2).

Os genitores decidiram colocar fim ao relacionamento conjugal, o que motivou a saída do Demandado do lar comum, há aproximadamente dois meses.

CAPÍTULO 18 • PETIÇÕES NO DIREITO DE FAMÍLIA

Infelizmente, em que pesem os esforços dos patronos envolvidos, as partes não chegaram a qualquer composição amigável, tornando a propositura da presente demanda inevitável, para ver o direito das Demandantes aos alimentos garantido e devidamente formalizado.

Infira-se, por oportuno, que o Demandado, desde que saiu do lar conjugal, deixou de contribuir com qualquer quantia para o sustento das filhas menores, razão porque da presente ação.

### a) NECESSIDADE DAS MENORES DEMANDANTES

As menores estudam em colégio particular, cuja mensalidade é de aproximadamente R$ 900,00 (novecentos reais) para cada uma das Demandantes.

Além disso, faz-se necessário computar a taxa de matrícula, o material escolar e os uniformes. Ademais, as meninas usam serviço de transporte escolar, no valor de R$ 200,00 (duzentos reais), mensais.

O convênio médico das Demandantes tem custo de aproximadamente R$ 400,00 (quatrocentos reais).

Some-se a isso, ainda, as despesas com vestuário, medicamentos, moradia, alimentação e lazer, de uma família de classe média.

Mensalmente, as menores precisam de aproximadamente R$ 5.000,00 (cinco mil reais) para viver de forma confortável, mantendo o padrão de vida com o qual estavam habituadas enquanto os pais eram casados.

### b) POSSIBILIDADE DO GENITOR

O Demandado trabalha em projetos de engenharia, sendo prestador de serviço de várias empresas, aferindo, aproximadamente, a quantia de R$ 15.000,00 (quinze mil reais) líquidos.

A possibilidade do Genitor, aliás, está estampada no padrão de vida ostentado pelas filhas menores, ora Demandantes.

### c) PROPORCIONALIDADE – RENDIMENTOS DA GENITORA

A genitora das menores trabalha mediante vínculo empregatício, e aufere, mensalmente, salário líquido no valor de R$ 5.000,00 (cinco mil reais).

Desse modo, ao verificar a renda familiar, temos que a genitora recebe mensalmente um terço do valor auferido pelo Demandado, motivo pelo qual a pensão a ser por ele paga deve ser estabelecida com base neste critério de proporcionalidade.

Em um cálculo simples, se o valor total do rendimento do casal é de R$ 20.000,00, aproximadamente; logo, a renda do Demandado corresponde a 75% da renda total do casal.

Se as Demandadas necessitam de R$ 5.000,00 (cinco mil reais) para viver, e o Demandado proporcionalmente aos seus rendimentos deve contribuir com 75% do valor, nada mais correto do que determinar que a pensão a ser paga o seja na ordem de R$ 3.750,00 (três mil e setecentos e cinquenta reais) mensais, ou R$ 1.875,00 (um mil oitocentos e setenta e cinco reais) para cada uma das Demandantes.

# MANUAL DE PRÁTICA JURÍDICA CIVIL • Nehemias Domingos de Melo

Ademais, o valor corresponde adequadamente a 25% dos vencimentos líquidos do Demandado.

De assinalar-se que o Demandado possui plenas condições de arcar com os valores pleiteados, visto que sempre contribuiu com as necessidades de suas filhas durante a relação matrimonial, além do fato de que sua atual remuneração é perfeitamente compatível e proporcional ao que se apura no presente caso, de sorte a afirmar que não é abusivo os valores acima indicado.

## II – DO DIREITO

Dispõe o art. 1.694 do Código Civil:

*Podem os parentes, os cônjuges ou companheiros pedir uns aos outros os alimentos de que necessitem para viver de modo compatível com a sua condição social, inclusive para atender às necessidades de sua educação.*

*§ 1º Os alimentos devem ser fixados na proporção das necessidades do reclamante e dos recursos da pessoa obrigada.*

*(omissis)*

Ensina Maria Helena Diniz (in Curso de Direito Civil Brasileiro, v. 5, 22ª Ed., Saraiva: São Paulo, 2007, p. 542) que, além do binômio necessidade/possibilidade, deve haver, na fixação dos alimentos "proporcionalidade entre as necessidades do alimentário e os recursos econômico-financeiros do alimentante (RT, 809:300), sendo que a equação desses dois fatores deverá ser feita em cada caso, levando-se em consideração que os alimentos são concedidos ad *necessitatem*."

Com efeito, a paternidade resta evidente consoante certidões de nascimento anexas, o que faz prova suficiente para garantir o direito aos alimentos das Demandantes, que tem direito à alimentação, vestuário, medicamentos, moradia e higiene, o que deverá ser provido mediante a prestação de alimentos pelo Demandado, no valor de R$ 3.750,00 (três mil, setecentos e cinquenta reais).

## III – TUTELA DE URGÊNCIA – DOS ALIMENTOS PROVISÓRIOS

Em face da premente necessidade das Demandantes em suprirem suas necessidades com alimentação, moradia, saúde, vestuário, também é necessário o provimento jurisdicional para fixar os Alimentos de forma provisória no valor correspondente a R$ 3.750,00 (três mil, setecentos e cinquenta reais), consoante supra fundamentado, a ser depositado diretamente na conta corrente da genitora, no Banco.

## IV – PEDIDO E DEMAIS REQUERIMENTOS

Diante do acima exposto, requerem:

a) Sejam fixados, inicialmente e "inaudita altera parte", os alimentos provisórios no montante de R$ 3.750,00 (três mil, setecentos e cinquenta reais), nos termos da

CAPÍTULO 18 • PETIÇÕES NO DIREITO DE FAMÍLIA **271**

fundamentação, a ser pago todo dia 10 de cada mês, por meio de depósito bancário na conta corrente da genitora das menores, junto ao Banco ..., agência ... c/c.

b) Seja o Demandado citado por meio de Oficial de Justiça, para que compareça a audiência de tentativa de conciliação. Caso não haja acordo, requer desde já conste do mandado o prazo legal para apresentação de contestação, sob pena de confissão e revelia;

c) Seja, ao final, a presente ação julgada procedente para condenar o Demandado a pagar à Demandante o valor equivalente R$ 3.750,00 (três mil, setecentos e cinquenta reais), enquanto empresário. Requer a Demandante fique estabelecido desde já o percentual de 25% de seus vencimentos líquidos caso o Demandado deixe a atividade empresária e passe à condição de empregado em empresa privada, ou eventualmente passe em um concurso público. Os alimentos serão devidos enquanto perdurarem as necessidades das menores, ou seja, até que terminem seus estudos universitários;

d)Seja o Demandado condenado no pagamento das custas processuais e honorários advocatícios na ordem de 20% sobre o valor da causa;

e) Requer ainda a intimação do Douto Representante do Ministério Público para acompanhar o feito;

f) Pleiteia, por fim, sejam concedidos às Demandantes os benefícios da gratuidade de justiça já que não possuem condições de custear o processo sem que isso represente um risco ao seu sustento. Acompanha a presente petição a declaração de pobreza subscrita pela genitora, representante legal das Demandantes, nos moldes do art. 99 do CPC.

Protestam as Demandantes, desde logo, provar todo o alegado, pelos meios de evidenciação em Direito admitidos, notadamente pelo depoimento pessoal do Demandado, desde ora pleiteado, sob pena de confissão, inquirição de testemunhas, juntada de outros documentos, exames, perícias e demais provas que se tornarem úteis e necessárias ao esclarecimento da verdade.

Dá-se à causa o valor de R$ 45.000,00 (quarenta e cinco mil reais), conforme art. 292, III, do CPC.

Nestes termos,

pedem e esperam deferimento.

Local e data

Nome e assinatura do Advogado

nº da OAB

## 18.2.2 Da execução de alimentos

O legislador do CPC de 2015 fez prevê três modalidades de execução de alimentos: cumprimento de sentença com pedido de prisão; cumprimento de sentença como execução por quantia certa; e, execução como de título executivo extrajudicial.

MANUAL DE PRÁTICA JURÍDICA CIVIL • Nehemias Domingos de Melo

Quando o título que amparar a execução for uma sentença, que reconheça a exigibilidade de obrigação de prestar alimentos, ou até mesmo uma decisão interlocutória que fixe a verba alimentar provisória, o legislador, nos art. 528 e seguintes do Novo CPC, prevê a apresentação pelo credor de cumprimento de sentença.

O cumprimento de sentença será apresentado ao juiz que decidiu à causa no primeiro grau de jurisdição. Não obstante, a teor do parágrafo único do art. 516, do Novo CPC, o exequente poderá optar pelo juízo atual do executado ou pelo juízo do local onde se encontrem os bens sujeitos à execução. A lei ordena que o cumprimento de sentença seja oferecido no juízo que decidiu à causa com pedido de remessa dos autos ao "novo" juízo.

Pode-se antever um problema na sistemática adotada, já que não há previsão de remessa dos autos para o Juízo correspondente ao foro do domicílio do alimentando. Explica-se: se a ação de alimentos for proposta perante o Juízo de domicílio do alimentando, e ele se mudar, depois de transitada em julgado a sentença, por exemplo, não há previsão legal de que a remessa do cumprimento de sentença possa ser efetuada para esse novo domicílio.

O executado será intimado pessoalmente para, em 03 (três) dias, pagar o débito, provar que o fez ou justificar a impossibilidade de efetuá-lo (CPC, art. 528, *caput*).[3]

Caso o executado, no prazo referido, não efetue o pagamento, não prove o efetuou, ou não apresente justificativa, o juiz mandará protestar o pronunciamento judicial, lançando-se o nome do executado no rol dos maus pagadores (ver CPC, art. 528, § 1º).

Além do protesto, o juiz ordenará a prisão civil do executado pelo prazo de 1 (um) a 3 (três) meses, no regime fechado, sendo certo que o cumprimento da pena não exime o executado do pagamento das prestações.

Recepcionando orientação jurisprudencial prevista pela Súmula 309 do Superior Tribunal de Justiça, o legislador assevera que o débito alimentar que autoriza a prisão civil do alimentante é o que compreende até as 3 (três) prestações anteriores ao ajuizamento da execução, e as que se vencerem no curso do processo (ver CPC, art. 528, § 3º).

---

3. CPC, Art. 528. No cumprimento de sentença que condene ao pagamento de prestação alimentícia ou de decisão interlocutória que fixe alimentos, o juiz, a requerimento do exequente, mandará intimar o executado pessoalmente para, em 3 (três) dias, pagar o débito, provar que o fez ou justificar a impossibilidade de efetuá-lo.

CAPÍTULO 18 • PETIÇÕES NO DIREITO DE FAMÍLIA **273**

Assinale-se, neste passo, que se o exequente preferir, pode promover o cumprimento de sentença embasado em obrigação de pagar quantia certa, conforme disciplinado no Novo CPC, a partir do art. 523. Neste caso, o pedido terá como objeto a expropriação de bens do executado para o cumprimento da obrigação, não sendo cabível o pedido de prisão do devedor.

Por fim, se o título que ampara a obrigação alimentar for um título executivo extrajudicial, o juiz mandará citar o executado para em 3 (três) dias, efetuar o pagamento das parcelas anteriores ao início da execução, e aquelas que se vencerem no seu curso.

Podemos ainda mencionar uma quarta espécie de execução que seria aquela manejada contra funcionário público, militar, diretor ou gerente de empresa, bem como empregado, sujeito à legislação trabalhista. Nesse caso, o Código de Processo Civil autoriza que o Exequente pleiteie o desconto em folha de pagamento parcelado, da importância das prestações alimentícias devidas, sem prejuízo do recebimento das prestações vincendas (CPC, art. 529).[4]

### 18.2.3 Modelo de petição de execução de alimentos cumprimento de sentença com pedido de prisão civil

AO JUÍZO DA _____ ª VARA DA FAMÍLIA E DAS SUCESSÕES DA COMARCA DE _____

*(espaço para despacho = 10 linhas)*

**Distribuído por dependência à**

**Ação de Alimentos, processo nº_____(indicar o nº)**

PEPINO TEVEZ, (nacionalidade), (estado civil), (profissão), portador do RG nº (nº do documento) e inscrito no CPF/MF sob nº (nº do documento), residente e domiciliado

---

4. CPC, Art. 529. Quando o executado for funcionário público, militar, diretor ou gerente de empresa ou empregado sujeito à legislação do trabalho, o exequente poderá requerer o desconto em folha de pagamento da importância da prestação alimentícia.

§ 1º Ao proferir a decisão, o juiz oficiará à autoridade, à empresa ou ao empregador, determinando, sob pena de crime de desobediência, o desconto a partir da primeira remuneração posterior do executado, a contar do protocolo do ofício.

§ 2º O ofício conterá o nome e o número de inscrição no Cadastro de Pessoas Físicas do exequente e do executado, a importância a ser descontada mensalmente, o tempo de sua duração e a conta na qual deve ser feito o depósito.

§ 3º Sem prejuízo do pagamento dos alimentos vincendos, o débito objeto de execução pode ser descontado dos rendimentos ou rendas do executado, de forma parcelada, nos termos do caput deste artigo, contanto que, somado à parcela devida, não ultrapasse cinquenta por cento de seus ganhos líquidos.

(endereço completo)por seu representante legal, ANTONIO TEVEZ, (nacionalidade), (estado civil), (profissão), portador do RG nº (nº do documento) e inscrito no CPF/MF sob nº (nº do documento), já qualificados na Ação de Alimentos em epígrafe, por seu advogado e bastante procurador, que esta subscreve, vem, com o devido respeito e acatamento, perante Vossa Excelência, com base no art. 528 do Código de Processo Civil, promover o presente

## CUMPRIMENTO DE SENTENÇA

QUE RECONHECE A OBRIGAÇÃO DE PRESTAÇÃO DE ALIMENTOS,

em face de JOJOLINA PELICANO, (nacionalidade), (estado civil), (profissão), portadora do RG nº (nº do documento) e inscrita no CPF/MF sob nº (nº do documento), residente e domiciliada (endereço completo), pelas razões de fato e de direito que passa a expor:

## PRELIMINARMENTE

Primeiramente, em cumprimento ao que dispõe o art. 319, II e VII, do CPC, as Peticionárias informam que os endereços eletrônicos (e-mails) das partes são: (autor) <_____> e (réu) <_____> e que não se opõem à realização (ou não) de audiência de conciliação ou de mediação.

1. Na ação de alimentos, processo nº (número), a Executada foi condenada ao pagamento de pensão alimentícia, em favor do Exequente, no montante de R$ 1.500,00 (um mil e quinhentos reais) mensais.

2. A decisão, transitada em julgado em 20 de março de 2015, não foi cumprida espontaneamente pela Executada, que continua depositando ao filho menor o valor correspondente aos alimentos provisórios, arbitrados em R$ 750,00 (setecentos e cinquenta reais), como comprovam os extratos bancários anexos.

3. Desse modo, há dois meses vem pagando valor bastante inferior ao valor devido, comprometendo assim a existência digna do ora Exequente

Em razão de tudo quanto acima exposto, é a presente para requerer a Vossa Excelência, uma vez recebido o presente cumprimento de sentença, seja determinada a intimação pessoal da Executada, no endereço acima indicado, para que, no prazo de 3 (três) dias, efetue o pagamento das parcelas vencidas que, conforme planilha anexa (doc._____), perfaz o total de R$ (indicar o valor atualizado), além das parcelas que se vencerem no curso do presente cumprimento de sentença, prove que já o fez, ou justifique a impossibilidade de efetuá-lo, sob pena de ser-lhe decretada a prisão civil, nos termos do art. 528, § 3º, do Código de Processo Civil.

Requer, outrossim, seja determinado o protesto do pronunciamento jurisdicional, como autoriza o art. 528, § 1º, do Código de Processo Civil.

Nestes termos, Pede deferimento.

Local e data

Nome e assinatura do Advogado nº da OAB.

CAPÍTULO 18 • PETIÇÕES NO DIREITO DE FAMÍLIA **275**

### 18.2.4 Da defesa do executado no cumprimento de sentença da obrigação de pagar alimentos

A defesa do executado por dívida de alimentos não é propriamente uma defesa, tendo em vista a impossibilidade de exoneração. Quer dizer, se o devedor justificar adequadamente sua impossibilidade de pagamento daquelas prestações que estão sendo cobradas, o juiz poderá, quando muito, isentá-lo da pena de prisão ou do protesto da dívida, porém não poderá exonerar, nem reduzir o valor das prestações que estão sendo cobradas.

O executado deverá ser citado pessoalmente e o prazo para apresentação de defesa será de 3 (três) dias, contados da data da juntada do mandado de citação aos autos (ver CPC, art. 231, II). Caso a citação ocorra por precatória, o prazo tem início quando informado o juiz deprecante de seu cumprimento (ver CPC, art. 232). Nada impede que a citação ocorra por hora certa (CPC, art. 252), até porque, mais das vezes, o executado procura se esconder do oficial de justiça. Embora não tenha nenhuma eficácia, a citação também pode ser realizada por edital (ver CPC, art. 256).

Essa defesa do executado deverá ser documental tendo em vista que o tempo processual é propositadamente exíguo, pois se for admitida prova testemunhal o tempo seria indevidamente dilatado, em detrimento da segurança alimentar do recorrido, conforme já decidiu o Superior Tribunal de Justiça.[5]

Para ilustrar a elaboração a petição de justificativa do executado por alimentos, tomemos como base a petição apresentada no item 18.2.3, na qual Pepino Tevez cobra alimentos de Jojolina Pelicano.

Vejamos como deveria ser elaborada a defesa de Jojolina, partindo do pressuposto de que ela encontra-se desempregada.

### 18.2.5 Modelo de petição justificando a impossibilidade de adimplemento na execução de alimentos

AO ILUSTRE JUÍZO DA_____ª VARA DA FAMÍLIA E DAS SUCESSÕES DA COMARCA DE_____

*(espaço para despacho)*

**Processo nº _____ (indicar número)**

JOJOLINA PELICANO, já qualificada nos autos do cumprimento de sentença de obrigação de pagar alimentos acima epigrafada, que lhe é movida por PEPINO TEVEZ, vem respeitosamente perante Vossa Excelência, por seu advogado que a esta subscreve,

---

5. STJ, REsp 1601338/SP, Rel. Min. Nancy Andrighi, Terceira Turma, DJe 24/02/2017.

conforme instrumento de mandato incluso (doc. 1), com escritório profissional a (endereço completo incluindo e-mail), nos termos do art. 528 do CPC, apresentar sua JUSTIFICA-TIVA, expondo e requerendo o quanto segue:

1. A executada foi intimada para no prazo de 3 (três) dias efetuar o pagamento, provar que o fez ou justificar a impossibilidade de fazê-lo, em face da obrigação alimentar a que foi condenada.

2. A Executada sempre cumpriu religiosamente com suas obrigações. Entretanto, no mês de abril último a Executada foi demitida de seu emprego, não tendo recebido até a apresente data as verbas rescisórias, razão por que está promovendo a devida ação trabalhista conforme faz prova a inclusa cópia (doc. 3).

3. Por tal razão viu-se obrigada a efetuar os pagamentos em valor inferior ao da conde-nação, que não prevê o valor dos alimentos para o caso de desemprego da Executada.

4. Esclareça-se que a impossibilidade de prestar os alimentos é provisória, eis que a executada acredita que estará recolocada no mercado de emprego no prazo de 90 (noventa) dias, quando então poderá regularizar as prestações vencidas e vincendas.

5. Ademais, a Executada não desamparou o Exequente, já que vem pagando o valor correspondente a R$ 750,00 (setecentos e cinquenta reais) mensais. Desse modo, o menor não foi lançado a uma condição de vida precária.

Assim, por tudo quanto acima exposto, requer o acolhimento da presente justificativa para o fim de sustar o andamento da presente execução pelo prazo de noventa 90 (noventa) dias, quando a Executada voltará a cumprir com a obrigação, inclusive com a satisfação das parcelas objeto da presente execução.

Requer ainda, caso não seja esse o entendimento de Vossa Excelência, que seja deferido o parcelamento dos valores exequendos em_(indicar) vezes, já que, conforme provado, se encontra desempregada e sem condições de arcar com a integralidade do débito.

Requer finalmente lhe seja concedido os benefícios da justiça gratuita, por ser pessoa pobre na acepção jurídica do termo, não podendo arcar com as custas e demais despesas processuais sem que isto possa lhe prejudicar o sustento próprio, fazendo uso desta decla-ração inserida na presente petição, nos termos do art. 99 do CPC.

Nestes termos Pede deferimento.

Local e data

Nome e assinatura do advogado

OAB/sigla do estado

## 18.3  DO RECONHECIMENTO E DISSOLUÇÃO DA UNIÃO ESTÁVEL

A união estável está prevista no Código Civil nos arts. 1.723 e seguintes. Para o seu reconhecimento, pressupõe a convivência pública, continua e duradoura, estabelecida com o objetivo de constituição familiar. Por entendimento jurispru-dencial, a união estável pode ser estabelecida não só por homem e mulher, mas também por pessoas do mesmo sexo.

CAPÍTULO 18 • PETIÇÕES NO DIREITO DE FAMÍLIA

Os companheiros devem lealdade, respeito e assistência, uns aos outros, bem como tem direitos e responsabilidades no que concerne à guarda e ao sustento dos filhos havidos na constância da união estável.

Salvo contrato escrito, aplica-se à união estável o regime da comunhão parcial de bens.

No que concerne às ações pertinentes, várias são as possibilidades. Em primeiro lugar, as ações podem ter caráter consensual ou litigioso. Pode-se buscar o Judiciário para, de comum acordo, homologar-se o término de união incontroversa, com a consequente dissolução e partilha patrimonial, bem como a disposição sobre a guarda dos filhos comuns, e a responsabilidade pelo pagamento dos alimentos; pode-se buscar declarar o reconhecimento do vínculo de união estável para fins previdenciários; e pode-se pretender o reconhecimento do vínculo e dissolução da união, com consequente partilha de bens.

Cumpre assinalar que, a teor do art. 53 do Novo CPC, o foro competente para a propositura da demanda será, em primeiro lugar, o do domicílio do guardião de filho incapaz; se o casal não tiver filhos, o foro competente será o do último domicílio do casal, e, em última hipótese, o foro competente será o do domicílio do réu, se nenhuma das partes residir no antigo domicílio do casal. Com isso, a legislação atual busca eliminar a prerrogativa de foro antes concedida à mulher, fazendo valer a igualdade de gênero, preconizada na CF.

Caso a ação assuma caráter litigioso, será de procedimento especial, conforme disposto no art. 693 do Novo CPC.

Com isso, todos os esforços serão empreendidos para a solução consensual da controvérsia, devendo o juiz, inclusive, dispor do auxílio de profissionais de outras áreas de conhecimento, para a mediação e a conciliação.

Tão logo a inicial seja recebida e se mostre "em termos", o juiz ordenará a citação do réu para comparecer à audiência conciliatória. Curioso notar que o mandado de citação não conterá a cópia da petição inicial. Dele constarão apenas dados necessários para que o réu saiba do que se trata a audiência, sua data, local e horário. O réu deverá receber o documento com pelo menos 15 dias de antecedência do ato processual.

Para que não haja prejuízo ao contraditório, a lei assegura ao réu a possibilidade de ter acesso ao conteúdo da inicial a qualquer tempo.

Entretanto, os advogados deverão ser hábeis para fazer valer o objetivo do legislador, calcado na crença de que o acesso às alegações do autor, fomenta a discórdia e torna o acordo menos provável.

A interveniência do Ministério Público só será necessária se houver interesse de incapaz envolvido. Em outras situações a sua intimação é absolutamente despicienda.

# 18.3.1 Modelo de petição inicial de reconhecimento e dissolução da união estável consensual

AO MM. JUÍZO DA _____ VARA DE FAMÍLIA E SUCESSÕES DO FORO DA COMARCA DE _____.

*(espaço para despacho)*

GLICÍNIA RODRIGUES, portadora da cédula de identidade RG nº (número) e CPF nº (número), residente e domiciliada no endereço (descrever endereço) e DROSÓFILO PRADO, portador da cédula de identidade RG nº (número) e CPF nº (número), residente e domiciliado no endereço (descrever endereço), pela comum advogada que esta subscreve, conforme instrumento de mandato anexo (doc. 1), com escritório situado no endereço (descrever endereço, inclusive eletrônico), em que receberá intimações, vêm, respeitosamente, à presença de Vossa Excelência, promover, de forma consensual, o pedido de HOMOLOGAÇÃO JUDICIAL DA DISSOLUÇÃO DE SUA UNIÃO ESTÁVEL, conforme disposto nos arts. 731 e 732, do Código de Processo Civil, pelo que passam a expor e para ao final requerer:

## I – DOS FATOS

Os Requerentes viveram em regime de união estável de agosto de 1998 a 10 de dezembro de 2015.

Desde então, restaram frustradas as tentativas de manutenção do convívio, não havendo outra alternativa senão a de dissolver a convivência havida, o que fazem de forma consensual e amistosa.

Deste relacionamento nasceram os filhos:

a) Rosa Rodrigues Prado, hoje com 15 anos, conforme assento de nascimento anexo (doc. 2);

b) Violeta Rodrigues Prado, hoje com 10 anos, conforme assento de nascimento anexo (doc. 3).

## II – DOS TERMOS DA DISSOLUÇÃO

Por livre vontade e interesse comum, resolvem as partes dissolver por distrato amigável a sociedade convivencial, mediantes os termos que seguem.

2.1 – Pensão Alimentícia: O Requerente pensionará mensalmente as filhas menores, até os 24 anos de idade, depositando na conta corrente da Requerente o valor de R$ 2.500,00

Os Requerentes, por serem plenamente capazes de obter seu próprio sustento, dispensam pensão alimentícia entre si.

2.2 – Partilha dos bens imóveis:

Os únicos 02 (dois) bens imóveis adquiridos na constância da união estável serão assim partilhados:

Ficará para o Requerente a casa situada na Rua _____ bairro_____, registrado na matrícula n.º_____, perante o Cartório de Registro de Imóveis local, cuja cópia da matrícula se acosta (doc. 4).

De outro lado, ficará para a Requerente a casa situada na Rua _____ bairro_____, registrado na matrícula n.º_____, perante o Cartório de Registro de Imóveis local (doc. 5).

2.3 – Partilha dos bens imóveis:

O Requerente retirará do lar comum os seus pertences pessoais, permanecendo o mobiliário na residência onde a Requerente continuará a residir com as filhas do casal.

2.4 – Guarda e visitas das filhas menores:

A guarda das filhas será compartilhada. Não obstante, as filhas residirão com a genitora, podendo o genitor tê-las em sua companhia seguindo as regras erigidas pelas partes, adiante transcritas:

O pai passará finais de semanas alternados com as filhas, retirando-as às sextas-feiras até às 19:00 horas e retornando no domingo até as 19:00 horas, além de poder visitá-las em 01 (um) dia útil no transcorrer da semana, desde que isto não lhes prejudique os compromissos escolares e/ou médicos.

As filhas ficarão metade das férias escolares de janeiro e de julho com o pai, e no período restante com a mãe.

No Dia dos Pais, passarão com o genitor e no Dia das Mães com a genitora; No Natal e Ano Novo os conviventes alternarão a permanência com as filhas, sendo que o primeiro Natal a partir da homologação do presente acordo passarão com a mãe e o primeiro Ano Novo com o pai, alternando nos próximos anos;

No dia de aniversário do pai, estarão com o ele, e no dia de aniversário da mãe, estarão com ela.

## III – PEDIDOS

"Ex positis", pretendem os Requerentes:

a) Seja homologado por sentença os termos acima da dissolução da UNIÃO ESTÁVEL, decretando-a distratada, para que produza seus jurídicos e legais efeitos; ofereça o Ministério Público a competente manifestação, resguardando o interesse das menores;

b) ofereça o Ministério Público a competente manifestação, resguardando

c) seja extraída a competente carta de sentença, para que o acordo possa ser registrado junto à matrícula dos bens imóveis.

Dá-se à causa o valor de_____(valor dos bens partilhados)

Nestes termos

Pedem deferimento.

Local e data

Nome e assinatura do advogado

OAB/sigla do Estado

## 18.3.2 Modelo de petição inicial de reconhecimento, dissolução e partilha de bens na união estável litigiosa

AO MM. JUÍZO DA_____VARA DE FAMÍLIA E SUCESSÕES DO FORO DA COMARCA DE_____

*(espaço para despacho)*

GLICÍNIA RODRIGUES, portadora da cédula de identidade RG nº (número) e CPF nº (número), residente e domiciliada no endereço (descrever endereço), por sua advogada e bastante procuradora, que esta subscreve, conforme instrumento de mandato anexo (doc. 1), com escritório situado no endereço (descrever endereço, inclusive o eletrônico), vem, com o devido acatamento, à presença de Vossa Excelência, promover

**AÇÃO DE RECONHECIMENTO E DISSOLUÇÃO DE UNIÃO ESTÁVEL, CUMULADA COM PARTILHA DE BENS**

Em face de DROSÓFILO PRADO, portador da cédula de identidade RG nº (número) e CPF nº (número), residente e domiciliado no endereço (descrever endereço), consubstanciada nos arts. 731 e seguintes do Código de Processo Civil de 2015, pelos fatos e fundamentos jurídicos que expõe a seguir:

**I – OS FATOS**

Os litigantes viveram em regime de união estável de agosto de 1998 a 10 de dezembro de 2015.

Durante esse período, tiveram duas filhas, Rosa Rodrigues Prado, hoje com 15 anos, conforme assento de nascimento anexo (doc. 2); e Violeta Rodrigues Prado, hoje com 10 anos, conforme assento de nascimento anexo (doc. 3).

Em outubro de 2015, o Demandado comunicou à Demandante de que sairia da residência do casal, já que não mais desejava manter a união estável. Apesar dos longos anos que passaram juntos, o Demandado manteve-se irredutível e acabou por deixar o lar comum, em 10 de dezembro de 2015.

Diante desse quadro, buscando o bem estar das filhas menores, a Demandante procurou o Demandado para que finalizassem o relacionamento de maneira consensual, homologando judicialmente um acordo amplo, versando sobre a guarda e a visitação das filhas menores, bem como sobre os alimentos devidos. A Demandante, ainda, apresentou ao Demandado uma proposta para divisão do patrimônio amealhado na constância da união estável.

O Demandado, sem qualquer justificativa plausível, afirmou que jamais faria um acordo nos termos sugeridos, principalmente por entender que a partilha de bens estava equivocada, já que um dos bens imóveis teria sido adquirido antes da formação da união estável.

Não restou à Demandante, portanto, outra alternativa, senão promover a presente demanda, objetivando a declaração da união estável, com a constatação da data de seu início, bem como a declaração de sua dissolução, e a competente partilha de bens.

CAPÍTULO 18 • PETIÇÕES NO DIREITO DE FAMÍLIA **281**

## II – DIREITO

Para que a união estável seja reconhecida, alguns requisitos precisam estar reunidos, conforme disposto no art. 1.723 do Código Civil, quais sejam: (a) convivência pública e notória; (b) duradoura e contínua e (c) com o objetivo de constituição de família.

Aponta Maria Berenice Dias que "nasce a união estável da convivência, simples fato jurídico que evolui para a constituição de ato jurídico, em face dos direitos que brotam desta relação. O que se exige é a efetiva convivência "more uxório", com características de uma união familiar, por um prazo que denote estabilidade e objetivo de manter a vida em comum entre o homem e a mulher assim compromissados. Por mais que a união estável seja o espaço do não instituído, à medida que é regulamentada vai ganhando contornos de casamento. Tudo o que é disposto sobre as uniões extramatrimoniais tem como referência a união matrimonializada. (...) O Código Civil limitou-se a reproduzir a legislação que existia, reconhecendo como estável (CC 1.723) a convivência duradoura, pública e contínua de um homem e de uma mulher, estabelecida com o objetivo de constituição de família. (...) Há quase uma simetria entre as duas estruturas de convívio que tem origem em elo afetivo. A divergência diz só com o modo de constituição. Enquanto o casamento tem seu início marcado pela celebração do matrimônio, a união estável não tem termo inicial estabelecido nasce da consolidação do vínculo de convivência, do comportamento mútuo, do entrelaçamento de vidas e do embaralhar de patrimônios" (Manual de direito das famílias, 5ª ed. São Paulo: Revista dos Tribunais, páginas 161/163).

A Demandante, como demonstrado pelos documentos ora anexados (doc. 4), passou a residir na companhia do Demandado, em 1998, sendo certo que, dois anos depois, nasceu a primeira filha do casal.

A coabitação, iniciada em 1998, confirma a intenção do casal na constituição da família.

## III – PARTILHA DE BENS

Uma vez demonstrado o início da união, em meados de 1998, deve-se apurar os bens amealhados na constância da união estável, como determina o art. 1.725 do Código Civil, que estabelece o direito de partilha dos bens onerosamente adquiridos na constância da união estável.

Pois bem, durante a união estável foram adquiridos os seguintes bens imóveis, que deverão ser partilhados:

a) Uma casa situada na Rua _____ bairro_____, registrado na matrícula n.º_____, perante o Cartório de Registro de Imóveis (indicar o local), com valor venal referenciado de R$_____ (indicar o valor, inclusive por extenso), adquirida em 12 de janeiro de 1999 (doc. 5).

b) Um apartamento e respectiva vaga de garagem, situado na Rua _____ bairro_____, registrado na matrícula n.º_____, perante o Cartório de Registro de Imóveis (indicar o local), com valor venal referenciado de R$_____ (indicar o valor, inclusive por extenso), adquirida em 11 de setembro de 2001 (doc. 6).

Como os imóveis estão registrados exclusivamente em nome do Demandado, faz-se necessário o reconhecimento da união estável e determinação de partilha de bens, com o registro, por via de Carta de Sentença, da meação da Demandante.

## IV – GUARDA, ALIMENTOS E VISITAS ÀS FILHAS MENORES

A guarda das filhas menores, bem como os alimentos e o sistema de visitação será objeto de discussão em ações próprias.

## V – PEDIDOS

Ante a tudo quanto acima exposto, requer a Demandante

a) Seja julgado procedente o pedido de declaração de união estável, mantida entre a Demandante e o Demandado, desde agosto de 1998, e seja, consequentemente, declarada dissolvida a união estável.

b) Tendo em vista a data da constituição da união estável, a Demandante requer seja julgada procedente a partilha dos bens havidos na constância da união estável, indicados nesta petição inicial, sendo atribuída a cada um dos litigantes, uma fração ideal correspondente a 50% do bem partilhado.

c) Seja o Demandado citado por meio de Oficial de Justiça, para que compareça a audiência de mediação e conciliação. Caso não haja acordo, requer desde já conste do mandado o prazo legal para apresentação de contestação, sob pena de confissão e revelia;

d) Seja o Demandado condenado no pagamento das custas processuais e honorários advocatícios na ordem de 20% sobre o valor da causa;

e) Requer seja intimado o Douto Representante do Ministério Público para acompanhar o feito;

f) Pleiteia, por fim, seja concedido às Demandante os benefícios da gratuidade de justiça, já que não possui condições de custear o processo sem que isso represente um risco ao seu sustento. Acompanha a presente petição a declaração de pobreza subscrita pela genitora, representante legal das Demandantes, nos moldes do art. 99 do CPC.

Protesta as Demandante, desde logo, provar todo o alegado, pelos meios de evidenciação em Direito admitidos, notadamente pelo depoimento pessoal do Demandado, desde ora pleiteado, sob pena de confissão, inquirição de testemunhas, juntada de outros documentos, exames, perícias e demais provas que se tornarem úteis e necessárias ao esclarecimento da verdade.

Dá-se à causa o valor de R$ _____ (valor do patrimônio a ser partilhado).

Nestes termos,

pedem e esperam deferimento.

Local e data

Nome e assinatura do Advogado nº da OAB.

CAPÍTULO 18 • PETIÇÕES NO DIREITO DE FAMÍLIA **283**

## 18.4 DO DIVÓRCIO

Depois da Emenda Constitucional nº 66, qualquer dos cônjuges, ou ambos conjuntamente no caso de haver consenso entre eles, poderá pedir o divórcio sem que haja necessidade de respeitar nenhum lapso de tempo, nem motivo específico. Quer dizer, se um dos cônjuges ou mesmo o casal não estiver satisfeito com a vida em conjunto pode pedir o divórcio, pouco importando se são casados há um dia, um mês ou mais de ano.

Se a mulher não estiver grávida, ou o casal não tiver filhos menores ou incapazes, podem fazer o divórcio consensual por escritura pública lavrada em cartório de notas na qual constará a partilha dos bens, eventual pensão alimentícia e outras providências comumente deliberadas (CPC, art. 733)[6] que, independe de homologação judicial e servirá como título hábil para as alterações junto ao registro civil e o registro de imóveis ou mesmo perante outras instituições.

Se o divórcio é litigioso ou se mesmo consensual houver menores ou incapazes, as partes são obrigadas a se socorrerem do judiciário.

A competência para a propositura da demanda é a do foro do domicílio do guardião do filho incapaz, do último domicílio do casal, caso não haja filho incapaz, e do domicílio do réu, se nenhuma das partes residir no antigo domicílio do casal, a teor do art. 53 do CPC.

### 18.4.1 Modelo de petição na ação de divórcio consensual

DOUTO DA_____VARA DA FAMÍLIA E DAS SUCESSÕES DA COMARCA DE _____

*(espaço para despacho)*

HORTOLINO GRANJA VIANNA, (nacionalidade), (profissão), portador da Carteira de Identidade nº (número), inscrito no CPF/MF sob o nº (número), residente e domiciliado na Rua (endereço completo), cidade de (indicar o nome), casado pelo regime de comunhão parcial de bens com CLARABOIA MILK LEITE VIANNA, (nacionalidade), (profissão), portadora da Carteira de Identidade nº (número), inscrito no CPF/MF sob o nº (número), residente e domiciliado na Rua (endereço completo), cidade (indicar nome da cidade), por

---

6. CPC, Art. 733. O divórcio consensual, a separação consensual e a extinção consensual de união estável, não havendo nascituro ou filhos incapazes e observados os requisitos legais, poderão ser realizados por escritura pública, da qual constarão as disposições de que trata o art. 731
    § 1º A escritura não depende de homologação judicial e constitui título hábil para qualquer ato de registro, bem como para levantamento de importância depositada em instituições financeiras.
    § 2º O tabelião somente lavrará a escritura se os interessados estiverem assistidos por advogado ou por defensor público, cuja qualificação e assinatura constarão do ato notarial.

si e assistidos por seu advogado comum (doc. 1), que recebe intimações à (indicar endereço do advogado, inclusive eletrônico), vêm, perante Vossa Excelência, proporem a presente

## AÇÃO DE DIVÓRCIO CONSENSUAL

em face da impossibilidade de manutenção da vida em comum o que faz com amparo no art. 226, parágrafo 6º da Constituição Federal, Lei nº 6.515/77, art. 731 do Código de Processo Civil, os fatos que a seguir aduzem e nos documentos que instruem a presente, requerendo o quanto segue:

### 1. Do casamento:

Os requerentes são casados pelo regime de comunhão parcial de bens, tendo o enlace sido realizado aos 18 de outubro de 1973 (doc. 2).

### 2. Dos filhos:

Na constância do casamento, os Requerentes tiveram 02 (dois) filhos, a saber:

a) Hortolino Granja Vianna Junior, nascido aos 18 de agosto de 1990, hoje com 20 anos (doc. 3);

b) Clarabella Milk Granja Vianna, nascida aos 3 de setembro de 1996, atualmente com 14 anos (doc. 4).

### 3. Do patrimônio do casal:

Constam do patrimônio do casal, a serem partilhados, os seguintes bens:

a) Um apartamento na (endereço completo, inclusive bloco e nº do apto.), bairro de (indicar o bairro onde está situado), na cidade de (idem), escritura registrada junto ao_____ º CRI sob o nº (indicar nº), cujo valor venal é de R$ _____(indicar valor), conforme cópia que se anexa (doc. 5).

b) Um automóvel de marca (descrever o veículo inclusive com o nº da Placa), conforme cópia do certificado que se anexa (doc. 6), cujo valor de mercado é de R$ _____(indicar valor, inclusive por extenso).

### 4. Da pensão dos cônjuges:

Ambos os cônjuges, em razão de terem rendimentos próprios, dispensam, mutuamente, a fixação de alimentos.

### 5. Guarda e pensão da filha menor:

Clarabella Milk Granja Vianna, filha menor, ficará na guarda do cônjuge mulher, contribuindo o cônjuge varão com a importância equivalente a 2 (dois) salários mínimos mensais para a alimentação, além do custeio das despesas de educação, valores estes que deverão ser pagos até o quinto dia útil do mês seguinte ao mês vencido, mediante depósito em conta da mulher, junto ao Banco_____, agência_____, conta nº_____

### 6. Da partilha dos bens:

CAPÍTULO 18 • PETIÇÕES NO DIREITO DE FAMÍLIA **285**

O apartamento descrito no item 3.a ficará integralmente com a cônjuge varoa, sem nenhuma ressalva.

O automóvel descrito no item 3.b ficará com o cônjuge varão.

### 7. Do nome da mulher divorciada:

O cônjuge mulher voltará a usar o nome de solteira, qual seja, CLARABOIA MILK LEITE.

Ante ao acima exposto, REQUEREM à Vossa Excelência:

Seja recebida a presente e, após ouvido o ilustre representante do Ministério Público Estadual, ratificando o pedido na presença de Vossa Excelência, seja homologado o acordo, declarando-se por sentença o fim da sociedade conjugal, determinando-se a expedição do competente Mandado de Averbação.

Provar-se-á a verdade dos fatos, por todos os meios em direito admitidos, especialmente pelos documentos que a esta se acosta.

Dando à causa o valor de R$ (valor da soma dos bens).

Nestes Termos,

P. E. deferimento

Local e data.

Nome e assinatura do Advogado

OAB/sigla do Estado

_____

CLARABOIA MILK LEITE VIANNA[7]

_____

HORTOLINO GRANJA VIANNA

## 18.4.2 Modelo de petição na ação de divórcio litigioso

AO ILUSTRE JUÍZO DA VARA CÍVEL (ou de família se na comarca tem vara especializada) DA COMARCA DE_____, ESTADO DE_____

(espaço para despacho)

JUKÃO DAS COUVES FLORES, (qualificação completa), portador do RG nº (indicar o número) e do CPF/MF nº (indicar o número), residente e domiciliado na (indicar endereço completo), por seu advogado e bastante procurador que a esta subscreve (doc. 1), com escritório profissional na (indicar o endereço do advogado, inclusive eletrônico), onde recebe avisos e intimações, vem, mui respeitosamente à presença de Vossa Excelência, com base no art. 226, § 6º da Constituição Federal, Lei nº 6.515/77, e nos arts. 693 e seguintes do CPC de 2015, propor a presente

_____

7. A petição deverá ser assinada também pelo casal.

# AÇÃO DE DIVÓRCIO JUDICIAL LITIGIOSO

em face de sua mulher MARYANNA DA SILVA SAURO FLORES, (qualificação completa), residente e domiciliada na (endereço completo), pelas razões de fato e de direito que a seguir passa expor para ao final requerer:

## 1. Do casamento

O Requerente é casado com a Requerida pelo regime da comunhão universal de bens, tendo o enlace se realizado no dia 29 de outubro de 1983, conforme faz prova a cópia da Certidão de Casamento atualizada que anexa (doc. 2).

## 2. Dos filhos

Da união do casal nasceram 02 (dois) filhos, quais sejam:

a) Molly das Couves Flores, nascida em 18 e agosto de 1990, atualmente com 24 anos, conforme certidão de nascimento que se acosta (doc. 3) e,

b) Jack das Couves Flores, nascido em 14 de julho de 2000, estando, portanto, com 14 anos de idade, conforme certidão ora anexada (doc. 4).

## 3. Do patrimônio do casal

O patrimônio do casal atualmente é representando pelos bens abaixo relacionados e, como não há acordo entre as partes quanto a forma de partilhar, o Requerente pretende sejam avaliados e vendidos judicialmente, cujo valor arrecadado deverá ser partilhado na proporção de 50% (cinquenta por cento) para cada parte, vejamos:

a) Um terreno com respectiva construção na (endereço completo, incluindo bairro e cidade), adquirida em (indicar data) conforme escritura lavrada junto ao (indicar qual Cartório de Notas), cujo valor venal é de R$ (indicar o valor, inclusive por extenso), conforme faz prova a cópia da matrícula do imóvel junto ao (indicar qual o Cartório de Imóveis), em nome do cônjuge varão (doc. 5).

b) Direitos sobre uma chácara com casa na cidade de (indicar cidade) no loteamento denominado (indicar o nome), correspondente ao lote (indicar o número do lote), no valor de R$ (indicar o valor, inclusive por extenso), totalmente quitado, conforme faz prova o incluso instrumento particular de Compra e Venda, firmado em nome da cônjuge virago (doc. 6) e,

Um automóvel de marca (dizer a marca), modelo (indicar) com placa (indicar o número da placa) de (indicar o município e estado), nos termos do certificado de veículos que se acosta (doc. 7), com valor de mercado estimado em R$ (indicar valor), conforme tabela de preço de carros usados publicada no jornal (indicar o jornal), cuja cópia se anexa (doc. 8), registrado no Departamento de Trânsito em nome da cônjuge virago.

## 4. Da separação

O casal está de fato separado por mais de três meses tendo em vista que, em face das brigas constantes a Requerida resolveu abandonar o lar conjugal espontaneamente, retornando à casa de seus pais, abandonando o Requerente e seu filho menor.

## 5. Da guarda e alimentos do filho menor

Jack, o filho menor do casal, esta sob a guarda do ora Requerente, de sorte que deverá ser decretada a guarda unilateral a favor do pai (CC, art. 1583, § 2º ), sem prejuízo de ser assegurado à mãe o direito de visita e de tê-lo em sua companhia nas férias, tudo em conformidade com a defesa do melhor interesse da criança (ECA, arts. 4º, 6º, 17, 18 e 22). Com relação à pensão alimentícia, entende o Requerente que o valor mais adequado para que haja a contribuição da Requerida com o sustento do filho, corresponde ao importe de R$ (indicar o valor), o que desde já se requer.

Caso não haja composição amigável, o Requerente, representando o filho menor, promoverá a ação de alimentos.

## 6. Dos alimentos para os cônjuges

De anotar que ambos os contendores trabalham e tem remuneração própria, ele como promotor de vendas da Jequitinhonha Thralhas & Trechos; ela como advogada e professora universitária na (indicar instituição), de sorte que entende o Requerido justifica-se a dispensa mútua a alimentos, tendo em vista que cada um pode se manter por suas próprias forças financeiras.

## 7. Do nome da mulher divorcianda

A cônjuge virago deverá voltar a usar o nome de solteira, qual seja, Maryanna da Silva Sauro, tendo em vista não haver nenhuma justificativa para continuar utilizando o nome de casada.

## 8. Dos pedidos

Assim, expostos os fatos, é a presente para REQUERER a Vossa Excelência:

a) A citação da Requerida no endereço informado nesta peça preambular, para comparecer à audiência de mediação e conciliação, contendo o mandado as advertências do art. 695, parágrafo 1º do Código de Processo Civil. Caso reste infrutífera a conciliação, a Requerida, se quiser, poderá responder aos termos da presente ação, sob pena de revelia e confissão quanto à matéria de fato;

b) A intimação do Ilustre Representante do Ministério Público para acompanhar o feito *ad fine*;

c) Que seja, ao final, julgada totalmente PROCEDENTE a presente demanda para o fim de decretar o divórcio do casal, com a dispensa mútua de alimentos e a determinação da Requerida voltar a utilizar o nome de solteira.

d) Seja, outrossim, declarada a partilha dos bens listados, com a expressa indicação de que pertencem, na proporção de 50% para cada um dos cônjuges, com a extração de Carta de Sentença, para que os registros pertinentes possam ser realizados.

d) Seja Requerida condenada ao pagamento das verbas sucumbenciais. Protestado por todo o gênero de provas em direito admitido requerendo, desde logo, a depoimento pessoal da requerida e a oitiva de testemunhas cujo rol será juntado oportunamente e, dando-se à causa o valor de R$ _____ (a soma dos valores dos bens).

Pede e Espera, deferimento.

Local e data

Nome e assinatura do Advogado

OAB/sigla do Estado

## 18.5 DA INTERDIÇÃO

A interdição tem lugar quando o indivíduo apresenta diminuição de sua capacidade civil. A ação de interdição está prevista a partir do art. 747 do CPC de 2015. Importante ressaltar que, em 06 de julho de 2015, foi promulgado o Estatuto da Pessoa com Deficiência (Lei nº 13.146/15). Esse diploma legal alterou principalmente o art. 3º do Código Civil, revogando os seus incisos de I a III. Além disso, também alterou o art. 4º do Código Civil, retirando do rol dos relativamente incapazes os que, por deficiência mental tenham o discernimento reduzido, e os excepcionais, sem desenvolvimento mental completo. Desse modo, a deficiência, a princípio, não afeta a plena capacidade civil da pessoa.

Referido Estatuto apresenta um novo conceito de pessoa com deficiência, apontando em seu artigo 2º que "Considera-se pessoa com deficiência aquela que tem impedimento de longo prazo de natureza física, mental, intelectual ou sensorial, o qual, em interação com uma ou mais barreiras, pode obstruir sua participação plena e efetiva na sociedade em igualdade de condições com as demais pessoas."

Para a análise da deficiência, faz-se necessária uma avaliação da pessoa, feita por equipe multiprofissional e interdisciplinar, para que se verifiquem as suas limitações e restrições.

Ressalte-se, neste passo, que o artigo 84 do Estatuto da Pessoa com Deficiência assegura à pessoa com deficiência o direito ao exercício de sua capacidade legal em absoluta igualdade de condições com as demais pessoas, sendo uma exceção a sua submissão ao processo de curatela.

O parágrafo 3º do referido artigo 84 assinala que a curatela da pessoa com deficiência consiste em uma medida protetiva extraordinária, proporcional às necessidades e às circunstâncias de cada caso, e que uma vez decretada, durará o menor tempo possível.

A curatela somente afetará os atos relacionados aos direitos de natureza patrimonial e negocial, não alcançando o direito ao próprio corpo, à sexualidade, ao matrimônio, à privacidade, à educação, à saúde, ao trabalho e ao voto.

Infira-se, ainda, que o Estatuto da Pessoa com Deficiência também alterou as disposições do Código Civil destinadas à regulamentação da curatela dos interditos.

Estão sujeitos à curatela aqueles que, por causa transitória ou permanente, não puderem exprimir a sua vontade, os ébrios habituais, os viciados em tóxicos e os pródigos, além das pessoas com deficiência mental ou intelectual, que apresentem limitações para a prática dos atos da vida civil.

Cumpre assinalar que a legitimidade para a propositura da ação de interdição, prevista no art. 747 do Novo CPC, inclui o cônjuge ou o companheiro, os parentes ou tutores, o representante da entidade em que se encontra abrigado o interditando, e pelo Ministério Público, que, *a priori*, só promoverá a interdição em caso de doença mental grave.

No momento da propositura da demanda de interdição, que deve ser proposta no foro do domicílio do interditando, o requerente deverá especificar os fatos que demonstram a incapacidade do interditando para administrar seus bens, ou para praticar os atos da vida civil, além de indicar o momento em que a incapacidade se revelou.

O interditando será citado para que compareça perante o juiz para ser por ele entrevistado sobre sua vida, seus negócios, seus bens, vontades, preferências, laços familiares e afetivos.

O interditando, em prazo de 15 (quinze) dias contados da entrevista, poderá impugnar o pedido de interdição. Se o interditando não constituir advogado, ser--lhe-á nomeado um curador especial. Além disso, nesta situação, o seu cônjuge, companheiro ou parente sucessível poderá intervir como assistente.

A sentença que decreta a curatela apresenta a nomeação do curador, os limites da medida, segundo o estado do interdito, além de indicar as características pessoais do interdito, observando suas potencialidades, habilidades, vontades e preferências.

Tendo em vista o caráter extraordinário da curatela, a sentença deverá apontar as razões e as motivações de sua decisão, atendendo sempre aos interesses do curatelado.

Interessante apontar, ainda que o Estatuto da Pessoa com Deficiência inseriu no Código Civil de 2002 o artigo 1783-A, que trata da tomada de decisão apoiada, processo pelo qual a própria pessoa com deficiência elege pelo menos duas pessoas idôneas, com as quais mantém vínculos e que gozem de sua confiança, para prestar-lhe apoio na tomada de decisões sobre os atos da vida civil, fornecendo-lhes elementos e informações necessários para que possa exercer sua capacidade.

O pedido de tomada de decisão apoiada deve ser formulado judicialmente, em petição na qual a pessoa que solicita a providência e os apoiadores indiquem os termos e limites do apoio a ser oferecido, os compromissos dos apoiadores, o prazo de vigência do acordo e o respeito à vontade, aos direitos e aos interesses da pessoa apoiada.

O juiz, antes de ofertar sua manifestação sobre o pedido formulado, deverá ser assistido por equipe multidisciplinar, bem como ouvir o Ministério Público, o requerente e todas as pessoas que lhe prestarão o apoio.

# 290 MANUAL DE PRÁTICA JURÍDICA CIVIL • Nehemias Domingos de Melo

A decisão tomada por pessoa apoiada terá validade e efeitos sobre terceiros, sem restrições, desde que esteja inserida nos limites do apoio acordado.

## 18.5.1 Modelo de petição de interdição

DOUTO JUÍZO DA____VARA DA FAMÍLIA E DAS SUCESSÕES DA COMARCA DE____-SP.[8]

*(espaço para despacho)*

JOSE DAS COUVES (nacionalidade), (estado civil, inclusive se vive em união estável), (profissão), portador do RG nº (indicar número) e do CPF/MF nº (indicar número), residente e domiciliado (endereço completo), por seu advogado e bastante procurador (doc. 1), com escritório na (endereço físico do advogado e também eletrônico), onde recebe avisos e intimações, vem respeitosamente à presença de Vossa Excelência, propor a presente,

### AÇÃO DE INTERDIÇÃO COM PEDIDO LIMINAR,

em face de VIRGINIA DAS COUVES, (estado civil, inclusive se vive em união estável), (profissão), portadora do RG nº (indicar número) e do CPF/MF nº (indicar número), residente e domiciliado (endereço completo), o que faz com supedâneo nos arts. 1.767 e seguintes do Código Civil e arts. 747 e seguintes do Novo Código de Processo Civil e, pelos fatos e razões a seguir expostos:

1. A interditanda, irmã do Autor, nascida em (data de nascimento dela), atualmente com _____ anos (indicar por extenso a quantidade de anos), conforme faz prova a inclusa certidão de nascimento (doc. 2).

2. A interditanda sofre de problemas mentais sérios (ESQUIZOFRENIA GRAVE), desde os 20 (vinte) anos de idade, aproximadamente, conforme comprovam os inclusos laudos médicos (doc. 3).

3. Veja-se que o diagnóstico mais recente, datado de__/__/__, emitido pelo Hospital _____, consta claramente no relatório síntese da internação que assim descreveu o estado da interditanda: "Paciente internada com quadro de agitação psicomotora, irritabilidade, perda de contato com a realidade, alucinações." (doc. 4).

4. Noutro relatório, agora de alta médica, emitido em __/__/__, referente ao último internamento, no quadro referente ao diagnóstico lê-se claramente: "Em razão do consumo inadequado dos medicamentos, alteração comportamental grave, com distanciamento da realidade" (doc. 5).

5. Tal enfermidade, torna-a incapaz para os atos da vida civil de natureza patrimonial e negocial, vivendo, por essa razão, sob os cuidados permanentes do Requerente. No

---

8. Advirta-se que existem alguns autores e até mesmo alguns julgadores que consideram que a ação de interdição deve ser proposta perante as varas cíveis e não nas varas de família. Não é esse o nosso posicionamento tendo em vista tratar-se de "ação de estado", matéria da essência do Direito de Família.

CAPÍTULO 18 • PETIÇÕES NO DIREITO DE FAMÍLIA

presente momento a Ré está em sua residência, porém apresenta um quadro de total alienação, recusando-se a tomar a medicação prescrita.

6. Verifica-se assim que a Interditanda não tem a menor condição de se autodeterminar, razão porque se justifica a medida pleiteada, nomeando-se o Requerente como seu curador.

Assim expostos os fatos e, demonstrado a urgência da medida liminar pleiteada, é a presente para, REQUERER a Vossa Excelência:

a) A intimação do ilustre representante do Ministério Público para que acompanhe o feito *ad finem*;

b) A concessão, *IN LIMINE LITIS*, da curatela provisória, nomeando-se o Peticionário como Curador Provisório;

c) A Citação da Interditanda, para que se apresente a esse Douto Juízo para entrevista, e para que conteste a ação, no prazo legal.

d) Seja, ao final, decretada a curatela da Sra. VIRGINIA DAS COUVES, interditando-a para a prática de todos os atos de natureza negocial e patrimonial, nomeando-se como curador seu irmão SILVIO DAS COUVES, expedindo-se o edital e mandado de averbação, referidos no parágrafo 3º do art. 755, do Código de Processo Civil.

Provará o que for necessário, usando de todos os meios permitidos em direito, em especial pela oitiva de testemunhas cujo rol segue ao final, juntada de novos documentos, perícia médica, perícia social e outros que se faça necessário.

Dá-se ao pleito o valor simbólico de R$ 1.500,00 tão somente para efeitos legais, sob cujo valor, recolhe-se as devidas custas judiciais.

Termos em que, Pede Deferimento.

Local e data

Nome e assinatura do Advogado nº da OAB.

## 18.6 INVESTIGAÇÃO DE PATERNIDADE

Em muitas situações é possível que a pessoa não tenha sido reconhecida voluntariamente por seu genitor. Nessas circunstâncias só lhe cabe socorrer-se do judiciário para ver confirmada a sua paternidade.

O direito de investigar e obter o reconhecimento do estado de filiação é personalíssimo, indisponível e imprescritível e a ação pode ser promovida em face do genitor, ou se já falecido, em face dos herdeiros sem nenhuma restrição (Lei nº 8.069/90, art. 27).

A Lei nº 8.560/92 trata da Investigação de Paternidade, e prevê que o suposto pai tenha a paternidade oficiosamente averiguada, mediante notificação, para se manifeste sobre a paternidade que lhe é atribuída. Há a previsão expressa no artigo 2º da referida lei, de que as diligências para averiguação do suposto pai sejam realizadas em segredo de justiça, caso o magistrado entenda que essa providência se afigura mais conveniente.

Se a notificação não for respondida pelo suposto pai, ou haja a negativa da paternidade, o juiz encaminhará os autos ao representante do Ministério Público que verificará a presença de elementos suficientes para a propositura de ação de investigação de paternidade.

A iniciativa conferida ao Ministério Público não impede que a ação seja intentada pelo legitimado.

Uma vez proposta a demanda para a investigação de paternidade, todos os meios legais, bem como os moralmente legítimos, serão hábeis para provar a verdade dos fatos. É certo, entretanto, que o exame comparativo genético, popularmente chamado de exame de DNA, confere aos envolvidos na investigação de paternidade praticamente a certeza sobre a relação de parentesco.

Para a realização do exame, os envolvidos devem apresentar amostras que contenham seus códigos genéticos de DNA (saliva, sangue, fios de cabelo etc.). O laboratório realiza um comparativo entre as cadeias genéticas dos examinandos que permite afirmar se são parentes ou não, em percentuais altíssimos, de até 99,99% de similitude genética.

A retirada de material biológico, que será submetido à análise técnica, não pode ser forçada. O indivíduo tem direito de personalidade sobre seu corpo vivo, não podendo ser submetido à procedimento de análises clínicas contra a sua vontade.

Caso o examinando, ou seus parentes sanguíneos, se recusem a realizar o exame de DNA, a teor do artigo 2º-A, da Lei nº 8.560/92, tal recusa gerará a presunção da paternidade, a ser apreciada em conjunto com o contexto probatório.

Isto significa que, não sendo realizado o exame por recusa do suposto genitor, e havendo outros elementos que possam levar à probabilidade da paternidade, haverá o reconhecimento da relação de parentesco. Quer dizer, além da recusa é necessário existir provas indiciárias da suposta paternidade.

O dispositivo está em consonância com os artigos 230 e 231 do Código Civil. Trata-se, em primeiro lugar, de uma presunção legal, não podendo o examinando que se negar a submeter-se ao exame médico, aproveitar-se de sua recusa. Na mesma esteira da Súmula nº 301 do STJ: "Em ação investigatória, a recusa do suposto pai a submeter-se ao exame de DNA induz presunção *juris tantum* de paternidade".[9]

---

9. STJ, Súm. 301, Segunda Seção, julgado em 18/10/2004, DJ 22/11/2004 p. 425.

CAPÍTULO 18 • PETIÇÕES NO DIREITO DE FAMÍLIA **293**

Infira-se que se a ação for de investigação de paternidade cumulada com alimentos, o foro competente será o do domicílio do autor da ação (ver CPC, art. 53, II). Se for apenas de investigação de paternidade, deverá ser proposta no foro do domicílio do réu, regra geral (ver CPC, art. 46).

No que diz respeito ao valor da causa também será importante verificar se a ação será cumulada com alimentos ou não. Se for cumulada com alimentos a regra é que o valor da causa seja de 12 (doze) vezes o valor mensal dos alimentos pleiteados (ver CPC, art. 292, III). De outro lado, se a ação for apenas visando o reconhecimento da paternidade, mesmo não havendo valor econômico em disputa, ainda assim, o autor deverá indicar um valor tão somente para efeito de recolhimento de custas (ver CPC, art. 291).

### 18.6.1 Modelo de petição numa ação de investigação de paternidade c/c alimentos

DOUTO JUÍZO DA____VARA DA FAMÍLIA E SUCESSÕES DO FORO DA COMARCA DE____

*(espaço para despacho)*

ASTROGILDA DA SILVA, brasileira, menor impúbere, neste ato representadas por sua mãe Solária da Silva, (nacionalidade), (estado civil), (profissão), portadora cédula de identidade RG n° (número) SSP/SP e CPF/MF n° (número), residente e domiciliada no endereço (endereço completo), vêm, perante Vossa Excelência, com o devido respeito e acatamento, por sua advogada e bastante procuradora (doc. 1), com escritório no endereço (endereço completo, inclusive com o e-mail), propor a presente

### AÇÃO DE INVESTIGAÇÃO DE PATERNIDADE
### c/c ALIMENTOS

em face de JOJOLINO SAURO, (qualificação completa), sem endereço eletrônico conhecido, pelas razões de fato e de direito que a seguir passa a expor para ao final requerer.

### DOS FATOS

A genitora da ora Requerente manteve relacionamento com o Requerido durante o período de (descrever o período), durante o qual mantiveram relações sexuais com regularidade.

Neste lapso de tempo, por descuido do casal, resultou uma gravidez da qual nasceu a Requerente, sendo certo que durante a gravidez sua mãe contou com a ajuda e participação do Requerido.

Ocorre que às vésperas do nascimento da Requerente seus pais se desentenderam e sua mãe teve o parto sozinha.

Mesmo após o parto a sua genitora procurou o Requerido e este se recusou em assumir as responsabilidades paternas, recusando-se ao reconhecimento voluntário da paternidade, conforme faz prova a certidão de nascimento que se anexa (doc. 2).

Como é de notória sabença os cuidados que exigem uma criança de tenra idade são enormes, pois envolvem além dos alimentos propriamente ditos, vários outros incluindo os cuidados com assistência médica.

A genitora da Requerente é pessoa pobre na mais completa acepção jurídica do termo. Trabalha como diarista, reside em imóvel alugado e tem sérias dificuldades econômicas para cuidar de sua filha sozinha.

De outro lado, o Requerido é pessoa que tem situação econômica privilegiada, trabalhando como engenheiro na empresa (descrever a empresa e endereço), ganhando por mês um salário estimado em R$ _____ (indicar o valor, inclusive por extenso).

## PEDIDO E DEMAIS REQUERIMENTOS

Diante do exposto requer:

a) Os benefícios da justiça gratuita já que não possuem condições de custear o processo sem que isso represente um risco ao seu sustento. Acompanha a presente petição a declaração de pobreza subscrita pela genitora, representante legal da Demandante, nos moldes do art. 99 do CPC/15.

b) A citação do Requerido para que, querendo, ofereça contestação no prazo legal, advertido dos efeitos da revelia.

c) A intimação do digno representante do Ministério Público para intervir ad fine.

d) Ao final seja julgada totalmente procedente a presente demanda, declarando-se a paternidade do Requerido, expedindo-se o competente mandado para averbação junto ao cartório e registro civil.

e) ademais condenado o Requerido ao pagamento de pensão alimentar, no valor mensal de R$ (indicar o valor pretendido) que deverá ser depositado à conta da genitora da Requerente.

Por fim e em atendimento ao que dispõe o art. 319, VIII do CPC, informa a Requerente que não se opõe à eventual designação de audiência de conciliação ou mediação.

Protesta provar o alegado por todos os meios em direito admitido, especialmente perícia médica (DNA), depoimento pessoal do Requerido e outras que se façam necessárias.

Dá-se à causa o valor de R$ _____ (indicar o valor, inclusive por extenso), conforme art. 292, III, do CPC/2015.

Nestes Termos,

Pede e Espera Deferimento.

Local e data

Nome e assinatura do Advogado nº da OAB

# Parte V
# DOS JUIZADOS ESPECIAIS CÍVEIS ESTADUAIS

# Capítulo 19
# Do Procedimento nos Juizados Especiais Cíveis Estaduais – Lei nº 9.099/95[1]

## 19.1 DOS PRINCÍPIOS INFORMATIVOS DOS JUIZADOS ESPECIAIS

Cabe por primeiro analisarmos os princípios informativos que norteiam as diretrizes nos Juizados Especiais, quais sejam: oralidade, simplicidade, informalidade, economia processual, a celeridade e a conciliação (JEC, art. 2º),[2] vejamos cada um deles:

**a) Princípio da oralidade:**

Implica dizer que deve prevalecer a forma oral, sem prejuízo de que alguns atos possam tomar a forma escrita.

**b) Princípio da simplicidade:**

Significa o desapego às formas processuais rígidas, sem excessiva solenidade, muitas vezes inúteis.

**c) Princípio da informalidade:**

Confunde-se com o da simplicidade porque o objetivo é de expurgar as formalidades e tornar o processo mais acessível às partes.

**d) Princípio da economia processual:**

Por esse princípio se deve privilegiar o ato e não a forma (instrumentalidade das formas).

**e) Princípio da celeridade:**

É o princípio que prima pela objetividade dos atos, de sorte que o processo possa ser rápido e célere.

---

1. Texto extraído de nossa obra Lições de Processo Civil. Editora Foco, 2022, v. 3, p. 183-205.
2. JEC, Art. 2º O processo orientar-se-á pelos critérios da oralidade, simplicidade, informalidade, economia processual e celeridade, buscando, sempre que possível, a conciliação ou a transação.

## f) Princípio conciliatório:

Deve ser buscada, a todo tempo, a conciliação como forma de pôr fim ao conflito.

## 19.2 DO CABIMENTO DESSE PROCEDIMENTO

A utilização do procedimento sumaríssimo dos Juizados Especiais Cíveis Estaduais (Lei nº 9.099/95) é uma opção da parte e está condicionada a que a causa não seja complexa, isto é, não necessite de grande dilação probatória, e também ao preenchimento de diversos outros requisitos, especialmente o valor da causa, vejamos:

### a) Valor da causa:

Como regra geral, tanto para o processo de conhecimento quanto para o de execução, o limite de valor para propositura de ação nos Juizados Especiais é de 40 (quarenta) salários-mínimos (JEC, art. 3º, I).[3]

**Atenção**: a parte pode ingressar nos Juizados Especiais com ação que supere o valor de 40 (quarenta) salários mínimos desde que renuncie expressamente ao crédito que exceda este limite (ver JEC, art. 3º, § 3º).

### b) Sem limite de valores:

As ações previstas no art. 275, II, do revogado Código de Processo Civil de 1973, podem ser propostas nos Juizados mesmo que os valores superem os 40 (quarenta) salários mínimos. Essas ações são as seguintes: de cobrança ao condômino de quaisquer quantias devidas ao condomínio; de ressarcimento por danos em prédio urbano ou rústico; de ressarcimento por danos causados em acidente de veículo de via terrestre; de cobrança de seguro, relativamente

---

3. JEC, Art. 3º O Juizado Especial Cível tem competência para conciliação, processo e julgamento das causas cíveis de menor complexidade, assim consideradas:

I – as causas cujo valor não exceda a quarenta vezes o salário mínimo;

II – as enumeradas no art. 275, inciso II, do Código de Processo Civil;

III – a ação de despejo para uso próprio;

IV – as ações possessórias sobre bens imóveis de valor não excedente ao fixado no inciso I deste artigo.

§ 1º Compete ao Juizado Especial promover a execução:

I – dos seus julgados;

II – dos títulos executivos extrajudiciais, no valor de até quarenta vezes o salário mínimo, observado o disposto no § 1º do art. 8º desta Lei.

§ 2º Ficam excluídas da competência do Juizado Especial as causas de natureza alimentar, falimentar, fiscal e de interesse da Fazenda Pública, e também as relativas a acidentes de trabalho, a resíduos e ao estado e capacidade das pessoas, ainda que de cunho patrimonial.

§ 3º A opção pelo procedimento previsto nesta Lei importará em renúncia ao crédito excedente ao limite estabelecido neste artigo, exceptuada a hipótese de conciliação.

CAPÍTULO 19 • DO PROCEDIMENTO NOS JUIZADOS ESPECIAIS CÍVEIS ESTADUAIS

aos danos causados em acidente de veículo, ressalvados os casos de processo de execução; que versem sobre revogação de doação (ver JEC, art. 3º, II).[4]

**Atenção**: também nas ações de despejo para uso próprio, o valor da causa pode suplantar os 40 (quarenta) salários mínimos (ver JEC, art. 3º, III).

**c) Ações possessórias sobre bens imóveis de até 40 salários mínimos:**

A Lei 9.099/95 faz prever a possibilidade de utilização do procedimento instituto para o Juizados Especiais para as ações possessórias sobre bens imóveis, porém limitado ao valor máximo de 40 (quarenta) salários mínimos (ver JEC, art. 3º, IV).

**Atenção**: como normalmente os imóveis têm valor de mercado superior aos 40 (quarenta) salários mínimos, essa previsão de lei é uma mera ficção.

## 19.3 AÇÕES QUE NÃO PODEM SER PROPOSTAS NOS JUIZADOS

Algumas ações não podem ser propostas nos Juizados Especiais, até pela incompatibilidade com seus princípios.

Assim, não podem ser propostas ações que versem sobre os seguintes temas:

a) Alimentos, falência, matéria fiscal, acidentes do trabalho e as ações que versem sobre o estado e a capacidade das pessoas (ver JEC, art. 3º, § 2º).

b) As ações de procedimentos especiais, tais como as possessórias, a usucapião, inventário, divórcio, dentre outras.[5]

c) Ações coletivas.[6]

d) Ações que devem ser propostas nos Juizados Especiais Federais.[7]

e) Causas cuja complexidade demande a realização de perícia técnica[8] com todas aquelas formalidades imposta pelo Código de Processo Civil (ver CPC, arts. 420 a 439).[9]

---

4. A lista é das ações que contavam elencadas no art. 275 do CPC/73 que, embora revogado, ainda continua valendo para os Juizados Especiais por expressa determinação do Novo CPC de 2015, conforme ressalva constante do art. 1.063 que estabelece: "Até a edição de lei específica, os juizados especiais cíveis previstos na Lei no 9.099, de 26 de setembro de 1995, continuam competentes para o processamento e julgamento das causas previstas no art. 275, inciso II, da Lei no 5.869, de 11 de janeiro de 1973".
5. "Enunciado 8: As ações cíveis sujeitas aos procedimentos especiais não são admissíveis nos Juizados Especiais."
6. "Enunciado 32: Não são admissíveis as ações coletivas nos Juizados Especiais Cíveis".
7. Sobre o Juizado Especial Federal, ver Lei nº 10.259/01.
8. "Enunciado 54: A menor complexidade da causa para a fixação da competência é aferida pelo objeto da prova e não em face do direito material."
9. "Enunciado 12: A perícia informal é admissível na hipótese do art. 35 da Lei nº 9.099/95."

## 19.4 DA COMPETÊNCIA DE FORO

A competência de foro dos Juizados Especiais é definida em razão da matéria (JEC, art. 3º), bem como em razão do território (JEC, art. 4º).[10]

As matérias que comportam processamento juntos aos Juizados Especiais já foram abordadas nos itens 2 e 3 (ver acima).

Já no que diz respeito à competência territorial, a lei faculta ao autor as seguintes opções:

**a) Foro do domicílio do réu:**

A ação pode ser proposta no foro do domicílio do réu ou onde ele exerça suas atividades profissionais ou econômicas e, no caso de pessoa jurídica, onde a mesma possua filial, agência, sucursal ou escritório.

**b) Foro do lugar onde a obrigação deve ser satisfeita:**

Tratando-se de obrigação (fazer, não fazer ou dar), o foro competente será o do lugar onde a mesma deva ser satisfeita.

**c) Foro do domicílio do autor:**

Quando a ação versar sobre reparação de danos de qualquer natureza, a ação pode ser proposta no foro do domicílio do autor.

**Atenção**: qualquer que seja o tipo de ação, a Lei nº 9.099/95 deixa a critério do autor a opção de propor pela regra geral do domicílio do réu.

## 19.5 AS PARTES

O principal motivo para a criação dos Juizados Especiais foi o de garantir acesso à justiça aos mais necessitados, tendo em vista a sua simplicidade e gratuidade que em muito se assemelha com a Justiça Trabalhista.

Por isso mesmo, o acesso a esse procedimento não é ilimitado, ficando reservada a sua utilização para:

a) As pessoas físicas capazes, excluídos os cessionários de direito de pessoas jurídicas.

---

10. Art. 4º É competente, para as causas previstas nesta Lei, o Juizado do foro:

I – do domicílio do réu ou, a critério do autor, do local onde aquele exerça atividades profissionais ou econômicas ou mantenha estabelecimento, filial, agência, sucursal ou escritório;

II – do lugar onde a obrigação deva ser satisfeita;

III – do domicílio do autor ou do local do ato ou fato, nas ações para reparação de dano de qualquer natureza.

Parágrafo único. Em qualquer hipótese, poderá a ação ser proposta no foro previsto no inciso I deste artigo.

CAPÍTULO 19 • DO PROCEDIMENTO NOS JUIZADOS ESPECIAIS CÍVEIS ESTADUAIS **301**

b) As pessoas jurídicas enquadradas como microempreendedores individuais, microempresas e empresas de pequeno porte na forma da Lei Complementar no 123, de 14 de dezembro de 2006.[11]

c) As pessoas jurídicas enquadradas como Organizações da Sociedade Civil de Interesse Público – OSCIPs (ver Lei nº 9.790/99); e,

d) As sociedades de crédito ao microempreendedor (ver Lei nº 10.194/01, art. 1º).[12]

De outro lado, não poderão ser partes, nem como autoras nem como rés, no processo que tramite por esse procedimento, o incapaz, o preso, as pessoas jurídicas de direito público, as empresas públicas da União, a massa falida e o insolvente civil (art. 8º, *caput*).[13]

Ainda com relação às partes é importante salientar que não se admite nenhuma forma de intervenção de terceiro ou assistência, admitindo-se tão somente o litisconsórcio (JEC, art. 10).[14]

## 19.6 DA REPRESENTAÇÃO PROCESSUAL

Nas causas de valor até 20 (vinte) salários-mínimos não é necessário a presença de advogado (JEC, art. 9º, *caput*, primeira parte).[15] Nesse caso, a parte poderá comparecer pessoalmente à secretaria do Juizado, expor o problema

---

11. "Enunciado 47: A microempresa e a empresa de pequeno porte, para propor ação no âmbito dos Juizados Especiais, deverão instruir o pedido com documento de sua condição."

12. "Enunciado 9: O condomínio residencial poderá propor ação no Juizado Especial, nas hipóteses do art. 275, inciso II, item b, do Código de Processo Civil."

    "Enunciado 72: Inexistindo interesse de incapazes, o Espólio pode ser autor nos Juizados Especiais Cíveis."

13. JEC, Art. 8º Não poderão ser partes, no processo instituído por esta Lei, o incapaz, o preso, as pessoas jurídicas de direito público, as empresas públicas da União, a massa falida e o insolvente civil.

    § 1º Somente serão admitidas a propor ação perante o Juizado Especial:

    I – as pessoas físicas capazes, excluídos os cessionários de direito de pessoas jurídicas;

    II – as pessoas enquadradas como microempreendedores individuais, microempresas e empresas de pequeno porte na forma da Lei Complementar nº 123, de 14 de dezembro de 2006;

    III – as pessoas jurídicas qualificadas como Organização da Sociedade Civil de Interesse Público, nos termos da Lei nº 9.790, de 23 de março de 1999;

    IV – as sociedades de crédito ao microempreendedor, nos termos do art. 1º da Lei nº 10.194, de 14 de fevereiro de 2001.

    § 2º O maior de dezoito anos poderá ser autor, independentemente de assistência, inclusive para fins de conciliação.

14. JEC, Art. 10. Não se admitirá, no processo, qualquer forma de intervenção de terceiro nem de assistência. Admitir-se-á o litisconsórcio.

15. JEC, Art. 9º Nas causas de valor até vinte salários mínimos, as partes comparecerão pessoalmente, podendo ser assistidas por advogado; nas de valor superior, a assistência é obrigatória.

que pretende ver resolvido, de cuja exposição será lavrada, pelo funcionário ou estagiário, a reclamação que tomará a forma de petição inicial.

Embora seja facultativa a assistência por advogado, se uma das partes comparecer assistida por advogado, ou se o réu for pessoa jurídica ou firma individual, terá a outra parte, se quiser, direito à assistência judiciária gratuita prestada por órgão instituído junto ao Juizado Especial, cuja finalidade é preservar a igualdade processual na disputa em questão.

Nas causas acima de 20 (vinte) salários-mínimos, é obrigatória a representação através de advogado,[16] assim como na eventual necessidade de interposição do recurso inominado.[17] Na linha de simplificação que orienta esse procedimento, a procuração pode até ser verbal.

Sendo réu pessoa jurídica ou titular de firma individual, poderá se fazer representar em todos os atos processuais por preposto credenciado, munido de carta de preposição com poderes para transigir, sem haver necessidade de vínculo empregatício.

## 19.7 DOS ATOS PROCESSUAIS, DO PEDIDO, DAS CITAÇÕES E INTIMAÇÕES

Os atos processuais serão públicos e poderão realizar-se fora do horário regular, conforme dispuserem as normas de organização judiciária do Estado em questão (JEC, art. 12).[18]

Concordes com os princípios da simplicidade e da informalidade, os atos processuais serão válidos sempre que preencherem as finalidades para as quais

---

§ 1º Sendo facultativa a assistência, se uma das partes comparecer assistida por advogado, ou se o réu for pessoa jurídica ou firma individual, terá a outra parte, se quiser, assistência judiciária prestada por órgão instituído junto ao Juizado Especial, na forma da lei local.

§ 2º O Juiz alertará as partes da conveniência do patrocínio por advogado, quando a causa o recomendar.

§ 3º O mandato ao advogado poderá ser verbal, salvo quanto aos poderes especiais.

§ 4º O réu, sendo pessoa jurídica ou titular de firma individual, poderá ser representado por preposto credenciado, munido de carta de preposição com poderes para transigir, sem haver necessidade de vínculo empregatício.

16. "Enunciado 36: A assistência obrigatória prevista no art. 9º da Lei nº 9.099/1995 tem lugar a partir da fase instrutória, não se aplicando para a formulação do pedido e a sessão de conciliação."

17. "Enunciado 77: O advogado cujo nome constar do termo de audiência estará habilitado para todos os atos do processo, inclusive para o recurso."

18. JEC, Art. 12. Os atos processuais serão públicos e poderão realizar-se em horário noturno, conforme dispuserem as normas de organização judiciária.

CAPÍTULO 19 • DO PROCEDIMENTO NOS JUIZADOS ESPECIAIS CÍVEIS ESTADUAIS **303**

forem realizados, de sorte que não se pronunciará qualquer nulidade sem que tenha havido prejuízo para qualquer das partes (JEC, art. 13, caput e § 1º).[19]

A prática de atos processuais a ser realizados em outras comarcas poderá ser solicitada por qualquer meio idôneo de comunicação.

Ademais, apenas os atos considerados essenciais serão registrados resumidamente, em notas manuscritas ou digitalizadas. Os demais atos poderão ser gravados em fita magnética ou equivalente, que será inutilizada após o trânsito em julgado da decisão.

O processo instaurar-se-á com a apresentação do pedido, escrito ou oral, à Secretaria do Juizado, do qual deverão constar, ainda que de forma simples e em linguagem acessível: o nome, a qualificação e o endereço das partes; os fatos e os fundamentos, de forma sucinta; o objeto e seu valor, sendo lícito ao autor formular pedido genérico quando não for possível determinar, desde logo, a extensão da obrigação (JEC, art. 14),[20] assim como poderão ser alternativos ou cumulados, desde que conexos e a soma não ultrapasse o limite de quarenta salários-mínimos (JEC, art. 15).[21]

Recebido o pedido independentemente de distribuição e autuação, a Secretaria do Juizado deverá desde logo designar data para realização da audiência de tentativa de conciliação em prazo não superior a 15 (quinze) dias (JEC, art.

---

19. JEC, Art. 13. Os atos processuais serão válidos sempre que preencherem as finalidades para as quais forem realizados, atendidos os critérios indicados no art. 2º desta Lei.

    § 1º Não se pronunciará qualquer nulidade sem que tenha havido prejuízo.

    § 2º A prática de atos processuais em outras comarcas poderá ser solicitada por qualquer meio idôneo de comunicação.

    § 3º Apenas os atos considerados essenciais serão registrados resumidamente, em notas manuscritas, datilografadas, taquigrafadas ou estenotipadas. Os demais atos poderão ser gravados em fita magnética ou equivalente, que será inutilizada após o trânsito em julgado da decisão.

    § 4º As normas locais disporão sobre a conservação das peças do processo e demais documentos que o instruem.

20. JEC, Art. 14. O processo instaurar-se-á com a apresentação do pedido, escrito ou oral, à Secretaria do Juizado.

    § 1º Do pedido constarão, de forma simples e em linguagem acessível:

    I – o nome, a qualificação e o endereço das partes;

    II – os fatos e os fundamentos, de forma sucinta;

    III – o objeto e seu valor.

    § 2º É lícito formular pedido genérico quando não for possível determinar, desde logo, a extensão da obrigação.

    § 3º O pedido oral será reduzido a escrito pela Secretaria do Juizado, podendo ser utilizado o sistema de fichas ou formulários impressos.

21. JEC, Art. 15. Os pedidos mencionados no art. 3º desta Lei poderão ser alternativos ou cumulados; nesta última hipótese, desde que conexos e a soma não ultrapasse o limite fixado naquele dispositivo.

16).[22] Na eventualidade de comparecer ambas as partes, instaurar-se-á, desde logo, a sessão de conciliação, dispensados o registro prévio de pedido e a citação. Nesse caso, em havendo pedido contraposto, tudo se resolverá oralmente (JEC, art. 17).[23]

Quanto às citações e às intimações, diz a lei em comento que, de regra, as mesmas serão realizadas por carta com aviso de recebimento em mão própria. Tratando-se de pessoa jurídica ou firma individual, basta a entrega no endereço à pessoa que seja encarregada da recepção, devendo ser obrigatoriamente identificado no AR. Por isso é importantíssimo que as partes mantenham seu endereço atualizado nos autos do processo em andamento porque reputar-se-á realizadas as intimações enviadas ao local anteriormente indicado, na ausência da comunicação. (JEC, art. 18[24] c/c art. 19[25] ).

Excepcionalmente, a citação poderá ser realizada por oficial de justiça, independentemente de mandado ou carta precatória, não se admitindo citação por edital.

A carta de citação conterá cópia do pedido inicial, dia e hora para comparecimento do citando e advertência de que, não comparecendo este, considerar-se-ão verdadeiras as alegações iniciais, e será proferido julgamento, de plano.

---

22. JEC, Art. 16. Registrado o pedido, independentemente de distribuição e autuação, a Secretaria do Juizado designará a sessão de conciliação, a realizar-se no prazo de quinze dias.
23. JEC, Art. 17. Comparecendo inicialmente ambas as partes, instaurar-se-á, desde logo, a sessão de conciliação, dispensados o registro prévio de pedido e a citação.
    Parágrafo único. Havendo pedidos contrapostos, poderá ser dispensada a contestação formal e ambos serão apreciados na mesma sentença.
24. JEC, Art. 18. A citação far-se-á:
    I – por correspondência, com aviso de recebimento em mão própria;
    II – tratando-se de pessoa jurídica ou firma individual, mediante entrega ao encarregado da recepção, que será obrigatoriamente identificado;
    III – sendo necessário, por oficial de justiça, independentemente de mandado ou carta precatória.
    § 1º A citação conterá cópia do pedido inicial, dia e hora para comparecimento do citando e advertência de que, não comparecendo este, considerar-se-ão verdadeiras as alegações iniciais, e será proferido julgamento, de plano.
    § 2º Não se fará citação por edital.
    § 3º O comparecimento espontâneo suprirá a falta ou nulidade da citação.
25. JEC, Art. 19. As intimações serão feitas na forma prevista para citação, ou por qualquer outro meio idôneo de comunicação.
    § 1º Dos atos praticados na audiência, considerar-se-ão desde logo cientes as partes.
    § 2º As partes comunicarão ao juízo as mudanças de endereço ocorridas no curso do processo, reputando-se eficazes as intimações enviadas ao local anteriormente indicado, na ausência da comunicação.

CAPÍTULO 19 • DO PROCEDIMENTO NOS JUIZADOS ESPECIAIS CÍVEIS ESTADUAIS | **305**

## 19.8 DAS AUDIÊNCIAS

Cabe destacar por primeiro que tanto na audiência de conciliação quanto na de instrução e julgamento, as partes são obrigadas a comparecer pessoalmente. Se o réu não comparecer lhe serão aplicados os efeitos da revelia (JEC, art. 20).[26]

Se o autor não comparecer o juiz togado proferirá de imediato sentença (JEC, art. 23).[27] Nesse caso, o processo será extinto sem julgamento do mérito, impondo-se ao mesmo o pagamento de custas, exceto se provar força maior (ver JEC, art. 51, I e § 2º).

Se o réu for pessoa jurídica ou titular de firma individual, poderá ser representado por preposto credenciado, munido de carta de preposição com poderes para transigir, sem haver necessidade de vínculo empregatício (ver JEC, art. 9º, § 4º).

Em qualquer circunstância a presença de advogado não supre a ausência da parte, tendo em vista que ele não representa a parte, mas sim lhe presta assistência (ver JEC, art. 9º).

### 19.8.1 AUDIÊNCIA DE CONCILIAÇÃO

Na abertura da audiência de conciliação, o conciliador informará as partes sobre as vantagens da conciliação e tentará obter o acordo (JEC, art. 21).[28]

Se frutífera sua intervenção, do acordo será lavrado termo a ser homologado pelo juiz togado, por sentença com eficácia de título executivo (JEC, art. 22, parágrafo único).[29]

### 19.8.2 JUÍZO ARBITRAL

A lei permite às partes poderem optar por resolver a demanda por meio de arbitragem (JEC, art. 24).[30] Se assim procederem, o juízo arbitral considerar-

---

26. JEC, Art. 20. Não comparecendo o demandado à sessão de conciliação ou à audiência de instrução e julgamento, reputar-se-ão verdadeiros os fatos alegados no pedido inicial, salvo se o contrário resultar da convicção do Juiz.

27. JEC, Art. 23. Não comparecendo o demandado, o Juiz togado proferirá sentença.

28. JEC, Art. 21. Aberta a sessão, o Juiz togado ou leigo esclarecerá as partes presentes sobre as vantagens da conciliação, mostrando-lhes os riscos e as consequências do litígio, especialmente quanto ao disposto no § 3º do art. 3º desta Lei.

29. JEC, Art. 22. A conciliação será conduzida pelo Juiz togado ou leigo ou por conciliador sob sua orientação.
Parágrafo único. Obtida a conciliação, esta será reduzida a escrito e homologada pelo Juiz togado, mediante sentença com eficácia de título executivo.

30. JEC, Art. 24. Não obtida a conciliação, as partes poderão optar, de comum acordo, pelo juízo arbitral, na forma prevista nesta Lei.

## MANUAL DE PRÁTICA JURÍDICA CIVIL • Nehemias Domingos de Melo

-se-á instaurado, independentemente de termo de compromisso, com a escolha do árbitro pelas partes que deve ser escolhido entre os juízes leigos do Juizado, cabendo a este dirigir a audiência de instrução e julgamento e proferir um laudo arbitral, que será homologado pelo juiz togado (JEC, art. 25).[31]

Cumpre esclarecer que o juiz togado não irá rever o resultado, mas apenas se a matéria objeto do laudo foi a matéria posta em debate. De sua decisão homologatória não cabe nenhum recurso (artigo 26).[32]

### 19.8.3 Audiência de instrução e julgamento:

Não obtida a conciliação nem instaurado o juízo arbitral, as partes serão remetidas para audiência de instrução e julgamento, que será realizada ato contínuo ou designada para data posterior, em prazo não superior a 15 (quinze) dias (JEC, art. 27).[33]

Na audiência de instrução e julgamento, na qual o réu apresentará sua contestação (escrita ou oral) e o autor sua réplica (se necessário), serão ouvidas as partes, colhida a prova oral e, em seguida, proferida a sentença (JEC, art. 28).[34]

Todos os incidentes que possam interferir na realização da audiência serão decididos de plano pelo juiz, inclusive no que diz respeito à apresentação de documentos pelas partes, quando então será oportunizado à parte contrária manifestação em face dos mesmos, sem interrupção da audiência. Os incidentes que não interferem na realização da audiência serão decididos na sentença (JEC, art. 29).[35]

---

§ 1º O juízo arbitral considerar-se-á instaurado, independentemente de termo de compromisso, com a escolha do árbitro pelas partes. Se este não estiver presente, o Juiz convocá-lo-á e designará, de imediato, a data para a audiência de instrução.

§ 2º O árbitro será escolhido dentre os juízes leigos.

31. JEC, Art. 25. O árbitro conduzirá o processo com os mesmos critérios do Juiz, na forma dos arts. 5º e 6º desta Lei, podendo decidir por equidade.

32. JEC, Art. 26. Ao término da instrução, ou nos cinco dias subsequentes, o árbitro apresentará o laudo ao Juiz togado para homologação por sentença irrecorrível.

33. JEC, Art. 27. Não instituído o juízo arbitral, proceder-se-á imediatamente à audiência de instrução e julgamento, desde que não resulte prejuízo para a defesa.

Parágrafo único. Não sendo possível a sua realização imediata, será a audiência designada para um dos quinze dias subsequentes, cientes, desde logo, as partes e testemunhas eventualmente presentes

34. JEC, Art. 28. Na audiência de instrução e julgamento serão ouvidas as partes, colhida a prova e, em seguida, proferida a sentença.

35. JEC, Art. 29. Serão decididos de plano todos os incidentes que possam interferir no regular prosseguimento da audiência. As demais questões serão decididas na sentença.

Parágrafo único. Sobre os documentos apresentados por uma das partes, manifestar-se-á imediatamente a parte contrária, sem interrupção da audiência.

CAPÍTULO 19 • DO PROCEDIMENTO NOS JUIZADOS ESPECIAIS CÍVEIS ESTADUAIS **307**

Cumpre ainda esclarecer que a audiência de instrução e julgamento só pode ser presidida por um juiz leigo ou togado, jamais pelos conciliadores.

Caso a audiência seja presidida por um juiz leigo este pode proferir sentença no ato, mas esta se submeterá a posterior homologação pelo juiz togado, que poderá proferir outra em seu lugar ou até mesmo converter o procedimento em diligência para complementação de provas (JEC, art. 40).

## 19.9 DA RESPOSTA DO RÉU

Não obtida a conciliação, deverá o réu apresentar sua contestação, que poderá ser oral ou escrita, na qual enfrentará toda matéria de defesa, exceto arguição de suspeição ou impedimento do Juiz, que se processará por escrito e em apartado (JEC, art. 30).[36]

Embora o réu não possa apresentar reconvenção, poderá formular **pedido contraposto** a seu favor, no próprio corpo da contestação, respeitando os limites do art. 3º da Lei 9.099/95, desde que fundado nos mesmos fatos que constituem objeto da controvérsia (JEC, art. 31).[37]

Será também nesse momento que o réu deverá apresentar todas as preliminares que entenda pertinentes, tais como a incompetência do juízo; a inadmissibilidade do procedimento especial; os impedimentos relativos às pessoas que não podem ser partes neste procedimento (ver JEC, art. 8º), enfim, todo e qualquer fato extintivo ou modificativo do direito postulado pelo autor.

Se houver necessidade de réplica o juiz perguntará ao autor se prefere responder de pronto, na própria audiência, ou se irá requerer a redesignação da audiência para outra data.

## 19.10 DAS PROVAS

As provas, que serão todas realizadas na audiência de instrução e julgamento, independentemente de prévio requerimento (JEC, art. 33),[38] poderão ser de todo

---

36. JEC, Art. 30. A contestação, que será oral ou escrita, conterá toda matéria de defesa, exceto arguição de suspeição ou impedimento do Juiz, que se processará na forma da legislação em vigor.
37. JEC, Art. 31. Não se admitirá a reconvenção. É lícito ao réu, na contestação, formular pedido em seu favor, nos limites do art. 3º desta Lei, desde que fundado nos mesmos fatos que constituem objeto da controvérsia.
    Parágrafo único. O autor poderá responder ao pedido do réu na própria audiência ou requerer a designação da nova data, que será desde logo fixada, cientes todos os presentes.
38. JEC, Art. 33. Todas as provas serão produzidas na audiência de instrução e julgamento, ainda que não requeridas previamente, podendo o Juiz limitar ou excluir as que considerar excessivas, impertinentes ou protelatórias.

o gênero, desde que moralmente legítimos, ainda que não especificados em lei (JEC, art. 32).[39]

As partes poderão apresentar até o máximo de 3 (três) testemunhas que deverão comparecer espontaneamente à audiência de instrução e julgamento levadas por quem as requereu, independentemente de prévio arrolamento ou intimação (JEC, art. 34).[40]

Só excepcionalmente poderá a testemunha ser intimada pela secretaria do Juizado para seu comparecimento à audiência. Se for assim, a parte deverá apresentar requerimento no prazo de 5 (cinco) dias antes da audiência (ver JEC, art. 34, § 1º).

Quando a prova do fato exigir, o juiz poderá inquirir técnicos de sua confiança, permitida às partes a apresentação de parecer técnico. Admite-se também, no curso da audiência, que o juiz, de ofício ou a requerimento das partes, possa realizar inspeção em pessoas ou coisas, ou determinar que o faça pessoa de sua confiança, que lhe relatará informalmente o verificado (JEC, art. 35).[41]

A prova oral não será reduzida a escrito, devendo a sentença referir, no essencial, os informes trazidos pelos depoentes (JEC, art. 36).[42]

Toda a fase probatória poderá ser conduzida por juiz togado ou por juiz leigo. Neste último caso, seus atos ficam pendentes de homologação pelo juiz titular do juizado (JEC, art. 37).[43]

---

39. JEC, Art. 32. Todos os meios de prova moralmente legítimos, ainda que não especificados em lei, são hábeis para provar a veracidade dos fatos alegados pelas partes.

40. JEC, Art. 34. As testemunhas, até o máximo de três para cada parte, comparecerão à audiência de instrução e julgamento levadas pela parte que as tenha arrolado, independentemente de intimação, ou mediante esta, se assim for requerido.

§ 1º O requerimento para intimação das testemunhas será apresentado à Secretaria no mínimo cinco dias antes da audiência de instrução e julgamento.

§ 2º Não comparecendo a testemunha intimada, o Juiz poderá determinar sua imediata condução, valendo-se, se necessário, do concurso da força pública.

41. JEC, Art. 35. Quando a prova do fato exigir, o Juiz poderá inquirir técnicos de sua confiança, permitida às partes a apresentação de parecer técnico.

Parágrafo único. No curso da audiência, poderá o Juiz, de ofício ou a requerimento das partes, realizar inspeção em pessoas ou coisas, ou determinar que o faça pessoa de sua confiança, que lhe relatará informalmente o verificado.

42. JEC, Art. 36. A prova oral não será reduzida a escrito, devendo a sentença referir, no essencial, os informes trazidos nos depoimentos.

43. JEC, Art. 37. A instrução poderá ser dirigida por Juiz leigo, sob a supervisão de Juiz togado.

## CAPÍTULO 19 • DO PROCEDIMENTO NOS JUIZADOS ESPECIAIS CÍVEIS ESTADUAIS

## 19.11 DA SENTENÇA E DOS RECURSOS

A sentença, que deverá ser sempre líquida, mencionará os elementos de convicção do juiz, com breve resumo dos fatos relevantes ocorridos em audiência, dispensando-se o relatório (JEC, art. 38).[44]

É importante rememorar que a sentença está adstrita, como regra, ao limite de acesso aos Juizados Especiais, ou seja, limitada a 40 (quarenta) salários mínimos (JEC, art. 39).[45]

Se a instrução foi dirigida por juiz leigo, o mesmo proferirá sua decisão e, de imediato, submeterá sua decisão ao juiz togado, que poderá homologá-la, proferir outra em substituição ou, antes de se manifestar, determinar a realização de atos probatórios indispensáveis (JEC, art. 40).[46]

Da sentença de mérito, quer dizer, não aquela homologatória de conciliação ou laudo arbitral, caberá recurso inominado para uma das Turmas Recursais do próprio Juizado (JEC, art. 41),[47] que deverá ser interposto no prazo de 10 (dez) dias com o devido preparo (JEC, art. 42).[48]

No recurso, que deverá ser interposto por petição escrita, da qual constarão as razões e o pedido do recorrente, as partes serão obrigatoriamente representadas por advogado. Para instruir o recurso, as partes podem requerer, às suas expensas, às transcrições das gravações das fitas magnéticas (JEC, art. 44).[49]

---

44. JEC, Art. 38. A sentença mencionará os elementos de convicção do Juiz, com breve resumo dos fatos relevantes ocorridos em audiência, dispensado o relatório.

    Parágrafo único. Não se admitirá sentença condenatória por quantia ilíquida, ainda que genérico o pedido.

45. JEC, Art. 39. É ineficaz a sentença condenatória na parte que exceder a alçada estabelecida nesta Lei.

46. JEC, Art. 40. O Juiz leigo que tiver dirigido a instrução proferirá sua decisão e imediatamente a submeterá ao Juiz togado, que poderá homologá-la, proferir outra em substituição ou, antes de se manifestar, determinar a realização de atos probatórios indispensáveis.

47. JEC, Art. 41. Da sentença, excetuada a homologatória de conciliação ou laudo arbitral, caberá recurso para o próprio Juizado.

    § 1º O recurso será julgado por uma turma composta por três Juízes togados, em exercício no primeiro grau de jurisdição, reunidos na sede do Juizado.

    § 2º No recurso, as partes serão obrigatoriamente representadas por advogado.

48. JEC, Art. 42. O recurso será interposto no prazo de dez dias, contados da ciência da sentença, por petição escrita, da qual constarão as razões e o pedido do recorrente.

    § 1º O preparo será feito, independentemente de intimação, nas quarenta e oito horas seguintes à interposição, sob pena de deserção.

    § 2º Após o preparo, a Secretaria intimará o recorrido para oferecer resposta escrita no prazo de dez dias.

49. JEC, Art. 44. As partes poderão requerer a transcrição da gravação da fita magnética a que alude o § 3º do art. 13 desta Lei, correndo por conta do requerente as despesas respectivas.

MANUAL DE PRÁTICA JURÍDICA CIVIL • Nehemias Domingos de Melo

O preparo será feito, independentemente de intimação, nas 48 (quarenta e oito) horas seguintes à interposição, sob pena de deserção. [50] Após o preparo, a Secretaria intimará o recorrido para oferecer resposta escrita no prazo de 10 (dez) dias.

O recurso inominado terá somente efeito devolutivo, podendo o juiz dar-lhe efeito suspensivo, para evitar dano irreparável para a parte (JEC, art. 43).[51]

Do julgamento pela Turma Recursal, as partes serão intimadas da data da sessão de julgamento (JEC, art. 45).[52]

O julgamento em segunda instância, do qual participarão três juízes togados em exercício no próprio Juizado (ver JEC, art. 41, § 1º), constará apenas da ata, com a indicação suficiente do processo, fundamentação sucinta e parte dispositiva. Se a sentença for confirmada pelos próprios fundamentos, a súmula do julgamento servirá de acórdão (JEC, art. e 46).[53]

Da sentença, assim como do acórdão, cabem embargos declaratórios se houver obscuridade, contradição, omissão ou dúvida no decisório (JEC, art. 48).[54] Esse recurso pode ser interposto por escrito ou oralmente, no prazo de 5 (cinco) dias contados da ciência da decisão (JEC, art. 49).[55]

Quando interpostos contra a sentença, os embargos declaratórios interrompem o prazo para interposição do recurso inominado (JEC, art. 50).[56]

## 19.12 DA EXECUÇÃO DOS JULGADOS

A execução de sentença far-se-á nos próprios autos e perante o mesmo Juizado que tenha julgado a causa (JEC, art. 52).[57]

---

50. Sobre o valor do preparo sugiro que seja verificado se existe alguma lei estadual regulamentando a matéria, ou Provimento da Corregedoria de Justiça, pois varia a orientação de Estado para Estado, inclusive com relação às despesas de porte e remessa.

51. JEC, Art. 43. O recurso terá somente efeito devolutivo, podendo o Juiz dar-lhe efeito suspensivo, para evitar dano irreparável para a parte.

52. JEC, Art. 45. As partes serão intimadas da data da sessão de julgamento.

53. JEC, Art. 46. O julgamento em segunda instância constará apenas da ata, com a indicação suficiente do processo, fundamentação sucinta e parte dispositiva. Se a sentença for confirmada pelos próprios fundamentos, a súmula do julgamento servirá de acórdão.

54. JEC, Art. 48. Caberão embargos de declaração contra sentença ou acórdão nos casos previstos no Código de Processo Civil.
Parágrafo único. Os erros materiais podem ser corrigidos de ofício.

55. JEC, Art. 49. Os embargos de declaração serão interpostos por escrito ou oralmente, no prazo de cinco dias, contados da ciência da decisão.

56. JEC, Art. 50. Os embargos de declaração interrompem o prazo para a interposição de recurso.

57. JEC, Art. 52. A execução da sentença processar-se-á no próprio Juizado, aplicando-se, no que couber, o disposto no Código de Processo Civil, com as seguintes alterações:

## CAPÍTULO 19 • DO PROCEDIMENTO NOS JUIZADOS ESPECIAIS CÍVEIS ESTADUAIS — 311

Nesta fase, é possível pedir a desconsideração da personalidade jurídica que se processará nos moldes como estabelecido no Novo Código de Processo Civil (ver CPC, art. 1.062).

O que se espera é que proferida a sentença o réu cumpra espontaneamente com o que foi decidido. Não cumprida voluntariamente a sentença transitada em julgado, proceder-se-á desde logo à execução cujo requerimento de início pode ser por escrito ou verbal. Nesta fase não é necessária nova citação.

Tratando-se de obrigação de entregar, de fazer, ou de não fazer, o próprio juiz, na sentença ou na fase de execução, fixará uma multa diária, arbitrada de acordo com as condições econômicas do devedor, para forçar o devedor ao cumprimento da obrigação. Não cumprida a obrigação, o credor poderá requerer a elevação da multa ou a transformação da condenação em perdas e danos, que o Juiz de imediato arbitrará, seguindo-se a execução por quantia certa, incluída a multa vencida de obrigação de dar, quando evidenciada a malícia do devedor na execução do julgado.

---

I – as sentenças serão necessariamente líquidas, contendo a conversão em Bônus do Tesouro Nacional – BTN ou índice equivalente;

II – os cálculos de conversão de índices, de honorários, de juros e de outras parcelas serão efetuados por servidor judicial

III – a intimação da sentença será feita, sempre que possível, na própria audiência em que for proferida. Nessa intimação, o vencido será instado a cumprir a sentença tão logo ocorra seu trânsito em julgado, e advertido dos efeitos do seu descumprimento (inciso V);

IV – não cumprida voluntariamente a sentença transitada em julgado, e tendo havido solicitação do interessado, que poderá ser verbal, proceder-se-á desde logo à execução, dispensada nova citação;

V – nos casos de obrigação de entregar, de fazer, ou de não fazer, o Juiz, na sentença ou na fase de execução, cominará multa diária, arbitrada de acordo com as condições econômicas do devedor, para a hipótese de inadimplemento. Não cumprida a obrigação, o credor poderá requerer a elevação da multa ou a transformação da condenação em perdas e danos, que o Juiz de imediato arbitrará, seguindo-se a execução por quantia certa, incluída a multa vencida de obrigação de dar, quando evidenciada a malícia do devedor na execução do julgado;

VI – na obrigação de fazer, o Juiz pode determinar o cumprimento por outrem, fixado o valor que o devedor deve depositar para as despesas, sob pena de multa diária;

VII – na alienação forçada dos bens, o Juiz poderá autorizar o devedor, o credor ou terceira pessoa idônea a tratar da alienação do bem penhorado, a qual se aperfeiçoará em juízo até a data fixada para a praça ou leilão. Sendo o preço inferior ao da avaliação, as partes serão ouvidas. Se o pagamento não for à vista, será oferecida caução idônea, nos casos de alienação de bem móvel, ou hipotecado o imóvel;

VIII – é dispensada a publicação de editais em jornais, quando se tratar de alienação de bens de pequeno valor;

IX – o devedor poderá oferecer embargos, nos autos da execução, versando sobre:

a) falta ou nulidade da citação no processo, se ele correu à revelia;

b) manifesto excesso de execução;

c) erro de cálculo;

d) causa impeditiva, modificativa ou extintiva da obrigação, superveniente à sentença.

**Atenção:** tratando-se de obrigação de fazer, o juiz pode determinar o cumprimento por terceiros às custas do devedor, fixando-se desde logo o valor que o devedor deve depositar para as despesas, sob pena de multa diária.

Na alienação forçada dos bens, o juiz poderá autorizar o devedor, o credor ou terceira pessoa idônea a tratar da alienação do bem penhorado, a qual se aperfeiçoará em juízo até a data fixada para a praça ou leilão. Sendo o preço inferior ao da avaliação, as partes serão ouvidas. Se o pagamento não for à vista, será oferecida caução idônea, nos casos de alienação de bem móvel, ou hipotecado o imóvel.

Cabe ainda alertar que é dispensada a publicação de editais em jornais, quando se tratar de alienação de bens de pequeno valor.

Em sua defesa o executado poderá apresentar embargos, nos próprios autos da execução, alegando eventual falta ou nulidade da citação no processo, se ele correu à sua revelia; excesso de execução; erro de cálculo; ou ainda, qualquer causa impeditiva, modificativa ou extintiva da obrigação, desde que posterior à sentença.

## 19.13 PROBLEMA PARA ELABORAÇÃO DE UMA PETIÇÃO INICIAL NO JEC

Tércio Túlio (residente em Embu), proprietário do veículo KIATO, placa de São Paulo DAR 3250, no dia 11 de maio de 2012, aproximadamente às 17:00 horas, quando dirigia seu veículo pela Av. Nossa Senhora dos Motoristas (bairro da Lapa), no sentido bairro-centro, teve que parar no cruzamento com a Rua Canto dos Pássaros em razão do farol que lhe estava desfavorável. Ao parar veio a ser abalroado em toda a extensão da traseira de seu veículo, pelo Ônibus Mercedes Benz, placa BZS 0236 de São Paulo, da empresa de transportes coletivos Falcão Voador (sediada em São Bernardo), concessionária de serviços públicos da PMSP, que trafegava pela mesma via e sentido. Com a batida os prejuízos foram de monta e os orçamentos indicaram o valor de R$ 8 mil reais para consertar o veículo.

Em nome do autor, proponha a ação de indenização perante o JEC competente.

## 19.14 PLANEJAMENTO PARA ELABORAÇÃO DA PETIÇÃO INICIAL

Conforme já fizemos em 1.13, vamos planejar a forma pela qual iremos elaborar a petição inicial com base nos dados que foram fornecidos, de sorte a evitar erros ou omissões.

a) Justiça competente: A ação pode ser proposta perante o Juizado Especial Cível por tratar-se de reparação decorrente de acidente de trânsito. Ade-

CAPÍTULO 19 • DO PROCEDIMENTO NOS JUIZADOS ESPECIAIS CÍVEIS ESTADUAIS **313**

mais, o valor da causa não supera os 40 salários mínimos (ver art. 3º da Lei nº 9.099/95, I e II).

b) Foro competente: Como se trata de reparação de danos, a ação pode ser proposta no foro do domicílio de autor (Lei nº 9.099/95, art. 4º, III).

c) Ré ou Réus: Como a empresa de ônibus é concessionária de serviços públicos da Prefeitura Municipal de São Paulo, temos que este órgão público seria legitimado para figurar no polo passivo, mas não é isso que faremos por dois bons motivos: primeiro, se colocarmos órgão público no polo passivo, a ação não poderia tramitar no JEC; segundo, se você ganhar a ação poderá ter que ficar na fila de precatórios para receber. Também poderíamos promover a ação em face do motorista, mas isso seria contraproducente porque você corre o risco de ganhar e não levar, tendo em vista a provável falta de condições financeiras do motorista para arcar com a eventual condenação. Assim, a solução que se apresenta melhor é propor a ação contra a empresa de ônibus.

## 19.15 MODELO DE PETIÇÃO INICIAL

EXCELENTÍSSIMO(A) SENHOR(A) DOUTOR(A) JUIZ(A) DE DIREITO DO JUIZADO ESPECIAL DO EMBU – SP.

**(espaço para despacho)**

TERCIO TULIO (qualificação completa: nome, nacionalidade, estado civil, profissão, documentos e endereço), por seu advogado que esta subscreve (doc. 1), com endereço (indicar o endereço físico e eletrônico), vem, respeitosamente à presença de Vossa Excelência, com fundamento no art. 186 c/c, o art. 927 do Código Civil e pelo rito da Lei nº 9.099/95, propor a presente ação de

**REPARAÇÃO POR DANO – ACIDENTE DE VEÍCULO**

contra a empresa FALCÃO VOADOR LTDA. (CNPJ se for do conhecimento do autor), sediada na cidade de São Bernardo do Campo, à Rua (endereço completo, inclusive com CEP), pelas razões de fato e de direito a seguir aduzidas:

### I – DOS FATOS

No dia 11 de maio de 2012, às 17 horas, aproximadamente, o requerente transitava com seu veículo KIATO, placa de São Paulo DAR 3250 (doc. 2), pela Avenida Nossa Senhora dos Motoristas, no bairro da Lapa, no sentido bairro-centro.

Quando atingiu o cruzamento da referida Avenida com a Rua Canto dos Pássaros, teve que parar em razão do farol que lhe era desfavorável.

MANUAL DE PRÁTICA JURÍDICA CIVIL • Nehemias Domingos de Melo

Ao parar veio a ser abalroado em toda a extensão da traseira de seu veículo, pelo Ônibus Mercedes Benz, placa BZS 0236 de São Paulo, de propriedade da empresa Ré, que trafegava pela mesma via e sentido.

O Autor e o preposto da Ré compareceram à Delegacia de Trânsito local e lavraram o correspondente Boletim que ora se anexa (doc. 3), que confirma os fatos acima descritos.

Como decorrência do acidente o autor sofreu sérios prejuízos em face da necessidade de execução de serviços de reparo em seu veículo que incluem funilaria, pintura e parte elétrica, além de aquisição de peças, tudo conforme se pode verificar nas fotos que se anexam (doc. 4).

Em face da necessidade de reparos o autor providenciou três orçamentos, cujo de menor valor indica R$ 8.000,00 (oito mil reais) como sendo o necessário para o total reparo do veículo (doc. 5).

## II – DO DIREITO

Preceitua o nosso Código Civil que aquele que causar dano a outrem, por imprudência ou negligência, fica obrigado a reparar o dano, nos termos dos arts. 186 e 927.

Ademais, a jurisprudência de nossos tribunais é mansa e pacífica no sentido de considerar culpado aquele que bate na traseira de outro veículo e, por exemplar, colaciona-se:

"RECURSO IMPROVIDO – DIREITO CIVIL – ACIDENTE DE VEÍCULO – COLISÃO NA TRASEIRA DO AUTOMÓVEL – PRESUNÇÃO POR CULPA NÃO DESCARTADA – VIOLAÇÃO AOS ARTS. 28 e 29 DO CÓDIGO DE TRÂNSITO – Que dispõem dos cuidados necessários e preventivos para segurança do trânsito. Falta de cuidado com a distância mínima exigida. Danos materiais comprovados mediante fotografias e o conjunto probatório produzido. Sentença mantida pelos próprios fundamentos. (TJBA – Rec. 0112463-52.2009.805.0001-1 – 2ª T. – Rel. Juiz Aurelino Otacilio Pereira Neto – DJe 25.5.2011 – p. 942).

Diante do exposto e de acordo com os dispositivos alegados no preâmbulo, requer a Vossa Excelência:

Seja recebido e registrado o presente pedido, designando-se, desde logo, audiência de conciliação, citando-se o réu, por via postal, para comparecer e caso negativa, apresentar, se quiser, sua defesa, sob pena de revelia.

Não obtida a conciliação, que seja designada audiência de instrução e julgamento, na qual se espera que seja julgada totalmente procedente a presente ação para o fim de condenar a Ré ao pagamento de R$ 8.000,00 (oito mil reais) por danos materiais, acrescidos de juros e atualização monetária.

Protesta provar o alegado por todos os meios de provas em direito admitidas, especialmente o depoimento pessoal do preposto da requerida e a oitiva das testemunhas cujo rol apresentamos em anexo.

Dá à causa o valor de: R$ 8.000,00.

Termos em que, Pede deferimento.

Local, data, nome e a assinatura do Advogado e nº da OAB

### 19.15.1 Observação importante

A petição inicial em ação proposta perante o JEC difere em alguns aspectos daquela que é dirigida à Justiça Comum, especialmente com relação ao procedimento comum.

Além do endereçamento, mudam os pedidos e requerimentos que tomam forma própria, vejamos:

1º) Seja recebido e registrado o pedido, designando-se, desde logo, data para realização da audiência de conciliação (art. 16), citando-se o réu, por via postal (art. 18), para comparecer à audiência.

2º) Não obtida a conciliação, que seja designada audiência de instrução e julgamento, na qual se espera que seja julgada procedente a presente ação para condenar o réu etc. Esse pedido não existe no procedimento comum.

3º) Na petição no JEC não se pede condenação do réu em custas e honorários advocatícios (as verbas sucumbenciais).

4º) Embora se possa fazer o protesto genérico por provas, no JEC é indispensável já requerer as provas certas e determinadas que se pretenda ver realizadas, como no caso exemplificado no qual já se arrolam as testemunhas.

PARTE VI
# PETIÇÕES DIVERSAS

# Capítulo 20
## Petições Diversas

## 20.1 CONSIDERAÇÕES INICIAIS

Durante a tramitação de qualquer processo, comumente acontece de as partes necessitarem levar aos autos documentos, guias de recolhimento de custas diversas, bem como de atender as mais variadas determinações que podem emanar do juízo onde o feito se processa.

Nesse quadro, merece destaque a petição de juntada. Esclarecemos que a inclusão desse modelo decorre de duas sugestões que foram apresentadas durante o período de elaboração da presente obra. A primeira foi apresentada pela professora Roberta Densa, que disse ter constatado na vida prática que muitos bacharéis em direito saem da faculdade e não sabem elaborar esse tipo de petição. A outra partiu de um de meus alunos da UNIP, Ricardo Narciso que pediu a inclusão desse modelo, justificando pelo fato de que aos estagiários do curso de direito, quando no exercício de seus estágios, no máximo lhes é permitida a elaboração de petição de juntada, logo, essa deveria ser a primeira petição a ser ensinada no curso de prática jurídica.

Tendo em vista essa realidade, apresentaremos os seguintes modelos de petições, referentes aos atos processuais mais comuns, quais sejam: juntada de documentos; pedido de julgamento antecipado da lide; especificação de provas; pedido de expedição de ofício a órgão público; pedido de citação por edital; desconsideração da personalidade jurídica; oferecimento de caução; pedido de homologação de acordo; pedido de levantamento de depósito judicial.

# 20.2 MODELO DE PETIÇÃO DE JUNTADA (I)

EXCELENTÍSSIMO(A) SENHOR(A) DOUTOR(A) JUIZ(A) DE DIREITO DA _____ ª
VARA CÍVEL DA COMARCA DE_____ [1]

*(espaço para despacho)*

**Processo nº** _____

JOJOLINO BONDE BIKO, já devidamente qualificado nos autos em epígrafe, no qual contende com a empresa GRAN MIKKO AUTOMÓVEIS S.A., também já qualificada, vem, mui respeitosamente, à presença de Vossa Excelência, por seu advogado que a esta subscreve, tendo em vista a determinação contida no R. Despacho de fls., REQUERER a juntada das inclusas guias de recolhimentos para diligências de oficial de justiça, para os devidos fins legais.

Pede Deferimento Local e data,

Nome e assinatura do advogado

OAB/sigla do estado.

# 20.3 MODELO DE PETIÇÃO DE JUNTADA (II)

EXCELENTÍSSIMO(A) SENHOR(A) DOUTOR(A) JUIZ(A) DE DIREITO DA _____ ª
VARA CÍVEL DA COMARCA DE _____

*(espaço para despacho)*

**Processo nº** _____

MANOBRAWN DA SILVA SAURO, já devidamente qualificado nos autos em epígrafe, no qual promove ação de indenização por danos morais contra o BANCO TOPA TUDO POR DINHEIRO S.A., também já qualificado, vem, com o devido respeito e acatamento, perante Vossa Excelência, por seu advogado que a esta subscreve, em atendimento ao R. Despacho de fls., fazer a juntada da inclusa cópia da certidão atualizada da SERASA, dando conta da manutenção do nome do Requerente naquele banco de dados (negativado por iniciativa do banco réu), requerendo assim o prosseguimento do feito com os atos ulteriores e necessários ao deslinde da demanda.

Pede Deferimento Local e data,

Nome e assinatura do advogado

nº da OAB

---

1. Como vai ser feita a juntada de guia em processo que já está em andamento, haverá sempre uma vara determinada, bem como comarca e um número de processo a ser mencionado na petição. Esta mesma recomendação aplica-se a todas as demais petições.

CAPÍTULO 20 • PETIÇÕES DIVERSAS **321**

## 20.4 MODELO DE PETIÇÃO PEDINDO O JULGAMENTO ANTECIPADO DA LIDE

EXCELENTÍSSIMO(A) SENHOR(A) DOUTOR(A) JUIZ(A) DE DIREITO DA \_\_\_\_\_ ᵃ VARA CÍVEL DA COMARCA DE \_\_\_\_\_

*(espaço para despacho)*

**Processo nº** \_\_\_\_\_

JOJOLINO DA SILVA SAURO, já devidamente qualificado nos autos em epígrafe, no qual contende com PELICANO VERDES MARES, em tramitação perante esse MM. Juízo e Cartório, por seu advogado que a esta subscreve, vem, com o devido respeito e acatamento, perante Vossa Excelência, tendo em vista o R. Despacho de fls., expor e requerer o quanto segue.

A presente ação teve seu regular processamento com o deferimento da petição inicial (fls. X), citação do réu (fls. Y), apresentação de contestação (fls. Z) e réplica do autor (fls. W), estando na fase em que Vossa Excelência determina que as partes especifiquem e justifiquem as provas que pretendem produzir.

S.m.j. a ação comporta julgamento conforme o estado do processo, tendo em vista tratar-se de matéria exclusivamente de direito, razão por que é a presente para REQUERER a Vossa Excelência o julgamento antecipado da lide conforme expressamente autorizado pelo art. 355, I, do Novo Código de Processo Civil.

*Ad cautelam*, o Autor deixa consignado que, se esse não for o entendimento do ilustre magistrado, apresentará a seu tempo as provas que pretende produzir, na eventualidade de designação de audiência.

Nestes termos Pede deferimento.

Local e data,

Nome e assinatura do advogado

nº da OAB

## 20.5 MODELO DE PETIÇÃO COM ESPECIFICAÇÃO DE PROVAS

EXCELENTÍSSIMO(A) SENHOR(A) DOUTOR(A) JUIZ(A) DE DIREITO DA \_\_\_\_\_ ᵃ VARA CÍVEL DA COMARCA DE \_\_\_\_\_

*(espaço para despacho)*

**Processo nº** \_\_\_\_\_

WAN DER BAFO, já qualificado nos autos da ação que promove contra JOKA DAS COUVES, por seu procurador abaixo firmado, em atenção ao R. despacho de fls., através do

MANUAL DE PRÁTICA JURÍDICA CIVIL • NEHEMIAS DOMINGOS DE MELO

qual V. Excelência intima as partes para que especifiquem as provas a serem produzidas em audiência, vem, com o devido respeito e acatamento, REQUERER o depoimento pessoal do réu e a intimação das testemunhas cujo rol segue em anexo, para serem ouvidas na ocasião, juntando para tanto as guias para condução do oficial de justiça, devidamente quitadas.[2]

Requer, ainda, a instauração de perícia contábil sobre os livros comerciais e documentos apresentados pela defesa, devendo ser intimado para a indicação de assistente técnico e formulação de quesitos, bem como para recolhimento da verba honorária do perito a ser fixado por Vossa Excelência.

Termos em que, Pede deferimento.

Local e data,

Nome e assinatura do advogado

nº da OAB

## 20.6 MODELO DE PETIÇÃO COM PEDIDO DE EXPEDIÇÃO DE OFÍCIO A ÓRGÃO PÚBLICO

EXCELENTÍSSIMO(A) SENHOR(A) DOUTOR(A) JUIZ(A) DE DIREITO DA _____[a] VARA CÍVEL DA COMARCA DE_____[3]

*(espaço para despacho)*

**Processo nº** _____

MANOBRAW DA SILVA SAURO, já devidamente qualificado nos autos em epígrafe, no qual contende com a empresa DESCONTOS & ROLLOS FACTORING MERCANTIL LTDA., por seu advogado que a esta subscreve, vem, mui respeitosamente, perante Vossa Excelência, tendo em vista o R. Despacho de fls., informar e requerer o quanto segue.

1. O Autor fez todos os esforços que estavam a seu alcance para localizar o endereço da empresa Ré, conforme faz prova os documentos encartados aos autos, especialmente a consulta realizada junto à JUCESP (ver fls. ).

2. Ocorre que, proposta a presente ação, a relação processual não se completou até o presente momento, por impossibilidade de citação da empresa Ré, tendo em vista a certidão negativa de oficial de justiça encartada à fls. (indicar o nº), sendo certo que a mesma se encontra em local incerto e não sabido, tendo encerrado irregularmente suas atividades.

---

2.  Para o depoimento pessoal do réu, faz-se necessário a sua intimação pessoal, por oficial de justiça (CPC, art. 385, § 1º). No nosso exemplo, as testemunhas também deverão ser intimadas por oficial de justiça e, em sendo assim, é necessário fazer o recolhimento em banco oficial dos valores atinentes à realização das diligências.

3.  Como é petição em processo que já está em andamento, haverá sempre uma vara determinada, bem como comarca e um número de processo a ser mencionado na petição.

CAPÍTULO 20 • PETIÇÕES DIVERSAS **323**

3. A legislação pátria autoriza que o Magistrado possa requerer aos órgãos públicos o fornecimento de informações necessárias ao andamento do feito (CPC, art. 438).

4. A jurisprudência tem entendimento manso e pacífico de que, quando o interesse público determinar e *"diante da impossibilidade de o autor continuar diligenciando mediante os meios razoáveis na tentativa de localizar o réu, é plenamente aceitável a expedição de ofícios aos órgãos públicos com essa finalidade"* (TJMT – AI 39398/2002 – 3ª C. Cív. – Rel. Des. José Jurandir de Lima – j. 5.3.2003).

Assim expostos os fatos, é a presente para REQUERER a Vossa Excelência a expedição de ofício à Delegacia da Receita Federal – DRF, com a finalidade específica de informar o endereço da empresa DESCONTOS & ROLLOS FACTORING MERCANTIL LTDA., CNPJ/MF nº (indicar o nº).

Termos em que,

Pede e Espera, Deferimento.

Local e data,

Nome e assinatura do advogado

nº da OAB

## 20.7 MODELO DE PETIÇÃO COM PEDIDO DE CITAÇÃO POR EDITAL

EXCELENTÍSSIMO(A) SENHOR(A) DOUTOR(A) JUIZ(A) DE DIREITO DA _____ª VARA CÍVEL DA COMARCA DE _____

*(espaço para despacho)*

**Processo nº** _____

MANOBRAW DA SILVA SAURO, já devidamente qualificado nos autos em epígrafe, no qual contende com a empresa DESCONTOS & ROLLOS FACTORING MERCANTIL LTDA., por seu advogado que a esta subscreve, vem, mui respeitosamente, perante Vossa Excelência, tendo em vista o R. Despacho de fls., informar e requerer o quanto segue.

1. A citação da empresa Ré não se materializou em virtude da mesma não mais se encontrar no endereço mencionado na inicial, conforme certidão de oficial de justiça encartada à fls. , que informa claramente: "mudou-se sem que ninguém saiba informar o novo endereço".

2. Conforme já informado, o Autor diligenciou junto à JUCESP, obtendo informações sobre a referida empresa, vindo a constatar que nos registros constantes naquela serventia, a empresa Ré continua no mesmo endereço (ver fls. ) onde,

comprovadamente, o oficial de justiça já certificou que ela ali não está.

3. Em resposta a ofício expedido pela serventia do MM. Juízo, a Delegacia da Receita Federal informou que referida empresa se encontra cadastrada no mesmo endereço já informado, confirmando assim que a mesma encerrou suas atividades não deixando endereço conhecido onde possa ser acionada para o cumprimento de suas obrigações.

# MANUAL DE PRÁTICA JURÍDICA CIVIL • Nehemias Domingos de Melo

4. Assim, demonstrada a impossibilidade de se materializar a citação, na exata medida do desconhecimento do paradeiro da empresa Ré e, demonstrado ademais que o Autor realizou as diligências que lhe eram pertinentes, espera-se que seja autorizada a citação ficta por edital, já que autorizada pela lei processual brasileira, para que não ocorra a denegação de justiça.

Isto posto, é a presente para REQUERER a Vossa Excelência seja determinada a CITAÇÃO POR EDITAL da empresa DESCONTOS & ROLLOS FACTORING MERCANTIL

LTDA., conforme autorizado pelo Novo Código de Processo Civil (art. 256, I), permitindo, assim, seja completada a relação processual proposta.

Termos em que,

Pede e Espera, Deferimento.

Local e data,

Nome e assinatura do advogado e nº da OAB

## 20.8 MODELO DE PETIÇÃO PEDINDO A DESCONSIDERAÇÃO DA PERSONALIDADE JURÍDICA

EXCELENTÍSSIMO(A) SENHOR(A) DOUTOR(A) JUIZ(A) DE DIREITO DA _____ª VARA CÍVEL DA COMARCA DE_____, ESTADO DE_____.

*(espaço para despacho)*

**Processo nº** _____

ALY KATHE, já devidamente qualificado nos autos em epígrafe, no qual contende com a empresa TREKO'S E TRALHA'S LTDA, por seu advogado que a esta subscreve, vem, com o devido acatamento e respeito, à presença de Vossa Excelência, requerer a instauração do incidente de

### DESCONSIDERAÇÃO DA PERSONALIDADE JURÍDICA

o que faz com fundamento no artigo 50 do Código Civil brasileiro c/c artigo 133 e ss mais o art. 790 do Código de Processo Civil e pelos fatos que passa a expor.

1. O peticionário sagrou-se vencedor na presente ação na qual busca receber seus numerários decorrentes dos serviços de empreitada que prestou a Requerida, porém na fase de cumprimento de sentença vem a se deparar com a impossibilidade de satisfação do seu crédito tendo em vista que a referida empresa não mais se localiza no endereço onde foi citada para os termos da presente ação, conforme atesta certidão de oficial de justiça encartada à fls (indicar em qual folha do processo).

2. Tendo sido frustrada a intimação da demandada, o Autor requereu e Vossa Excelência determinou, o bloqueio *on line* das contas e valores eventualmente disponível nas contas da Ré, medida esta que se mostrou inócua tendo em vista que os resultados foram negativos, conforme informes encartados aos autos a fls. (indicar folhas).

CAPÍTULO 20 • PETIÇÕES DIVERSAS **325**

3. Pesquisando junta a JUCESP o Autor verificou que referida empresa ainda consta naquela serventia com o mesmo endereço anteriormente mencionado, onde, comprovadamente, não se encontra, conforme faz prova o print de busca que se anexa (doc. 1).

4. Pesquisando ainda junto ao site da Receita Federal o ora Peticionário constatou que referida empresa encontra-se inativa o que significa dizer que a mesma encerrou irregularmente suas atividades, conforme faz prova o documento que se acosta (doc. 2).

5. Assim, o Autor esgotou todas as possibilidades de busca e diante da impossibilidade de localização da Ré, só resta requerer seja decretada a desconsideração da personalidade jurídica da referida empresa para o fim de incluir os seus sócios no polo passivo da presente demanda, haja vista que, conforme se depreende dos fatos e documentos acima mencionados, além da executada não ter cumprido com o pagamento do débito oriundo da presente demanda, a mesma não possui recursos depositados em banco, nem bens passíveis de penhora.

6. Cumpre esclarecer ainda, que o pleito encontra supedâneo no disposto do art. 50 do Código Civil e no art. 133 e ss do CPC, pois a situação acima narrada encaixa-se perfeitamente naquilo que se pode chamar de abuso da personalidade jurídica de sorte a autorizar a busca da satisfação do crédito nos bens particulares dos sócios.

Assim é a presente para REQUERER a Vossa Excelência, seja decretada a desconsideração da personalidade jurídica da empresa Ré para o fim de inclusão de seus sócios no polo passivo da presente demanda e, subsequentemente seja procedida a penhora *on-line*, através do BACEN-JUD, das contas bancárias e outros ativos financeiros eventualmente encontrados em nome de todos os sócios, cujos nomes e CPFs segue relacionado abaixo.

Instaurado o incidente, REQUER sejam citados os sócios, Sr.... e Sr...., etc., nos endereços abaixo indicados, para, querendo, manifestar-se no prazo de 15 (quinze) dias.

Pede Deferimento.

Local e data,

Nome e assinatura do advogado

nº da OAB

## 20.9  MODELO DE PETIÇÃO COM OFERECIMENTO DE CAUÇÃO

EXCELENTÍSSIMO(A) SENHOR(A) DOUTOR(A) JUIZ(A) DE DIREITO DA _____ª VARA CÍVEL DA COMARCA DE _____

*(espaço para despacho)*

**Processo nº** _____

MANOBRAW DA SILVA SAURO, já devidamente qualificado nos autos em epígrafe, através do qual promove ação de indenização por danos morais contra o BANCO TOPA TUDO POR DINHEIRO S.A., também já qualificada, vem, com o devido respeito e acatamento, perante Vossa Excelência, por seu advogado que a esta subscreve, tendo em vista

# 326 MANUAL DE PRÁTICA JURÍDICA CIVIL • Nehemias Domingos de Melo

a determinação contida no R. Despacho de fls., de prestação de caução como condição primeira para concessão da liminar para exclusão do nome do Requerente do banco de dados do SERASA, oferecer o seguinte bem de sua propriedade:

"Imóvel sito à Rua (endereço completo), regularmente inscrito no_° (n° do cartório) Cartório de Registro de Imóveis, matrícula n° (XYZ), que se encontra livre de qualquer gravame, avaliado em R$ (indicar o valor por extenso), valor este muito superior ao suposto débito ali apontado."

Assim, cumprida a determinação exarada nestes autos, espera o Peticionário a concessão da liminar *inaudita altera parte*, para o fim de excluir seu nome do banco de dados do SERASA, prosseguindo-se o feito com os atos ulteriores e necessários ao deslinde da demanda.

Termos em que,

Pede e espera, deferimento.

Local e data,

Nome e assinatura do advogado

n° da OAB

## 20.10 MODELO DE PETIÇÃO – PEDIDO DE HOMOLOGAÇÃO DE ACORDO[4]

EXCELENTÍSSIMO(A) SENHOR(A) DOUTOR(A) JUIZ(A) DE DIREITO DA_____ª VARA CÍVEL DA COMARCA DE _____

*(espaço para despacho)*

**Ref. Autos n° (indicar o n° do processo)**

**Exequente: Jojolino Pelicano**

**Executada: Segura Tudo Cia. de Seguros Gerais**

JOJOLINO PELICANO e SEGURA TUDO CIA. DE SEGUROS GERAIS, ambos já devidamente qualificados, por seus advogados e bastante procuradores infra-assinados, nos autos epigrafado, em curso por esse R. Juízo e respectivo Cartório, vêm, respeitosamente, perante Vossa Excelência, esclarecer que as partes se compuseram para pôr fim ao processo, pelas cláusulas e nas condições a seguir descritas que mutuamente aceitam, a saber:

---

4. Colaboração do Dr. Milton Murgel Filho.

CAPÍTULO 20 • PETIÇÕES DIVERSAS **327**

### 1. Do valor do acordo

Em cumprimento a R. Sentença de fls. (indicar as folhas), confirmada pelo V. Acórdão n° (indicar n° do acórdão e n° da Câmara de julgamento e o Tribunal), a título de pagamento por todas as verbas descritas na petição inicial a "SEGURA TUDO CIA. DE SEGUROS GERAIS" pagará ao Exequente "JOJOLINO PELICANO" a importância de R$\_\_\_\_\_ (valor por extenso).

### 2. Data e forma de pagamento

Referido pagamento será realizado no prazo de 10 (dez) dias úteis, contados a partir da publicação do despacho homologatório, mediante depósito na conta corrente do patrono do autor, a saber (indicar o n° da conta, agência e banco):

a) se houver desencontro de dados, referente à conta indicada, fica facultado à executada o depósito em juízo nas 48 horas subsequentes;

b) não realizado o pagamento pela forma aqui estipulada, incidirá sobre o montante do acordo a multa de 20% (vinte por cento), prosseguindo-se à execução até final quitação.

### 3. Da quitação e amplitude

Com o pagamento realizado, operar-se-á a favor da seguradora a mais completa, ampla e geral quitação a respeito de cada um dos seguintes itens, inclusive os que estão descritos na inicial:

a) objeto da ação, aí incluído o principal e demais consectários legais, juros de mora, correção monetária, custas e despesas processuais, sendo que eventuais custas remanescentes serão suportadas pelo Exequente;

b) todo e qualquer lucro cessante, direto ou indireto que possa ser requerido em juízo ou mesmo extrajudicialmente decorrente da pendência que deu ensejo a propositura da presente ação;

c) danos morais e/ou qualquer outro dano patrimonial, decorrente da existência do sinistro e da reclamação objeto da ação.

### 4. Dos honorários advocatícios

Os honorários dos advogados do Exequente, tanto os sucumbenciais quanto os contratados estão incluídos no valor do acordo, e os da Executada, serão por ela suportado.

### 5. Do pedido de homologação

E assim, por estarem justos e acertados, requerem a homologação da presente avença, para que produza seus jurídicos e legais efeitos, julgando-se extinto o processo, com o arquivamento dos autos, nos exatos termos do art. 924, III, do Código de Processo Civil.

Termos em que, Pedem, Deferimento.

Local e data,

Nome e assinatura do advogado

n° da OAB

## 20.11 MODELO DE PETIÇÃO COM PEDIDO DE LEVANTAMENTO DE DEPÓSITO JUDICIAL

EXCELENTÍSSIMO SENHOR DOUTOR JUIZ DE DIREITO DA_____ª VARA CÍVEL DA COMARCA DE _____

*(espaço para despacho)*

**Processo nº** _____

**(Execução de Título Extrajudicial)**

TRECKOS & MUAMBAS COMÉRCIO LTDA., já devidamente qualificada nos autos em epígrafe, no qual contende com JUKA BILL GATTOS, também já qualificado, por seu advogado que a esta subscreve, vem, com o devido respeito e acatamento, à presença de Vossa Excelência, tendo em vista o depósito realizado pelo Executado, informar que está concorde com os valores constantes da guia de depósito encartada à fls. (indicar o nº da folha), razão por que REQUER a expedição do competente mandado, em nome do patrono exequente, para levantamento dos valores depositados, dando-se por cumprida a obrigação, sendo certo que o Exequente nada mais tem a reclamar, devendo o processo ser extinto nos termos do art. 924, I, do Código de Processo Civil.

Termos em que, Pede Deferimento.

Local e data,

Nome e assinatura do advogado

nº da OAB

## 20.12 MODELO DE PETIÇÃO COM PEDIDO DE PENHORA *ONLINE*[5]

EXCELENTÍSSIMO SENHOR DOUTOR JUIZ DE DIREITO DA_____ª VARA CÍVEL DA COMARCA DE _____

**Autos nº** _____

**Nº de ordem** _____**/2011**

**Ação de Cobrança**

JOJOLINO SAURO, qualificado nos autos do processo em epígrafe, que move em face do BANCO TOPA TUDO POR DINHEIRO S/A, vem, respeitosamente, à presença

---

5. Modelo sugerido e elaborado pela querida ex-aluna, Dra. Maria Sônia Sahd.

CAPÍTULO 20 • PETIÇÕES DIVERSAS **329**

de Vossa Excelência, por seu advogado infra-assinado, em atenção ao R. despacho de fls., requerer o prosseguimento da execução nos termos a seguir delineados.

Apesar de o referido Banco ter sido intimado para pagar, pelo órgão de imprensa oficial, na pessoa de seu advogado constituído às fls., manteve-se inerte quanto ao cumprimento da obrigação sentenciada que expirou por decurso de prazo conforme atesta certidão da Serventia às fls.____

Nos termos do art. 835, I, do Novo Código de Processo Civil, a penhora em dinheiro é preferencial, logo, sopesando as circunstâncias do caso concreto e a efetividade da tutela pleiteada e concedida, há de considerar a ordem preferencial de penhora estabelecida por lei.

Dessa forma, requer a penhora *on-line* da importância de R$____(por extenso), conforme planilha atualizada em anexo, que deverá incidir nos valores e ativos financeiros que se encontrem disponíveis à conta do BANCO TOPA TUDO POR DINHEIRO S/A, inscrito no CNPJ/MF sob o nº ____juntando para tanto o comprovante das custas recolhidas.

Termos em que, Pede Deferimento.

Local e data,

Nome e assinatura do advogado nº da OAB

## 20.13 MODELO DE PETIÇÃO COM PEDIDO DE EXTINÇÃO DA EXECUÇÃO E LIBERAÇÃO DE PENHORA

EXCELENTÍSSIMO (A) SENHOR (A) DOUTOR (A) JUIZ (A) DE DIREITO DA ____ª VARA CIVEL DA COMARCA DE____, ESTADO DE ____

**Processo nº** ____

MAICON JEQUIÇÓN, já devidamente qualificado nos autos em epígrafe, por seu advogado regularmente constituído nos presentes autos de ação de Execução por título executivo extrajudicial, que lhe é movida por JUKALINO DA SILVA SAURO, vem, respeitosamente, à presença de Vossa Excelência, expor e requerer o quanto segue.

1. Em face do cálculo de fls., o Executado efetuou o pagamento da integralidade do débito, honorários advocatícios, custas judiciais, honorários de depositário e comissão de leiloeiro, conforme faz prova as guias que ora se anexam (doc. X).

2. Realizado a devida quitação da execução, necessário se faz a imediata liberação do veículo penhorado, bem como a extinção da execução nos termos do art. 924, II do Novo CPC, bem como a baixa do presente processo junto ao distribuidor.

Em face do acima exposto, é apresente para requerer a Vossa Excelência:

a) Seja providenciado a liberação do caminhão penhorado nestes autos;

b) Que seja encaminhado ao Detran/.. a devida comunicação pedindo baixa no gravame apontado em relação ao citado veículo;

MANUAL DE PRÁTICA JURÍDICA CIVIL • Nehemias Domingos de Melo

c) Seja declarado extinta a presente execução nos termos do art. 924, II, com a consequente baixa no distribuidor do registro do presente processo.

Nestes termos, Pede Deferimento.

Local e data.

Nome e assinatura do advogado nº da OAB

## 20.14 MODELO DE PETIÇÃO COM PEDIDO DE PARCELAMENTO DA EXECUÇÃO

EXCELENTÍSSIMO (A) SENHOR (A) DOUTOR (A) JUIZ (A) DE DIREITO DA_____ ª VARA CIVEL DA COMARCA DE_____ ESTADO DE_____.[6]

**Ação de Execução**

**Proc. nº. 111-22-3333.4.55.0001/0**

**Exequente: Banco Alfa Beta S/A**

**Executada: Empresa Zeta Jones Ltda e outros**

EMPRESA ZETA JONES LTDA, pessoa jurídica de direito privado, inscrita no CPNJ (MF) sob o nº. _____, estabelecida na Rua _____, nº. _____ (cidade, estado e CEO), nos autos da execução que lhe é movida pelo BANCO ALFA BETA S/A, vem, por meio de seu patrono regularmente constituído nos autos, requerer o que se segue.

A peticionária encontra-se inserta no polo passivo desta querela executiva, dentre outros executados. Cumpre esclarecer que a executada reconhece o débito exequendo, logo, não tem interesse em embargar a execução.

Por outro ângulo, nos moldes do que preceituam os ditames do art. 916 do Novo Código de Processo Civil, a Executada, aqui peticionante, reconhece o crédito da exequente, e, para tanto, almejando parcelar o débito, junta o comprovante do pagamento de 30% (trinta por cento) do valor executado, inclusive abrangendo custas e honorários advocatícios do patrono da Exequente (doc. 01).

De outro, ainda sob a égide da regra processual supracitada, a Executada, quando acolhido o pagamento inicial e parcial do débito (30%), vem requerer que Vossa Excelência admita o parcelamento do restante da dívida perseguida pela via executiva, em (06) seis parcelas sucessivas e mensais, a serem acrescidas de correção monetária e juros moratórios de 1% (um por cento) ao mês.

Termos em que, Respeitosamente,

Pede deferimento.

Local e data

Nome e assinatura do Advogado nº da OAB.

---

6. Petição elaborada com base no modelo disponibilizado pelo Dr. Alberto Bezerra.

# BIBLIOGRAFIA

BARBOSA MOREIRA. José Carlos. *Comentários ao Código de Processo Civil*. 11. ed. Rio de Janeiro: Forense, 2004, v. 5.

CÂMARA, Alexandre Freitas. *O novo processo civil brasileiro*. São Paulo; Atlas, 2015.

GONÇALVES, Carlos Roberto. *Direito civil brasileiro*: contratos e atos unilaterais. São Paulo: Saraiva, 2004. vol. III.

_____. *Direito Civil Brasileiro: direito das coisas*. São Paulo: Saraiva, 2006, vol. V

GONÇALVES, Marcus Vinicius Rios. *Novo curso de direito processual civil*. 3. ed. São Paulo: Saraiva, 2007. v. 1, 2 e 3.

GRECO FILHO, Vicente. *Direito processual civil brasileiro*. 20. ed. São Paulo: Saraiva, 2007. v. 1, 2 e 3.

LISBOA, Roberto Senise. Responsabilidade por vício do produto e serviço. In: BITTAR, Carlos Alberto (Org.). *Responsabilidade civil por danos a consumidores*. São Paulo: Saraiva, 1992. v. 1, p. 43-72.

MARQUES, Claudia Lima. *Contratos no Código de Defesa do Consumidor*. 3. ed. São Paulo: Revista dos Tribunais, 1998.

MARQUES, José Frederico. *Manual de direito processual civil*. São Paulo: Saraiva, 1974. v. I, II e III.

MELO, Nehemias Domingos. *Novo CPC – anotado comentado*, 3ª. ed. Indaiatuba: Foco, 2022.

_____. *Da defesa do consumidor em juízo por danos causados em acidentes de consumo*. São Paulo: Atlas, 2010.

_____. *Da culpa e do risco como fundamentos da responsabilidade civil*, 2ª. ed. São Paulo: Atlas, 2012.

_____. *Lições de Processo Civil*, 3ª. ed. Indaiatuba: Foco, 2022, v. 1, 2 e 3.

MONTENEGRO FILHO, Misael. *Curso de direito processual civil*. 4. ed. São Paulo: Atlas, 2007. v. I, II e III.

TEPEDINO, Gustavo. *Temas de direito civil*. Rio de Janeiro: Renovar, 1999.

THEODORO JUNIOR, Humberto. *Processo cautelar*. 18ª. ed. São Paulo: Leud, 1999.

_____. *Curso de direito processual civil*. 44ª. ed. Rio de Janeiro: Forense, 2006. v. I, II e III.

_____. *O contrato e seus princípios*. Rio de Janeiro: Aide, 1993.

WAMBIER, Luiz Rodrigues (Coord.). *Curso avançado de processo civil*. 9. ed. São Paulo: Revista dos Tribunais, 2007. v. 1, 2 e 3.

WATANABE, Kazuo. *Da cognição do processo civil*. São Paulo: Revista dos Tribunais, 1987.

ZAVASCKI, Teori Albino. *Antecipação da tutela*. 6. ed. São Paulo: Saraiva, 2008.

ZULIANI, Ênio Santarelli. *Dano moral*: a era da jurisprudência. *CD Magister* n. 32, Porto Alegre, abr./maio 2010.

## II – CD-ROM

*Júris Síntese IOB* n. 67, São Paulo, set./out. 2007.

*CDMagister* n. 32, Porto Alegre, abr./maio 2010.

# Anotações